JN329818

龍谷大学
仏教文化研究所編

龍谷大学善本叢書

29

龍谷大学善本叢書 29

禿氏文庫本

責任編集　大取一馬

思文閣出版

平成二十二年度出版

共同研究員

岩井宏子　内田誠一
小田剛　勝亦智之
加美宏　木村初恵
日下幸男　楠淳證
櫛井亜依　後藤康夫
小山順子　小林強
近藤香　玉木興慈
斎藤勝　酒井茂幸
酒主真希　下西忠
新倉和文　鈴木徳男
關根真隆　高畠望
田村正彦　寺尾卓之
西山美香　浜畑圭吾
原田信之　原田水織
日比野浩信　万波寿子
三浦俊介　三ツ石友昭
三輪正胤　安井重雄
和田恭幸

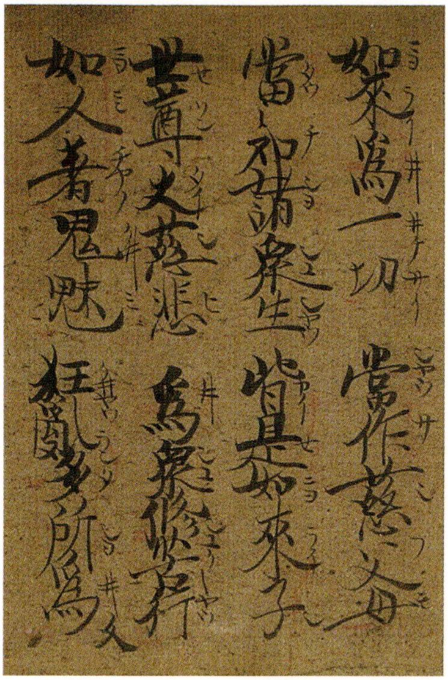

親鸞聖人筆涅槃経文（本文二四九頁参照）

蓮如上人筆正信偈（本文三五七頁参照）

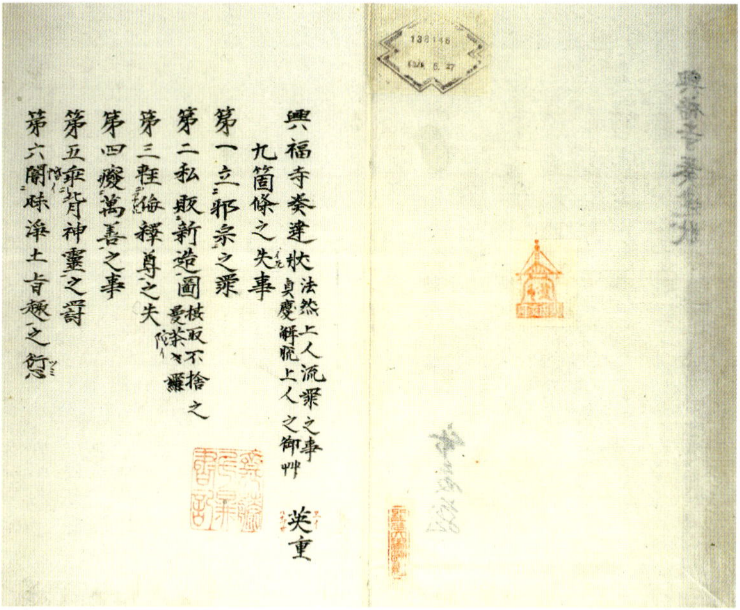

興福寺奏達状 法然上人流罪之事
貞慶解脱上人之御草
九箇條之失事
英重
第一立邪宗之罪
第二私販新造圖摂取不捨之曼荼羅
第三軽侮釋尊之失
第四癈萬善之事
第五乖背神靈之罸
第六闇昧淨土旨趣之愆

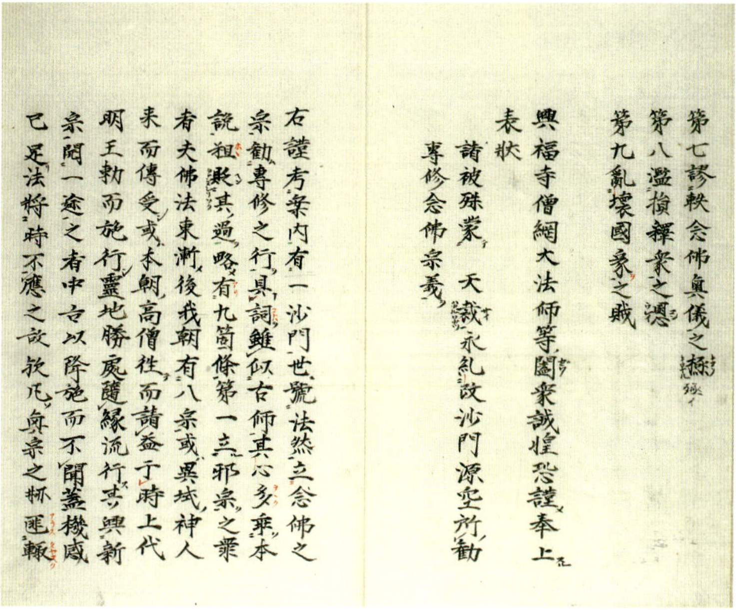

第七謗歎念佛眞儀之縁
第八濫損釋衆之愆
第九亂壞國家之賊
興福寺僧綱大法師等闔衆誠惶恐謹奏上
表状
請被殊蒙 天裁永糺改沙門源空所勧
専修念佛宗義
右謹考案内有一沙門世號法然立念佛之
宗勧専修之行其詞雖似古師其心多乘本
説粗勘其過略有九箇條第一立邪宗之罪
者夫佛法東漸後我朝有八宗或異域神人
来而傳受或本朝高僧往而請益于時上代
明王勅而施行靈地勝處隨縁流行其興新
宗開一途之者中古以降絶而不聞蓋機感
已足法将時不應之故欽凡異宗之怖匪輙

興福寺奏達状（本文４～７頁参照）

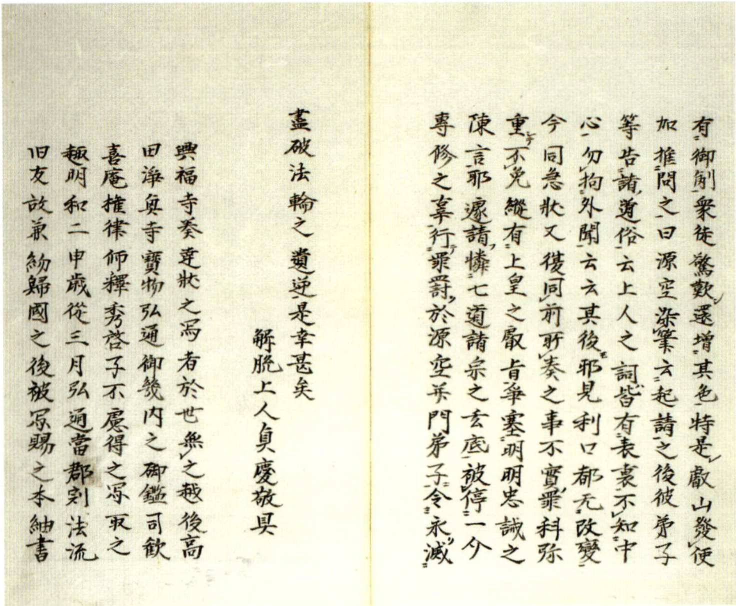

有御制衆徒驚歎還増其色特是叡山發使
加推問之曰源空染筆云起請之後彼弟子
等告諸道俗云上人之詞皆有表裏不知中
心勿拘外聞云云其後邪見利口都无改變
今同急状又復同前所奏之事不實罪科弥
重不免縦有上皇之叡旨爭塞明明忠誠之
陳言耶遽請懺七道諸宗之玄底被停一分
專修之邪行罪罰於源空并門弟子令永滅
盡破法輪之逆是幸甚矣
解脱上人貞慶敬白
興福寺奏達状之寫者於世無之故後高
田淨興寺寶物弘通御襲内之御鑑司欽
喜庵推律師釋秀啓子不慮得之寫取之
趣明和二申歳從三月弘通當郡剋法流
旧友故巣紛歸國之後被寫賜之本紬書

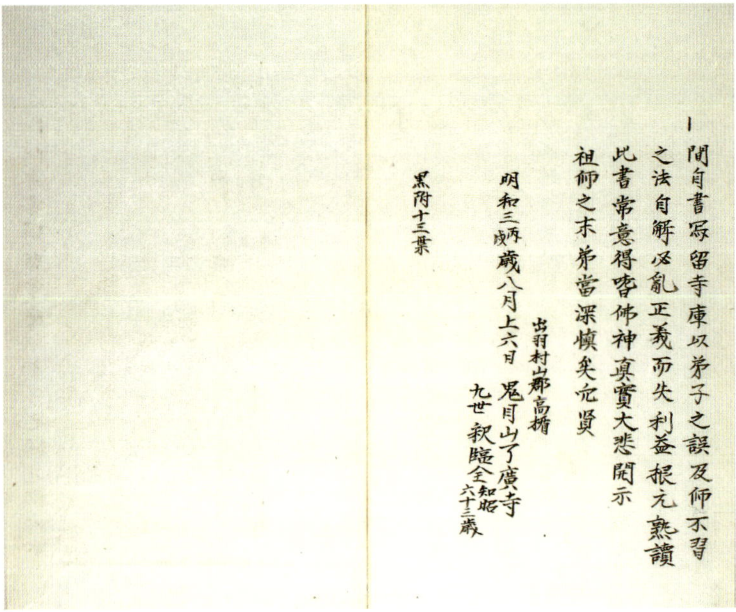

一 聞自書寫留寺庫以弟子之誤及師不習
之法自解以亂正義而失利益根元熟讀
此書常意得啓佛神眞實大悲開示
祖師之末弟當深慎矣穴賢
明和三丙戌歳八月上六日 出羽村山郡高楯 鬼月山了廣寺
九世 釈臨全知昭 六十三歳
黒附十三葉

興福寺奏達状(本文28～31頁参照)

はしがき

龍谷大学大宮図書館所管の「禿氏（とくし）文庫」は龍谷大学名誉教授禿氏祐祥博士の寄贈された文庫である。博士は仏教史学がご専門で、『日本仏教史』（現『仏教史学』〈仏教史学会編〉の前身）の生みの親ともいうべき存在である。その行績については、博士の還暦記念論集『龍谷大学仏教史学論叢』（龍谷大学仏教史学会・史学会編、冨山房刊）や、『仏教史学』第九巻第一号及び『龍谷史壇』第四七号に掲載された追悼の辞や「略歴」「著書・論文目録」に詳しい。

博士は『仏教大辞彙』の編纂に携わられて以来、『蓮如上人御文全集』『親鸞聖人絵伝』等の真宗史に関する研究、『古代版画集』『古経群玉』『東洋印刷史序説』等の出版に関する研究、『須弥山図譜』『仏教と美術』等の仏教美術に関する研究等の幅広い研究成果をあげておられる。昭和二三年に古稀を迎えられるに当たり、貴重なご蔵書を母校の図書館に寄贈された。そのご蔵書は幅広いご研究のとおり、梵文経典や中国・日本の仏書をはじめ、真宗史、仏教美術に関する典籍・絵画等々多岐にわたっており、その後寄贈された洋装本等も含めれば総数二千三百余点におよんでいる。

当文庫はこれまで個別の資料研究は部分的になされているものの、文庫目録も正式なものは作成されていなく、文庫としての総合的な研究はされないまま今日に至っている。それゆえ私共は、二年前の平成二〇年に仏教文化研究所の指定研究をいただき、仏教・真宗・国史・国文の四班で組織して調査を行ってきた。当文庫の善本に相当する資料の中でも、『ふじの人あな』（図書番号〇二四・三—二六七—一）と『うらしま』（図書番号〇二四・三—二六八—二）はすでに『龍谷大学善本叢書22』の『奈良絵本・下』（二〇〇二年三月刊）に影印されているが、今回はそれを除いて各班から善本と思われる資料を数点ずつ選定し、これを影印して一冊にまとめることにした。しかし、ここに影印して資料提供したものは当文庫の善本の中のほんの一部にすぎない。今後さらに禿氏文庫の善本を善本叢書に収め、各分野の研究の進展に資するよう努めたい。それは博士の願いでもあって、そのことが実現されることを切に願う次第である。

尚、文庫調査に当たっては、大宮図書館の井上弓子課長並びに青木正範主幹の多大なご理解とご協力をいただいた。心より御礼申し上げる。

平成二二年七月末日

大取一馬

禿氏文庫本　目次

（上段頁は影印・下段頁は解説）

はしがき

影印

興福寺奏達状

興福寺奏達状
024.3
146
I

興福寺奏達状　表表紙見返

興福寺奏達状 法然上人流罪之事

貞慶觧脱上人之御草 英重

九箇條之失事

第一立邪宗之罪

第二私敗新造圖 摂取不捨之曼荼羅

第三軽侮釈尊之失

第四癈萬善之事

第五乖背神霊之罰

第六闇昧浄土旨趣之僣

第七謗軼念佛眞儀之穢
第八濫損釋衆之恩
第九亂壞國家之賊

興福寺僧綱大法師等闔衆誠惶恐謹奉上
表狀
請被殊蒙　天裁永糺改沙門源空所勸
專修念佛宗義

右謹考案内有一沙門世號法然立念佛之
宗勸專修之行其詞雖似古師其心多乖本
說粗聚其過略有九箇條第一立邪宗之罪
者夫佛法東漸後我朝有八宗或異域神人
来而傳受或本朝高僧徃而請益于時上代
明王勅而施行靈地勝處隨緣流行其興新
宗開一途之者中古以降絶而不聞蓋機感
已足法將時不應之故歟凡興宗之趣匪輙

呼乎悲嗚呼

方策悲萬葉

可建先明佛法之奥義深辨教門之權實河
達衆流之津梁審請苦海之航筏方始弘宗
若夫以偏局量呼乎蛙見謾謗一代聖教歸
于弥陀一佛之称名恒訕法門悉在於西方
極樂之往生哉今迄末代始欲令建一宗者
源空其傳燈之大祖歟豈如百濟智鳳大唐
鑑真移千代之軌範寧同高野弘法叡山傳
教有方策之昌榮者乎若自古相承不始于

今有逢誰聖哲而受口擇以幾許證教識示
尊哉縱雖有功有德須奏公家以待勅許私
號一宗甚以不當第二私販新像圖者近見
諸處翫一函圖世號攝取不捨曼陀羅弥陀
如來之前有衆多人佛放光明其種々光或
枉而横照或来而返本是眞宗學者眞言行
者爲本其外持諸經誦神呪造自余善根之
人也其光所照唯專修念佛一類也見地獄

繪像之者恐依罪障見此曼陀羅之者悔修
諸善教化之趣多以此類也上人言念佛衆
生摂取不捨者経文也我全無過云云此理
不然偏修餘善全不念弥陀者實可漏摂取
光説欣西方亦念弥陀寧以余行故隔大悲
光明哉第三軽侮釈尊之失者夫三世諸佛
慈悲雖均一代教主恩徳獨重有心之者誰
不知之爰有立専修者身不禮餘佛口不称

餘號其餘佛也專修專修者汝誰弟子誰教
彼弥陀名號誰示其安養淨土耶可厭求生
崇本師名彼覺觀論師法愛沙門不及此咎
尚蒙大聖呵者欽善導礼讃文言南无釈迦
牟尼佛等一切三寶我今稽首礼南无十方
三世盡虛空遍法界微塵刹土中一切三寶
我今稽首礼云云　和尚意趣以之可知齋僧
前歸命況於諸佛乎諸佛尚莫簡何況於本

師乎第四發萬善之基有凡恒沙法門逗萬
差機而開甘露良藥隨群病苦而授咸是靡
不釈迦大雄於无量劫極難行道所致大悲
之厚恩焉然今深執一佛之名號渾塞諸佛
出離之要路則不止自行普壅國土不啻自
暴自棄抑又誑群黎令不仰崇或加輕賤雲
興邪見泉涌僻執或覩受持法華者毀言尚
属漸教歷劫迂廻真言亦爾其餘聖道門教

莫不癈捨嗚呼傷哉澆世初學輩被誑惑雖
夫華嚴般若之作入眞言止観之結縁十之
七八罕有不誘引塗汚者聞昔信行禪師
紛立三階行業忌憚孝慈比丘讀誦一乘量
末世機防制其行於焉信行其身忽變大蛇
領百千徒住其口中由之孝慈亦丁鬼神之
罸士人同類倏忽踠轉乎萬座下嗟乎謗大
乘罪加無垢友五舌爬出生陥阿鼻是以弥

陀悲願雖至極廣殊除誹謗聖法之良有以哉
第五乖背神靈之罸者彼念佛之輩永異乎
神明不論權迹實類不憚宗廟大社纔臨神
明者皆墮魔界云云況於實報鬼類今而不
論至其權迹同塵既是靈山受囑護法大聖
實乃草木樹神毘盧舍那過去善友常現在
前覺惠廣大是故遂古高僧皆所歸敬一而
不足豈不聞乎一日傳敎詣于宇佐神星祥

瑞應見奇感或瞻春日社奇應知前智證又
然曾登熊山請新羅神敦飲鎮護法華慈覚
抑赤山祠行敎闍梨袂袈裟上留三尊影弘
法大師於画圖中八幡顯質況行敎時安奉
神於大安寺造二重構安置八幡于上階具
備經論於其下階如上諸匠爲皆勞於法然
爲墮魔界耶蓋夫實不足拜乎神明者如何
有彼歸敬泉歆神饗乎末代沙門猶敬君臣

如彼悪言尤可停廢者矣第六暗昧淨土旨
歸之愆者考觀經文云一切衆生欲生彼國
者當修三福一者孝養父母奉仕師長慈心
不殺修十善業二者受持三歸具足衆戒不
犯威儀三者發菩提心深信因果讀誦大乘
云云又九品生上品上生云具足諸戒行讀
誦大乘中品下生孝養父母行世仁慈云云
汝等以三部經立弥陀教迷限流通之文要

鸞法師看念佛之鼻祖也於往生上輩出五種縁其四言修諸功徳中輩七縁中言起塔寺飯食沙門云云非限淨土塔寺又道綽禪師會常修念佛三昧文云行念佛三昧多故言常修非謂全不修餘三昧也云云善導和尚所見塔寺无不修營然則上自所依本經下至宗祖之釈義諸行往生所成立如至曇融亘橋善晟造路常旻修堂善曾拂坊空忍

採華安恐焼香道如施食僧慶縫衣各以事
作一善皆得順次往生僧俞之持阿含行行
之講攝論雖小乘一経雖凡智講解各有感
應實諸浄土沙門道後者念佛无際不言大
般若覺親論師有專修恐他不造釋迦像皆
坊往生願蒙大聖誠永改其執遂生西方當
知不依餘行不依念佛出離之道只在于心
耳若夫法華雖有即往安樂文如說修行即

一心三觀也雖般若中有隨願往生之說彼
猶總相說時少分也不加別想念佛不及決
定業因者總以摽別上乃該下佛法之理其
德必然詎謬凡夫親疎之習誤報佛恩平等
之道乎若往生淨土者非行者自力只憑弥
陀之願力於餘經餘行者无引摂別縁无来
迎別願於對念佛人不能及之者爲弥陀所
化可預来迎豈異人乎是人也逢釋迦遺法

修大乘行業即其躰也若不歸彼尊者實可
謂无緣若不兼念佛者且可為闕業說兼二
邊那漏引攝若无專念故不往生者智覺禪
師者每日兼修一百个之行何得上品上生
哉凡造惡人者難赦而恣赦口稱小善者難
生而俱生乃至十念之文其意可知而近代
之人剰忘本而付末愚劣而欺勝寧契佛意
乎彼帝王布政之庭代天授官之日賢愚隨

器貴賤守家至愚之者縱他雖有風積之績
不任非分之職下賤之輩雖積奉仕之勲難
進卿相之位大覺法王之國凡聖来轢之門
授彼九品之階差各守先世之德因随分自
得其理必然而偏動佛力不測涯分是即愚
痴之過也時是假名口称淨業殊而難熟願
次往生本意可有違失戒慧俱闕所恃何物
者經往生可漸成就之者豈無一乘熏修三

寄加持之力哉雖同流愚團共浮深流其智（沈歟）
鋒早況智兼行如虎有翅以一遮多佛宜照
見但如此評定者固不好專修之黨類者切
以井蛙之見探行之憂以海蠡之篔汙化之
擊不堪黙止遂及天奏若有道俗翻守愚痴
或輕往生之業或還念佛之行却棄餘行不
能往生此亦曽以非為本懐今希制禁縦為
念佛之瑕瑾量其輕重冀垂宣下第七謬軼

念佛眞儀之様者此中有二先於所念有名
有躰其躰事理後就能念口称或心念此有二
繫念或観念（法然所謂）其観念者或散入定或有
漏或无漏観数浅深前劣後勝皆彼所遮其
口称者専唱名號不観不定是念佛中之麁
也何者観經文曰不能念者應称等者念者
念佛不能者是口称正為念佛不能者口称
明矣然者善導因經付屬文一往誘下機之

方便也弥陀本願念佛往生第十八願正言
至深信行等不有口称之義大失念佛真旨
之行義偏倡専修之行其過在此而已第八
濫擯釋衆之愚者専修言圍碁雙六不乖専
修執女食肉不妨往生末世持戒是市中虎
也者噎特可戦慄可嫌憎者也若人怖罪憚
辱是不悪佛之人也如彼痲毒若有流行争
國土則是正法之冤讐莫逾焉有夫樂土敎

誡不祛戒儀淨土生因厭之爲最若恣根本
三毒易起放肆念佛難遂往生魔風日熾專
修僧尼徘徊都鄙北陸東海莫不充滿當斯
之時不緊无勅宣以禁過則群國皆陷魔民
天奏之趣純在於此敵請垂鑒第九亂壞國
家之賊者夫佛法王法如身與心共一般安
危共同盛衰一揆佛法盛則王法盛昌佛法
廢壞國家喪亡古今致齊誰存異殊粵惟淨

士一宗肇啓專修僻行怨僧訖坊王化中興
之運已廢八宗三學之蹟又思天下理乱加
何吾聞昔帝沙蜜王隳多伽羅也容傍臣之
諫殃擧其身會昌天子殄幾僧尼也擧道士
之嫉惑危其命法滅因縁將来叵測毎思斯
事加以三百鉾而劉其胞是以不懼天威泣
血朱顙懇惶敬悚奏達天聽伏冀昭鑑奉仰
遄賜天裁聖斷五畿七道群國所怖紆絆沙

門源空專修念佛之邪義令免魔民鬼卒之
圍自古未聞八宗同志之所上奏弥望堯風
舜日帝圖鞏固覺王法輪永輾萬邦誠恐精
惶謹上
制進
右件源空偏執一門都滅八宗天魔取為帝
人所呵仍所諸宗諸國同志景仰于茲將及
天奏源空既進憲状不足欝陶之由依院宣

有御制衆徒驚歎還増其色特是叡山發使
加推問之日源空染筆云起請之後彼弟子
等告諸道俗云上人之詞皆有表裏不知中
心勿拘外聞云云其後邪見利口都无改變
今同急状又復同前所奏之事不實罪科弥
重不免縱有上皇之叡旨爭塞明明忠誠之
陳言耶遽請慊七道諸宗之玄底被停一分
專修之韋行罪罰於源空并門弟子令永滅

盡破法輪之遺逆是幸甚矣

解脱上人貞慶敬白

興福寺奏達状之寫者於世無之趣後高
田淨真寺寶物弘通御幾内之御鑑司歓
喜庵推律師釋秀啓子不慮得之寫取之
趣明和二申歳從三月弘通當郡剋法流
旧友故兼紛歸國之後被寫賜之李紬書

｜聞自書冩留寺庫以弟子之誤及師不習
之法自解必亂正義而失利益根元熟讀
此書常意得嗜佛神真實大悲開示
祖師之末弟當深慎矣允賢

出羽村山郡高楯
明和三丙戌歳八月上六日　鬼月山了廣寺
九世　釈臨全　知昭
六十三歳

黒附十三葉

愚迷発心集

愚迷発心集　表表紙

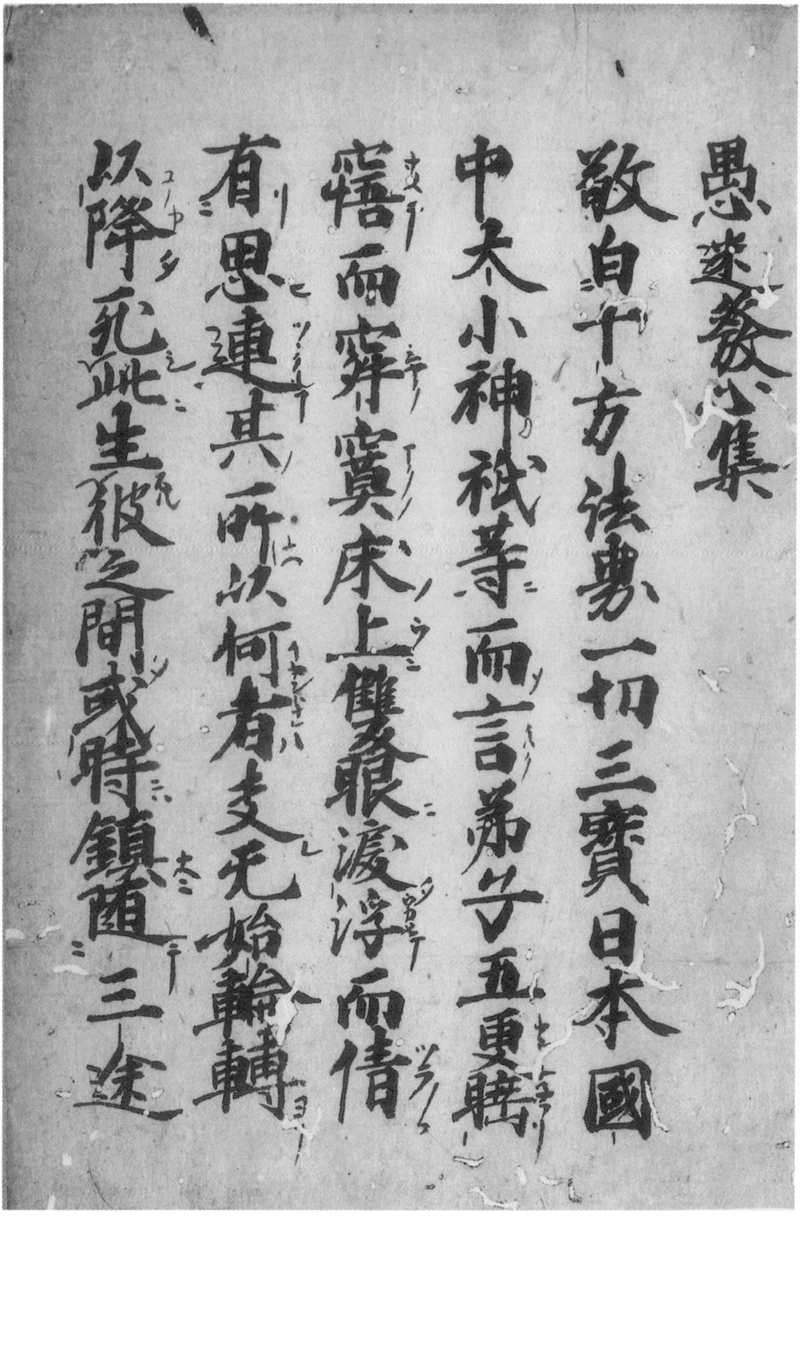
愚迷發心集
敬白十方法界一切三寶日本國
中大小神祇等而言弟子五更聽
寤而寂寞床上雙眼淚浮而倩
有思連其所以何者夫无始輪轉
以降至此生彼之間或時鎮堕三途

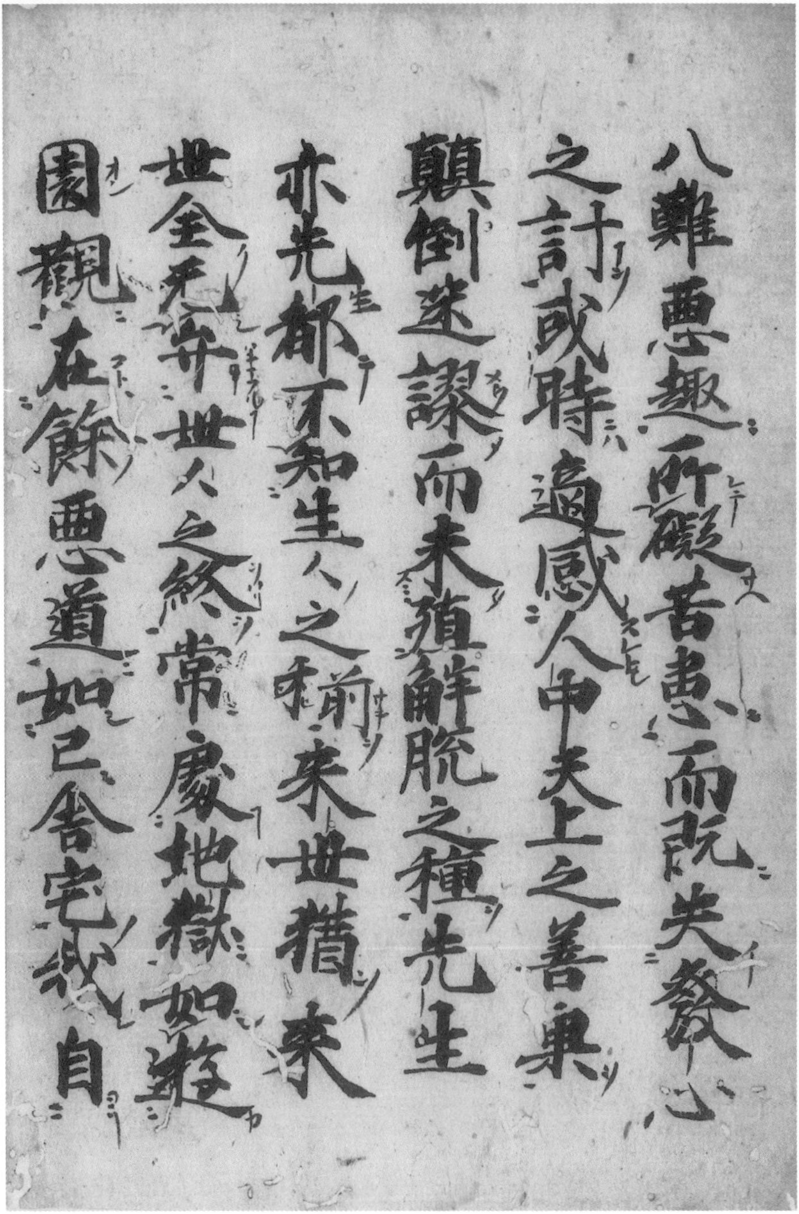
八難悪趣所礙苦患而既失発心
之計或時適感人中天上之善果
顛倒迷謬而未殖解脱之種先生
亦先都不知生人之前来世猶来
世全无弁世人之終常慶地獄如遊
園観在餘悪道如己舎宅然自

何處来又去受何身付親付疎
皆今生始見人也亦神亦佛亦此度
纔知有也彼弟子之本師釋迦牟
尼如来昔在霊鷲山時十方所有
之群生雖悉蒙其益三界輪廻
之我等其時在何處黄金端正

之聖容出五濁悪世恵眼早盲金
不見之迦陵頻伽之音聲響三千
世界天耳已聾无聞之隠照于東
方万八千土光漏従阿鼻獄上至
有頂之益遂使化縁已盡而龍
顔永入金棺之底荼毘之時至而

聖容忽拜栴檀之煙以来毒氣
深入之輩不知禱簁和合之藥爲
毒所中之類无守好色香藥之教
闇中跡重闇夢上措夢見可驚
之法王音永絶而鷲峯山之暮之
嵐飛冷可照慈尊之月未出鶏

頭摩城之暁猶遙生佛前佛後之
中間无出離解脱之因縁住粟散
扶桑之小國罔上求下化之修行悲
又悲者偏在無悲世恨更恨者流
苦海恨也何況自曠劫由来至今日
或業深重而所嫌十方恒沙之佛

國業障猶厚今亦來五濁亂慢之
邊土矣呼八相成道之昔獨雖漏
如來之出世二千余年之今僅得聞
慈父之遺誡寳聚山之間不望自
入也貪遺家之中不取敢後悔乎
難受易移人身難値希得佛法當

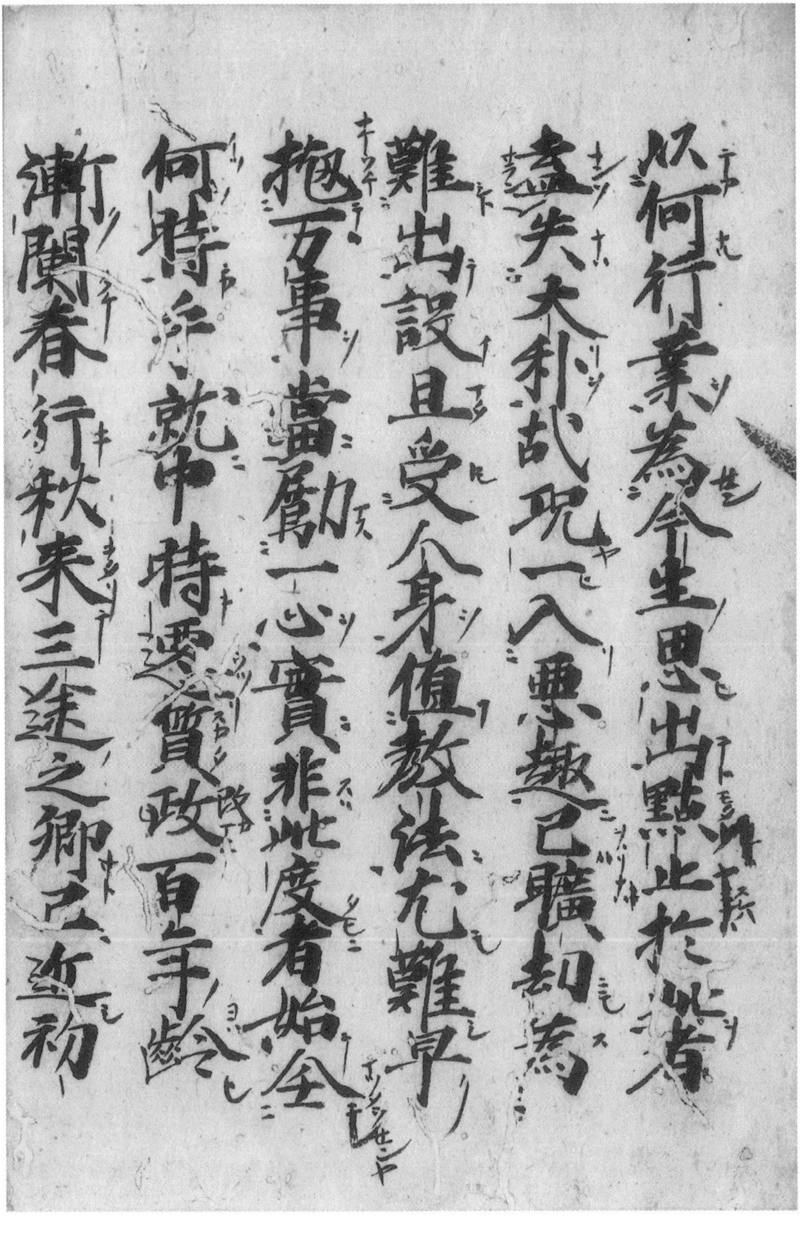

以何行業爲今生思出點止於此者
盍失大利乱現一入悪趣已曠劫爲
難出設且受人身値教法尤難阜
抛万事當勵一心實非此度者始今
何時乎就中特運質政百年齡
漸闌春行秋来三途之郷已近初

中後年有何所貯命則随日而
促身口意業所造多罪数又追
時而増云常楽我浄之顛倒云生
老病死之輪転行時无際億劫无
窮何現風葉之身難保草露之
命易消昇野邊之煙在今日哉在明

哉、伴慕進之昔、待晨哉待暮哉、前
隣、哭北里、哭送人之後、未盡山下
漆原上、深埋骨之土未乾、寒洞之夜
月孤留、歎於慕原之朧、連峯之曉
風纔聞、哀於塚側之栝、傷哉親友
語芝蘭之後、自息心者遠送息哉、昔亡

結契断金之眤魂去者獨悲嘗
帰春鶯之鳫聲音霞中傳鳴秋
野之蟲類訪籬下頻所残者落葉
跡適所呼者失主名況又春朝翫
花之人夕散比慈之風秋暮伴月
之輩暁隠東岱之雲昔見只已死

今唯訪蹤跡邑屋也今聞類空去
亦埋荒郊之墳墓世人往我残是
為有為不有矣躰去名留彼夢欲
非夢欲一生易過萬事无實不
異朝露相同夕電如燈滅後再不
見魂去人无重来豈圖數於樹花

化風散萬翠庭芊還霜枯柘之樣
苑一晨之榮无夕郭云数聲嗄不
久受視聽所觸併雖發心便世事无
聊都不能思寄杯電光何物留
區而忽滅我身幾程見有何遊
一願往事憶更之夢空于枕上言

想將来幽冥路有千陵下信観
世間轉變者暴傷之渡餘袖静思
此身浮生者憂懐之悲銘肝尤毎
見身資什之料貨用幾許程毎
尋氣出入之僅通保今其限況
年月不留遷變依於山水之流逝身

躰不覺衰花於芭蕉之風向常何
時節而青眼永閉欲障再會又移
何野辺聚而白骨断腸欲伴塊塵屠
所単今幾歩无常之道閻魔之
使何時臨朽室之窀穸之難保
之躰送旦暮之間草露之[illegible]

祿之命待出日之許不知今時哉
精魂鬼棒鉾而欲来逼不亦不弁此
日漸重苦受身而欲無為死現衆
病集身可驚可怖須死遮眼不可
不顧此世豈牢固以衆縁暫感也我
身牢堅執以名字假人也誤楽

而不可樂遂有始有終謂纔惜而不
可惜終生者必滅故天主人生之快樂
不好世人既歷故胎卵濕化行苦可
悲生人恒惆故不如日水沫之命未
消之前務企來世之營風前燈髣
殘程宜脫險難之路今生刹那

化集實以无益夢中因故未來長
劫之苦世深是可厭迷前憂故勿
期明日莫好懈怠過去未發心故今
生已為常沒之凡支今生着空送者
後亦為悪趣之異生者欲豈只安然
而徒送難有日月哉寧又緩揚而

空下乗易得之寂要手如之過去
宿業拙而今生已感卑賤孤獨之報
世今生所行愚故未来亦受地獄
鬼畜之生欲先戒善之功今身已果
畢後生善慶之貯所望何事哉数
十年日々所作悪業實多百千億念

念思惟妄想至深二利之行頗所勤
已闕現當寂要所儲無一只我等所
作莫不流轉之業昨日爲今日昔今
日爲明日明日務當何日何時永欲遁此
世計偏爲此身造无量之業一業之果
送无邊劫經歴六趣如車旋遶孰

著五欲似騾著草悲哉甞服名利之
毒藥於幻化之身中而空殄二世
愚哉結恩愛之繫縛於迷乱之心
上而徒送一期今生聊无制伏念者
後生之大怨如随身影是遠離難勉
小業多為悪縁所破粗雖悲罪障

還為恩愛所忌訛衆罪如霜露
恵日隠而无照聞諸法似影焰妄
情現而易迷滅罪生善之志事不
調發心修行之謀内外共雖
默无益語无談出世之事行居他人
之短不顧身上過自雖須人目給

愚冥之貽覧希雖勤善多懈
名聞思无常遮眼實有之執訢涂深
不淨湛身猒離之思都无或雖歌
特節之遷流不随顧命假或思始
日別之所作兼退屈无企此故身所
堪猶不勤之心所及多有怠之夜

則為睡眠所侵晝又為塵事所汙
秋夜長〻徒明春日遅〻空暮自
行敢不勤況及益他人乎我心猶難
渇現於冥之知見詎彼乞匃非人
望門不賜而今悪獸烏鳶犬鼠之
求食發情而无慈悲[illegible]蔽无慚

憍慢易起放逸熾燃而行難止
雖身憂生死未知生死之源雖心起
妄執亦无弁妄執之基無明之毒酔為
連々厚樂而不知醒悟愛恚之妄海
為恥世漂浪而不見舩筏无尋可
訪之父母生所不知更可憐之親暱愛

苦繞雖畏我後生之苦猶劍造三
途之業屢雖結彼悪果之種未
都信因果之理愛別離苦見已
還愛怨憎會苦雖覺已訴悉為悪
業作奴僕而雖結業不為憂為
菩提致懈怠而雖送日不為痛

嗟呼生死之險道常棲久来可出
之便貧愛之繋縛堅結不弁
可解之計豫不異失見聞之肙
聾宛可同无覺知之木石然間
不勲佛菩薩之如影随形而無照
見矣不顧倶生神之在左右肩而記

善悪而矇人纔昨過今過悲恐吾
儕徒暁徒暮若期其後而不勤歟
期日是何日哉将任性而緩慢欤文
緩慢其為何哉若思愚癡之者
速可慎愚癡若譲懈怠之過者
何不誡懈怠坐禅之夜床迷罪

暗而无通観念之暁空吹妄風而
不静情識心者无隙于嗚呼屢責
媛者不離于枕邊是以有心外法
輪廻生死可歎可悲覚知一心生死
永弃不可不信所以耿々燈影猶
應顯迷便矣蕭々風聲當為観心

墓乎急早可急者出離解脱之計
忌猶可忌者屢妄實有之謬須悔
向境易想實如夢者自可除迷
開悟所以靜心而遙想像當來者
未來无數劫之間我當何國何處
何日何時當證无上正等覺而一

如之水灑流号悠涸枯槁之衆生
二空之月顯光号普照長夜之
迷情然哉乍備无上之佛種自
他為无始无終凡夫而来都知
出離之期実捨身命雪山之半
偈當眼而如空致給仕於仙洞之

一乗把掌而无勇猛劫之幸不弁
餘身長夜之迷未知迷道悪上
尚重悪而徒送春秋於数年自夢
猶入夢而徒送日月於三旬悲而
可悲者我法之妄執堅結憂可
憂者生法有空理違隔障依之為

流轉常没之凡夫也速此矣出離
解脫之要路也云聖者云凡夫不
可遠尋外云淨土云穢土不可遙
隔境空我法稱覺者着我法名
愚夫所執之境穢土如幻境名
淨土然而先世不營故今既如无一文

之覧語也今生不全者何時輙生
小分恵解乎現非不遇佛法又非
所尋盲龍聾責矇運志而随分營
勵何无一塵得益此功爲始遂進
深廣之佛道豈非至要乎然而或
懈非身所堪或惕非心所惜劫一

説釋尊之教法殆如無其詮剰於
學佛法之輩者或誹謗或憍慢或
嫉妬或嘲哢設有學文之志貴无上
之法寶還募名利之價嘗甘露之
妙藥許增煩悩之病出離之指南
徒沉生死之海菩提之明月空隠

妄染之雲非翫佛法當迫唯法燈
永断者以何照迷情福田當渇智
水未獨者依何植善苗加之倒見
邪見之惑業雖起幻夢之前實
教實法之醍醐未嘗長夜之中聞
境界是夢之所縁同不知無夢於

夢説諸法皆心之變作究如向影
爲境者就中宿習本薄福發心
都無毎念競起皆難要何事慇
捨世間僅雖移深山之洞隱遁只有
名殆无守一行根雖稱爲佛不
致聖可遍之誠設有向教文都

无欲如法之心性罪闇深戒珠永
隠究遮罪塵積法水不通流善
懶悪好求名貪利然間等閑言
端雖悲身錯真実之心底無殷其
過縦有随分之勤尚以難勇況如是
空過以後亦可同有頼闇魔之

誡蒙冥官之責特獨流涙可悲
後悔有何益寔以雖過无量億
歳受難仇上之人身而出於不受雖
累恒沙塵劫遇難遇優曇之教文
而空於不遇適適望道場欲洗罪垢於
心水者散乱之波忽動而一塵未清

希向尊容欲照迷闇於覚月者煩
悩之雲厚覆而長夜猶深妄想之迷
徒昔串習催起於歳菩提之道今新
行業雖励速妄手雖廻念珠数与
餘念相乱口雖唱宝号心与唇舌
不調繞所勤者既以無実雖値難値

法嬾怠終功急已何所作以依世
務是何要為夢中名利亦大
毒惱無益之心身富者貪欲都不知後
世貧者懷憂於造罪障九述言
欲記不退染業可慎可察迷也愚
也設今生中雖企觀行盡為未

来之叅清浄之願然而所惣物事
習所好早下将来搢願猶以難發
既一善之真實都无又三業之妄
染尤深狼号比丘甚如蝙蝠剣稱
佛子恐可慚愧佛言如是之人不戒
弟子又稱我不為大師所謂法中旃

陁罪也國王之地上无處于　吐唾五千
大鬼恒拂我之足跡焉呼　不守　可
堅守之慈父之遺言不怖可甚怖
之獄卒之呵責實付世間出世於身口
意業云時人所作云念以思惟其悪
轉多其過幾許名利妄染深于心

癡智水乾而難洗無明愛塵積千
身上梵亂斷而無耕何人精進如拂
頭燃何我等懈怠不惜寸陰也
雖齡積於齡無增者善心雖迷於
累於迷不衰者妄執兼想當來
渇步悲多付中五官王斷罪若有

既浮頗梨之鏡影設無僞於轉識
耶念以薫修者不可失自業自
得因果必然也當來苦報識以難
道粗雖歎何為障時者速要薫習
所馴甚性還如季設齢闌八旬之人
敢不弃命迫喉我齊憂數日之時

猶不覺空可死月旨足慶欲隨次
坑見他雖我此事无疑濁世末代之
習雖每人尓我等塵間之孫言不
及不知之者何為不知還迷不畏者
愚至雖畏無實是以為生死沉輪
徒雖捨身命為出離解脱何時捨身

命只偏惜歎時之命根專所殖長劫之
苦種也芭蕉脆身設有樂幾程乎露
危命縱有栄不久現如我身者可
誇之樂都無亦可愛之栄何有誰
有所狂而雖咽炎宅之炎不欲諍
剎之身雖萌流轉之業无慘出

雖之因可怖之生死有不怖可欲
之菩提全不欲愚所執者虚妄數
時之名利堅所著者電光朝露之
身命悲哉悲哉從冥入於冥永不聞
佛名從迷向於迷鎮送多劫數豈是
非我身上哉寧又思人上乎實欲

念此身勿念此身早捨此身以取此
身徒自寄野外者同可寄佛道
空從自昔海者急可赴彼岸然
則始自今日至未來際苟以我身
命奉抛佛法僧以求佛道以利
有情因之或結草菴於山林寂漠

之霞歎為今生遊宴之栖或捧一
鉢於聚落憒丙之煙未萠一念
浄土之縁若凛々冬景麻衣薄而
寒風徹膚之暁可思紅蓮罪苦之
氷其憂僅許遅々春天勧食乏
而温日斜過之朝可慰餓鬼飢饉

之苦彼悲大哉為養一旦假身尚
能費无益之身心現為成二利之
實行豈為痛有義之苦偶于彼
諸佛菩薩本為常後凡夫迷心
殆如我等然而昔生死之夢發大
勇猛令佛果覺前剎剎无益我等見

被顧我可耻可悲論苦海出離
何時哉佛説言大地無有芥等長
夜不受无量生死苦處一人一切所受
身骨不爛壊者其聚量齊王舎
城之側廣博脇山所飲乳汁如四大
海水身所出血復憂別離所泣之

渡多四大海大地草木盡斷為籌
以數父母亦不可盡無量如來或
在地獄或在畜生或在餓鬼所受
行苦不可稱計如是思惟夙夜匪
懈已上暴乱既生世間有父母
有親族有師長有同法皆是冥縛

之凡夫也底下異生也彼別後再不見今在何處受何生乎我已生悪世无力濟度無神通故不知之悲眼前故无見之我等徒在生死廣海輪廻六趣无有出期然間或為父母或為男女多生廣劫互結恩愛一切

男女皆生々父母障生故無讐也
所有畜類是世人親族攺質故恭
曼也過去現在之恩徳一塵未報者
未来無窮之生死自他共没者也何
況八万四千之毛孔一戸九億虫類
属我沈淪而不知出離期我若有

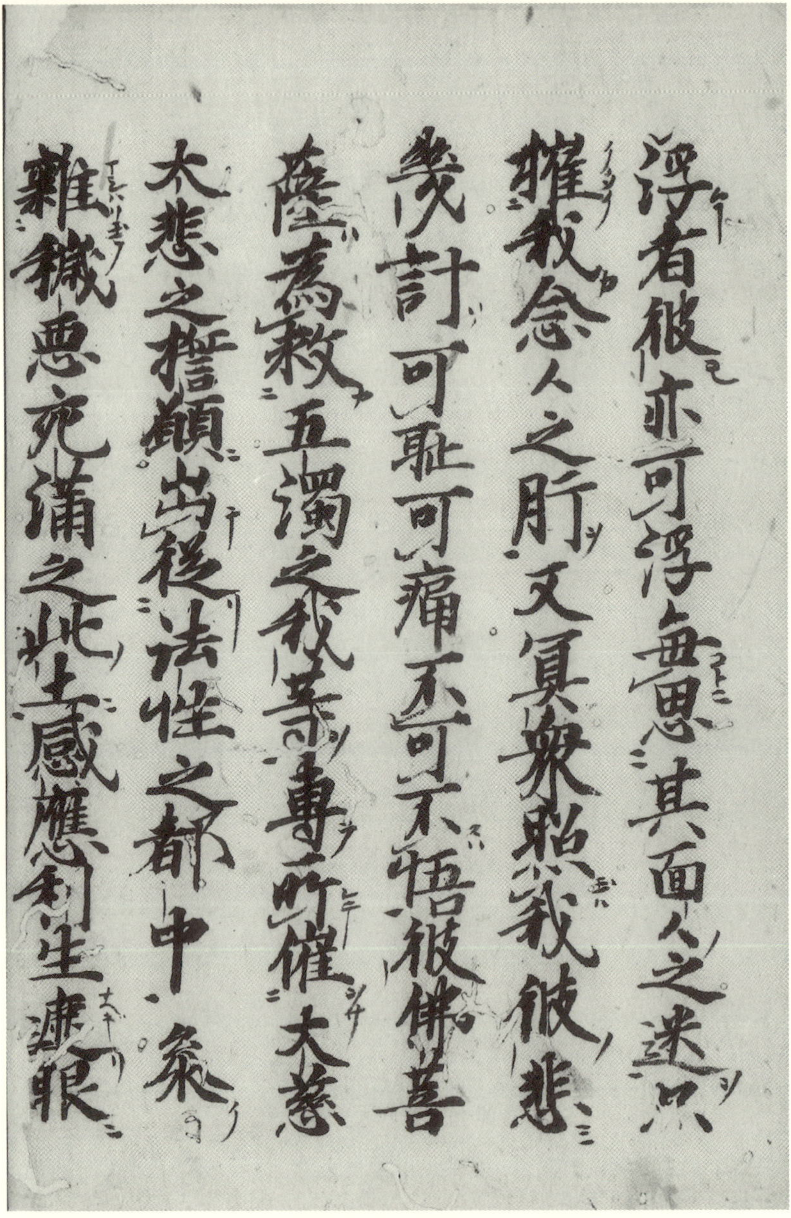

浮者彼亦可浮無思其面之迷只
擢我念人之肝又冥衆照我彼悲
淺計可耻可痛不可不悟彼佛菩
薩爲救五濁之我等專所催大慈
大悲之誓願出從法性之都中衆
雜織悪苑蒲之北土感應利生磨眼

蒲牢霊神験佛在此在彼不請可
發之一念道心不祈可訪之二親菩
提設望彼霊壇殆無起真實信絶
雖翹念珠捧挙數競起和光同塵
之本願結縁始其何毒酔迷乱之
我等无便可授棄但菩薩念我

愛徹骨髄恒欲利益猶如一子其
利益何事所謂道心是也世間浅
近益皆為此方便也我進請道心能
所着相應者何无其驗納受無疵
誰仰大悲顔若无誠時者感應
随无若有誠時者利益何空　思

彼二利之要義只在一念之發心
抑佛種從緣起緣則發心薫修緣
也覺悟待時就時又大聖加被之
時也何况佛陀神冥之大悲偏攝度
群生也妄想顛倒之我等既入一子
數攝願着冤誤者利益何疑哉仰

顧三寶神祇哀愍愚意令發道

心一念若感就万事皆可足而已

愚迷發心集

解脱上人之御草

愚迷発心集　裏表紙見返

因明十題

因明十題　表表紙

龍谷大學圖書

相違因
局通對
二帖短釋
前後對

二帖短釋
言許對
法自相
法差別

有法自相
有法差別
違三

違以

問付相違因得名且宗因相形直為立相
違之稱将如何　両方　若有此義者如是
云彼云乖返〻稱因共順益違立之義也順
違之二門大各別事可有如是則因之義〻
依之彼大疏解尺為相違因得名或判与相
違法而為因故名相違因専顕依〻因立
其稱　或結成無宗外違因例而成難窮

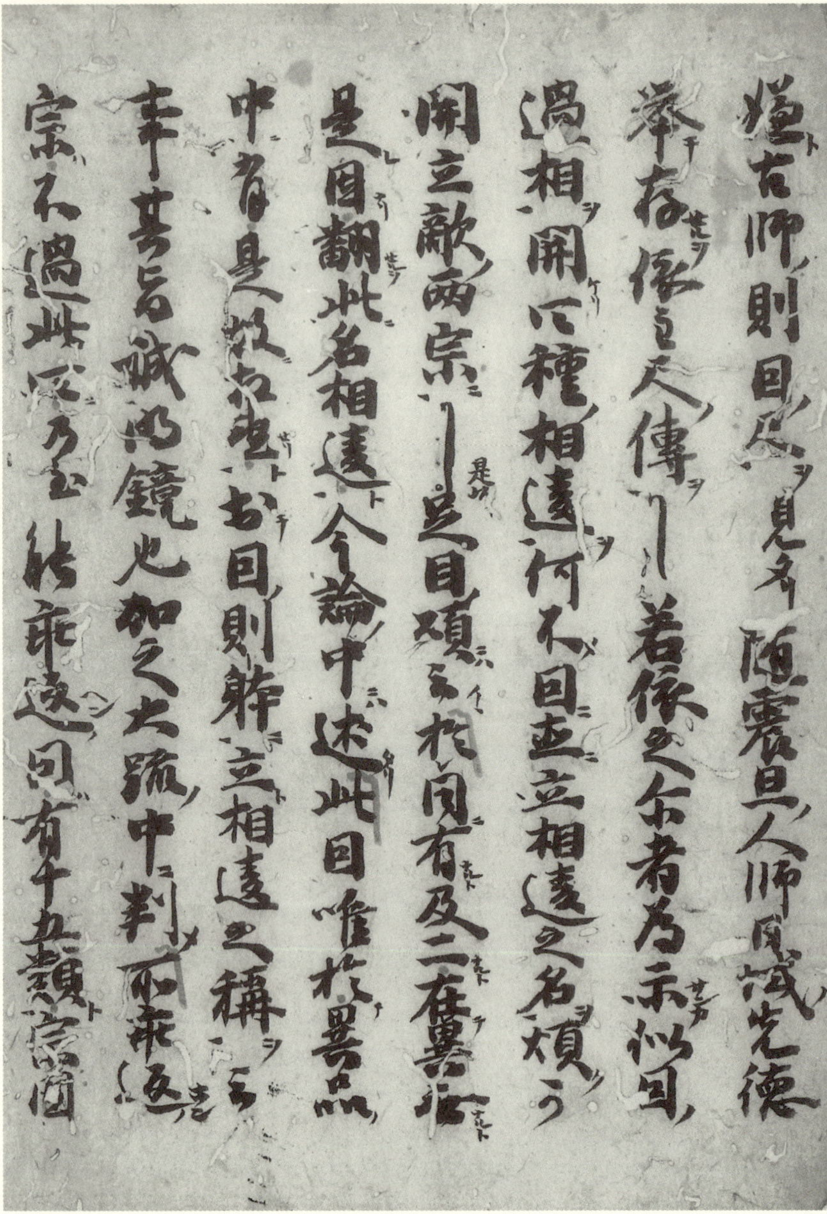
燈古師則因人見名　隨處且人師良識先德
擧存依之人傳　若依之爾者爲示似因
過相開六種相違　何不因立相違之名頌
開立敵兩宗　是過是因頌云　於同有及二在異無
是因翻此名相違　今論中述此因唯於異品
中有是故名違　若因則辨立相違之稱云
等其名誠如鏡也　加之大疏中判不共不定
宗不過此六乃至　結成違因有十五類宗因

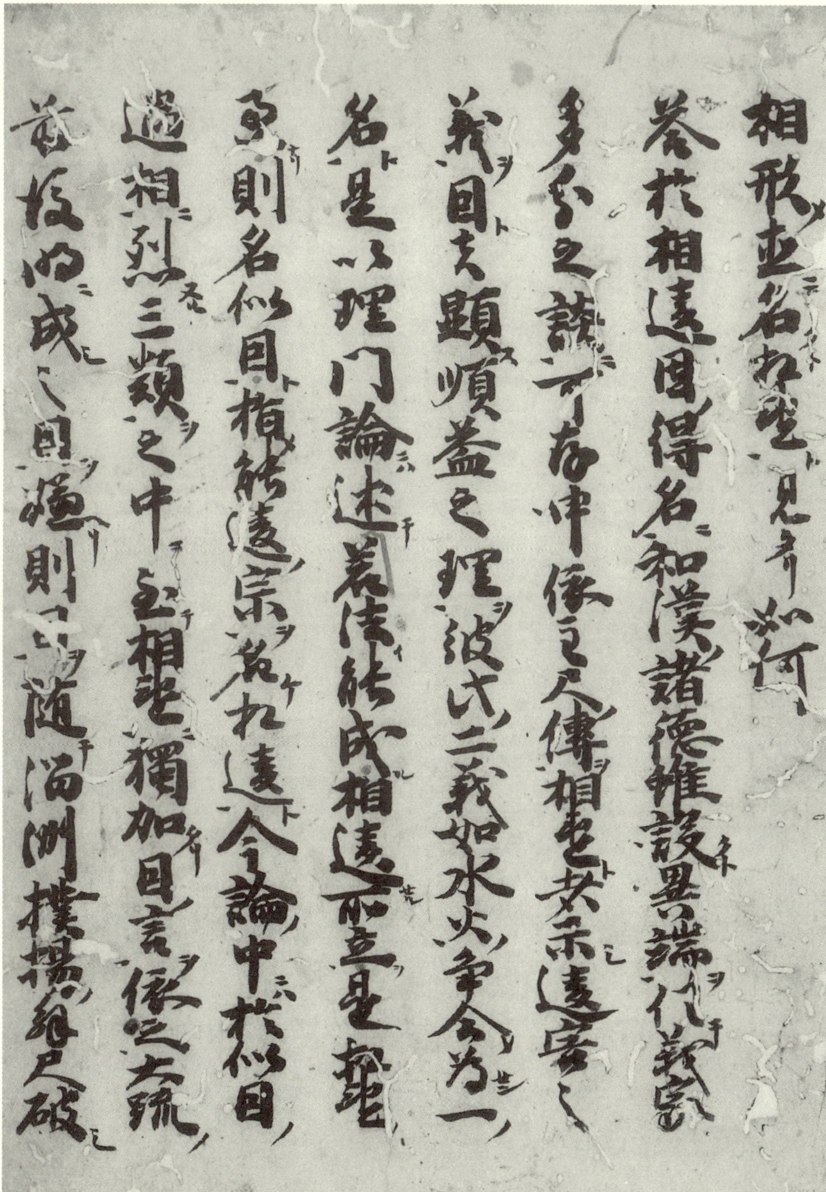
相形並名相違見有如何
答於相違因得名和漢諸德雖設異端代義宗
多分之談下存中候之人傳相違共宗違害
義因支顯煩蓋之理彼此二義如水火今為一
名是以理門論述義法能成相違所立是相違
宗則名似因損能違宗名相違今論中於似因
過相列三類之中並相違獨加因言候之大疏
若拔因成之因過則可隨淄洲撲揚鉾尺破

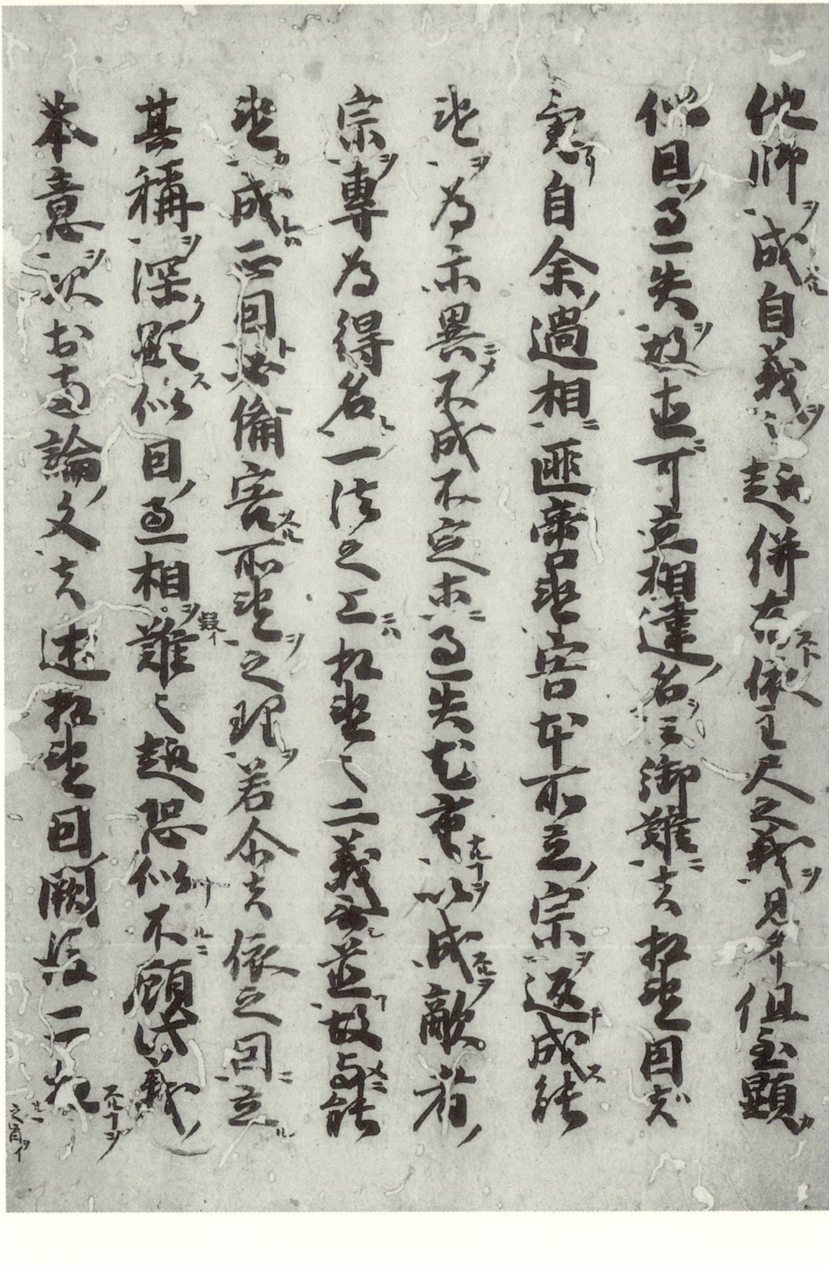

許也更非之因也文ニ次大師尺云依能詮令所
詮之義故能所詮因也依之明燈抄中尺云
文詮令所詮之故名能所詮因ニ就文之因為
源立其稱畢宗因如所名所詮事非但ニ
遮不可有相違云云已上可在卷中也

問付三支對破立因為簡對自共二相如次為諸
法本真所義者如何　若本真所義云宜為

通自共。但所引證文亦標所成立自性若詮我自性
法自性。無常我諸法共想定非義名自性於依
之大師述此因明宗不同諸論因明三有寸想顯是訣
教自共淄洲判然躰不定者通二相則乎互所義
為依之得名不定者既先陳後説相事施設自共二
抄第一對因所義不定者也何可弁彼此義是
是以大疏並存寸初成始名不定取義義峯之二
論所寸是下相則彼此所義非今對自共古一門無

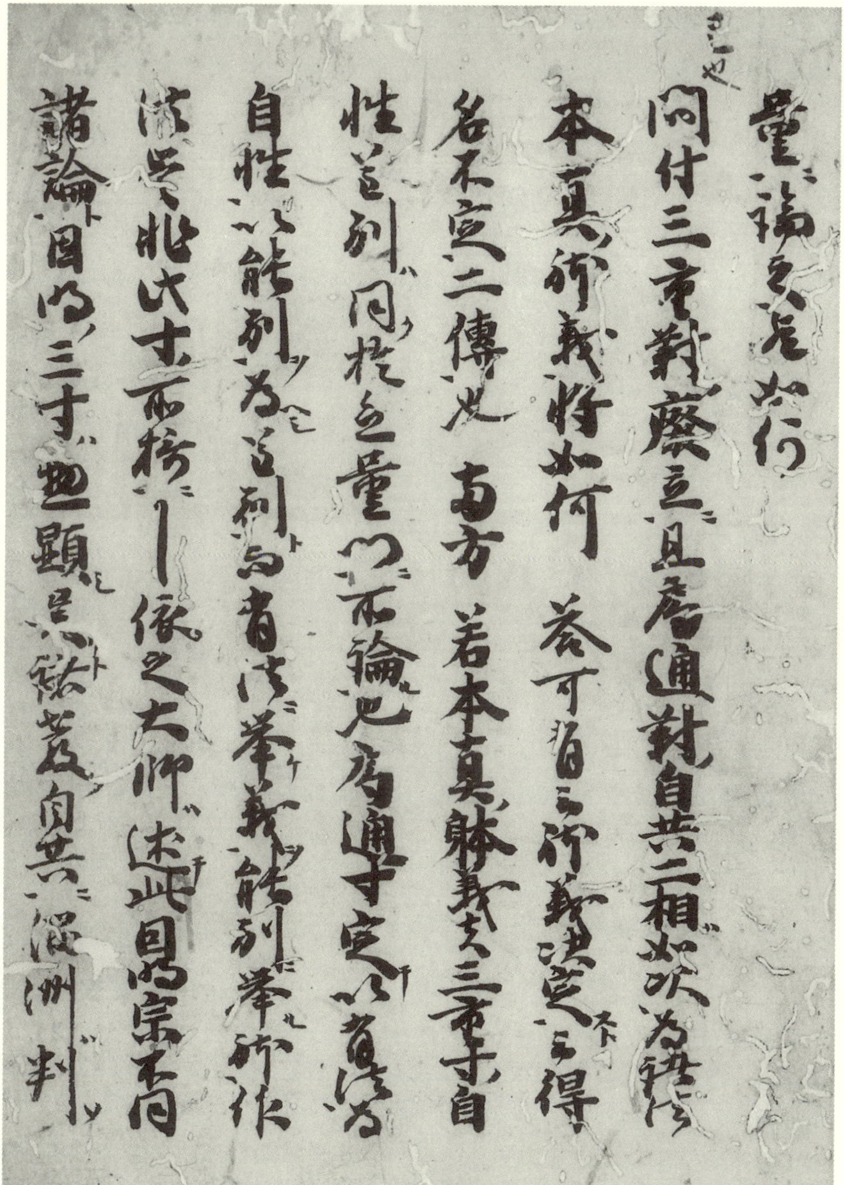

量揀是如何
問付三帝對應立且存通對自共二相如次為難
本眞所義將如何　答可指所歎決定得
名不定二傳也　南方　若本眞躰義云三帝十自
性差別同於色量不論也存通寸定以前法為
自性能別為差別者法並義能別並所依
法只非此士不擧一依之大師述此因明宗不同
諸論因明三十四題呂等蔵自共混洲判

然所不定為過二也即其宜所義為依之
得名不定者既先陳後説相寄他後自共二相
第一寸同所義不定者也何一弁後比量是一
是以見西引證文我法所性及我上為非為亦
義如次為自性差別依之大疏云前後對初
成得名不定義義影舉二明寸畢相觀彼
比所義非今對自共相一日是比量論
是又可

叢高通等自共二相者因明之大綱立破淵源也
是以先哲為之雖義疏学處設是諸文理順
也樂輙難弁且可存中所義決定傳九因明
自共二相有三重不同故二對法非實所義初
對尚所義不定末寧遮不改諸法本来自性
差別門依之此對亦名所義等非實所義者於
前陳等言占其稱高守自所貫通他上之理故
此因備之故随見而非文挙我法所為自性

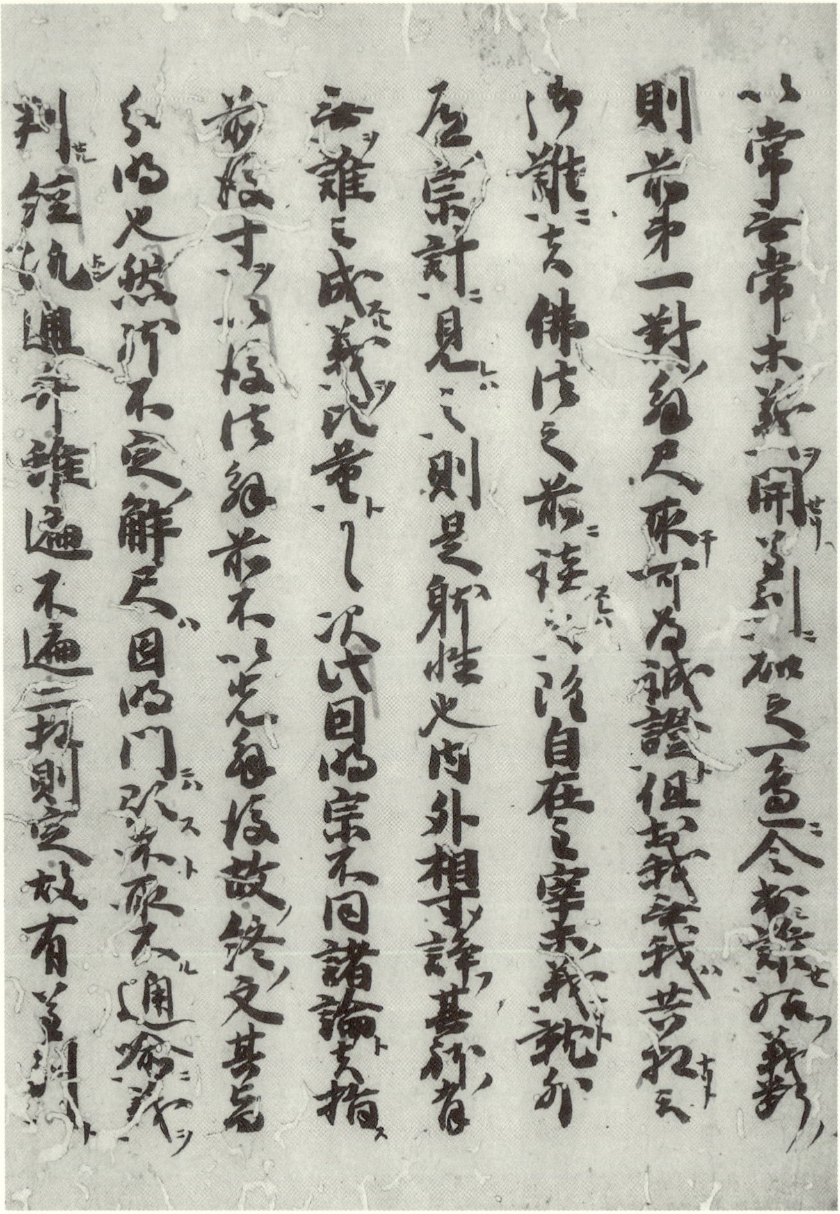

則示此義ヲ云云 若爾難更不成相違ニ耶

可答申

問付三支ノ對靡立ニ且引何ナル文ヲ證前後對ヲ乎（宗難釋之問答共載全文ノ）

答證此對ヲ所ノ疏ニ引テ佛地論ヲ云 彼因明論ノ自相共相ハ

与此名異ナリ 彼説諸法ノ各附自體ニ名為自相ト貫通他ヲ

如縷ノ貫華ヲ名為共相ト云云 故以此文ヲ證ル也 付之

先各附己體ニ名テ為自相ト貫通他上ヲ名為共相ト當處通

對ノ自性差別ニ何證前後對ヲ乎 况見佛地論ヲ云現比

二量所緣立自共二相是以結共相此要散心分別
假立是比量境標自相一切皆心離此分別諸名現量文
而先陳自性非必現量故設説能別亘現比所緣
如數論師立我是思我有法是現量境也薩
婆多以不相應為所別成之所名是比量境大乘
今者依二量立二相文更非先陳後説寸心也
依八福貫道詮因明仙也佛地論之非量對
證為敵二論善是所別退故

若先誦佛論全文可料簡之故猶〻彼因
明論立自共相引六對異彼説一切法上實義皆名
自相於諸法上自相共相各附己所不共他故着〻
別心立一種類能詮所詮通在諸法如縷貫華
名為共相此要散心分別假立是比量境一切定
心離此分別皆名現量唯緣諸法苦無常等不
一〻法各分別有故名為自相乃至六経不分故難定
明因明自共相處中彼説一切法上實義乃至同是比

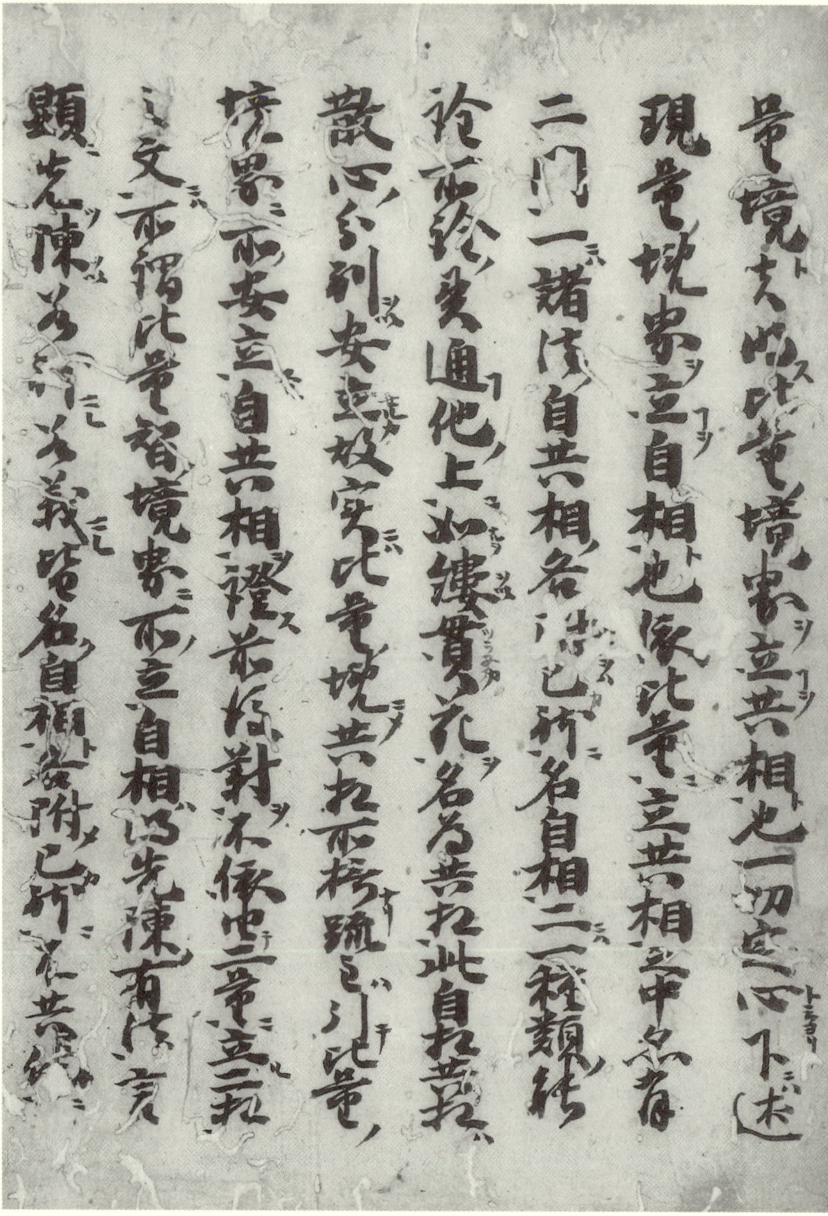
量境丈以比量境界立共相也一切[illegible]心下述
現量境界立自相也緣比量立共相之中名者
二門一諸法自共相名[illegible]己所名自相二一種類法
論不論差通他上如縷貫花名為共相此自相共相
散心[illegible]引安立故[illegible]比量境共相不擬議[illegible]比量
境界不安立自共相證若總對不緣也二量立二相
之文不得比量智境界不立自相以先陳有法言
顯先陳為[illegible]之義皆名自相為附己所名共相

故彼說能別所擧一種類皆悉貫通他上如縷
貫青黄花故名共相共非前後等者論云言共者
言謂藉衆相而觀於義相有三種如前已說文言
由所作性因具三相為因觀察有法能別不相離性
宗義比量智生云云今此不相離性宗依有法所義
名附己體不共他故名自相能別所義貫通他上
故名共相於理門論云又於此中觀所成故立比
有法非德有德故法有也文依之謂藉衆相而觀

於義文有前後寸自共相佛地論所得之意於比量
境界亦云自共相疏云立不依廿論越似比量
深心在之為分支前後自共相為比量智境界何亂
二量境也但於福貴尼論非前後寸護支疏中為前
後寸但依似地非引余文引非證之文押可證之文
故疏引佛地等故依於此尼式雖則前後教異歟
亦引故引依似地文立前後對於為既似比論説因為
二相既非有法忍非言許為非前後三重中皆似

問。守護中ニ引ク佛地論説ハ彼因明論自相共相与此有異云

答。尒也。可許引。今文證先陳後説。自性差別ト

云也。皆依彼所引論説。為文相起盡。答。若共相境於是

不許立。何二量依二相立乎。問。雖因明論所説比所縁配屬

自共。佛地經依諸法躰義建立二相。成經論配立

各別。故彼此更不相違。為見タリ。既云比量境

者。約自共何ニ備先後乎。之證也

答。疏已於因明自共配立三量二相所以先陳後説等云

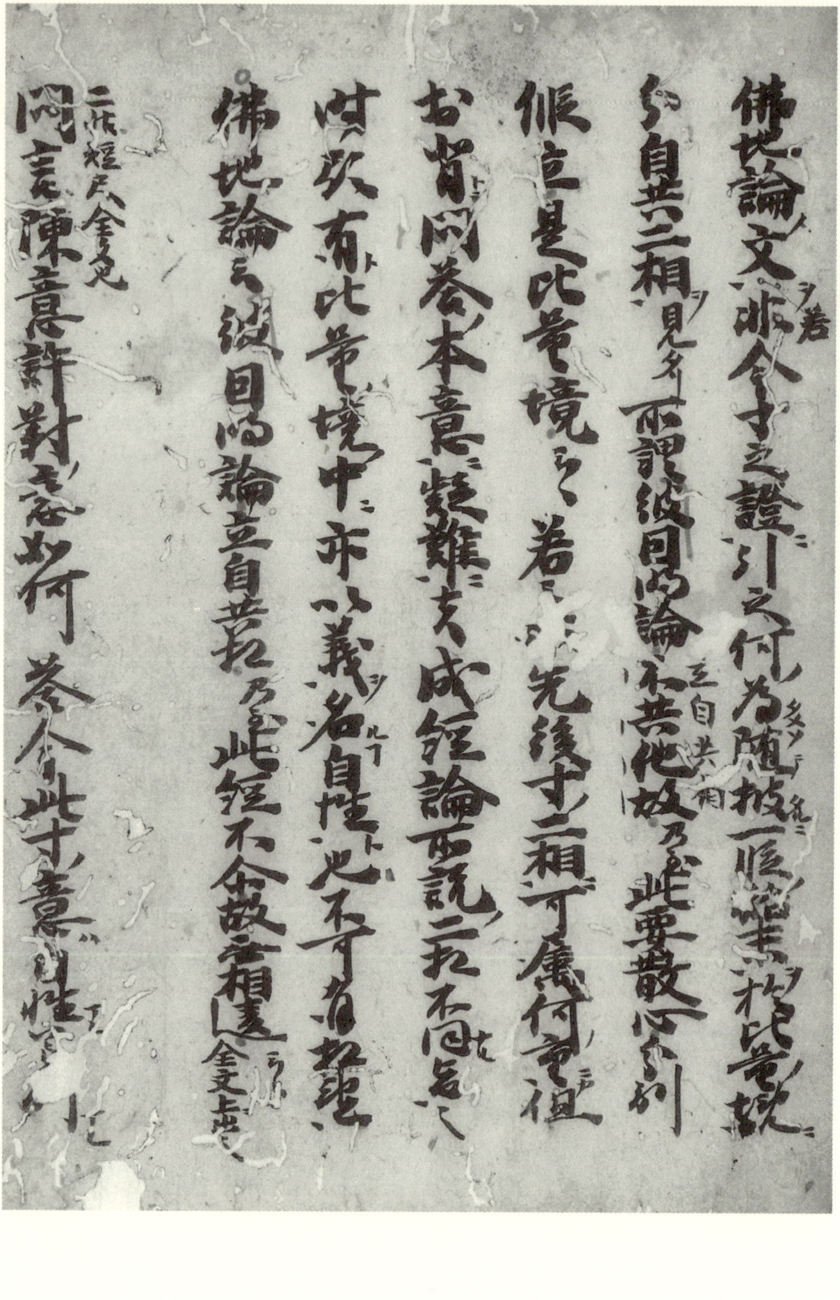
佛地論文亦今寸之證引之何為隨一於比量欤
分自共二相見而諍彼因明論不共他故乃至此要勘心所判
立自共相
假立是比量境若先後寸二相可屬何量但
於背問答本意疑難成經論所説二相不過名
時於有比量境中亦以義名自性也不可有相違
佛地論彼因明論立自共相乃至此經不分故無相違
全文上之
二帖短尺全見
問意陳意許對答如何 答今此寸意自性

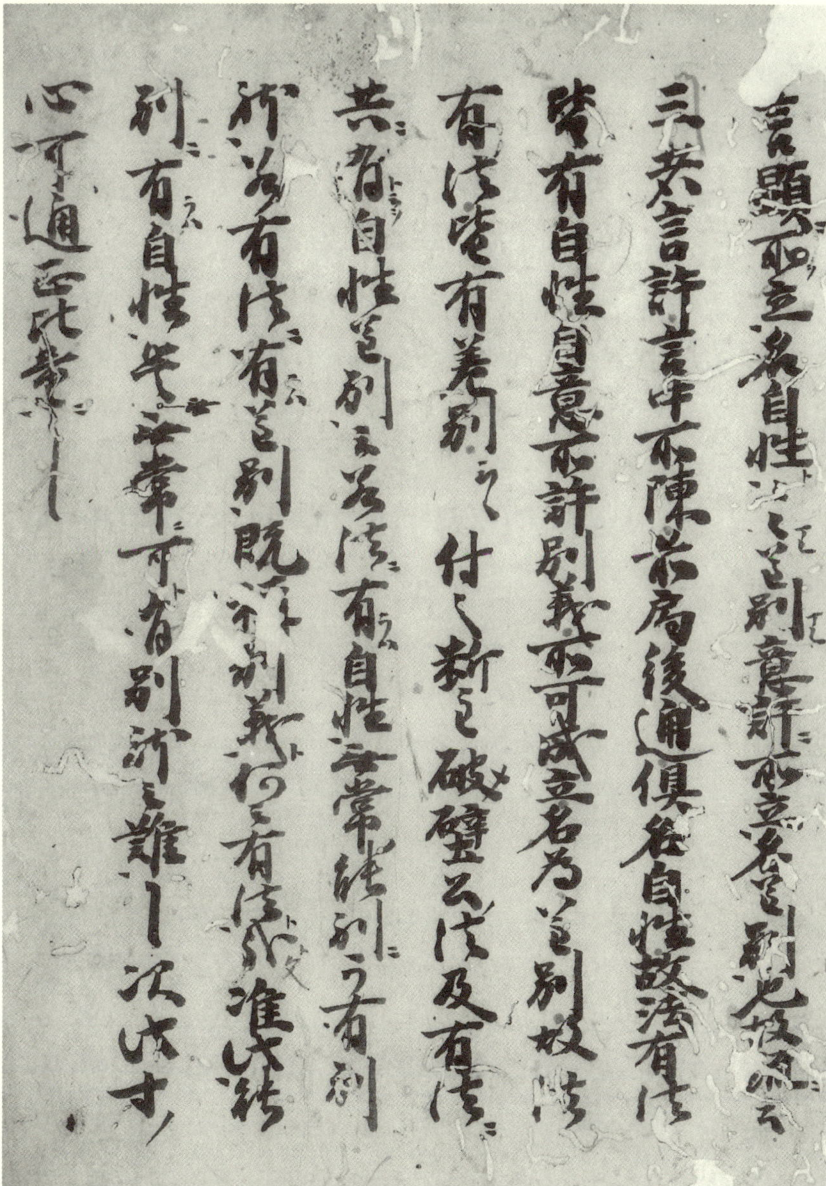

菩薩為意法所性名自性此上別義名差別今此
自性差別法有法皆有所對破為表示法自相故
無常是無常為自相與所別所疏云意言
陳為自相意許為差別故雖無常無別所言陳等
意許名自性也不同聲為不許言陳意許等次此對
遮正比量也故疏下文云夫立因相者必遍宗法同有異無
生他法智因成宗等成宗義有法及法謂此二各有言
陳自相意許差別云々、

問付四種相違配立且法自相相違敵者為唯識論
師將如何　若勝論師者若緣破常三支難
立相如次乃顯能立宗自共立與勝論所作因
遂決作法支難備前邪後正軌徹是以披勘
立定判之以法自相相違論文説者論主對佛弟
子立聲常宗因之所作不成未了　何況唯識量秘
中破共比能立定量立能所義且如九句第二之因
非於他宗決定相違乃至域龍何乃斯為正因

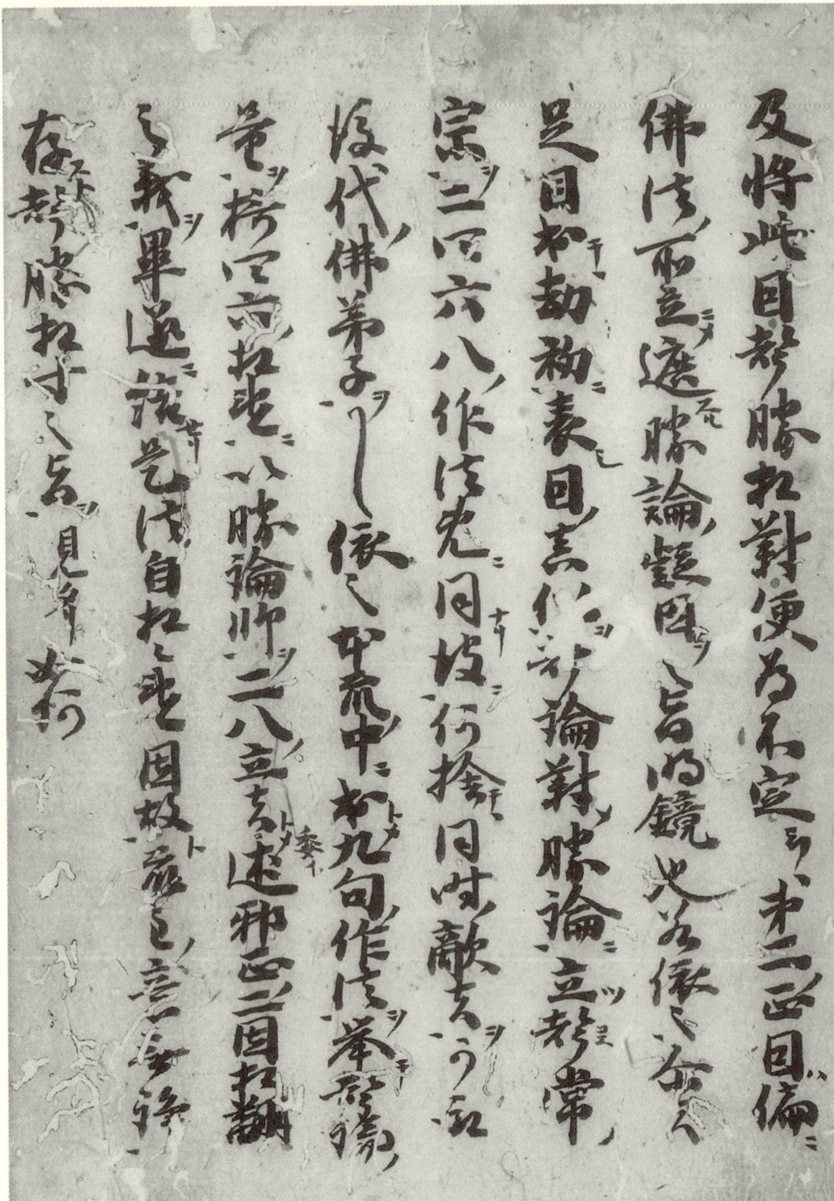

菩薩自相立敵共許義也千有余擇順違
経末誅澄曰易来遂後和漢諸匠各々傳之於十
聲勝相對我先聲常無常去劫初諍論
又聲論愚瞎以無常家不作因成聲常宗
對勝論取彼因成無常宗義三相闕具不同
二因邪正炳然也法自相於不違去先代既宣釋
門正理軌轍不改古来立敵是以疏示九句因作
法以對於六句先聲論因二八句擧勝論常果

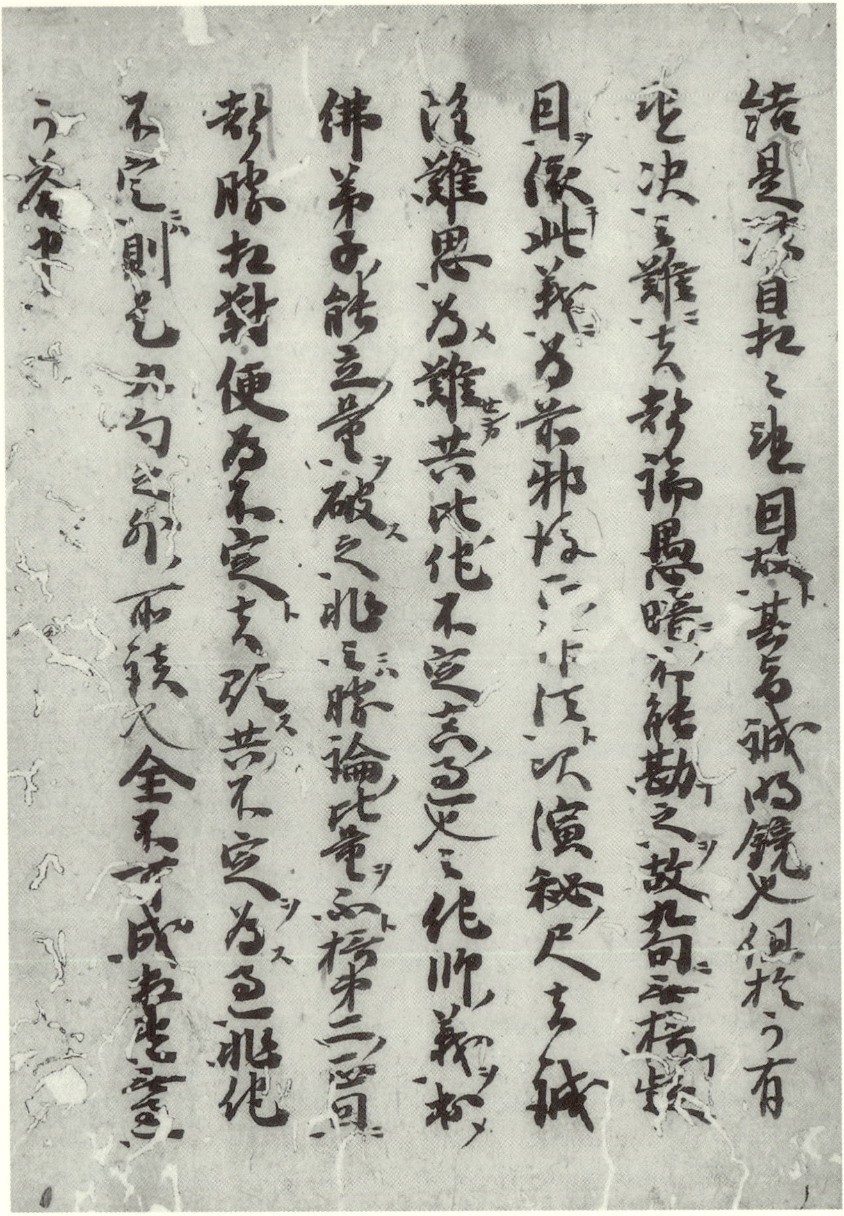

因明論師對佛弟子為成神我勝其覺所
集必為他用積聚性故如臥具等
今者他用法自相下為常非我用勝依我
用者意許將如何 兩方若常勝者意
許者樂為不然為二差別如次違立敵宗
准能造作他思々、皆為差別宜了應依我
用勝 若勤勝者意許他依勝能造我
二差別中敵非言所自相可已依之大疏中

彼宗所意成非積聚他用勝其積聚他用勝即
是異品也自尺意以楽為差別依我用故等
若依之余者差別相違引軌必立者前勘二末意
許但我用勝非有法之義付一常二勝差別
是以彼大疏自尺今者陳那則以彼因与下
立法勝劣差別而作相違云云如何
答勝劣勝ハ二傳乎随有文理順者任義宗為之
次但是一存中勝劣傳也先且此差別中立一揵意

許ハ差別ヲ数論所立人ハ無其過為成能立用トス数論
而若直陳其所於宗依ハ随自可犯多而相違是ハ為遮之
極成ニ先宗也許言ヲ簡ス立必為他用ト云ハ二他同意
常言陳ハ他用ハ義立敵極成受所諍非我
受用獨已為所立論正意許ヲ云ハ其依二他肴
如以可成為不為不為ニ付テハ、披其識自天不積聚他
理實非我體常有ト云ヲ、為其積聚他則於之
眼等必立他我ヲ不為以下於眼根不積

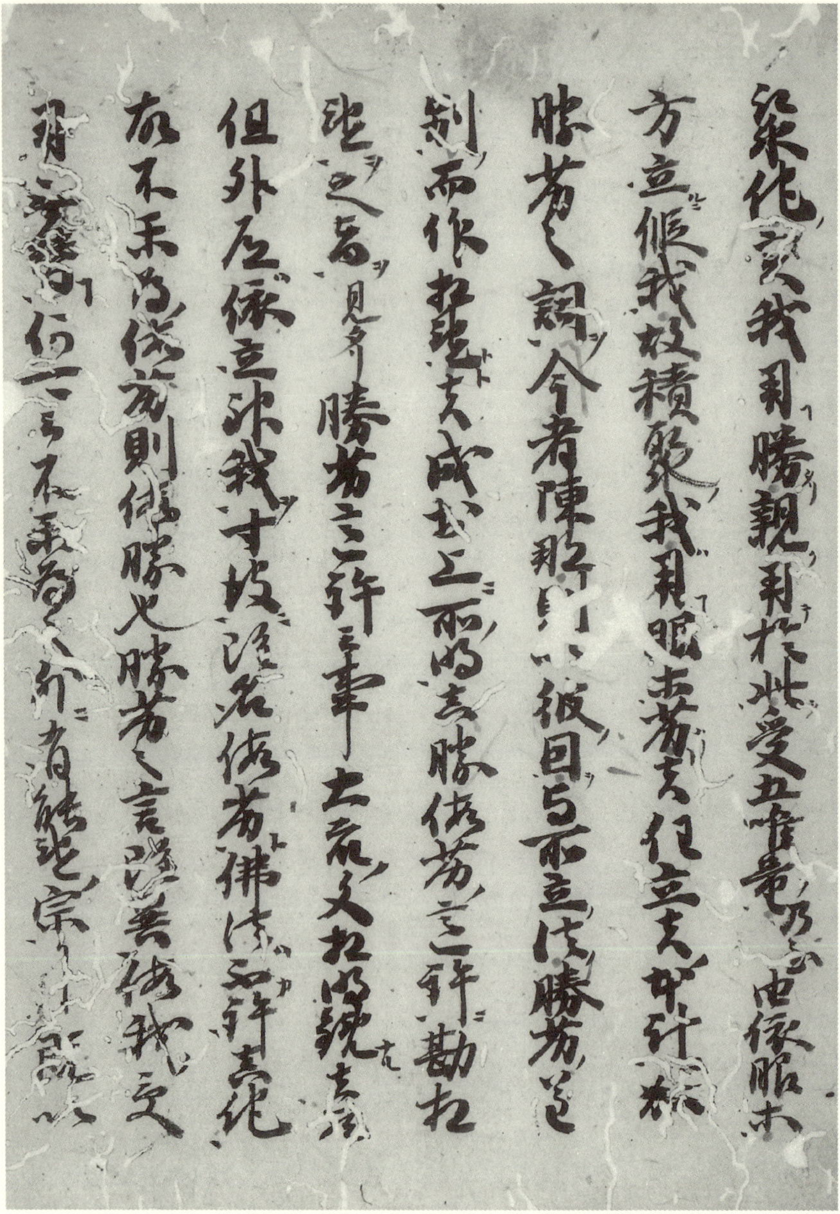
衆化云我有勝親有於此受五唯量乃至由緣服衆
方立惟我以積聚我有眼等者但立共比許衆
勝者詞今者陳那則彼因亦立法勝者違
制而作想違者成故亡而物者勝依者立許勸ね
違之者見勝者立許事大疏文ね物號者違
但外在緣立非我寸故随名依者佛法不許者絶
存不求爲依者則依勝也勝者言謂善依我受
開立違何三云不求爲有能違宗

條上因者依勝論不可有於二宗意許之失以[illegible]異
積聚他用勝則是異品為欠又既論即異也
積聚他用勝之物与説非我用勝為宗成異
品雖指不云為宗別也全不可成相違
問付仙人所立三比量可辨以同異性令比量
宗異品収　答　付之御陳三比量[illegible]意
為成非實法宗遮差別則實宗計同異性

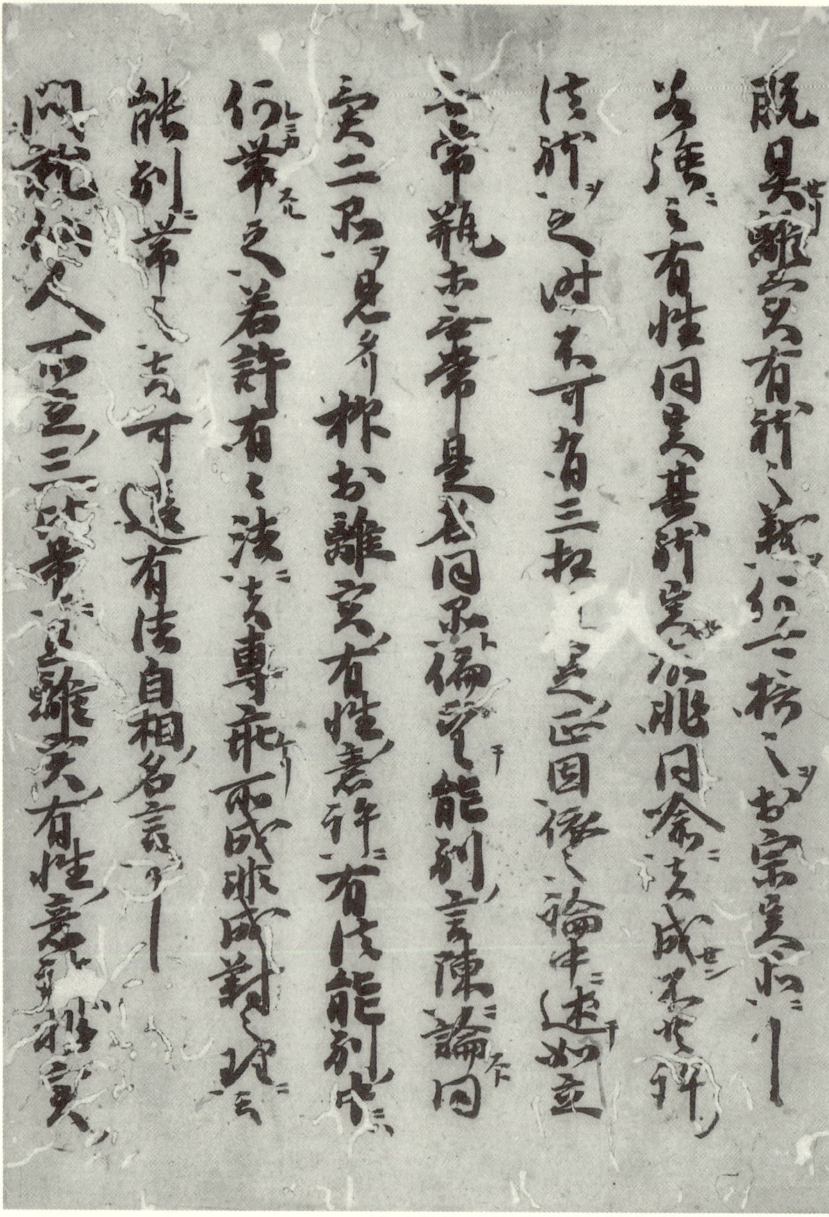

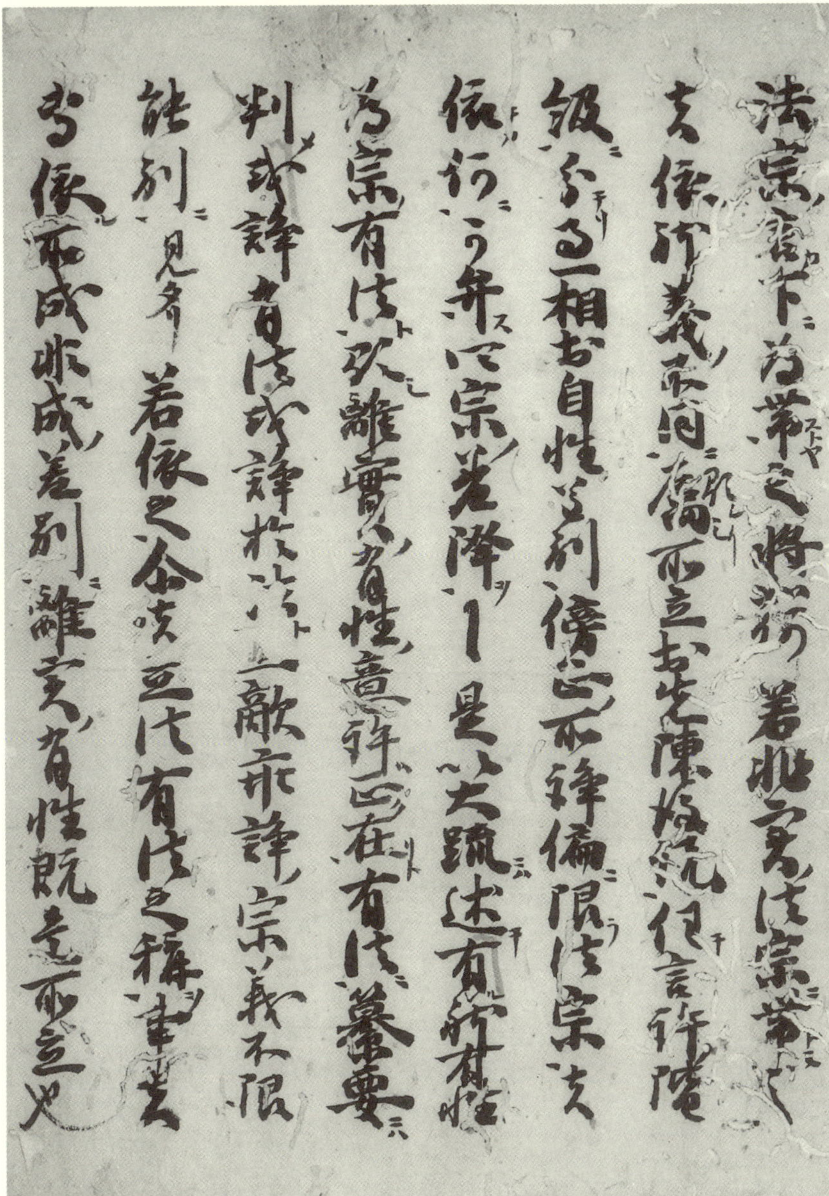

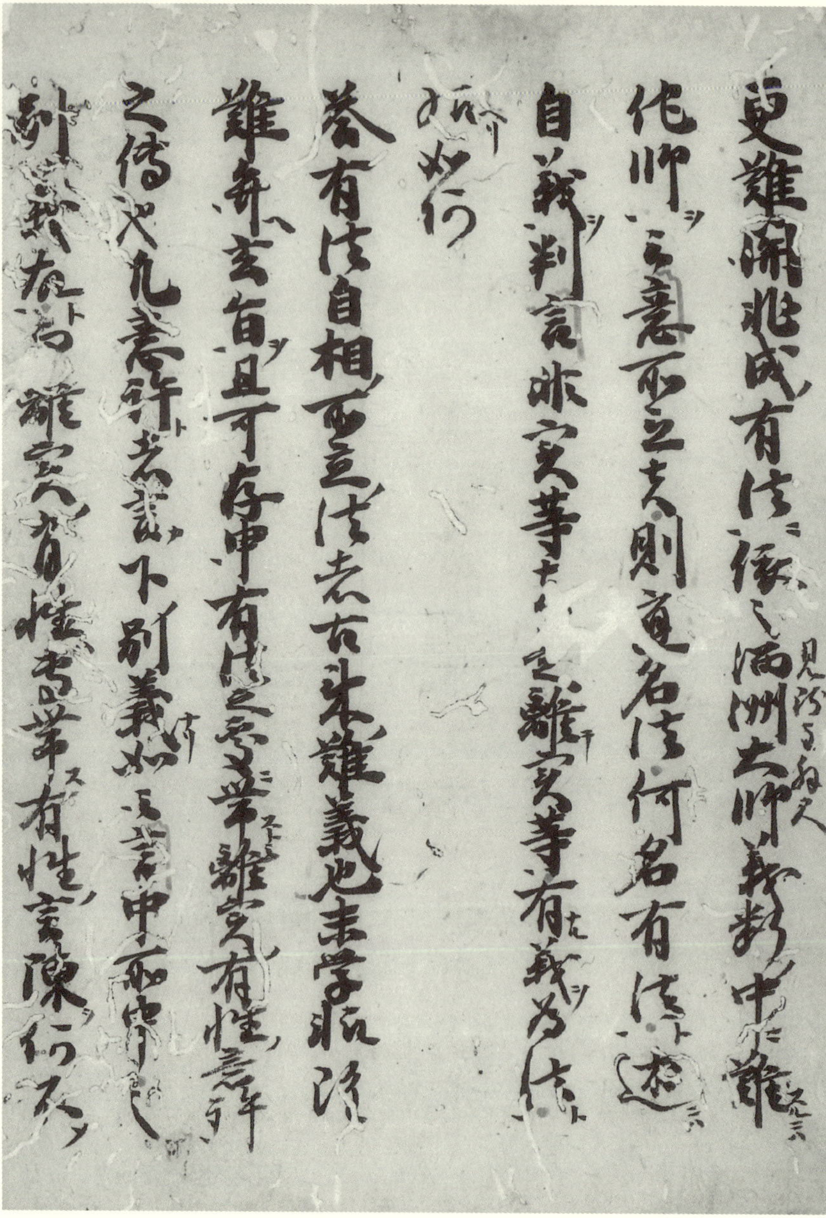

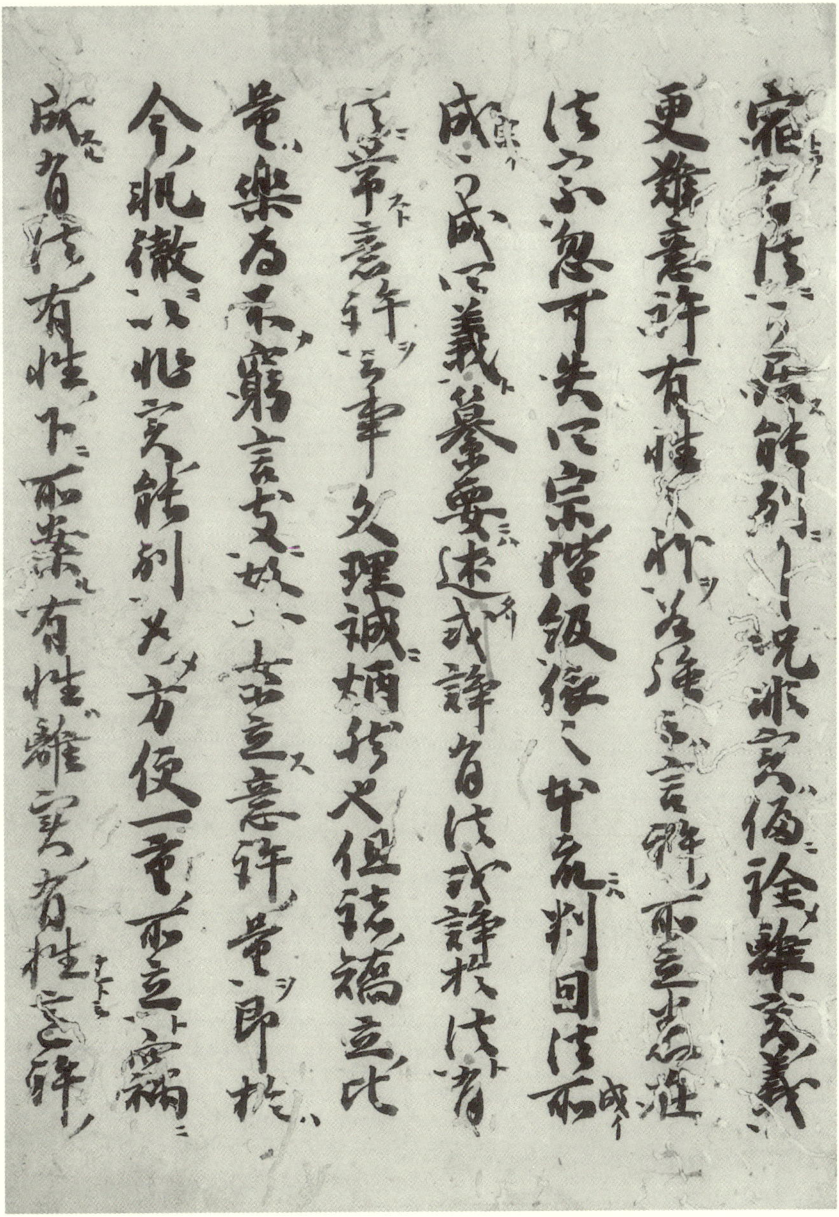
寧法不成能別況非實偏論難實義
更難意許有性所以若依言許而立
法宗不恩可共宗階級作兎判回法而成
成成義纂要述或諍有法或諍於法有
法常意許事又理誠婚移但就遮立比
量樂為不窮言其文如若立意許量即於
今兆徹以非實能別方便一乗而立密稱
成有法有性下而案有性離實有性之許

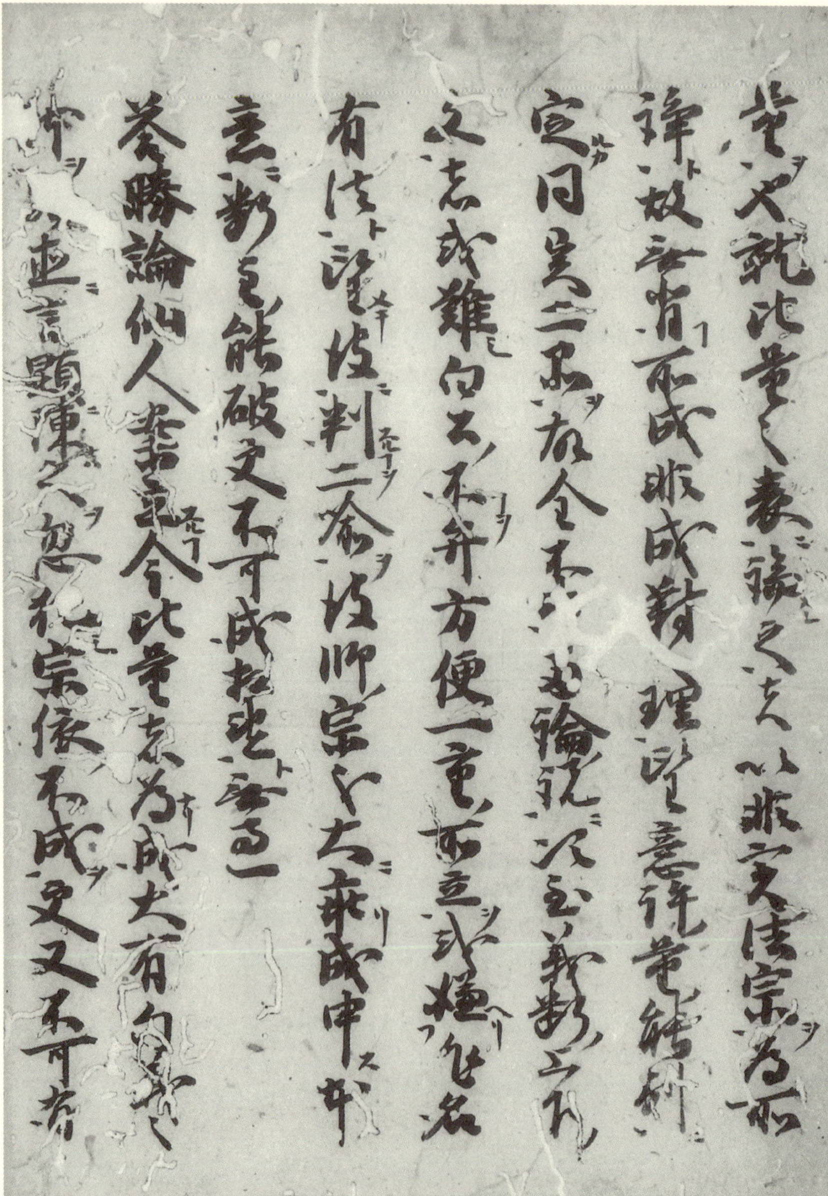

依此是比量成依之義ノ等同異性證為
同喩ト證ニ意許ノ離實有性ニ其所依別成依實
然ニ疏ニ云疏中ニ判彼說離實有性為宗
有法以有一實因而成立同異既非離實有
之有性故成於異品ト深與此意隨今取同異
以為同喩證彼宗中ニ於等法即立能成今
亦成有性以同異性便成於異喩ノ其奪要須之人
證言許為對宗或為同喩ト或異喩ニ收之事

識以所喩又但於成不成許法所之喩不可有因
云疑難云有法因是因乃一分能立其因云能違
作法有宗因不開頭云云而違量還成立所
並如立無常執声無常未論文云疏会之唯
挙所陳両宗本諍法之自相名為因不以全義
所許是傍所諍瑕所不能現違因不和但解人
不可有所旨若隠執令一文云如三類違成
雖也次於意許不存云因明難義又二傍

宗ノ文ノ理須ク疏ノ所説雖定且但有法自相ノ
名言ノ次下ニ有法言ノ下ニ第二ノ言陳一類宗ノ
以非宗能別ヲ為所諍ト何可混所成非成哉
理ニ也
問論中ニ以テ有法ノ差別ヲ相違作法ス即此回則
於前宗有法ノ差別ヲ作ルハ所諍ノ性ト今云々大作ス
意性ヲ為所諍能別ヲ言陳ノ如何　若言陳ニ疏
ヲ有法差別ヲ更難開能別ヲ言陳ニ随テ見ニ疏ノ下ノ

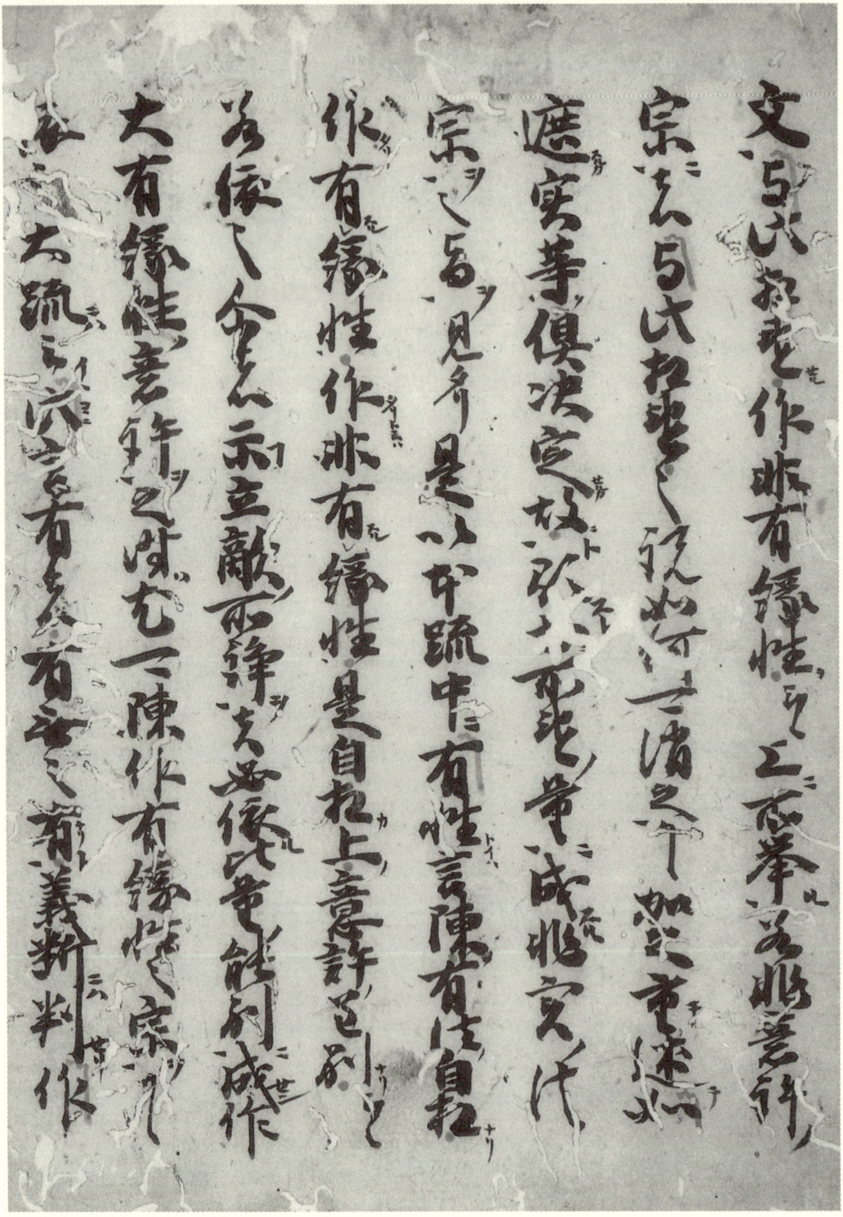

相違立離實法有別自性云同異性既成者
同品第二相更不可闕能違因之指不定失之
不者此遠法差別能違比之但合偏才不有
之諍即離之法離言而諍宗義未必一唯有離性
實未之三比量即離能不有相違成之令作法者
故示六句別所之答案立故以同異知合尚標示
離中六又法付法之別立也者為諍論之源於三句
論之今此比量云但義應之証勘之言許立一九

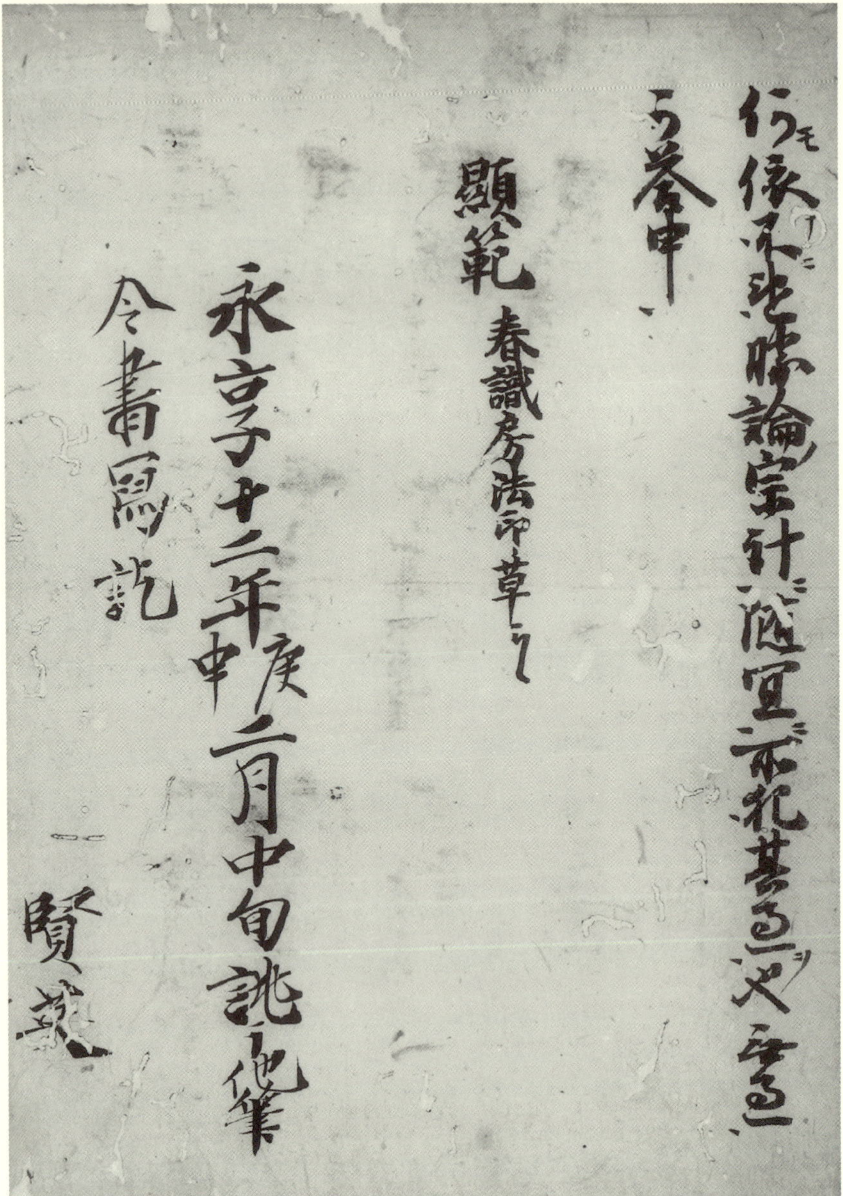
行依不共比量論宗計疏宜不犯甚過只存過
与参申
題範　春識房法印草之
永享十二年庚申二月中旬誂他筆
令書写訖
一　賢英

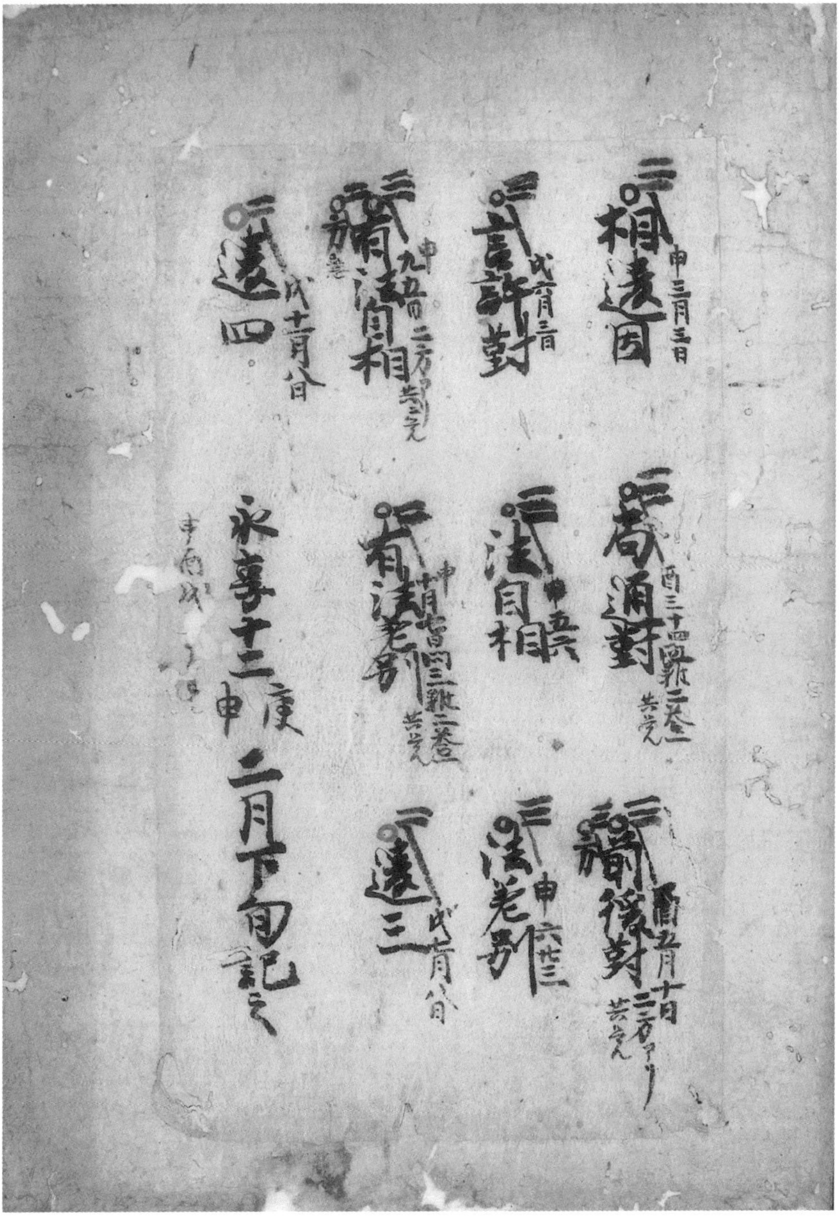
永享十二庚申二月下旬記之

佛母略問答抄

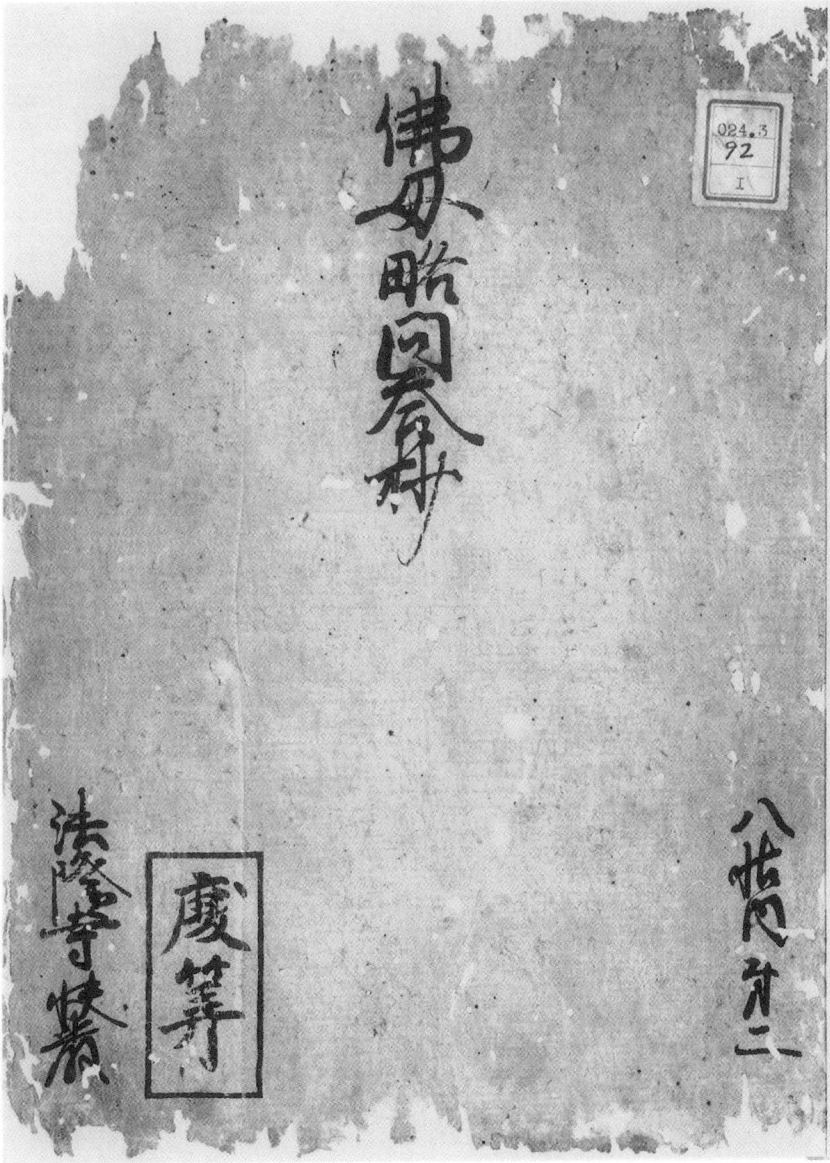
024.3
92
I
佛母略問答抄
慶算

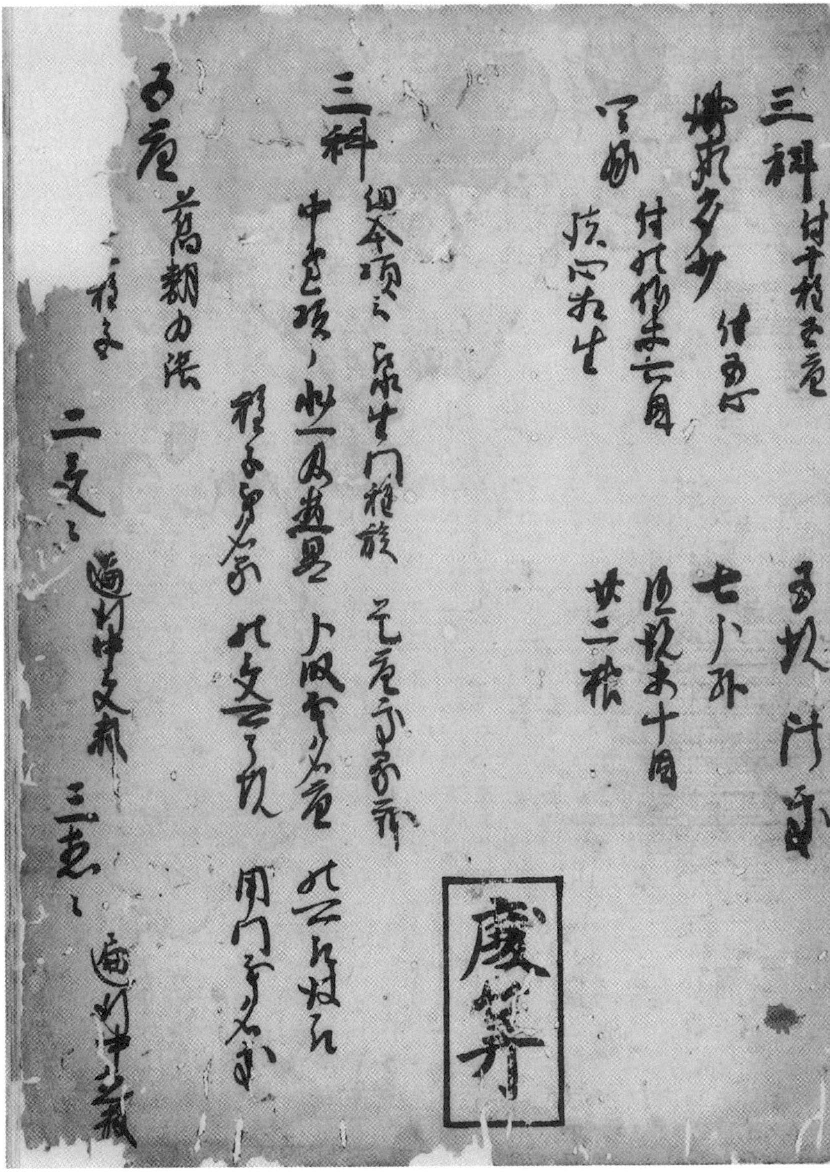

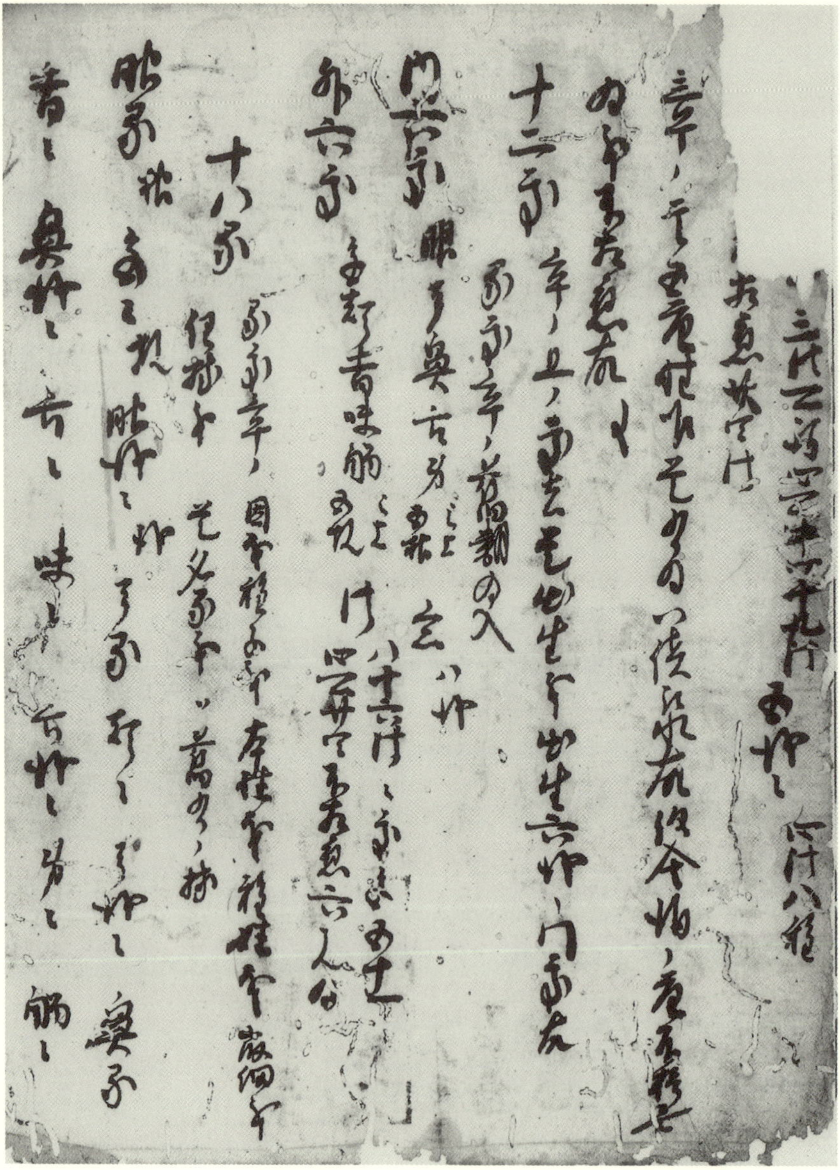

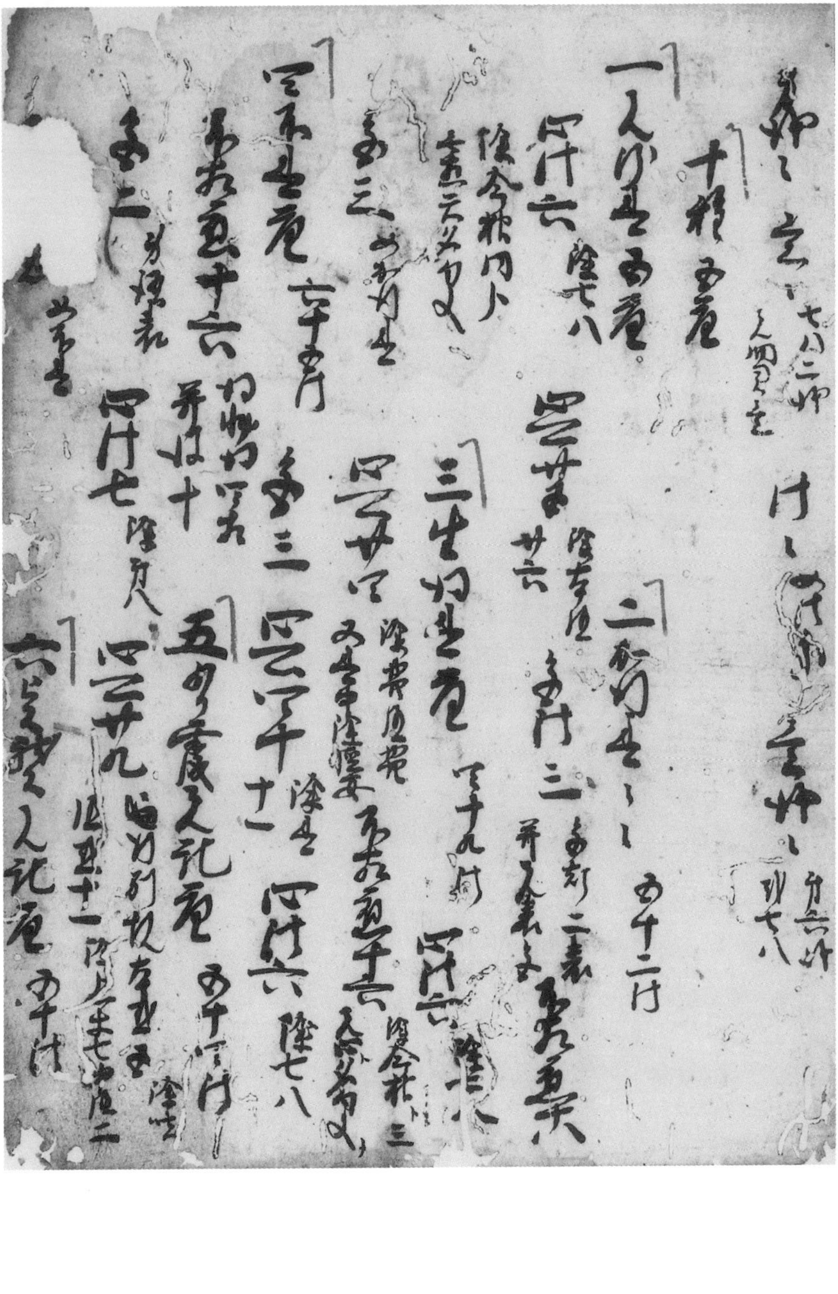

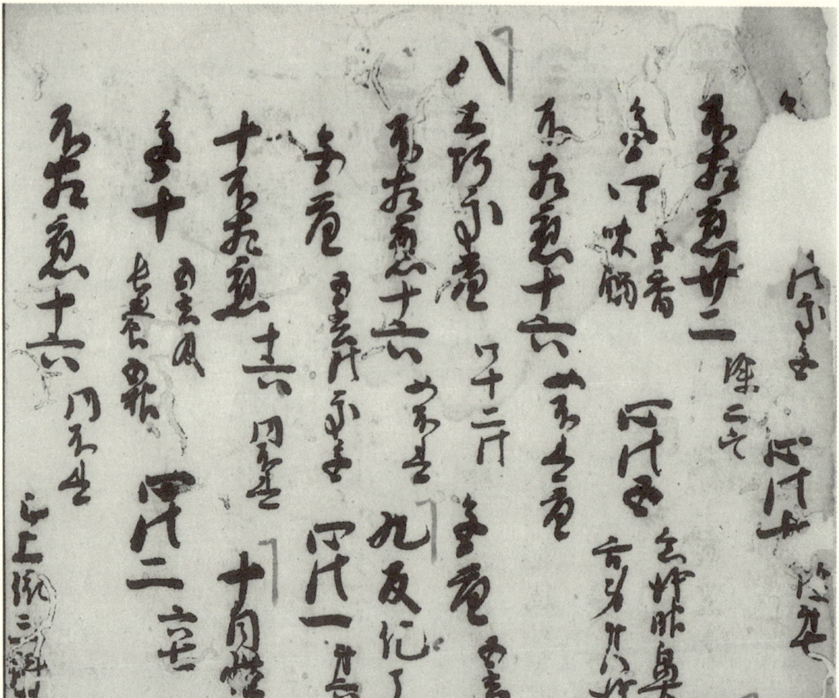

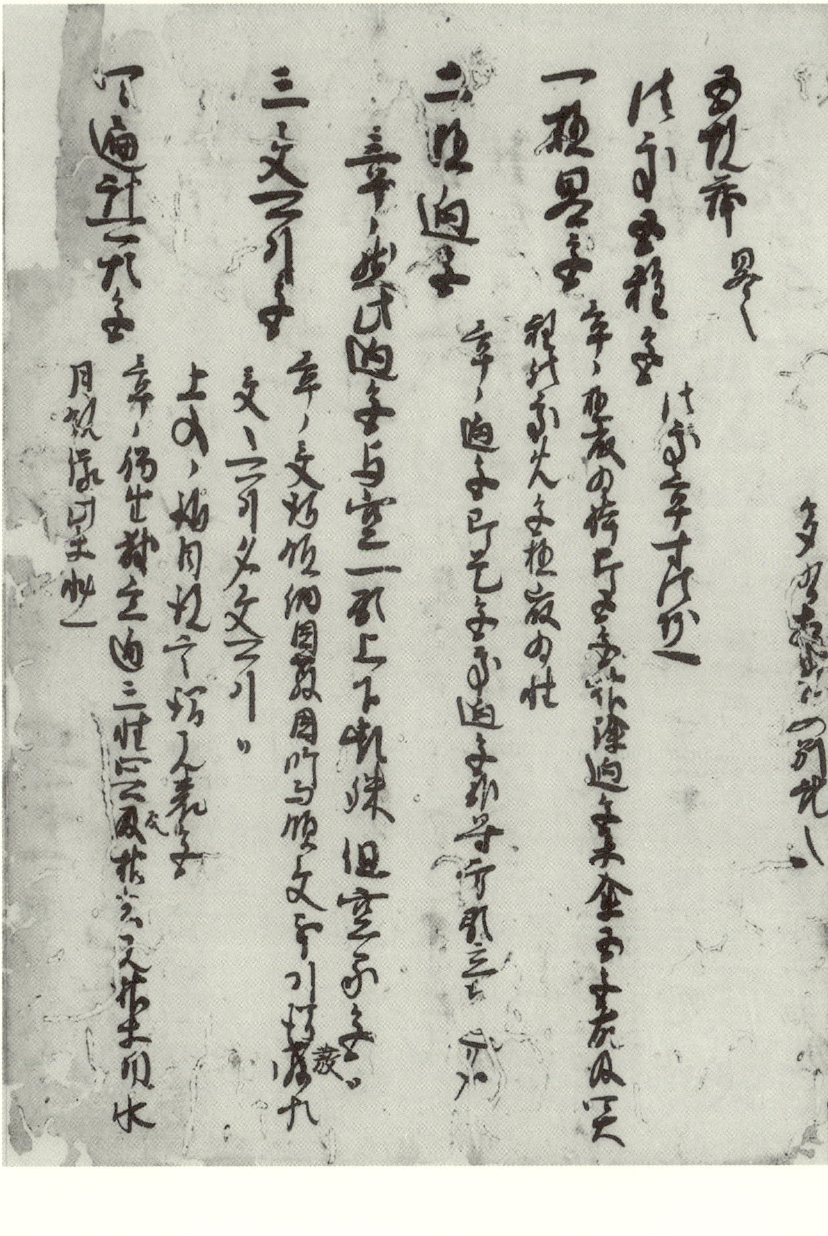

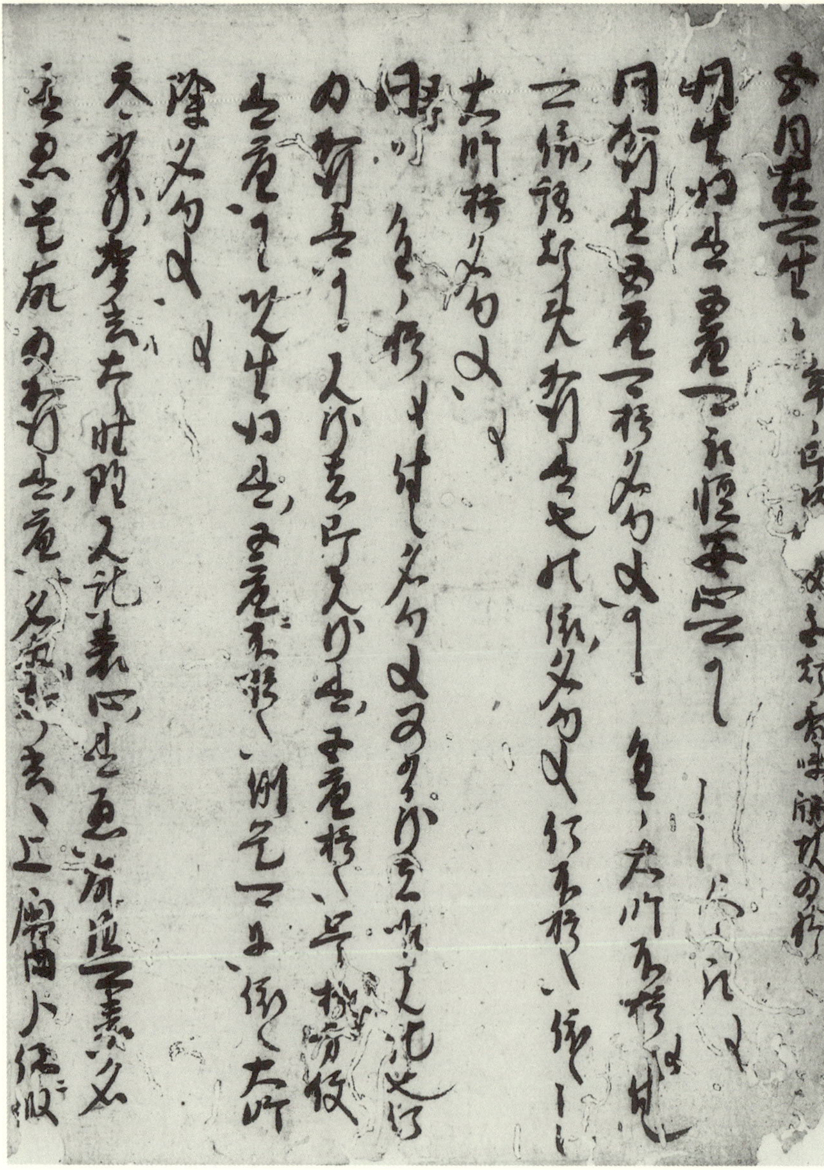

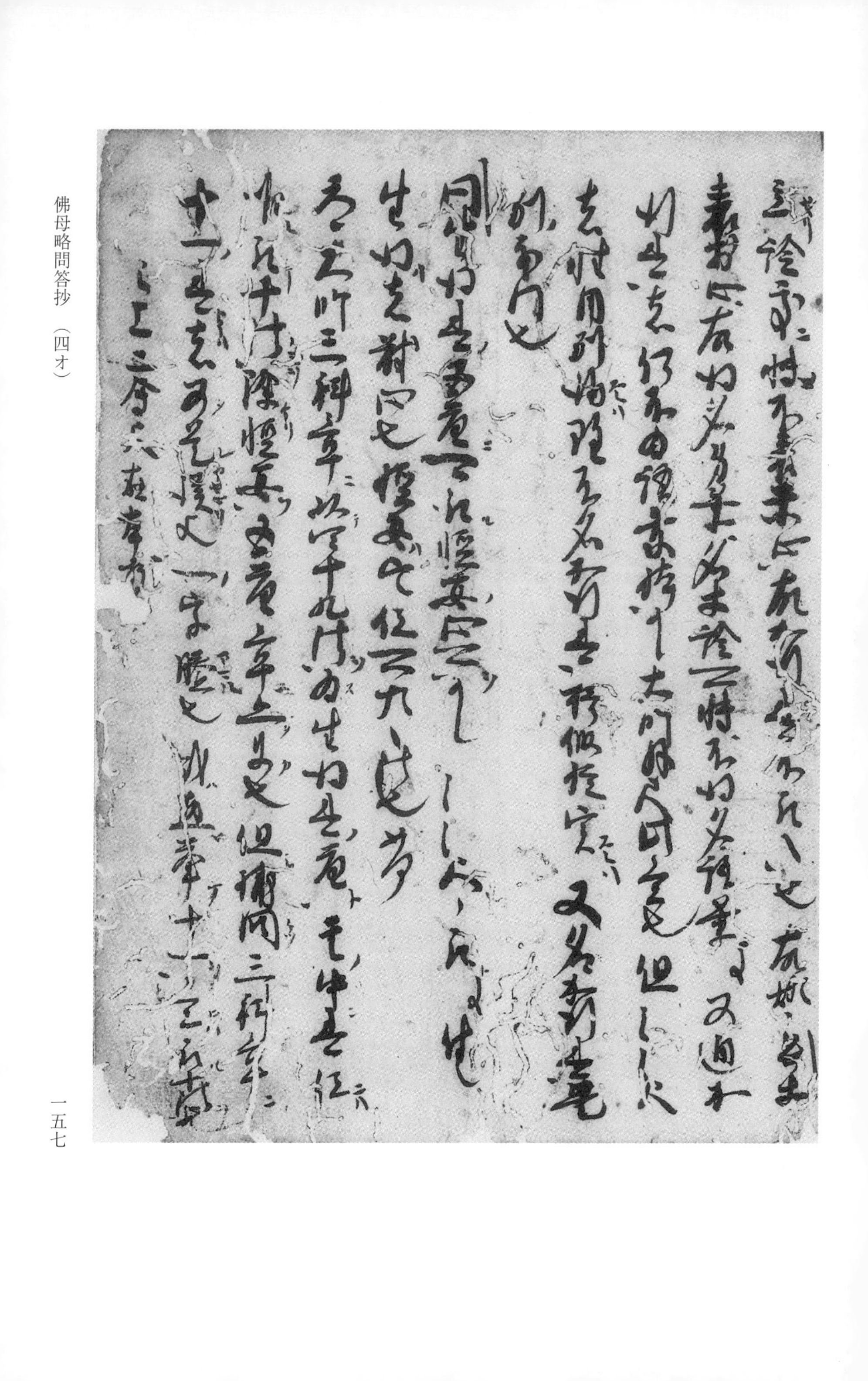

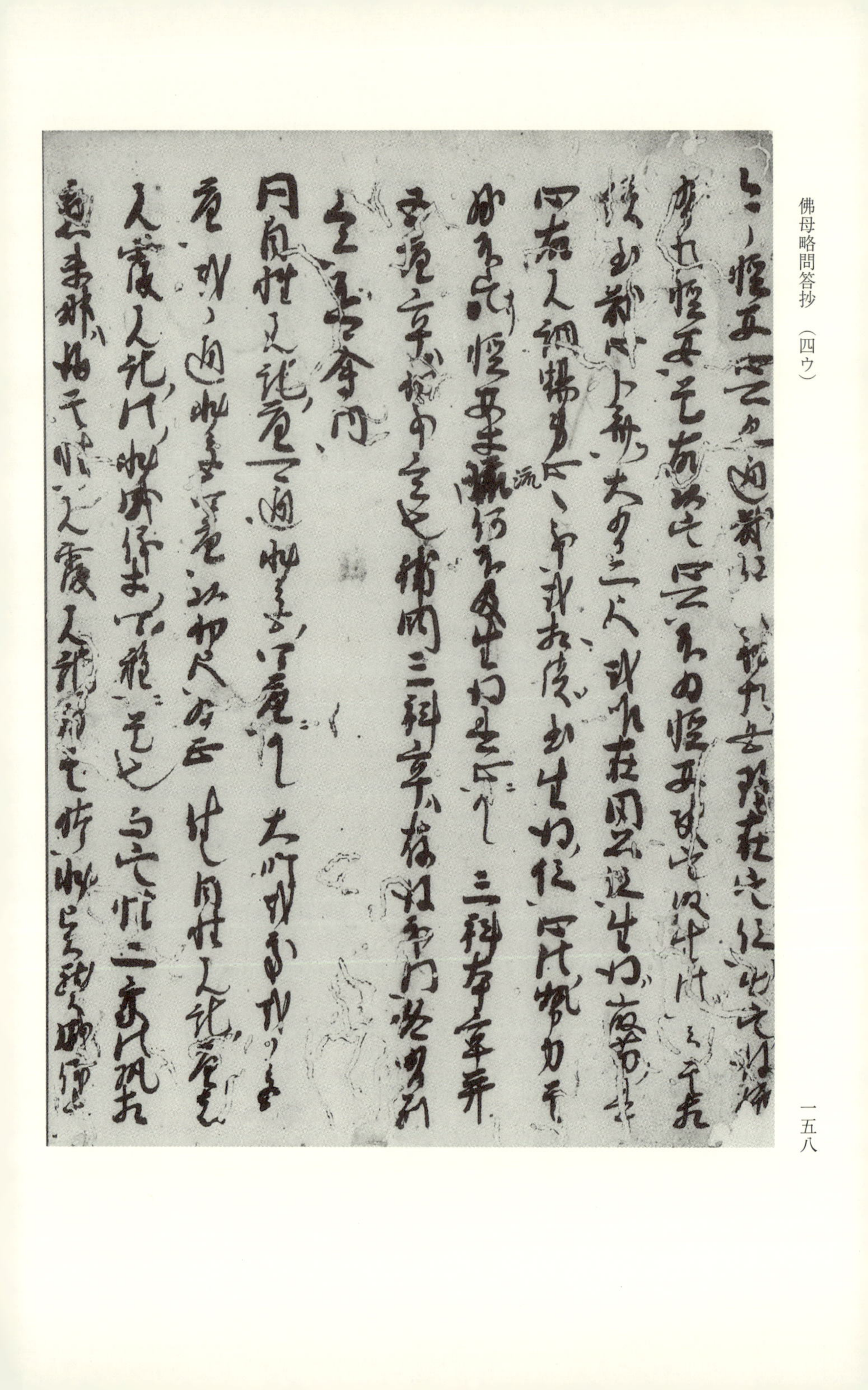

[illegible]

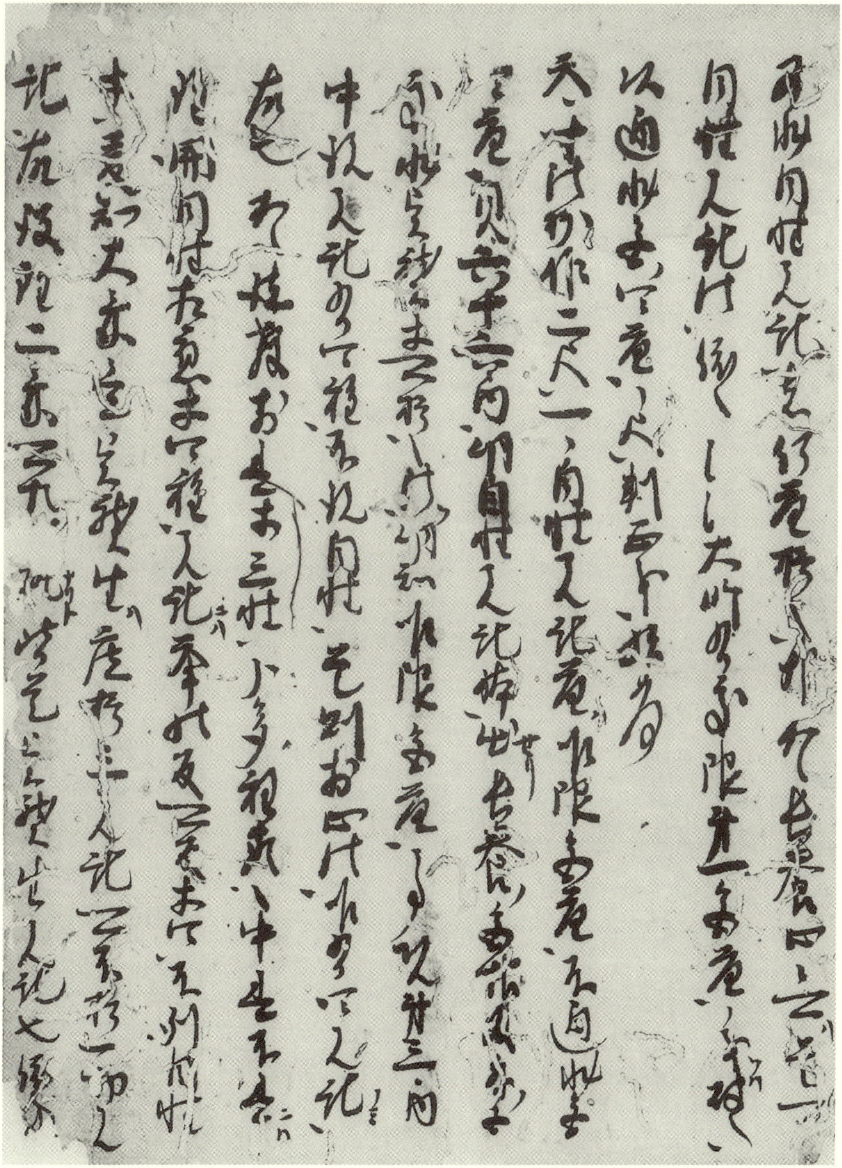

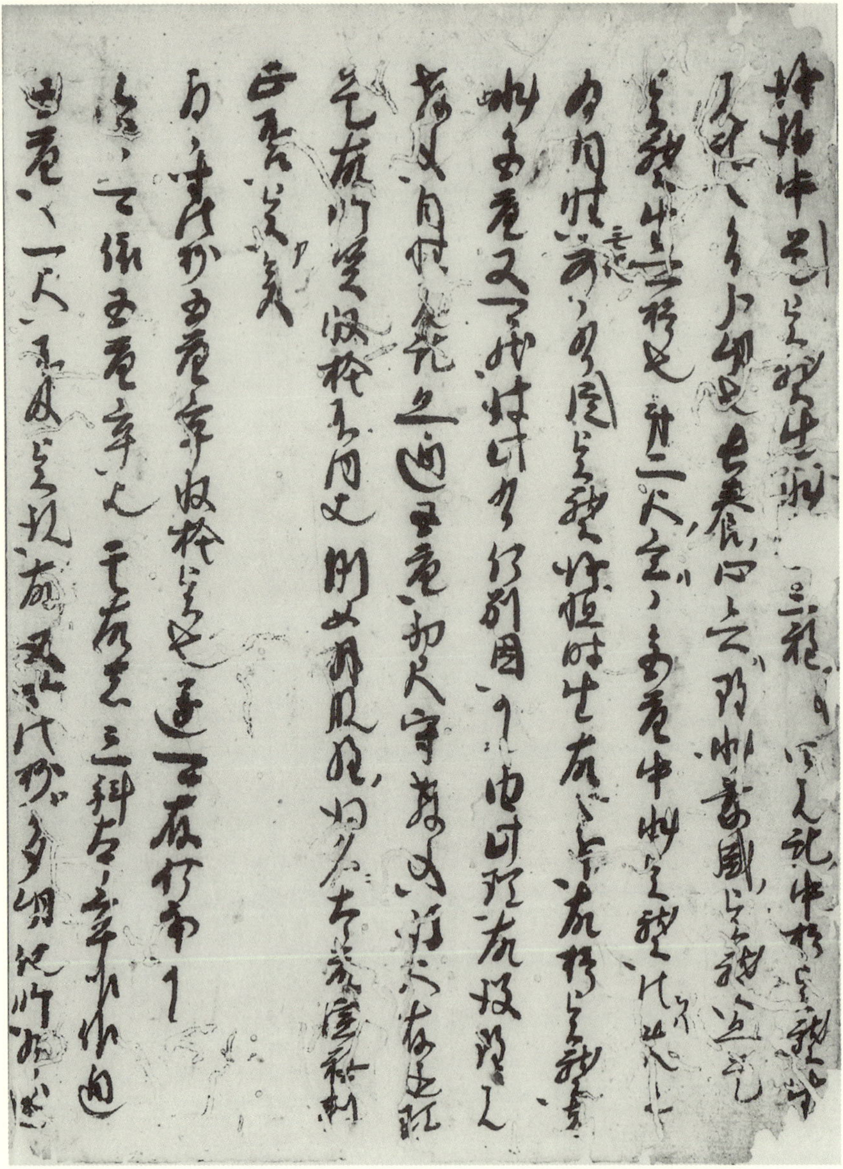

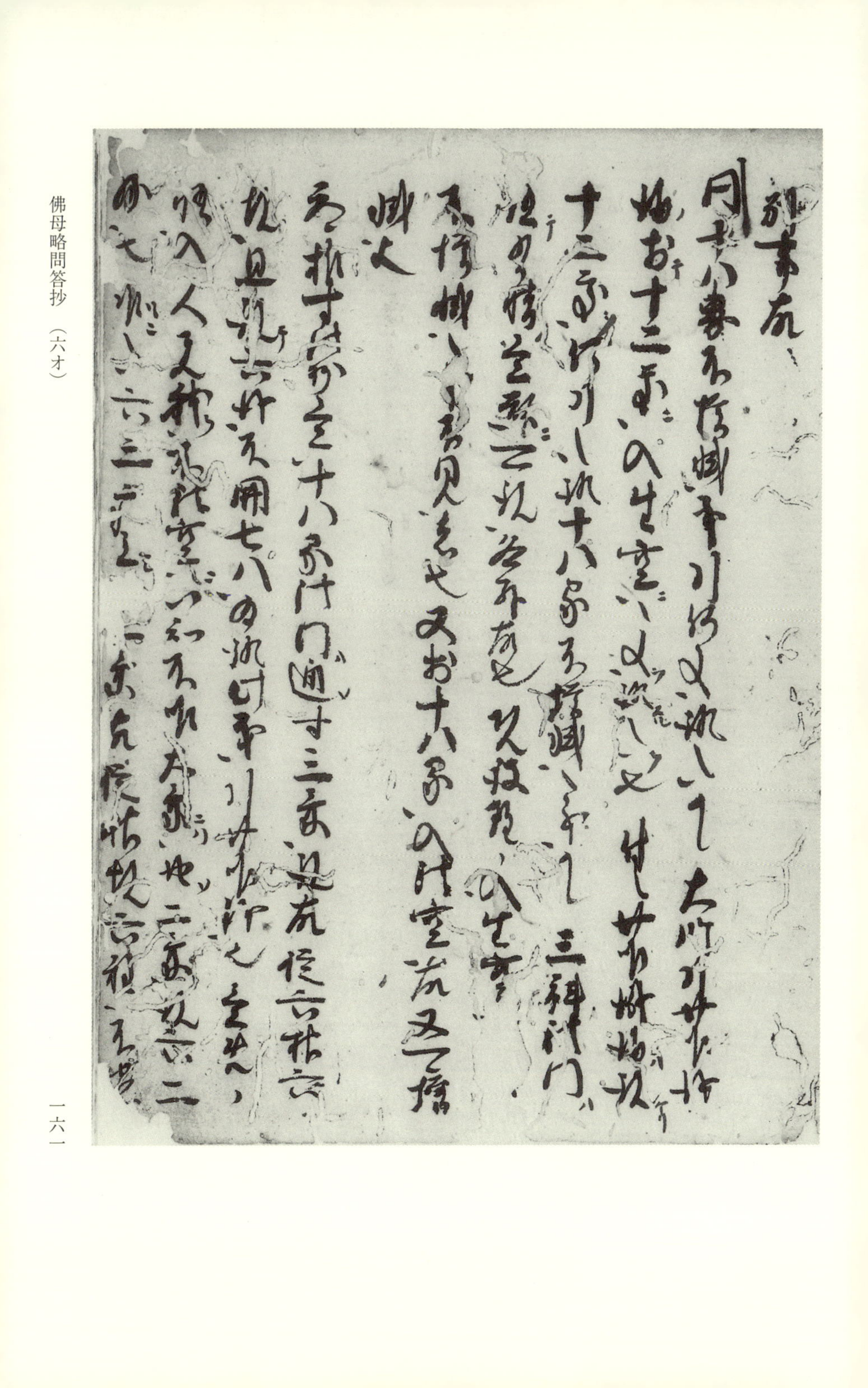

[illegible]

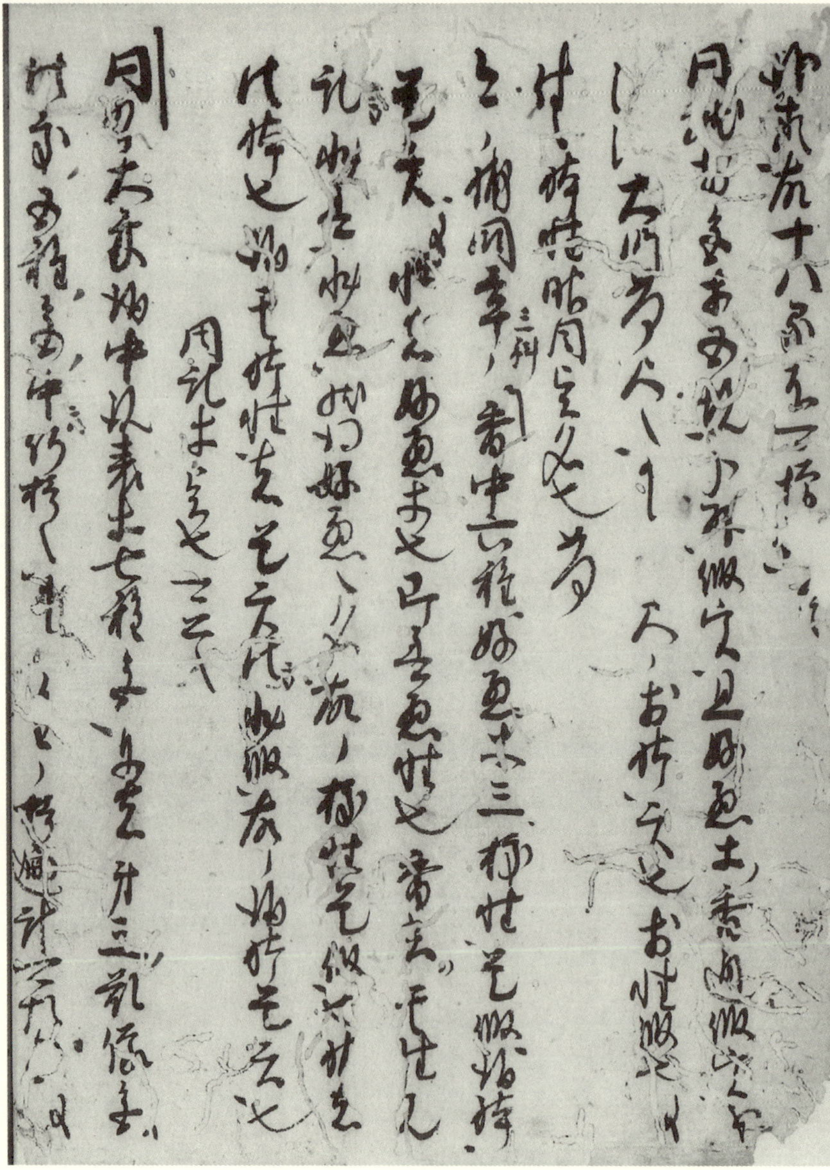

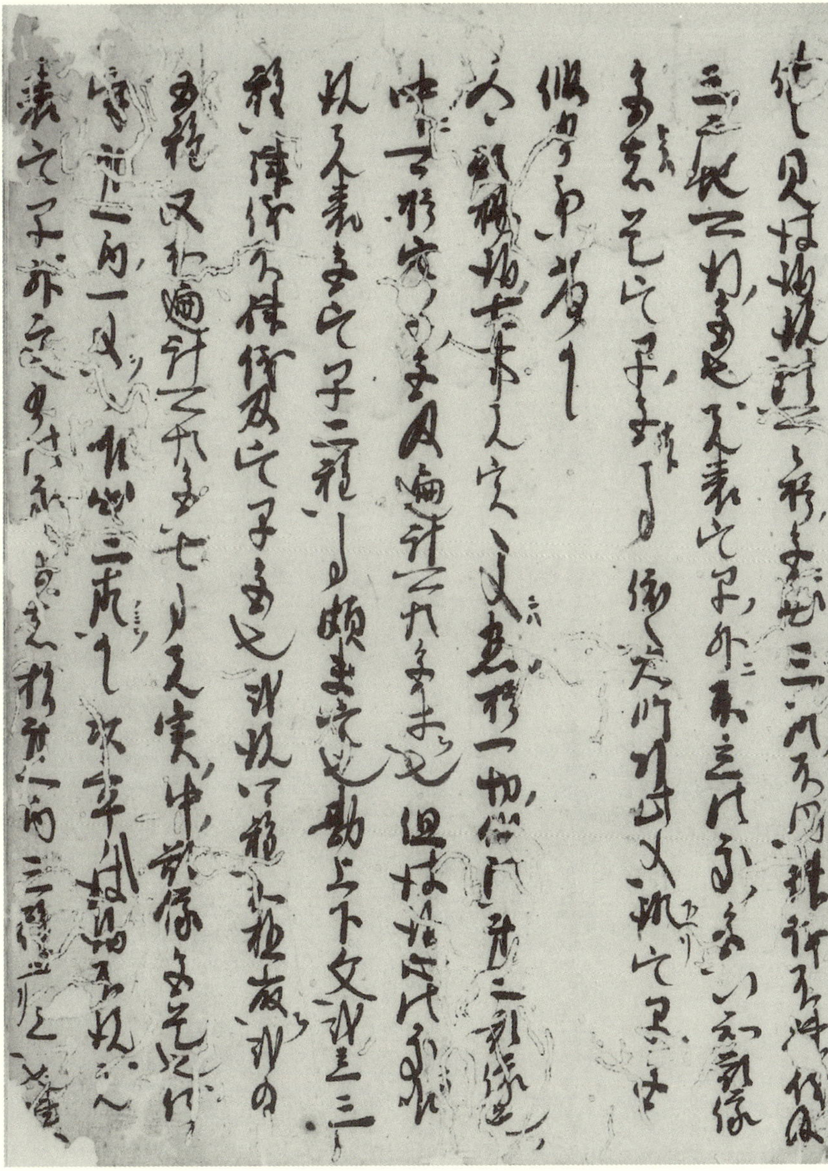

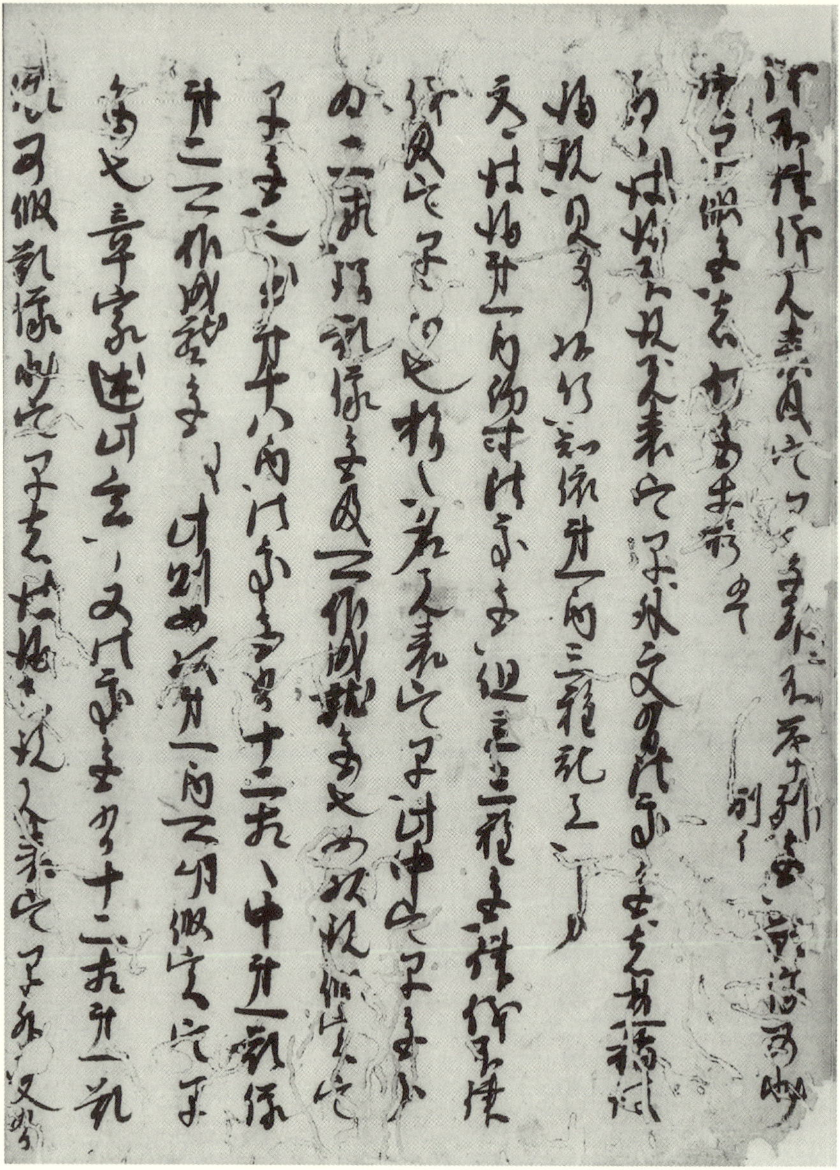

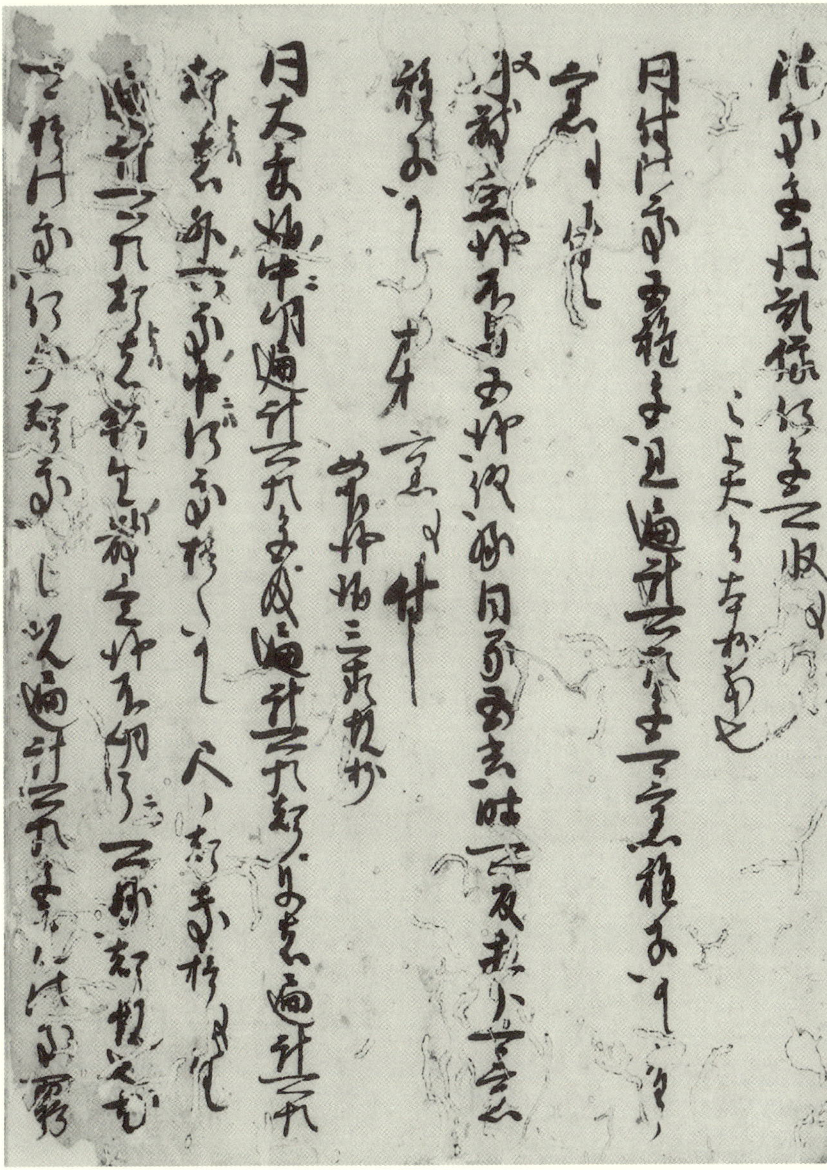

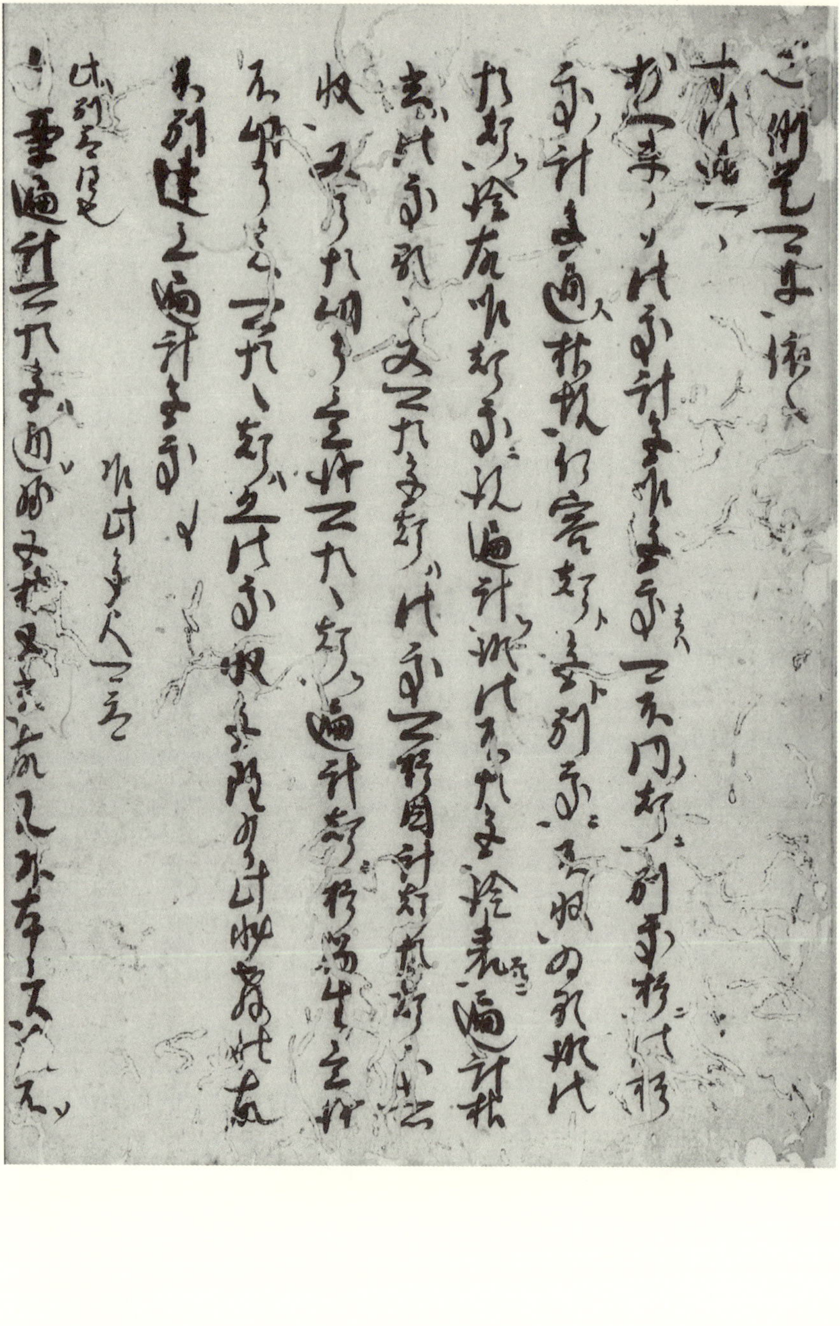

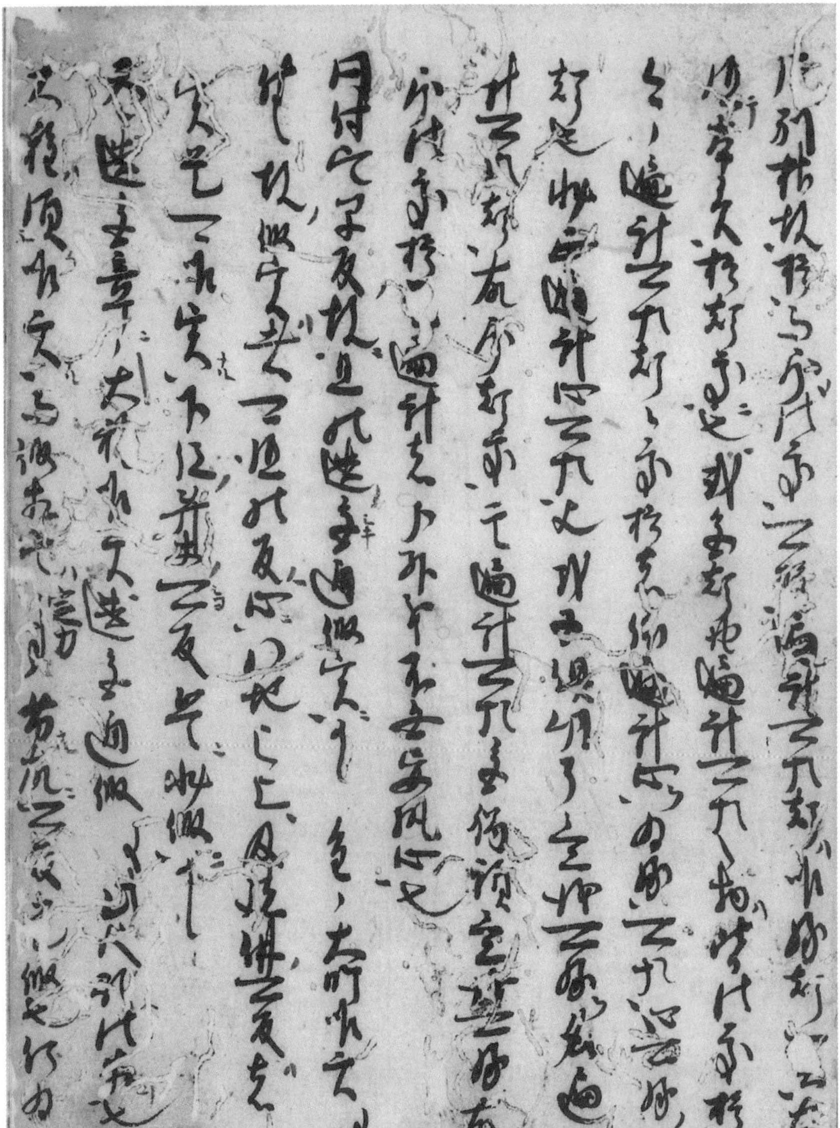

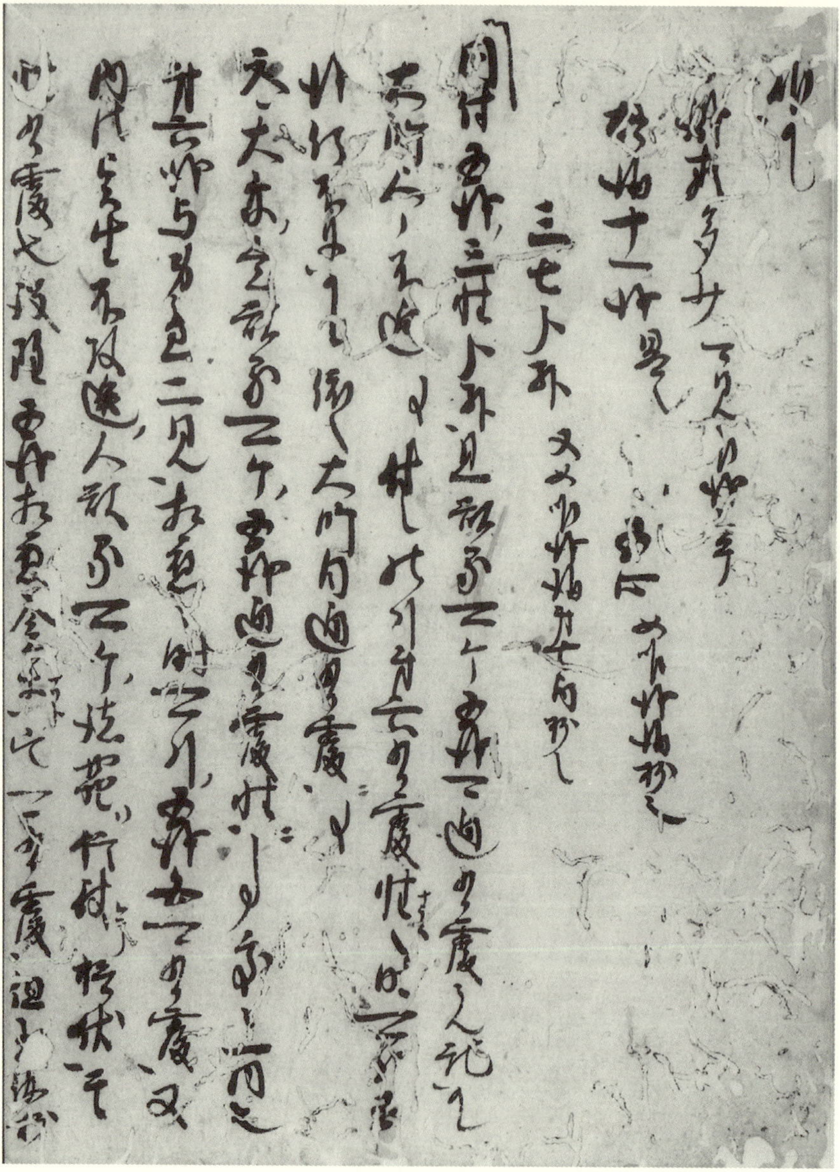

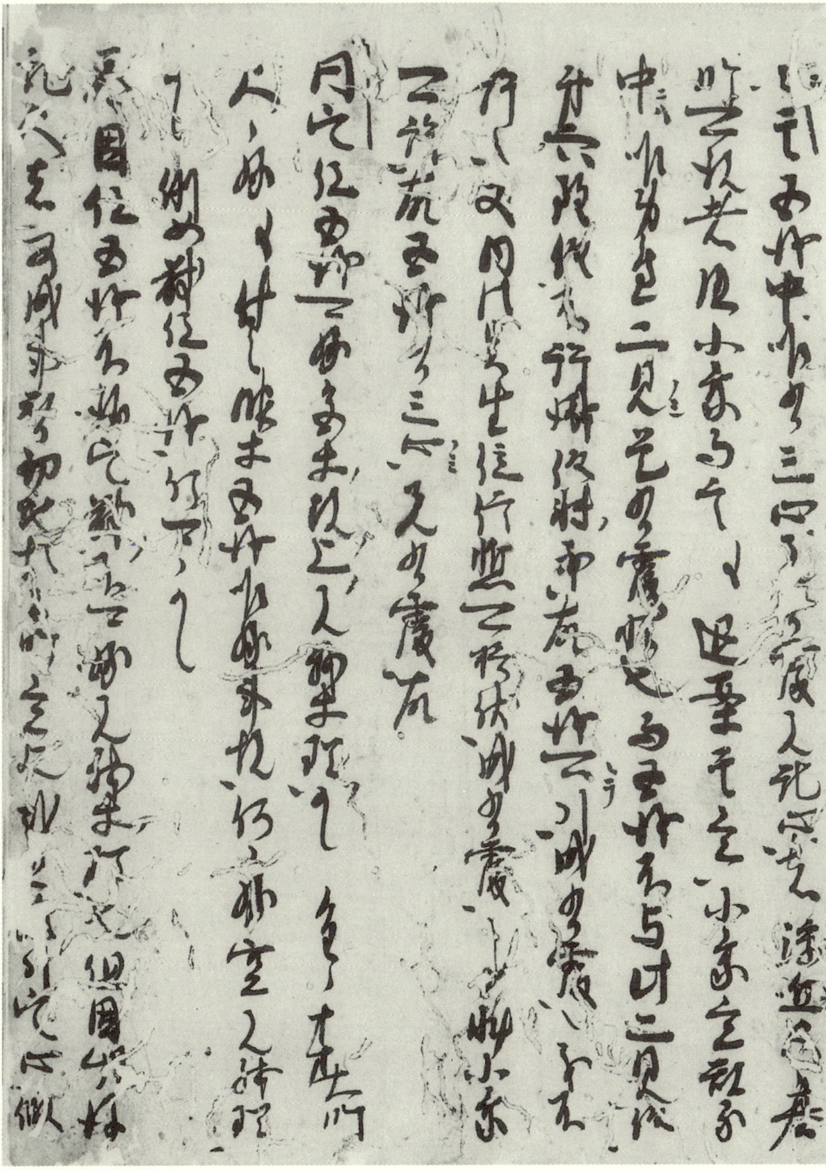

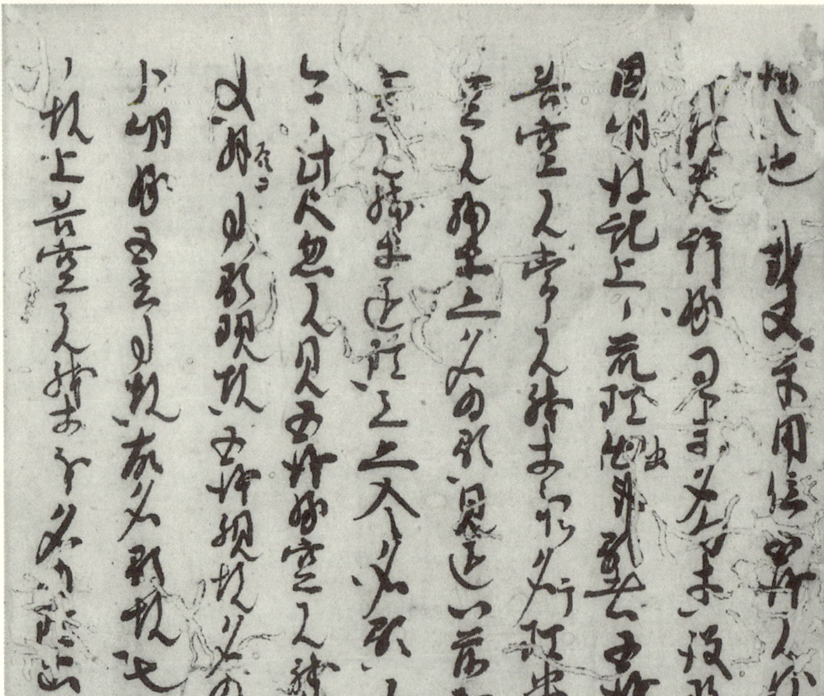

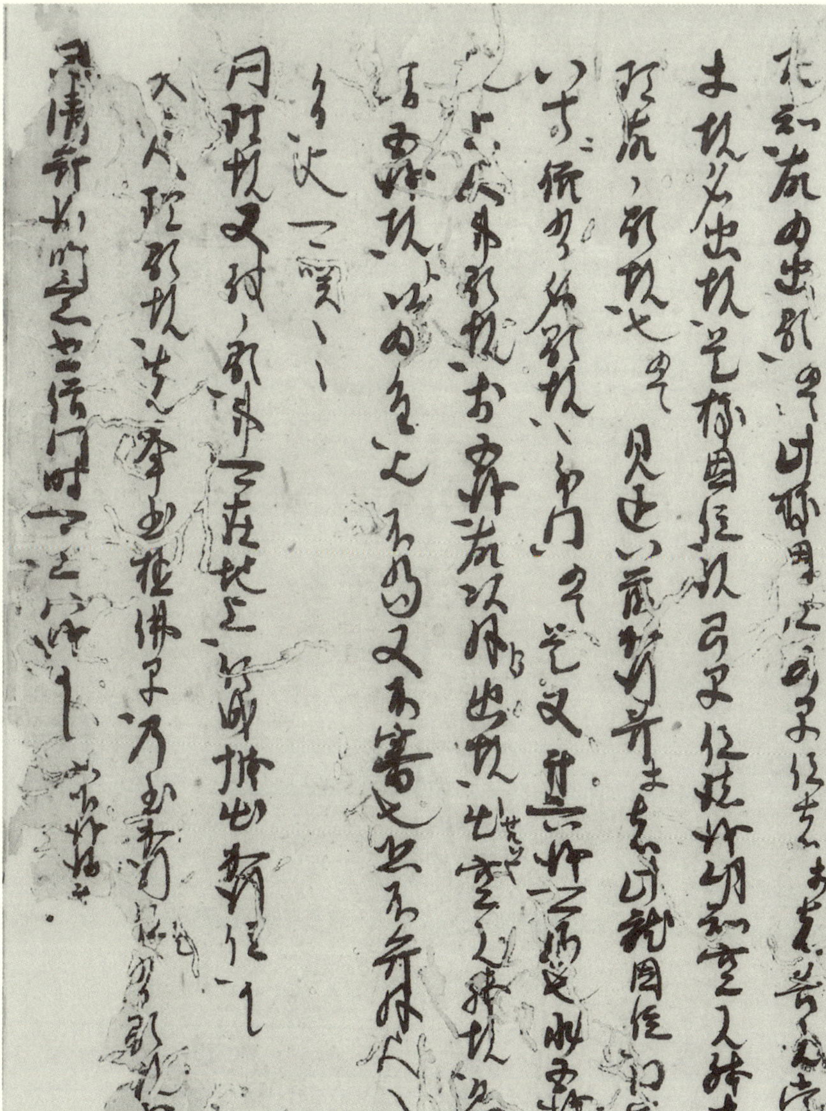

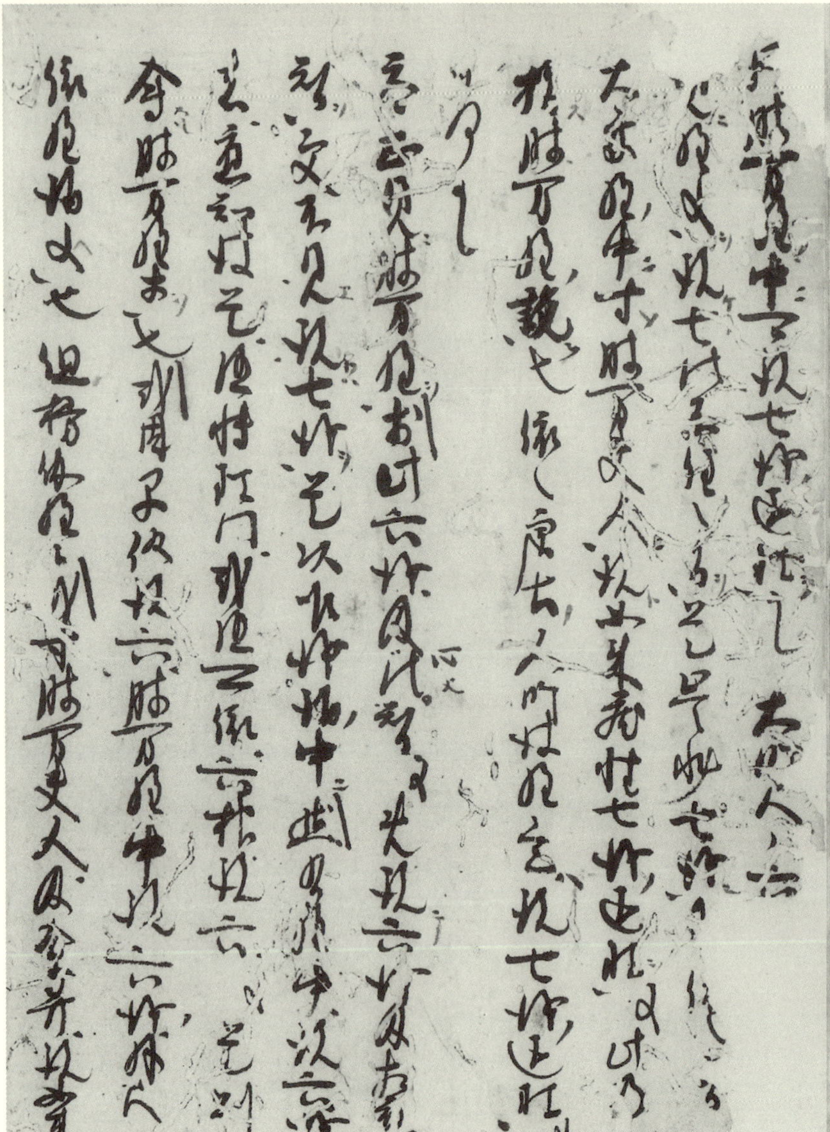

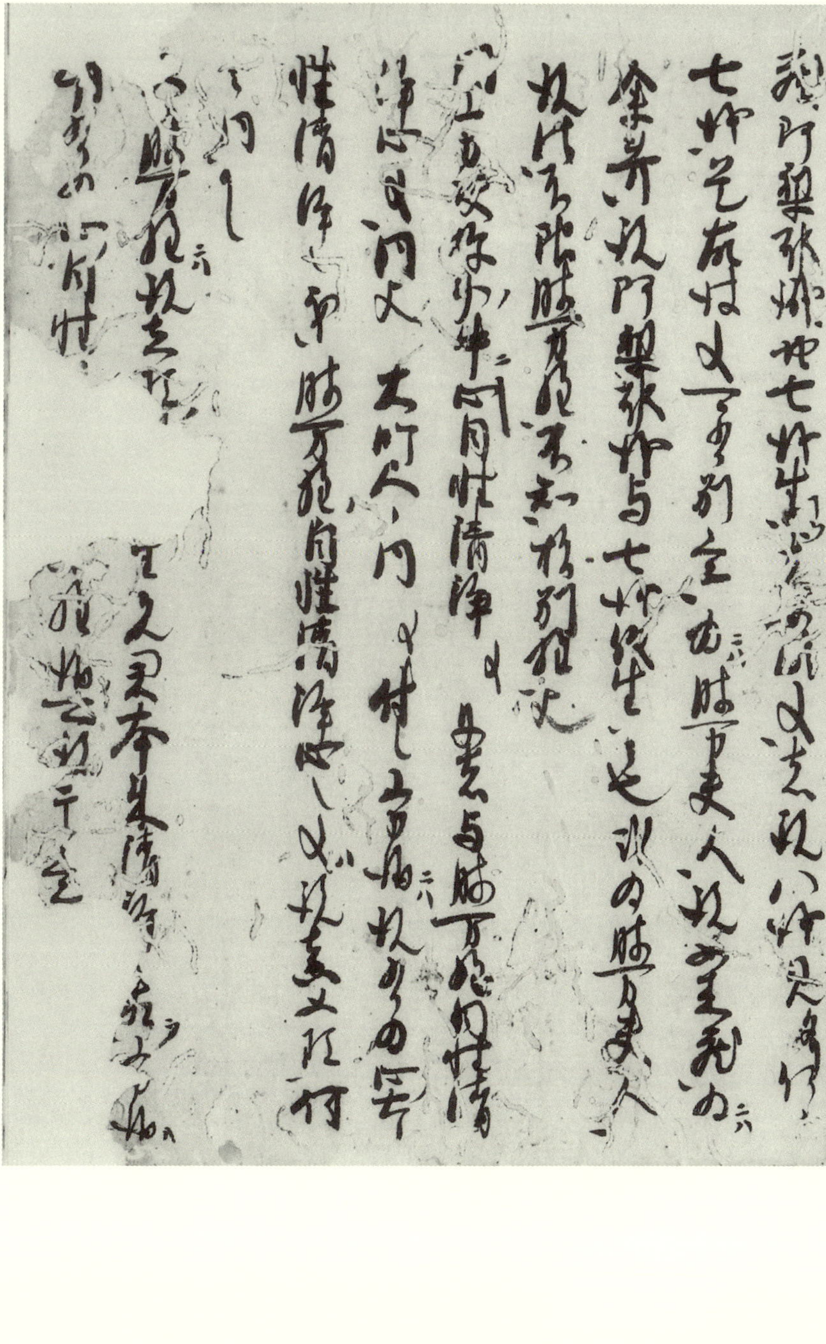

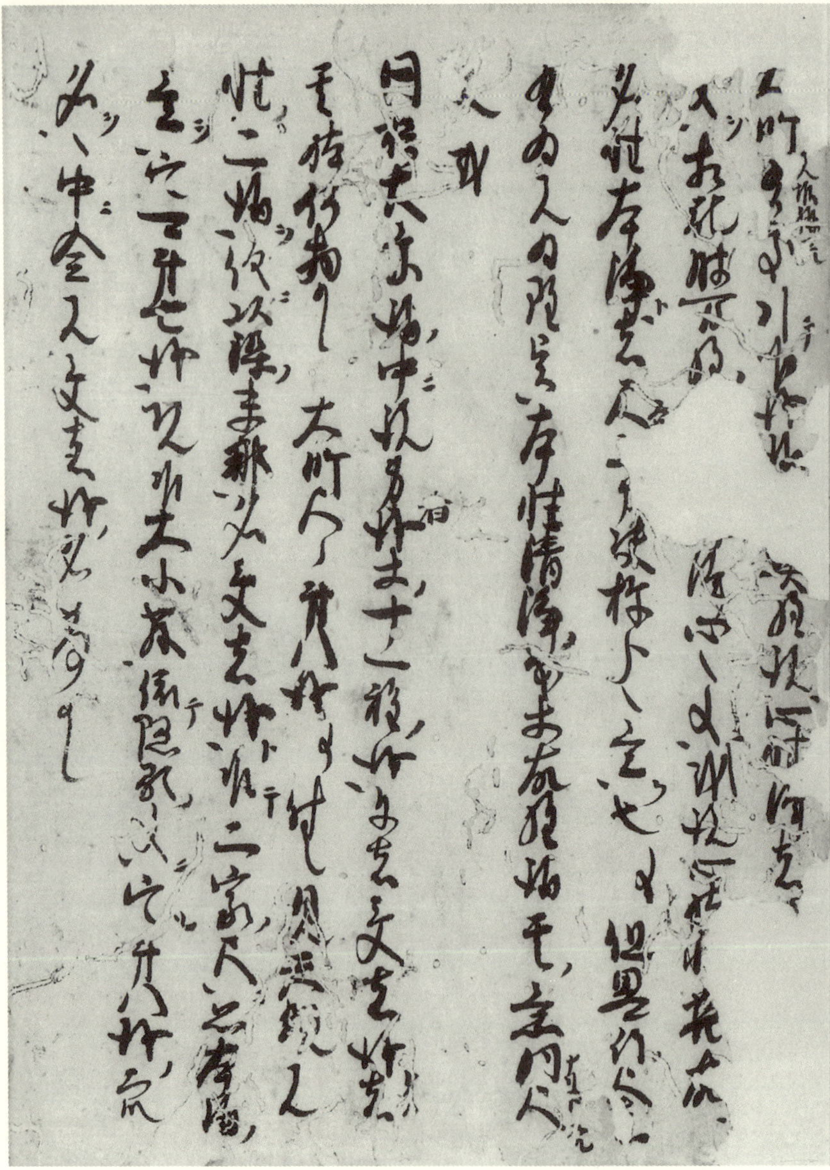

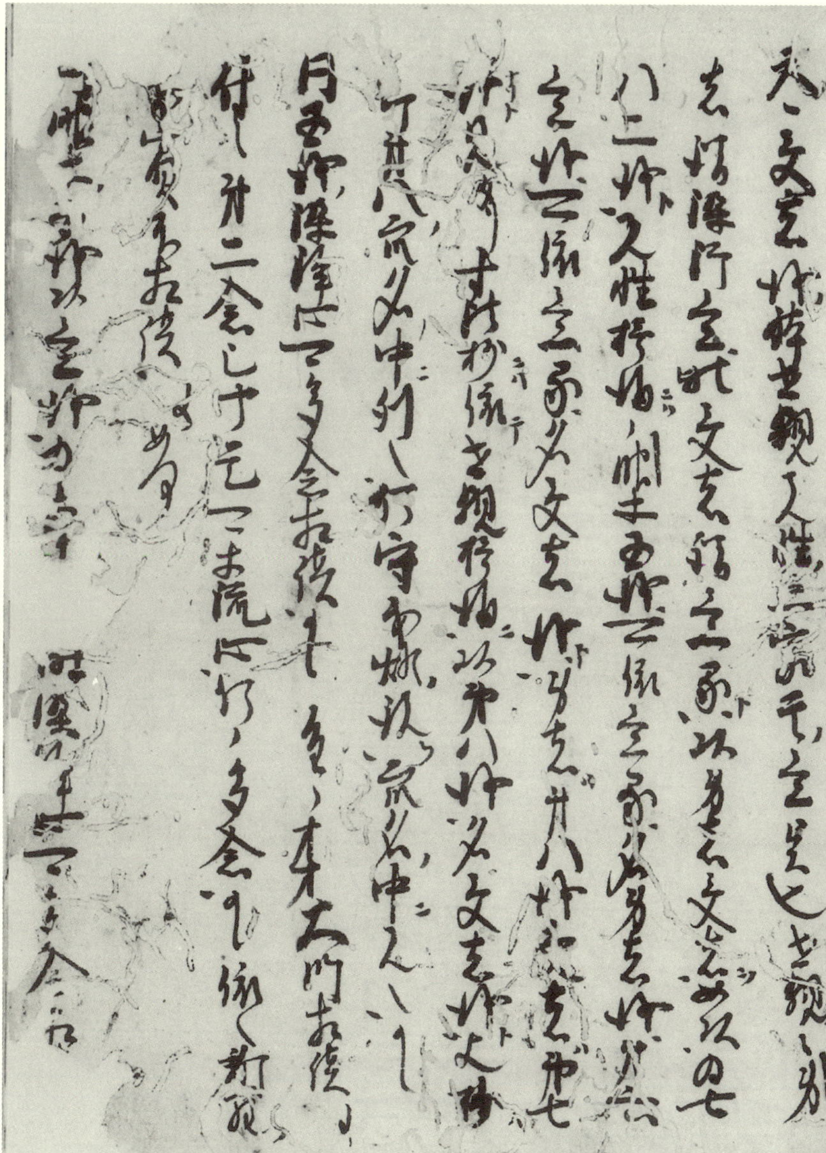

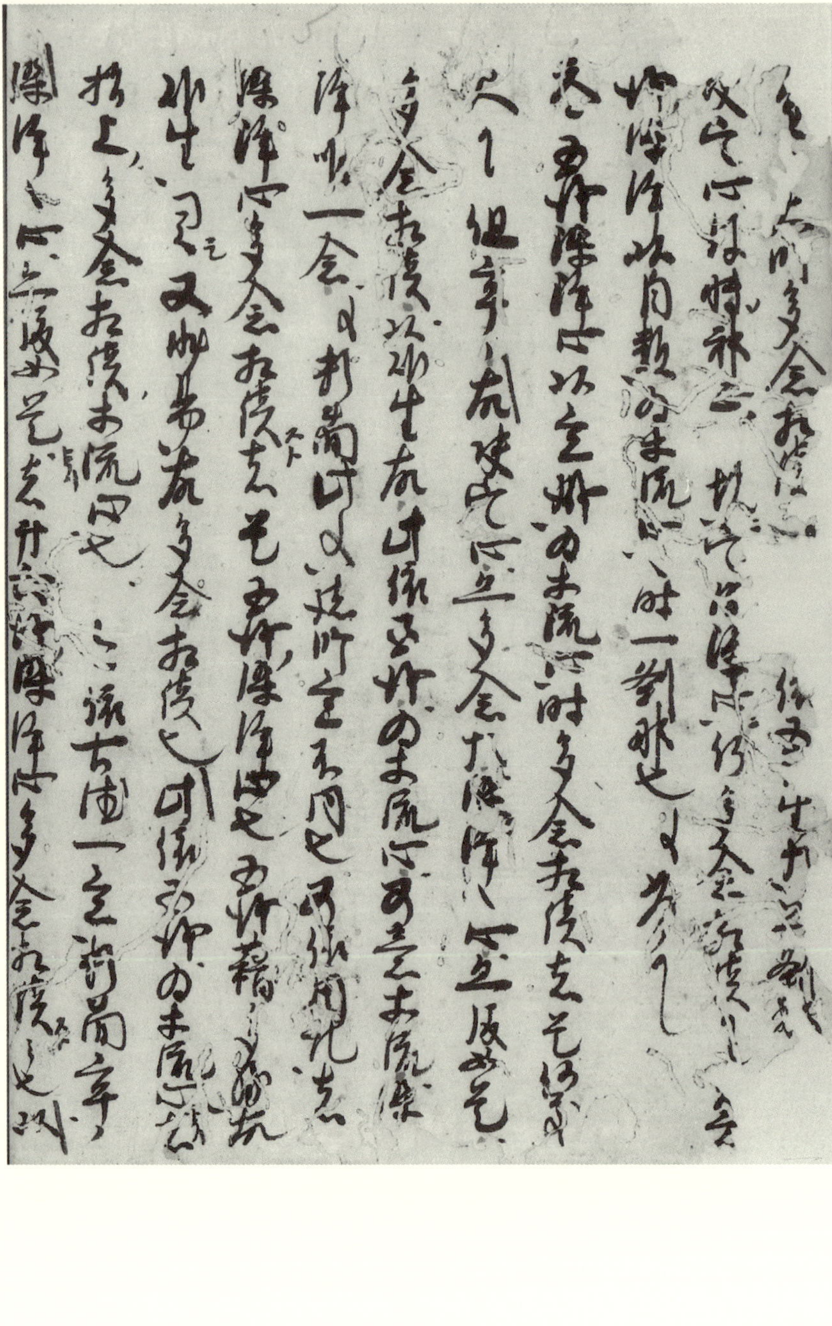

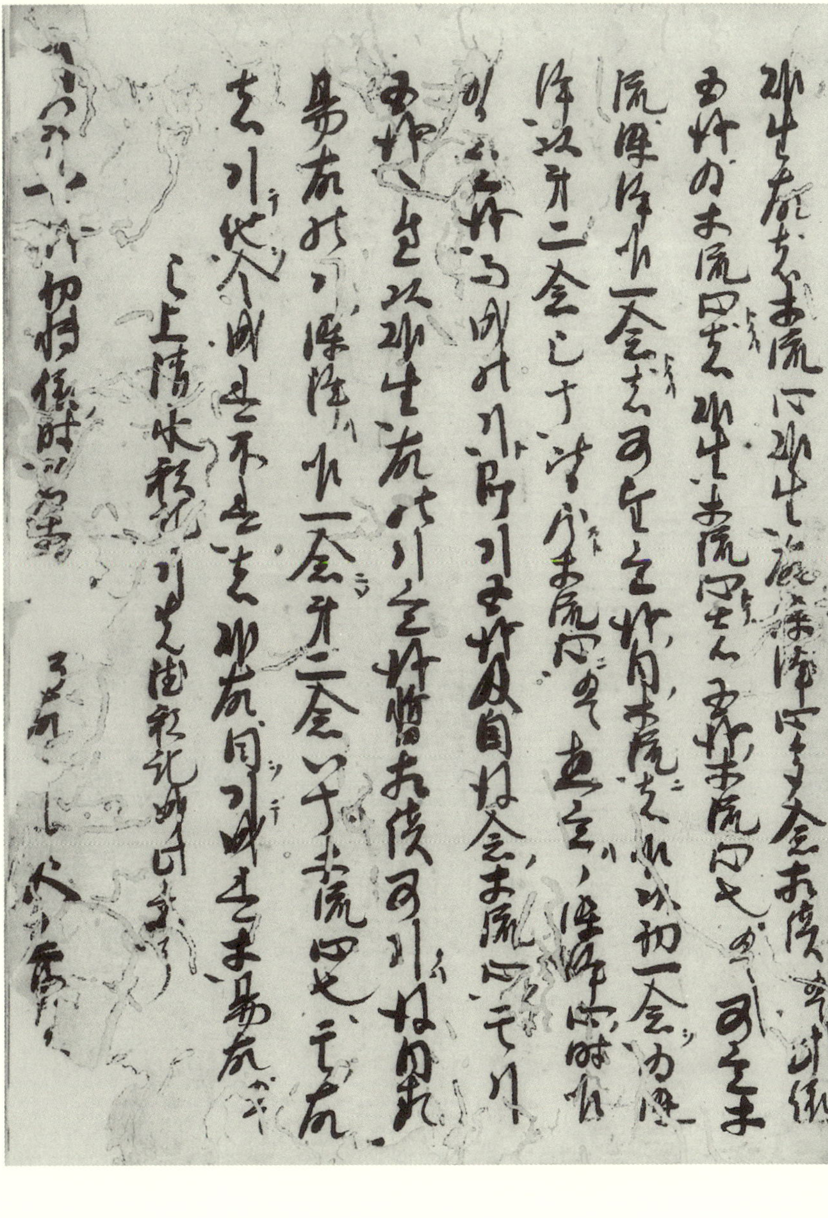

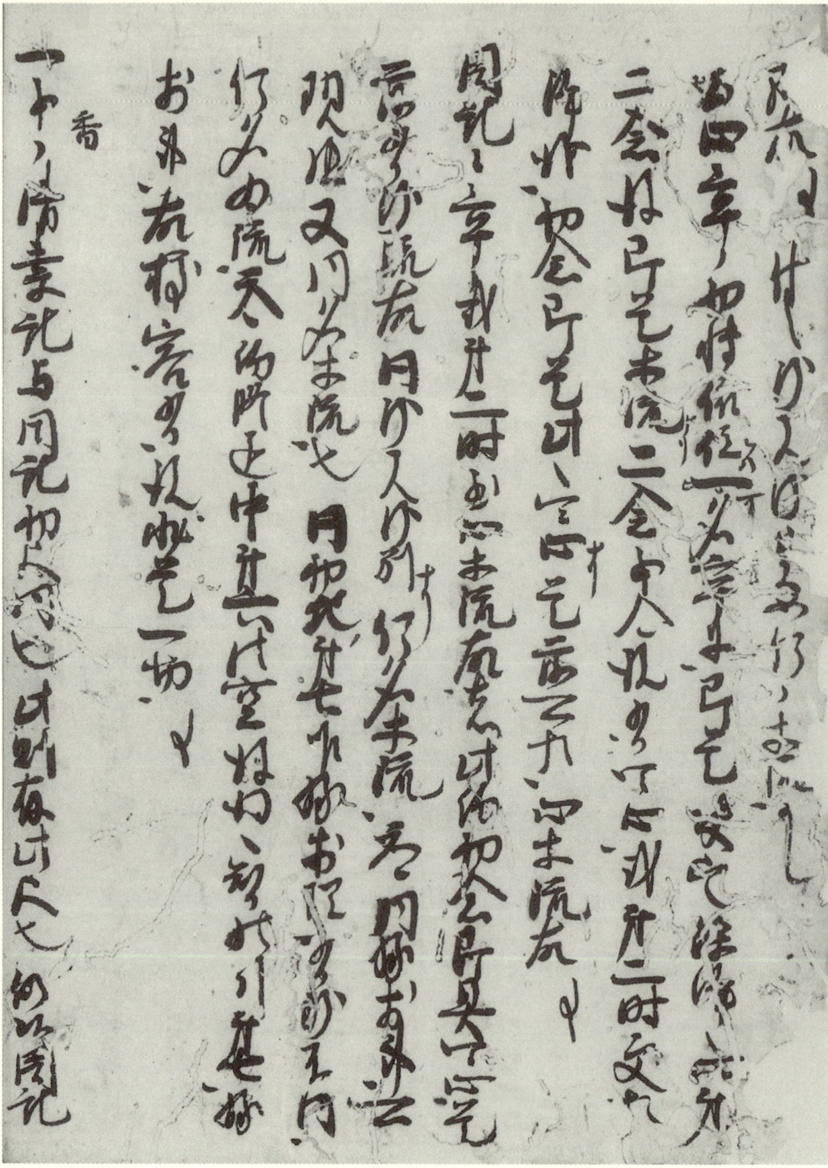

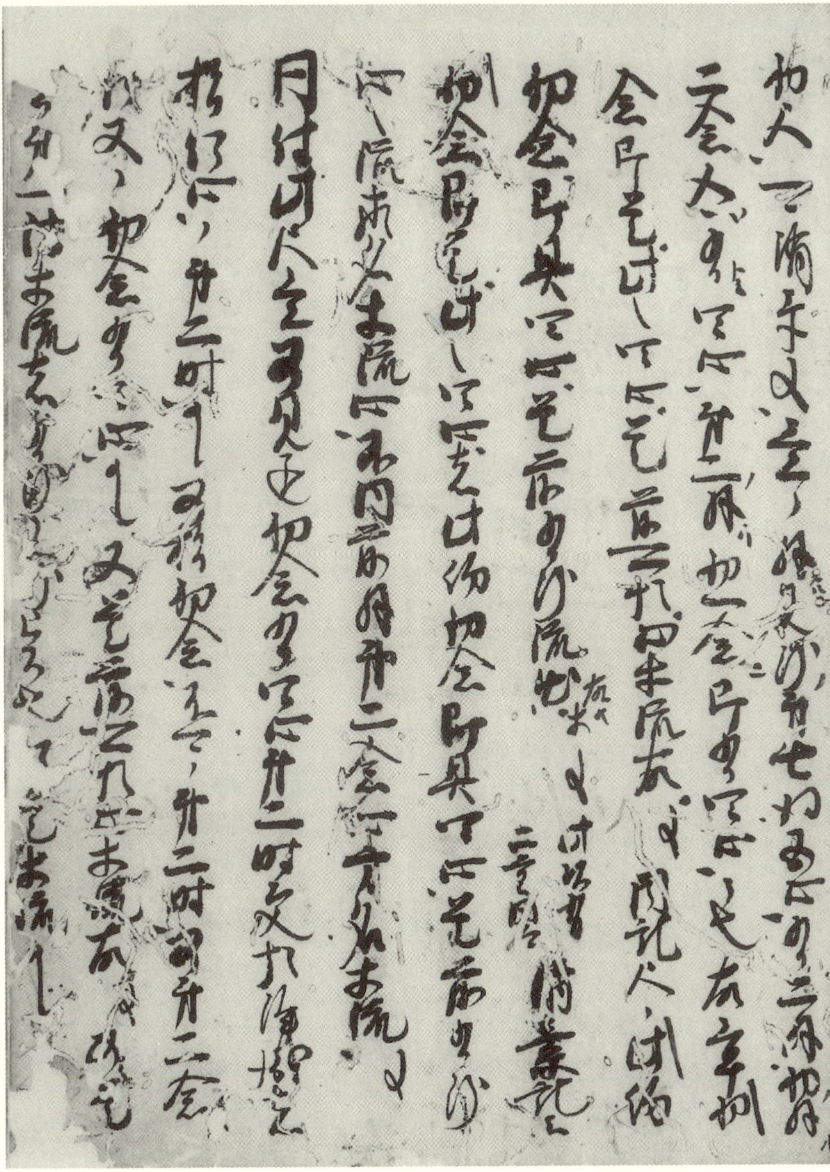

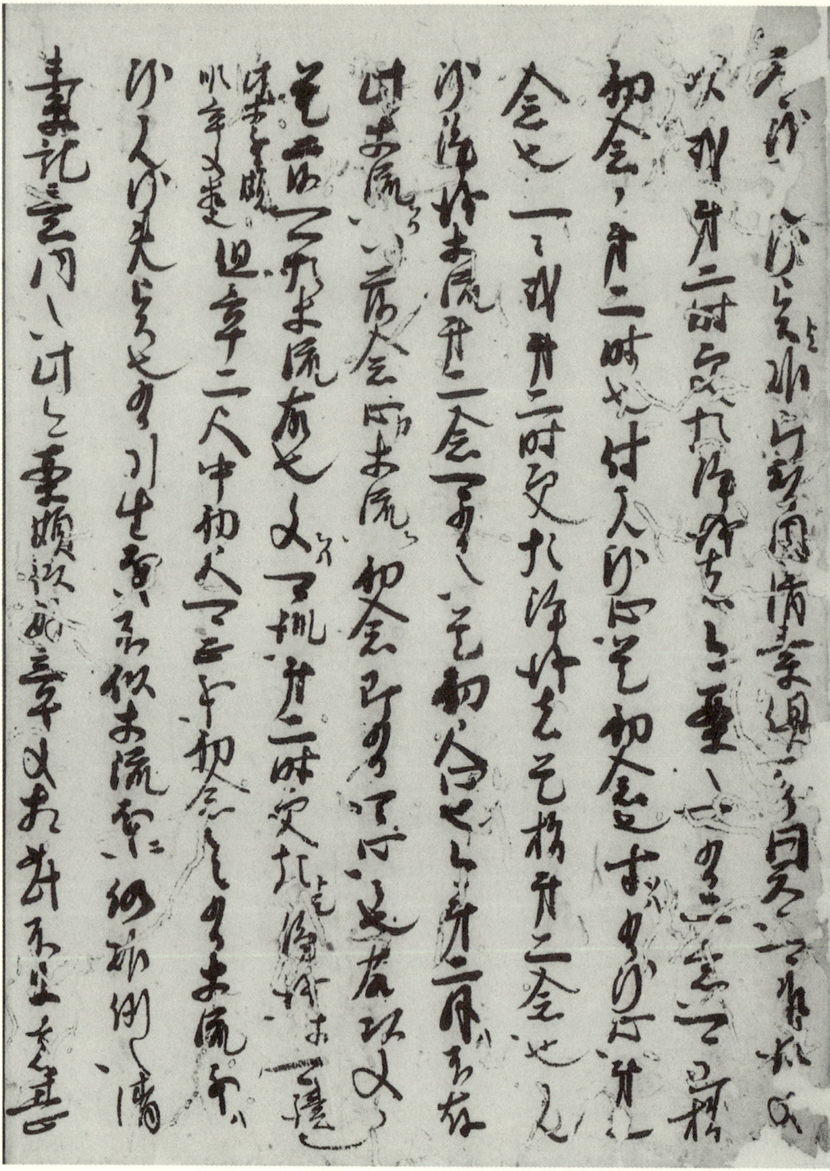

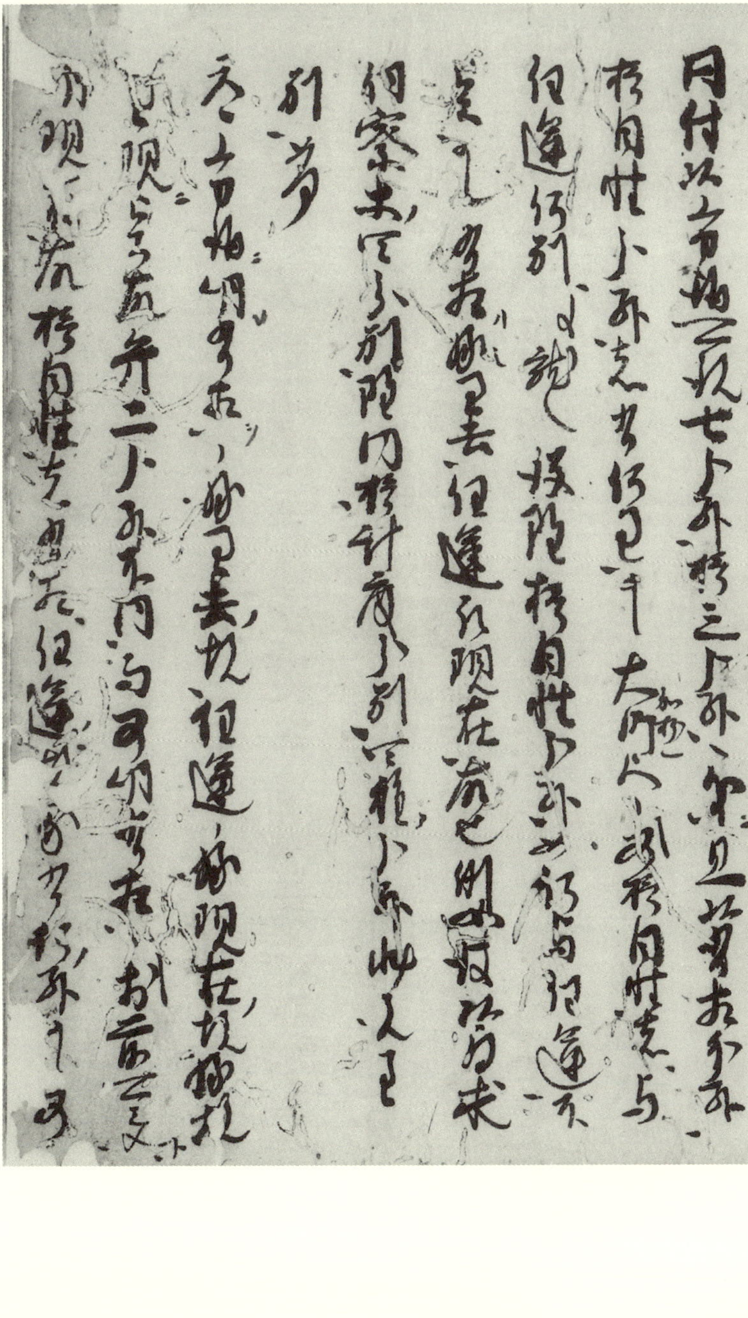

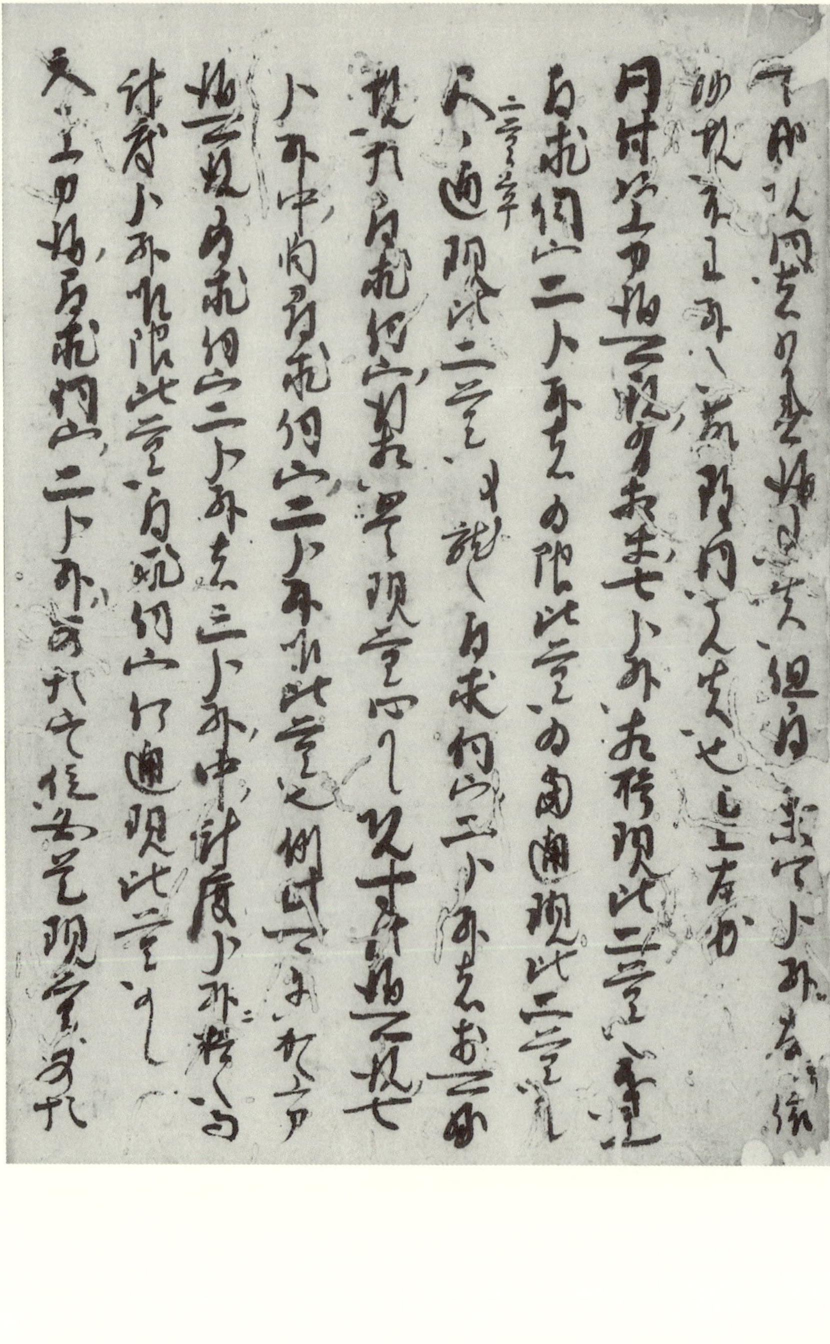

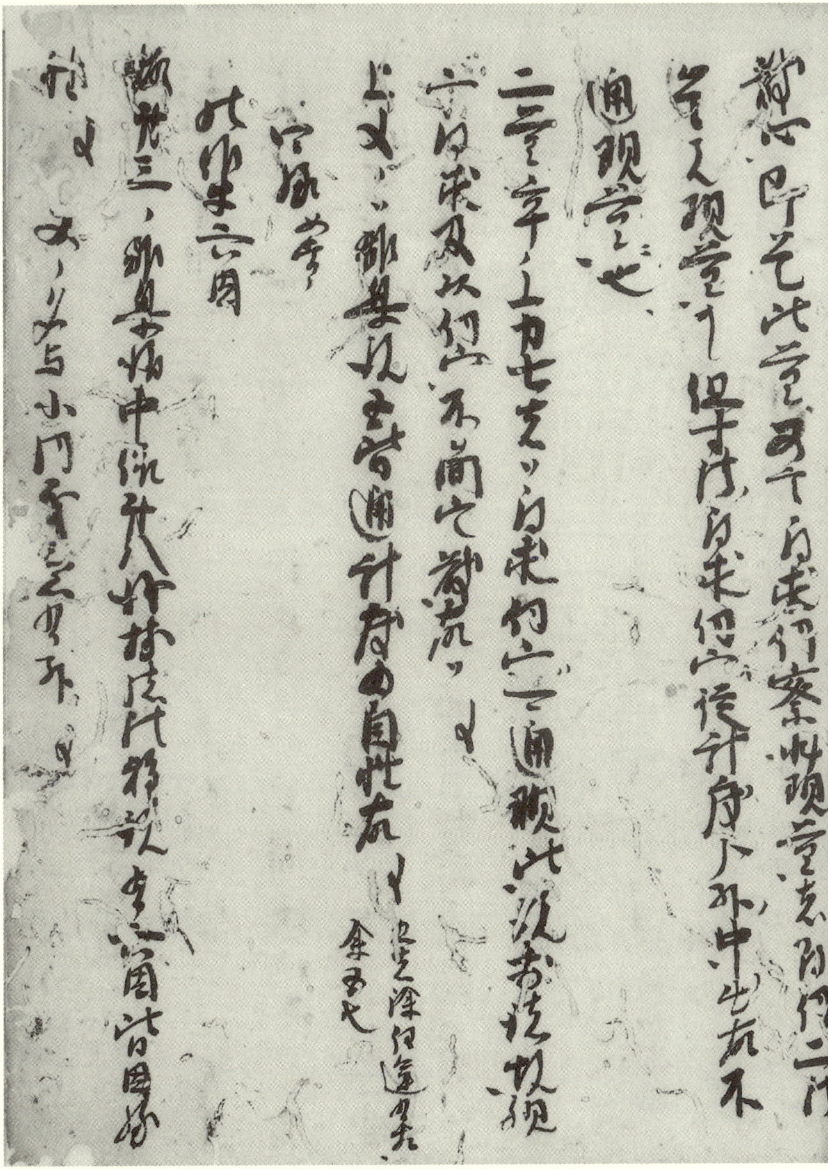

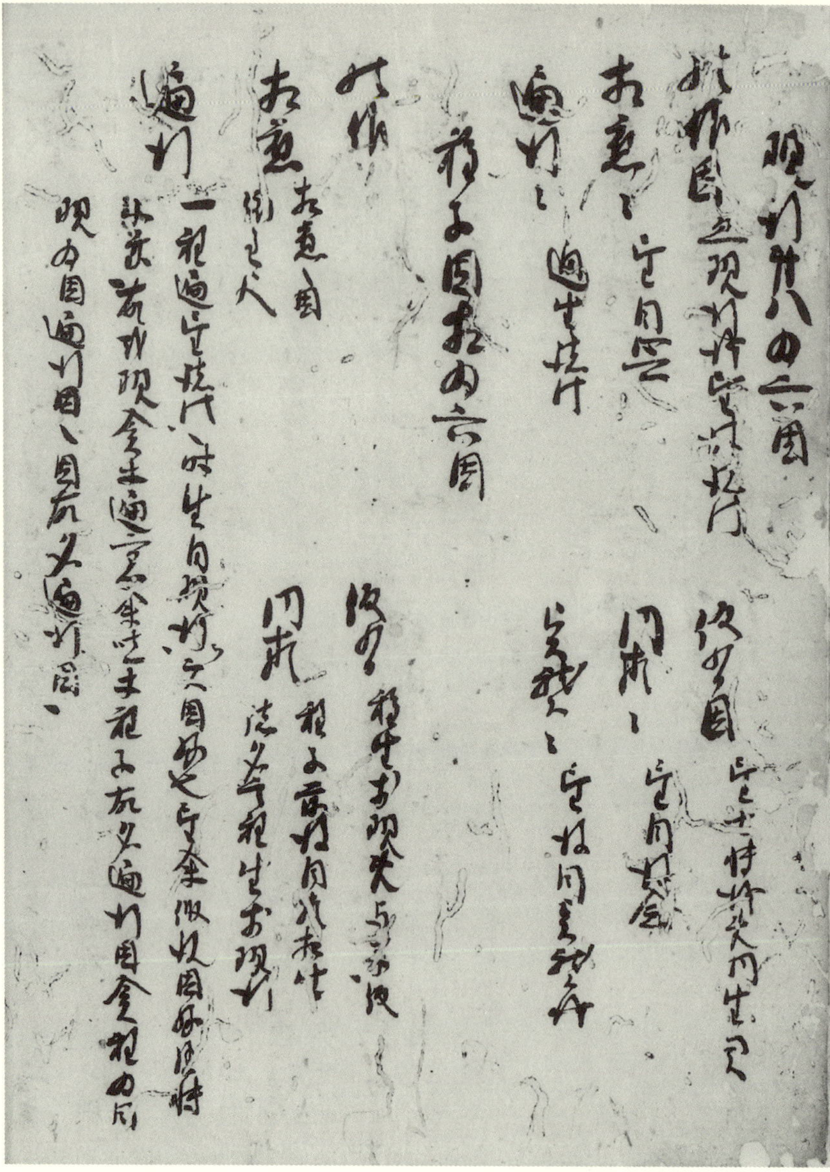

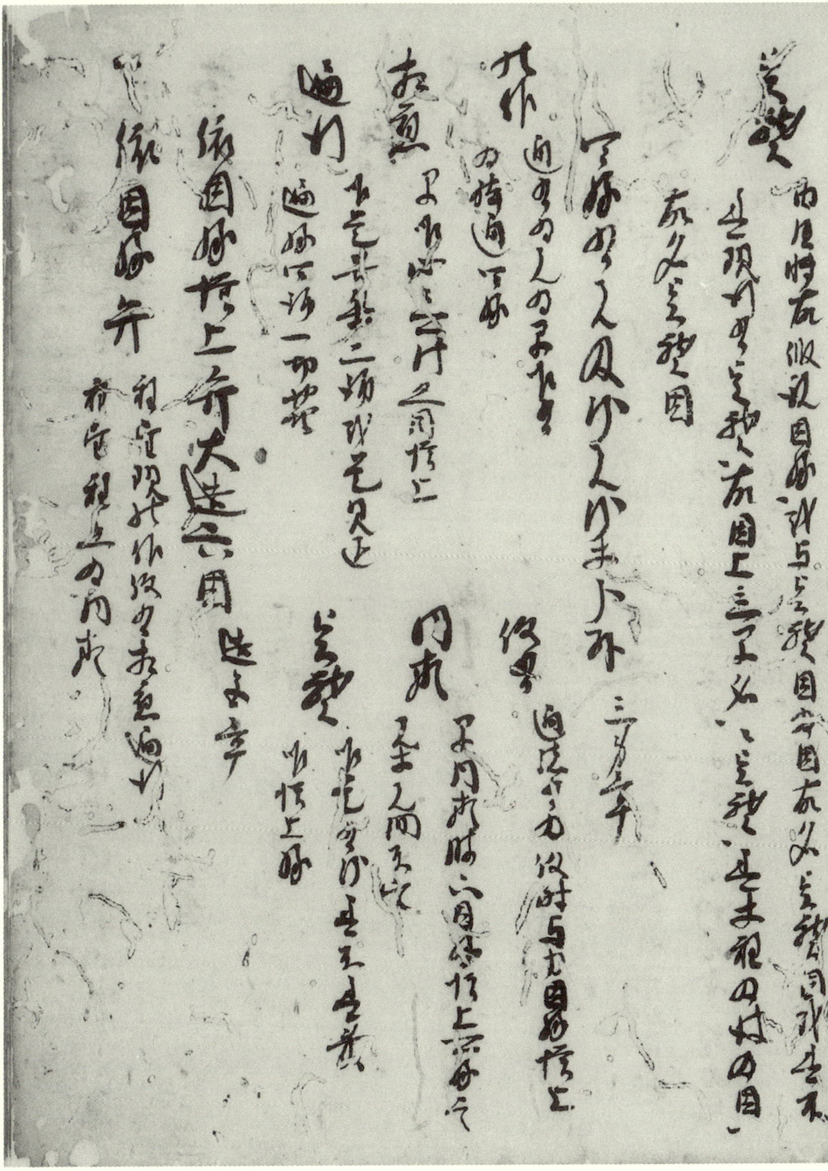

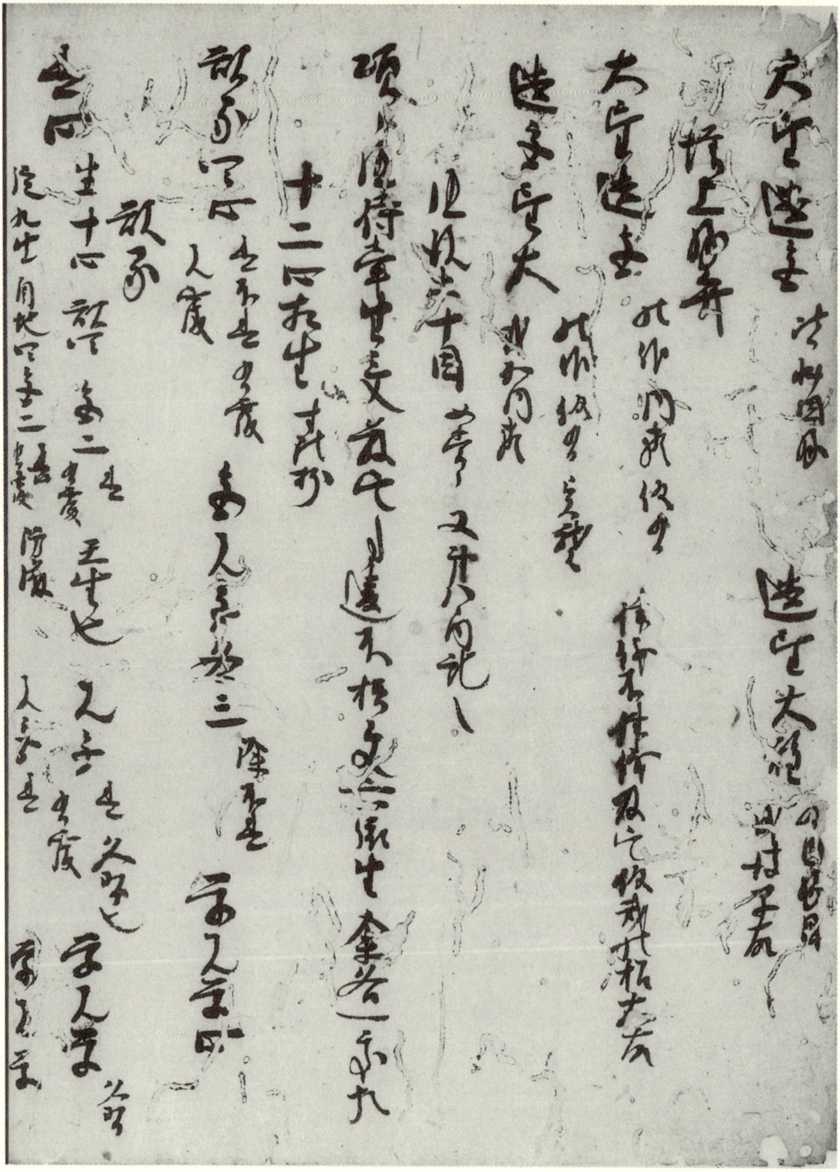

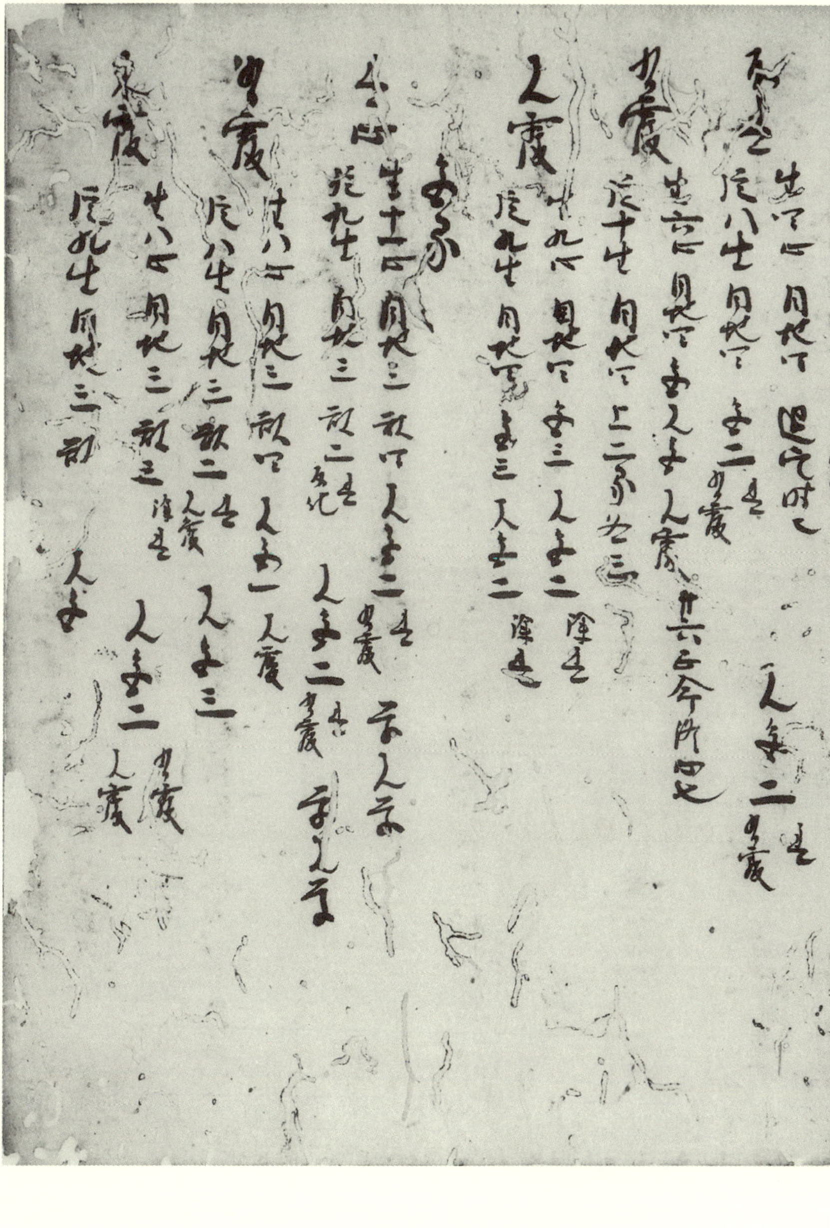

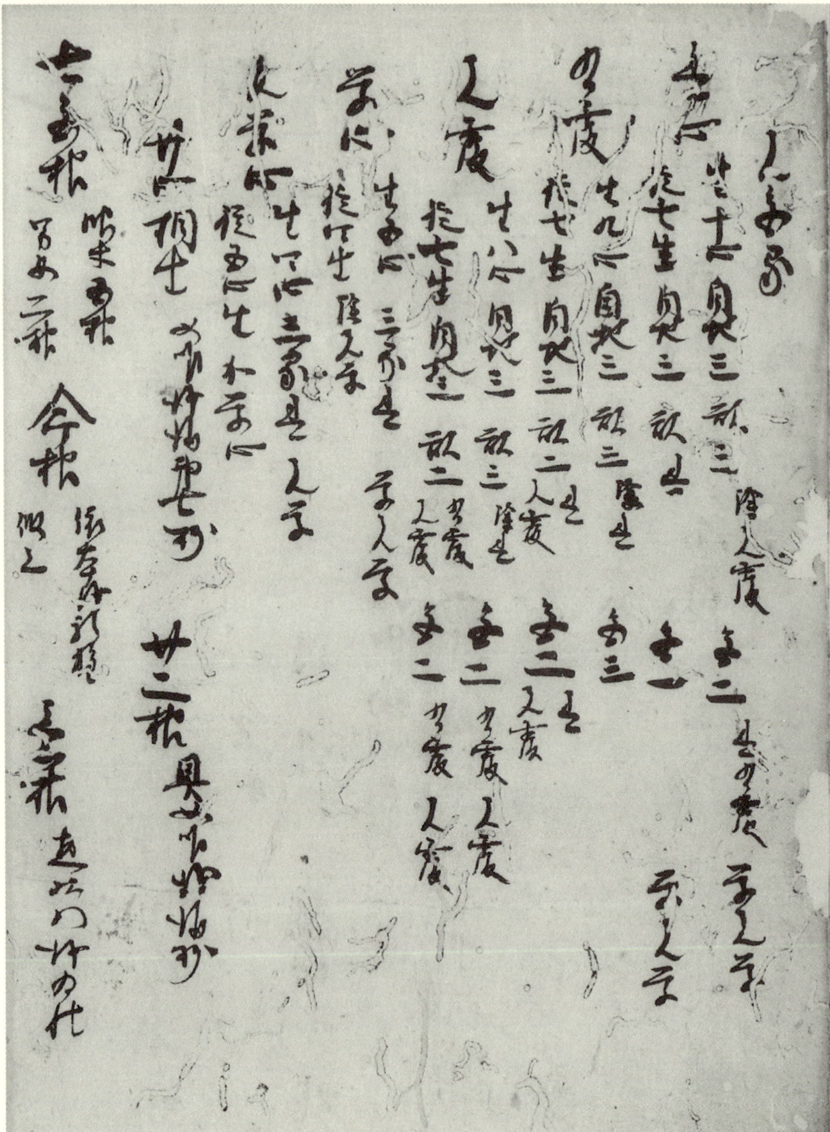

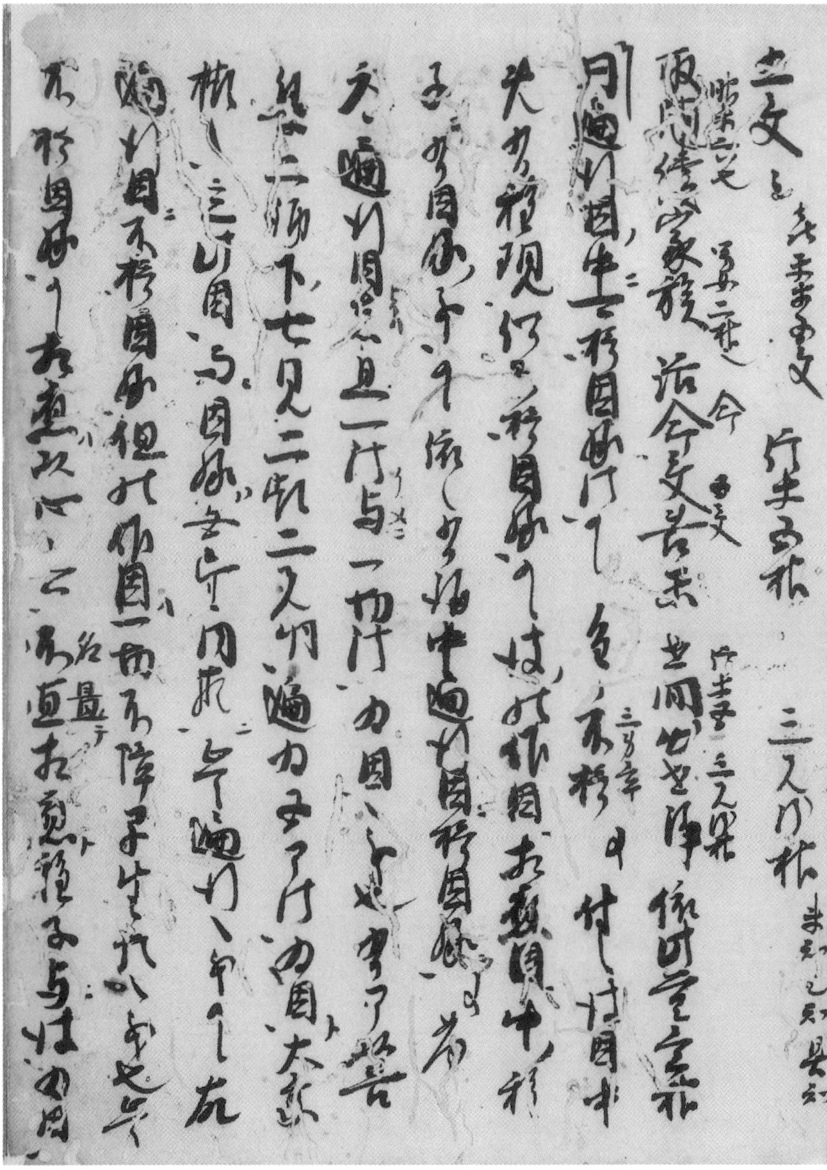

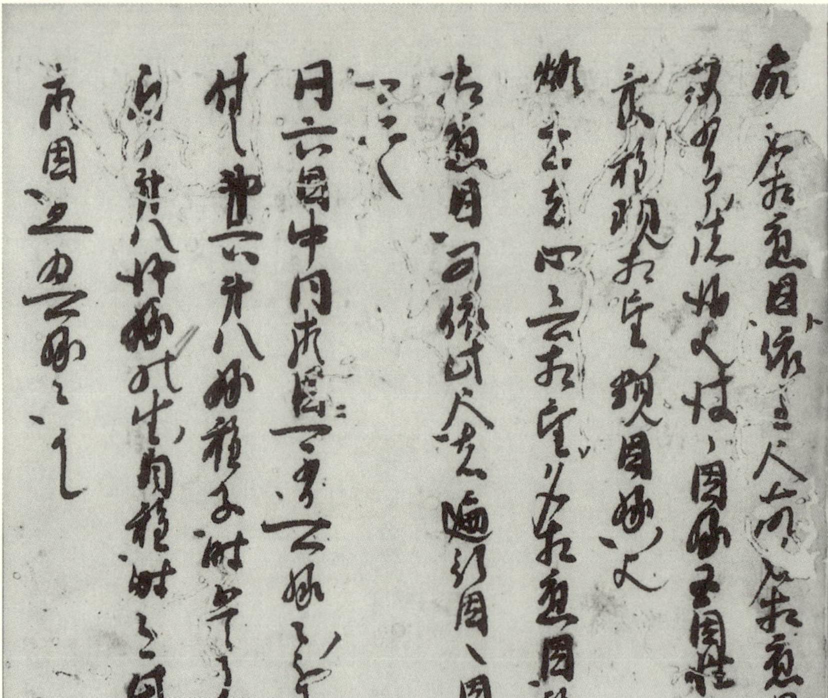

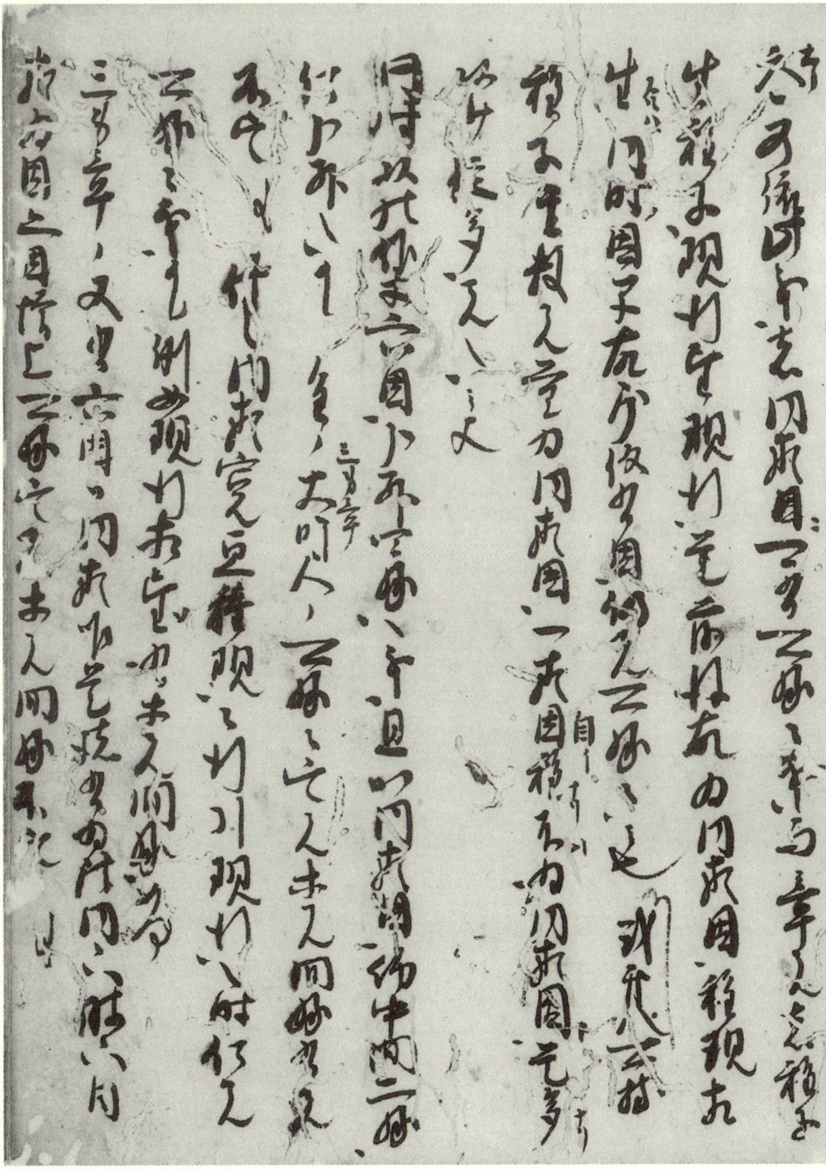

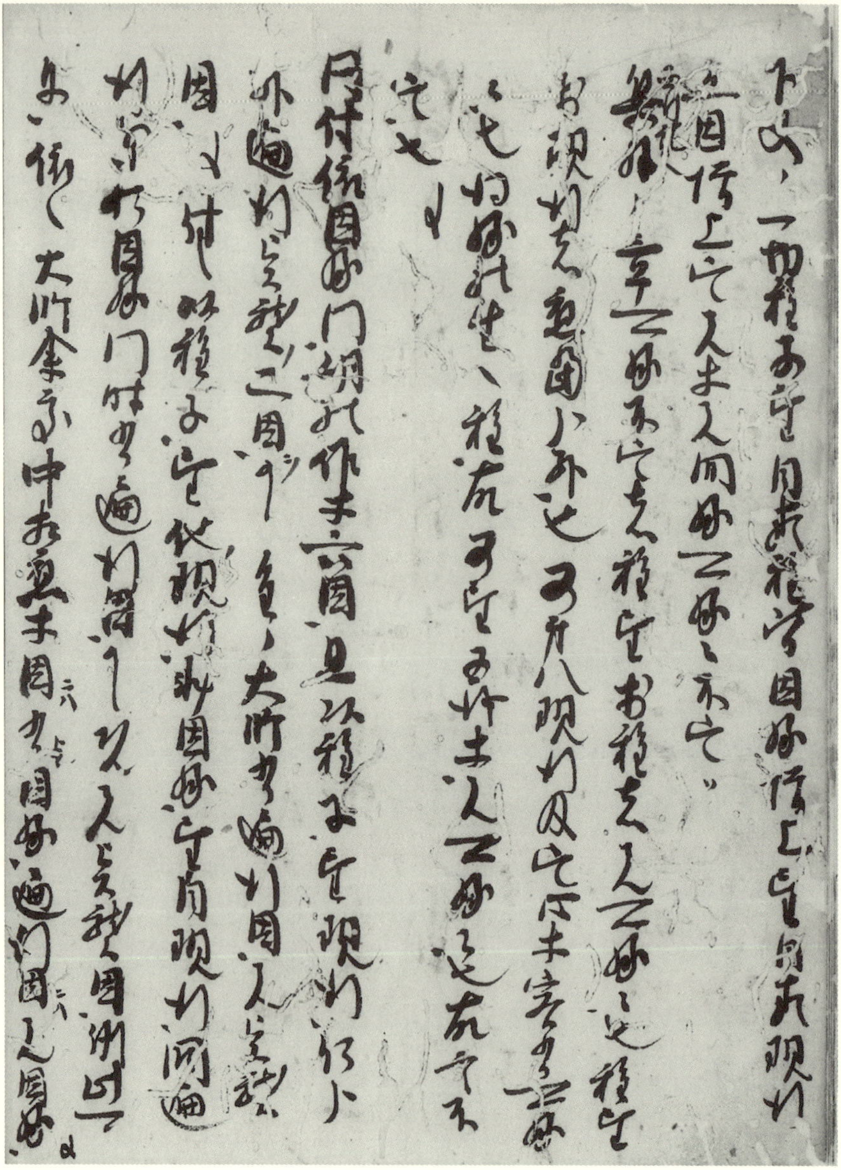

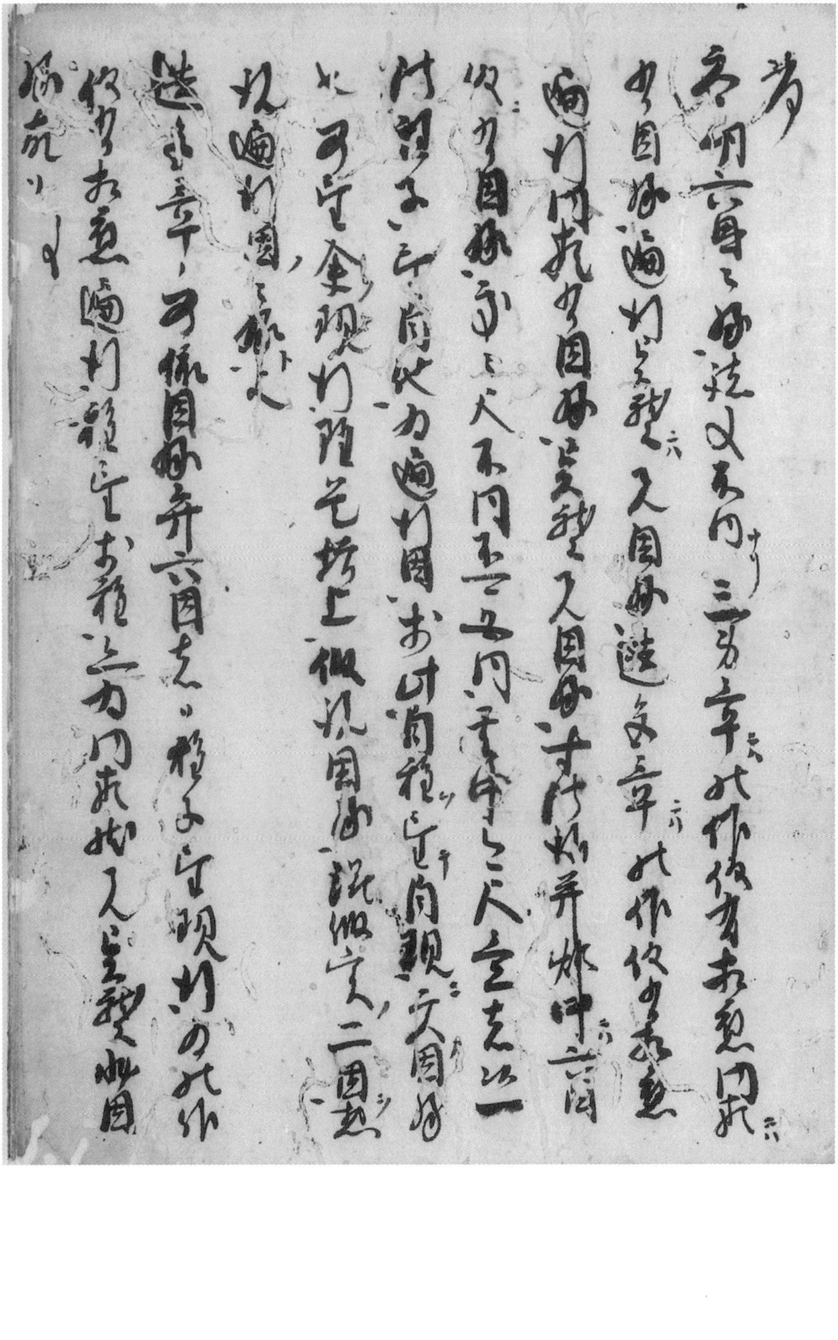

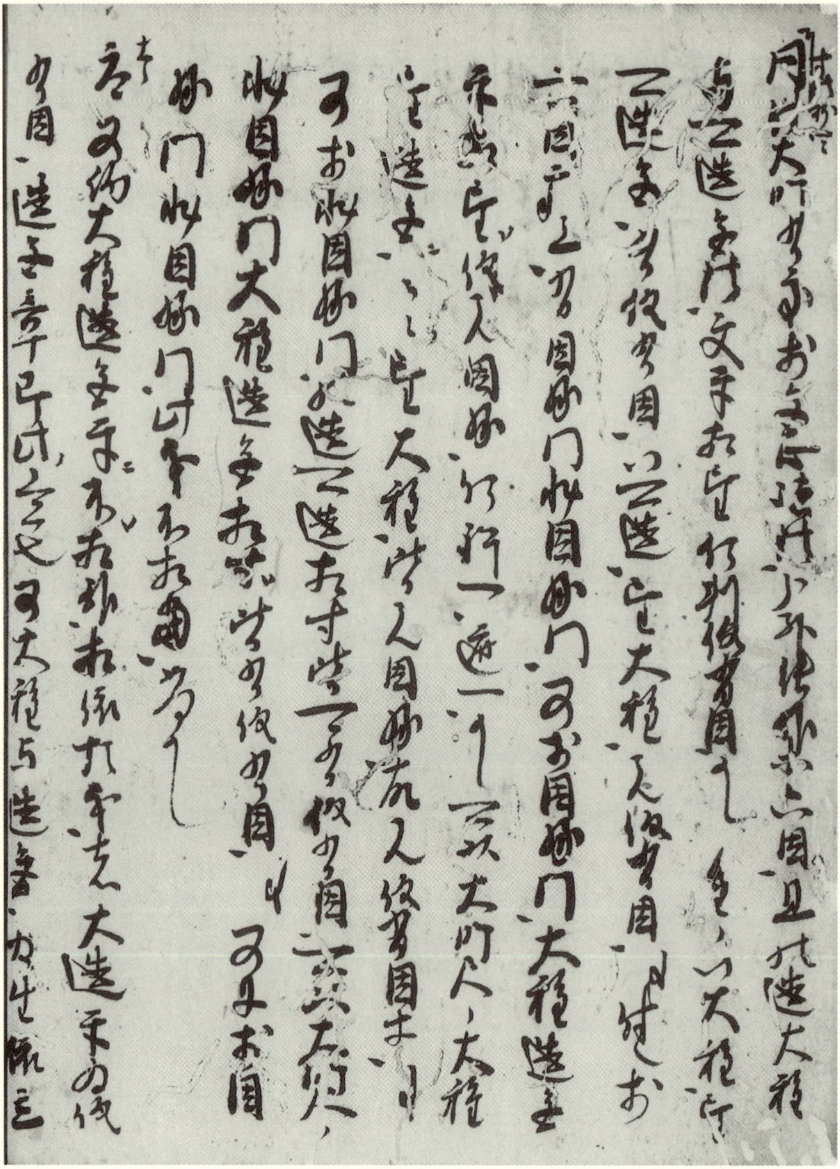

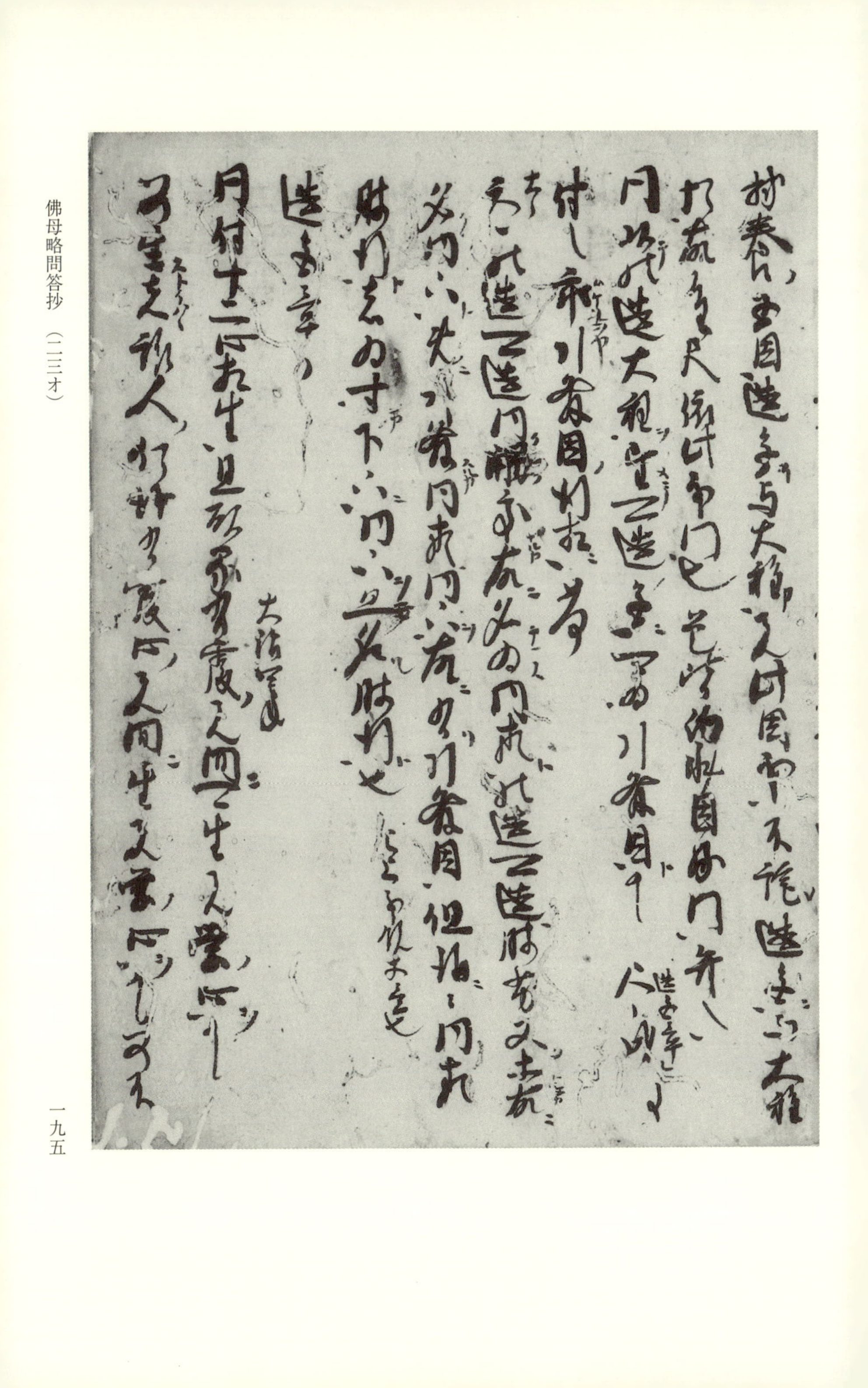

[illegible]

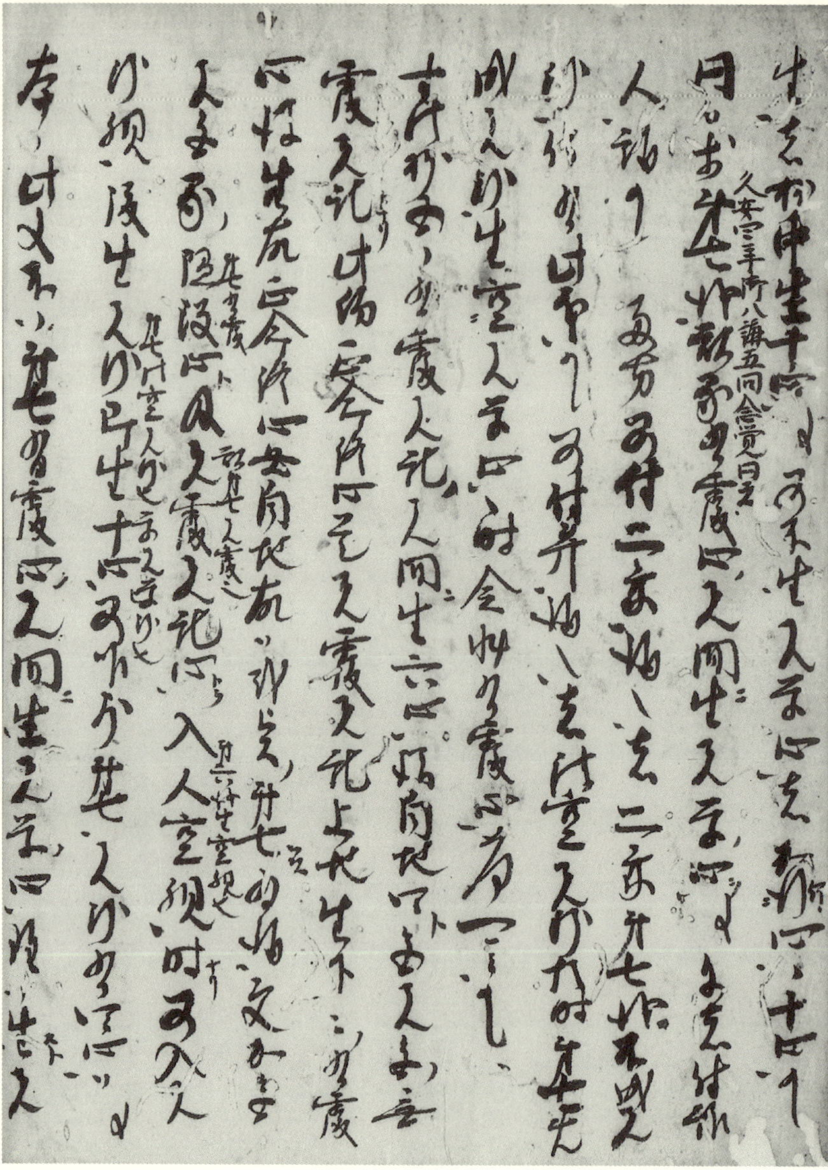

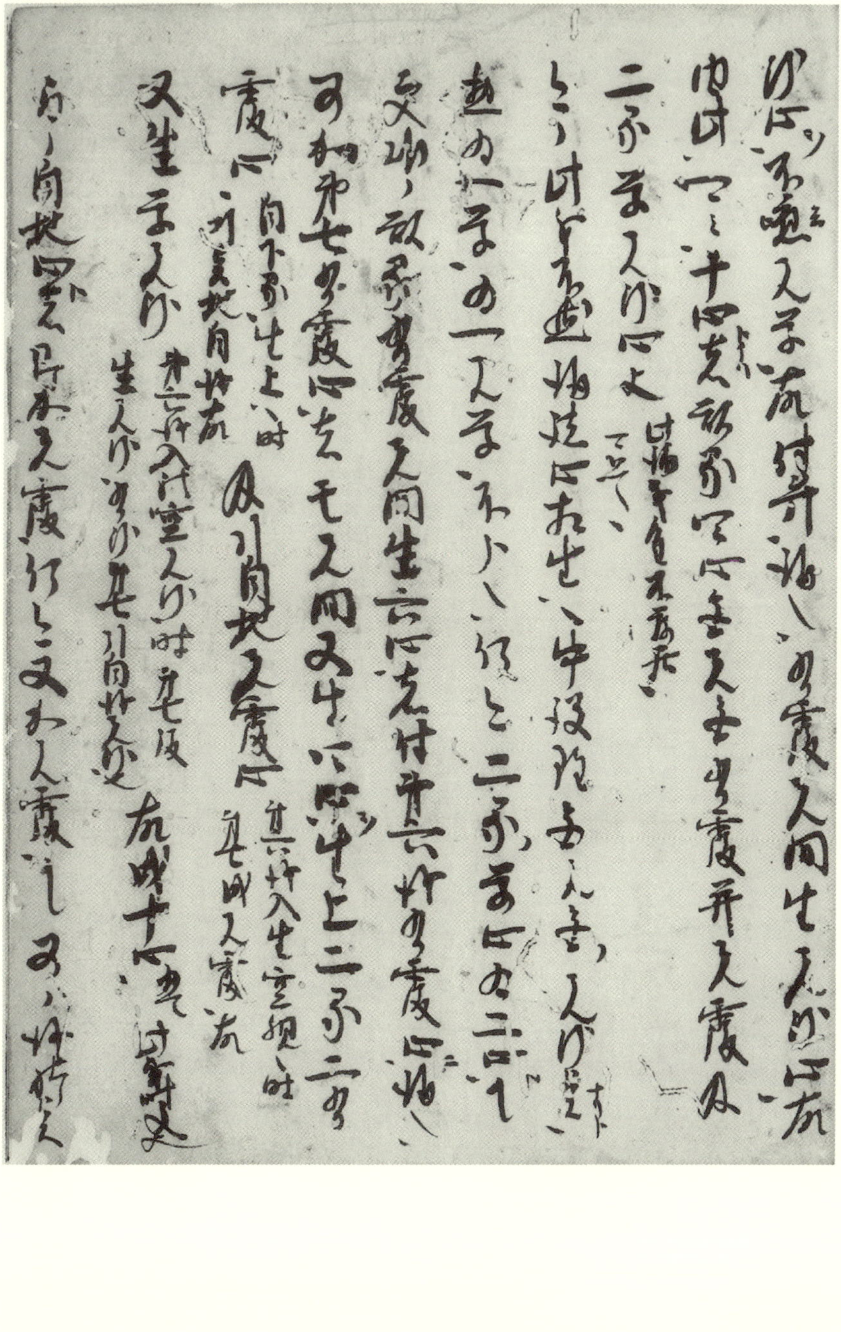

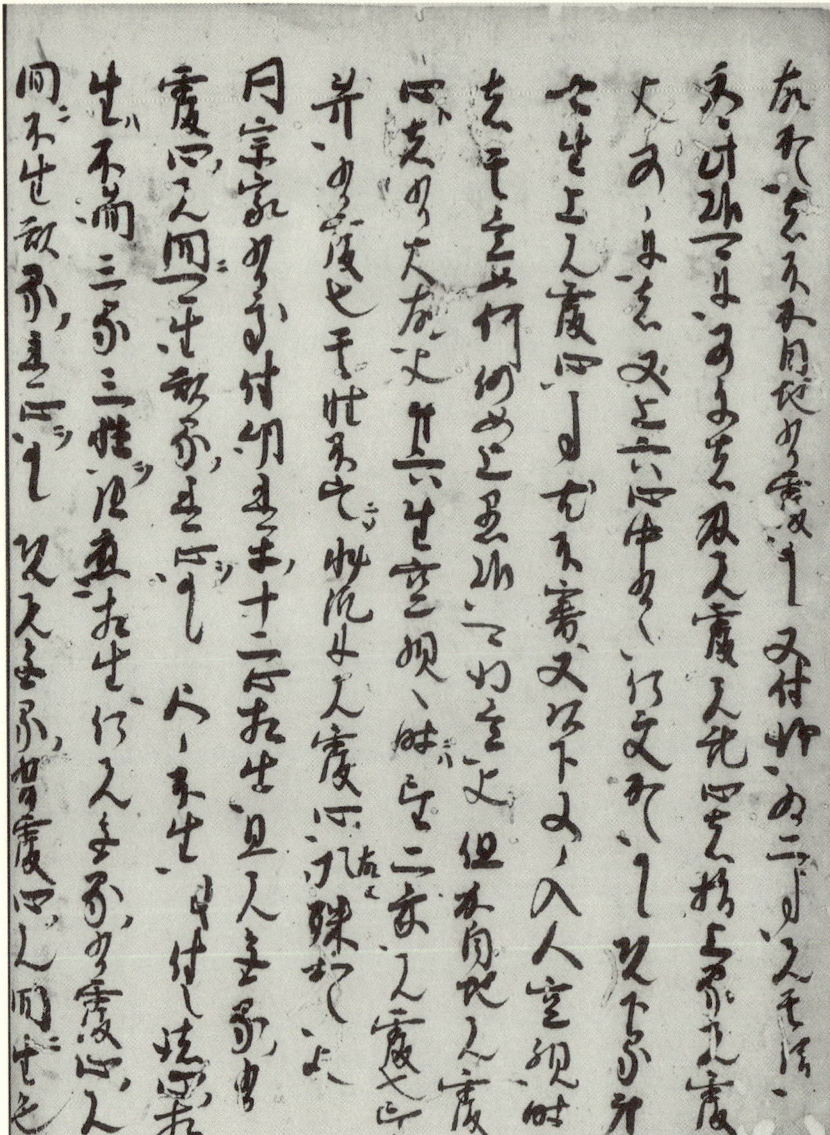

所去ニ汝四衆生ノ時久遠劫ヨリ處々ニ人間ニ生ジ所生
切有情ヲ一ト例之云ヘリ一行
云々

問方便品中所明母文所段ハ一見ルニ未來ノ母文從以未來ニテ
有ニ所ト可シ然人ハ何ハ以未來ノ一ノ段ニ一ハ以未來ヲ未ノ段ニト
付之以未來母文之何以未來ニ未ノ段ニ以現在母文
從以現在ニ力之所ニ為ア
答上ノ料簡ハ以未來者以未來ヲ未ノ段ニ者已ニ宿善

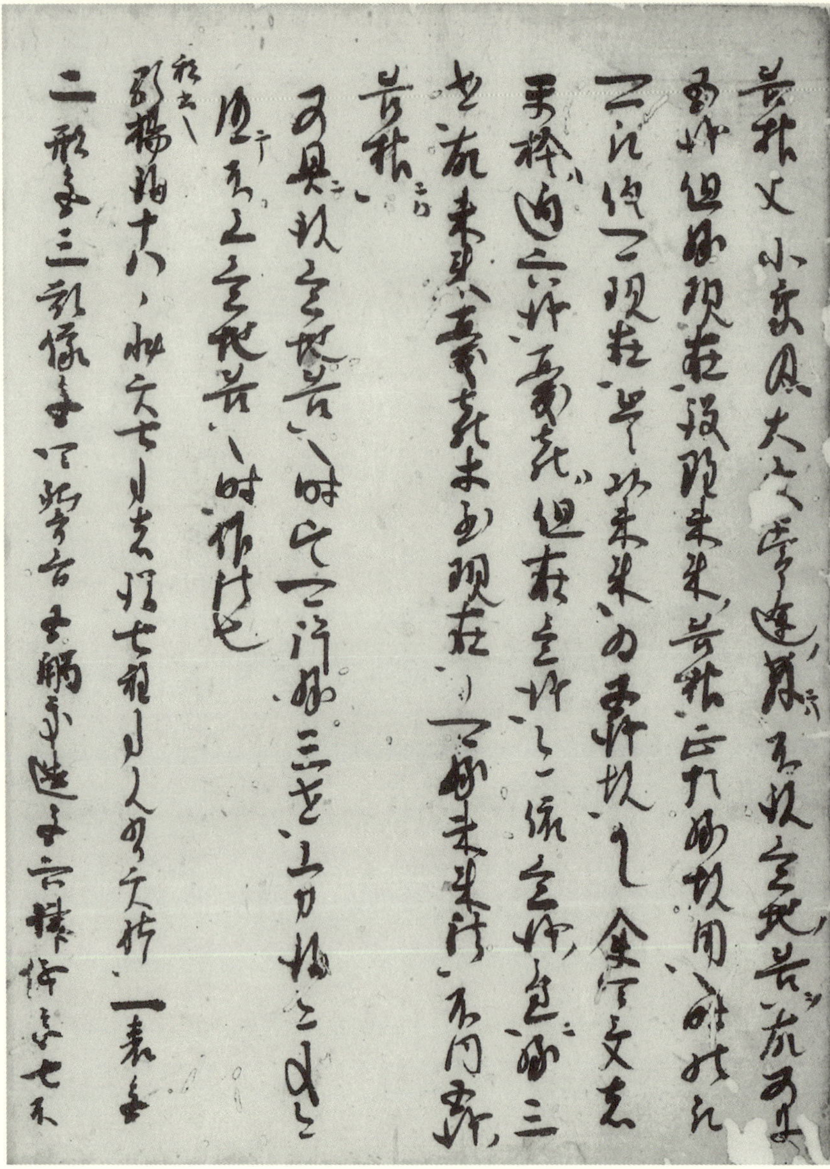

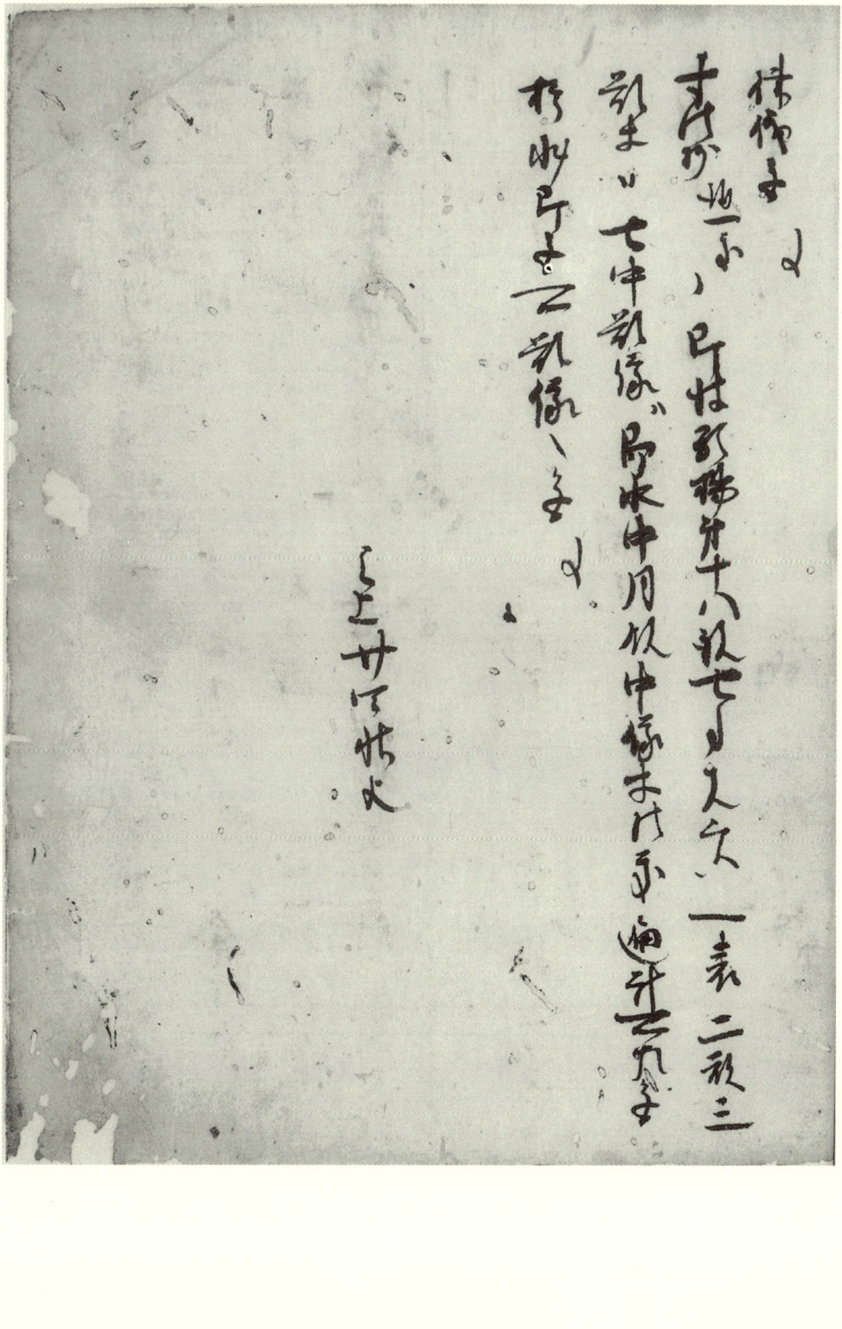

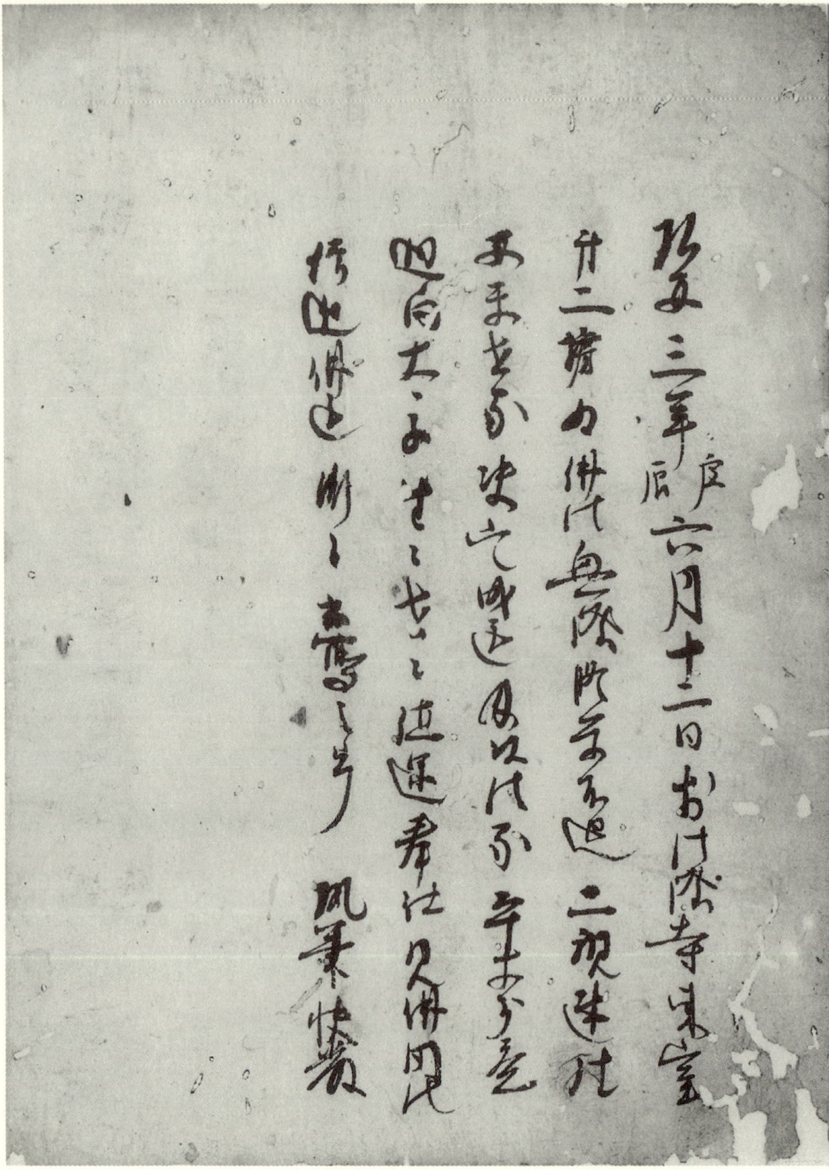

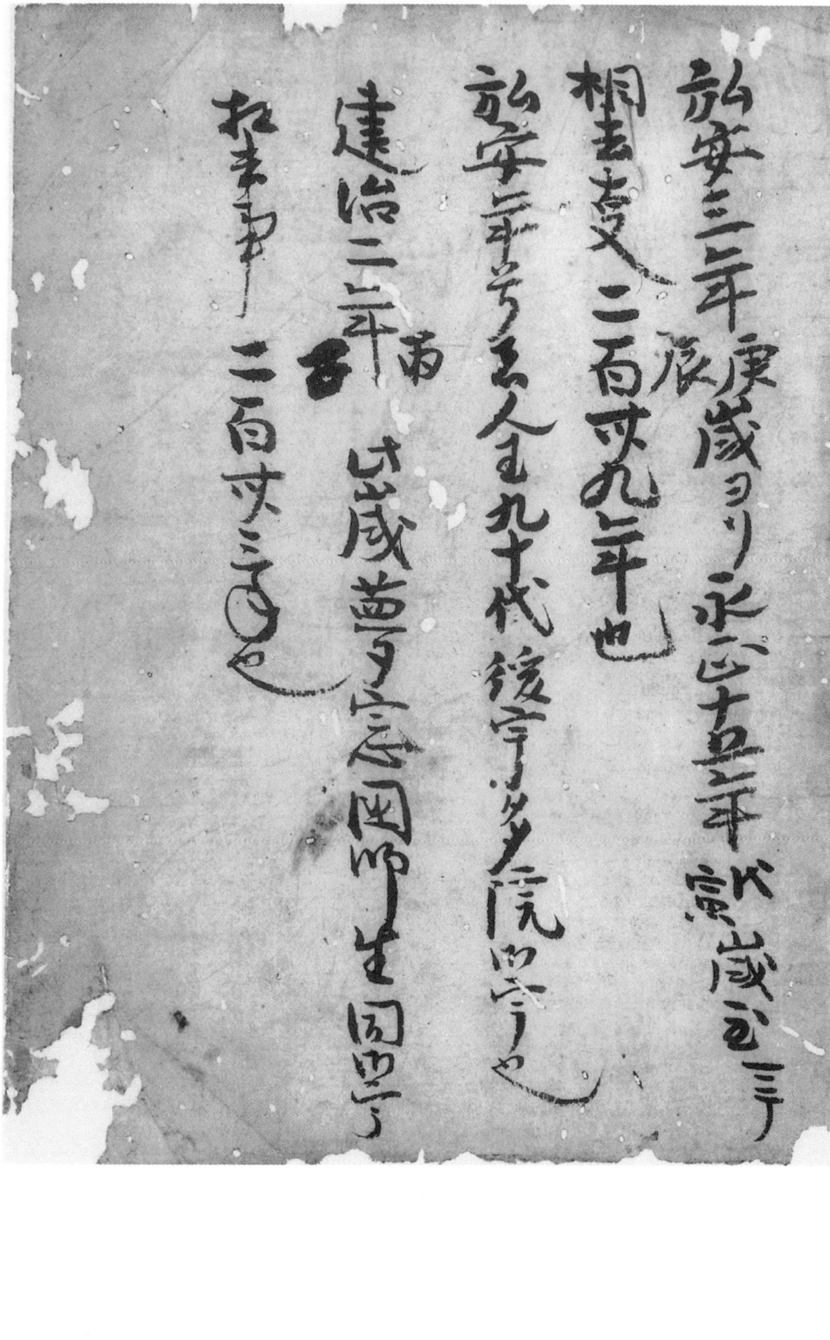

弘安三年庚辰歳ヨリ永正十五年戊寅歳至マテ
相去事二百卅九年也
弘安年号ハ人王九十代後宇多院御字也
建治二年丙子　此歳夢窓国師生同御字
相去事二百卅三年也

相承抄

024.3
1663
1

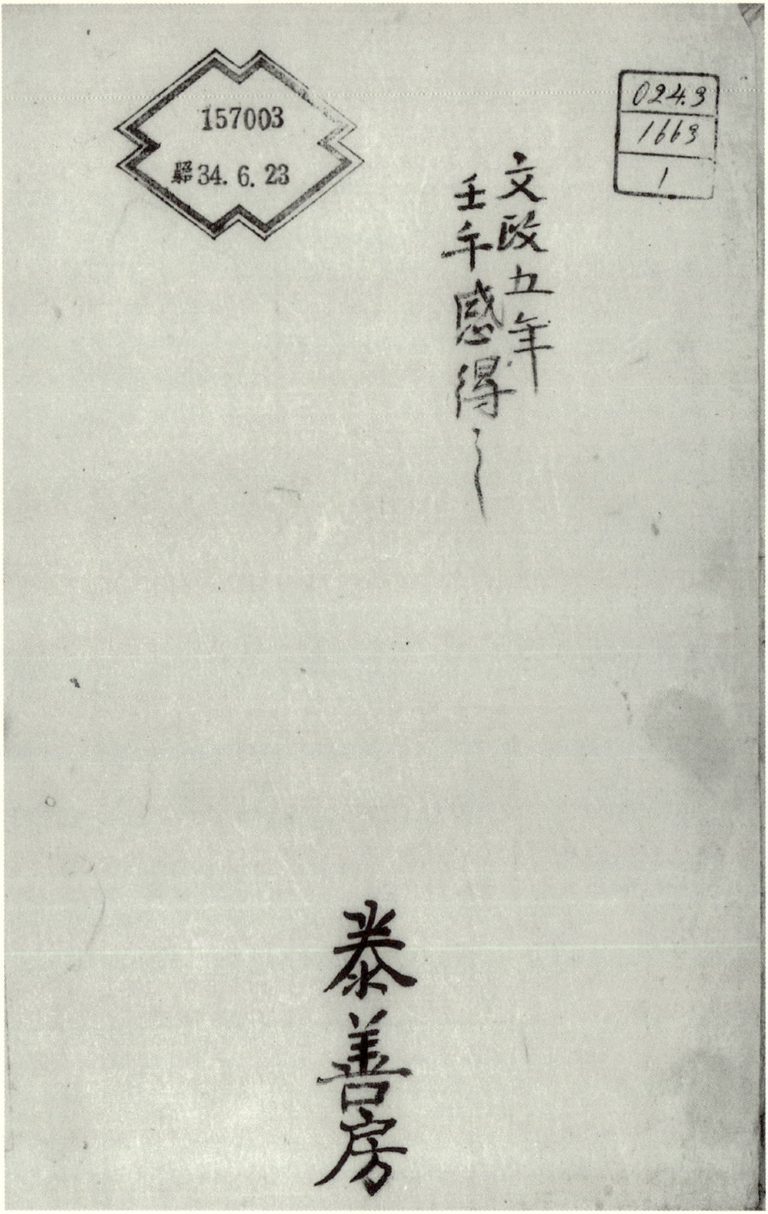
157003
昭34. 6. 23
0243
1663
1
文政五年
壬午感得
泰善房

相承抄　　日親記之

傳云滅後流通之砌佛法修行ノ者先本尊ヲ崇重ス心
地ヲ可定也爰ニ世間流布ノ八宗十宗皆違ヘリ本尊ニ其ノ謂ハ本
尊者諸佛薩埵ノ形像本法三千十界ノ所依又ハ可限ニ妙法
蓮華經也依之天台ハ數ニ好キ高座ニ安置法華經一部〇〱
形像舍利ト他經トハ偏ニ蔑テ得リ以ニ此ノ妙典ヲ為本尊ト故ニ
置唯法華經ト定判セリ吾師日蓮聖人又以妙法蓮華經ノ
首題ヲ為本尊ト給ヘリ他宗且ク置之於天台法華宗ニ者執カ
存セシ異途ヲ耶　然ルニ如キハ眞言宗ノ者ハ稱遍大師為ニ密機化
度ノ暫時化現セシ以テ大日如来ヲ為本尊ト如キハ淨土宗ノ者自ハ、
帶權不了ノ施設ニ至テ今經寶塔品已前ニ一心ナラス各修各行佛
陀他方無緣ノ彌陀如来ヲ為ニ本尊ト爾前迹門ノ稱尊ニ對メサヘ

本尊ノ本字ニハ不可立ニ謹テ案ニハ此土ノ衆生ノ為ニ牛ノ子ニ含ニ馬ノ乳ヲ
尾籠天月ヲ浮ニトスルニ似タリ因テ天台ハ西方佛別ニシテ縁異之等ト判ニ
湛然大師ハ弥陀釈迦二佛既ニ殊之況ヤ宿昔ノ縁別ニ化導不
同ト消ニシ玉ヘリ業師瑠璃光如来等ノ他方ノ善逝ハ雖可知如
律宗ニ者小乗ノ釈迦ヲ仰ク本尊ト雖為ニ有縁ノ佛ト浅近佛果ナレハ
循花厳般若ノ等ノ通別ノ義至テハ不及其已下地蔵観音文殊
善賢ノ等ヲ為本尊ト事ハ一時一会ノ化儀ニ設テ用ル事ハ有リ既ニ
普賢ハ皇国ノ徳上王佛ノ補処観音ハ安養界ノ儲君ト又皇
冠ニ弥陀ヲ復戴スル上本尊ノ得名曽テ以テ不可ニ尽提ナリ然則
高祖聖人又同釈云 問本尊答 問云末代悪世ノ凡夫ハ何ニ物ヲ以テ
本尊ト可定ヤ 答云法華経ノ首題ヲ以テ本尊トスヘシ 問云何ノ
経文何ノ人師ノ釈ニカ出タルヤ 答云法華経第四法師品ニ云

菜王在〻処〻ニ法華経ノ行者ノ正意也　問云天台高祖何モ
法華経ヲ本尊ト定玉フ其心可同耶如何　傳云両師俱ニ
妙経ヲハ本尊ト定玉フ付テ可有ニ其ハ差異ノ夫ト者此経ノ儀者ニ
向テ廣略要ノ三重可有其ノ中ニ大師ハ廣ノ修行ヲ本ト玉フ
故ニ一部ノ経ヲ本尊トシ玉フ也聖人ハ要ノ題目ヲ本尊ト定玉フ
也故ニ大師ノ法華三昧ニハ安置法華経一部ト釈ニ聖人ノ解
釈ニハ法華経ノ題目ヲ本尊トスベシト判シ玉ヘリ　取意
尋云大師ハ廣ノ修行ノ一部ヲ正トサセ玉フ故ニ要ノ題目ヲ捨テ
聖人ハ要ノ首題ヲ本尊トサセ玉フ故ニ一部ヲ捨サセ玉ヘルヤ如何
傳云不ン尓大師ハ廣ヲ旨トシ首題ノ五字ヲ廣ノ一部ニ収メ玉フヤ依之
向〻之下通結妙〻ト判セリ　高祖聖人ハ要ノ題目ヲ正トメ一部
六八品ヲ題目ノ五字ニ摂シ玉リ然ル間処〻ノ御釈ニ其ノ意見ヘタリ

依テ十如是ノ御書ニハ一返ハ一部十返ハ十部是ヲ如説修行ト云ト
被レタリ遊取意 其ノ外多キ十九故ニ略ス之
尋云何故ソ兩師如此弘廣取要ヲ立玉ヘルヤ乎又如何 傳云
是ハ付屬ノ趣ニ隨テ如此ヤ侍ルラン其故ハ聖人ハ上行薩埵ノ
再誕也上行井ハ神力品ノ時塔中ノ付屬ヲ受玉フ塔中ノ付屬ト
者結要ノ遺屬也結要ノ付屬ハ而妙法蓮華經ノ五字也依之
聖人ハ首題ヲ本尊ト定末世ノ正行ト定玉フヤ 次天台ハ
藥王ノ再誕南岳ハ觀音ノ化身也觀音藥王等ノ迹化大士ハ
要外ノ一部ノ付屬ヲ受玉フ故ニ天台ハ一部經ヲ本尊ト定玉フト
得意習トスルヤ 像末ノ異
尋云要題目ノ外廣略ヲ迹化ノ井ハ付屬受玉フト云ヘルハ私ノ心
歟如何 傳云此事以外大事但シ私義ニハ非ス高祖ノ御抄

在々処々ニ出ス之大田抄十八帋云恵日大聖尊以テ仏眼ヲ兼テ照鑒之首ニ
弘法限ニ云々高橋抄云我滅度ノ千年過テ像法時ニハ菩薩
并観音并等ハ法華経題目ヲ除テ余ノ法門ヲハ一切衆生ニ
授ヨ只覚徳比丘歓喜ニ及シカ如ナルベシ等云々是ハ等ノ解釈ハ
皆聖人ノ上行所伝ノ首題文殊菩薩并等ニハ首題ノ外ノ経
弘通ナルヘシト云ヘル證文也
尋云以ニ首題ノ五字ヲ本尊ト定メハ又何カ故ソ釈迦多宝以下本
迹并ニ二界人天マテノ勧請セラル意趣何事ソヤ　相伝答弁テ
本尊ノ図形ニ無ニ止事ナキ大事共侍リ　先大旨可得意様ハ首
題ハ本尊ノ躰也仏菩薩等ハ首題ノ用也ト可解ス　夫ト者妙法
蓮華経ト者百界ノ千如一念三千ノ法躰也故ニ本尊ニハ十界ヲ
図シ顕セリ所以ニ釈迦多宝ハ仏界本化迹化大士ハ菩薩界

身子迦葉等ハ二乘ノ梵天帝釈等ハ天衆脩羅龍神ハ下ノ友ニ
沙汰ニ鬼子母十女ハ鬼道達多ハ地獄衆ノ龍樹天台等ハ
人衆也耶是十衆一念ノ妙法ノ法躰ヲ顕サンカ為了レハ義
氷可以易解（トク）
尋云首題ノ右ニ釈迦ヲ勧請シ左ニ多宝ヲ勧請スル意趣如何
答多宝ハ法身ヲ表スル仏釈迦ハ報身ヲ表スル仏也法身ハ理
也報身ハ智也左右ヲ定恵ニ像ル時左ハ定也理也依之
多宝ヲ勧請シ右ハ智法ナル故ニ報身ヲ表スル釈迦ヲ勧請シ
侍（リ）如何二仏ノ内證一妙法ナル故ニ即妙法定恵不二ト
令ニ知也云云
尋云何故文殊ハ左ニ居シ普賢ハ右ニ居セル耶今ノ所表ナラハ相
違セリ如何　答是ハ法華ノ深旨ヲ顕サンカ為也其故ハ因果ノ

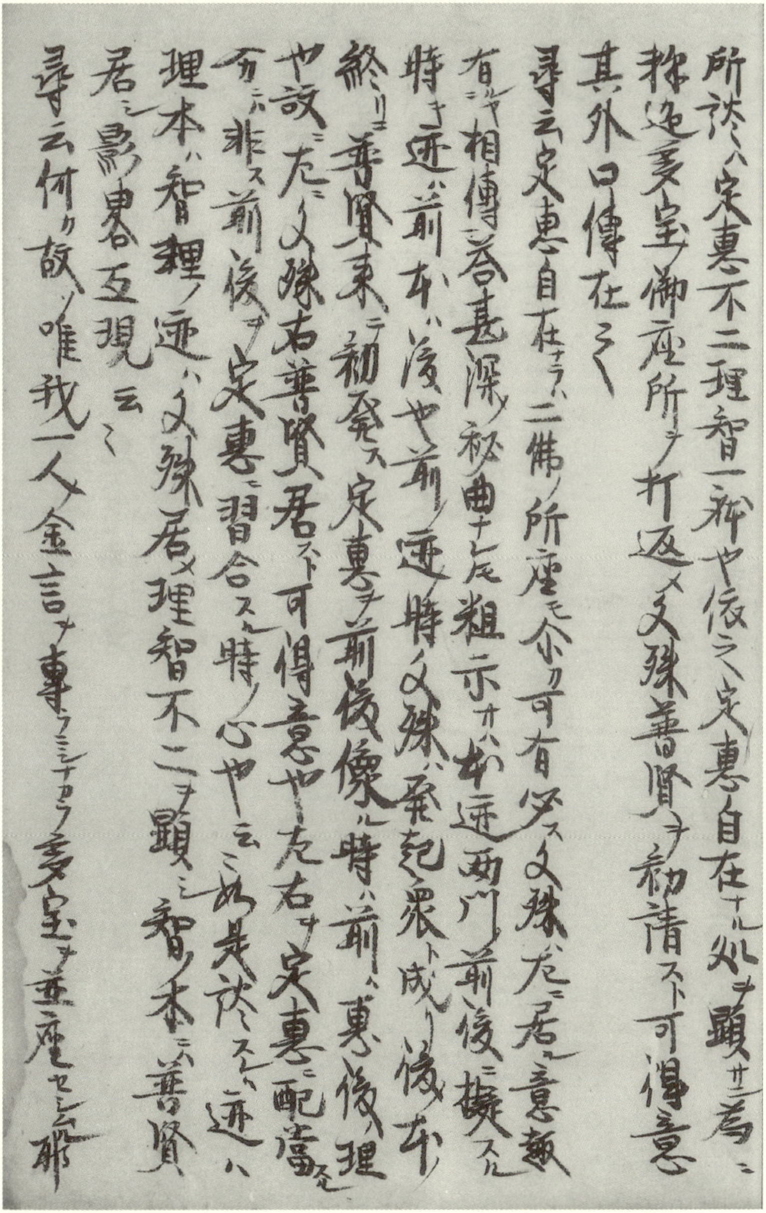

所詮ハ定惠不二理智一體ヤ依テハ定惠自在ナル処ヲ顕サニ為ニ
釈迦多宝ノ御座所ヲ打返シテ文殊普賢ヲ初請ストモ可得意
其外口傳在之
尋云定恵自在ナラハ二佛ノ所座モ尓カ可有ソ文殊左ニ居ル意趣
有ルヤ相傳ニ云甚深ノ秘曲ナレハ祖示サハ本迹兩門ノ前後ニ摂スル
時キ迹ハ前本ハ後ヤ前ノ迹ノ時ノ文殊ハ発起衆ト成リ後本ノ
終リニ普賢来テ初発ス定恵ヲ前後像ル時ハ前ハ恵後ハ理
ヤ故ニ左ニ文殊右ニ普賢ハ居ストモ可得意ヤ左右ヲ定恵ニ配當スル
有ニハ非ス前後ヲ定恵ニ習合スル時ノ心ヤ云ニ如是詮ヘスルハ迹ハ
理本ハ智理ノ迹ハ文殊居シテ理智不二ヲ顕スニ智ノ本ニハ普賢
居ニ影略互現云々
尋云何カ故ノ唯我一人ノ金言ヲ專ラニシナカラ多宝ヲ並ニ座セシムル耶

傳云付之諫磨ト實義ト二ノ心在之諫磨ノ時ハ多宝ハ證誠
之佛也依之在世ノ衆生モ信ヲ專ス滅後ノ倒惑ハ在世ノ衆生
ヨリモ疑心深カルヘキ故ニ證佛ヲ立テ信ヲ勧メシニ為也實義ノ時ハ
付之二ノ心在之一ニハ塔中二佛座ヲ並ヘル其ノ丹證ヲ彰ハ一妙
法ノ法躰ナル故ニ中央ニ首題ヲ圖シ左右ニ二佛ヲ顯ス也是一
二ニハ妙法ハ一念三千ノ法躰也一念三千者自受用身ノ如來ノ
智ハ躰也自受用身ト者境智冥合ノ佛也爰本ヲ顯サンカ
為ニ境智ノ二佛ノ本尊ノ左右ニ勧請スト可得意也口傳在之
尋云多宝勧請ノ事ハサモヤ有ン釋迦四菩薩ヲ勧請ニ奉ルニ付テ
殊ル深旨有ルヤ如何　傳云此事非ニ相傳ニ者難ニ覚知事
也一端示サハ之妙法蓮華經ト者一切衆生ノ當躰地水火風空
五大也然ハ四菩薩ハ地水火風空大是ハ別躰空大ハ總躰也

四𦬇ハ四大本迹ハ空大ヲ表スル四𦬇ト者本迹權現出没ノ別稱ノ
利益也即空大ノ中ノ地水火風ノ別稱ニ似タリ本尊四𦬇ヲ以テ
五大ヲ顯シテ妙法ノ功徳ノ聚成ニ衆生ノ當稱ナル事ヲ顯サン為ニ
本迹四𦬇ヲ勧請ニ奉ルト傳ヘ侍リ口傳在之
又或人ノ本ノ相傳トテ云口傳空大ニ首題ヲ出セリ別紙ニ注之
予ハ不承伏ニ　尋云四大𦬇ノ御座所口不審也一左二右三左四右相
對シテ所座ヲ可定何故ソ上行无邊行ヲハ一所ニ左ニ御座ヲ定
淨行安立行ヲハ又一方ニ勧請申サセ玉ヘルヤ立意難知何
傳云是ハ不輙祖示サハ今經ハ智度ノ法華也故ニ智乃當ル
右ヲ賞翫シテ右ヨリ地ハ次第ノ地水火風ト列ネシ為也ト可解但シ
左ハ上座ト云習モ有リ雖然智ヲ賞スル時キハ右ヲ上座ト習
事侍リ　殊ニ本迹入塔ノ時ハ聖人ノ御樣ニ北ノ上座ニナサリ玉フト

被遊タリ　是又証ニ方角ニ別メ習事有ル謂歟能々可習
尋云二明王ヲ種子ヲ被遊謂ニ如何　傳云是ハ本尊ニ三國ノ
文字ヲ被遊御擬テ二明王ヲ梵字ニ被遊也　中ニ取テ梵字ハ
爰ト云ハ所以ス愛染不動ノ種子ヲ御用有ル事ハ迹門ノ界如
三千本門ノ本地難思ノ境智冥作ノ三方ヲ顕スニ便カ有ル故也
此一段ハ宗家ノ深秘ナル故ニ別紙ニ注之雖然一端筆之ニ
不動ト者生死流轉ノ躰ヲ不改不メ動ス法界ノ理ナル事ヲ
得名ヨリ顕タル故ニ用之愛染ハ其々妄染ノ當躰其ツマヽ
并ノ妙果ナル重得名ヨリ種子ニ至テ備ル故ニ用之取要者
其々本生死即愛染浄一如迷悟不二ヲ愛染不動
得名ヨリ種子ニ至ルノ用ト之可得意也　此外証ニ二明王ニ
甚深習在之口傳ニ秘之

尋云三國ノ文字ヲ被遊ト云ヘリ梵漢ハ分明之和字ノ姿如
何　傳云是ハ習事也梵漢ノ二字斗ニテモ事不闕子細
也雖然和字ノ心ハ御業ノ仕様ニ有リ所以ニ漢字ヲ和ゲタル
長點ナル始ニノ夛々也是即和字ノ心ナルヘシ但シ長點ヲ業ト
法ニ各々深旨在之
尋云左ハ不動右ハ愛染ナル意趣如何　傳云不動ハ理
也定也愛染ハ智也事也依之定ナルニハ不動裏ノ右ニハ愛
染居ル也此外本迹二門ハ定恵ノ二法也其ノ儀ヲ表スル意
ナルヘシ云々　尋云左尤ハ因生死ハ果也表ニ迹門因門ヲ左ナリ
果ニ象カタトル不動居ニ左尤ハ因ナル処ニ表ニ本門果門ヲ右ニ愛染ヲ
合ル居テ意趣何事リ也　傳云不動ハ生死即真果
縛ノ辨ヲ不レ動大般若ノ三徳秘藏ノ妙理ト讀スル亦實ニ

苦果ヲ面トス愛染ハ煩悩ヲ當躰トス其ノ因ナル事ハ無疑其ノ段ニ
於テ從向因ヲ顯歟又一ノ習ニハ不動明王ハ三諦ヲ表スル
事既ニ本朝ノ大師ニ一頁見其ノ形ヲ一ニ三諦究欸ト釋セルハ因ノ
三観也愛染ハ當躰無作ノ三身也此意ヲ得レハ左ニ不
動右ニ愛染ナル条勿論也其ノ外説ニ二明王ノ甚深ノ子細
在之別紙ニ注之能可ニ口傳一云々
尋云弘安ノ御業ニ増長廣目二天ノ所在常ノ在所ニ相
違ス左ハ廣目右ハ増長ナル何ツ子細有ルヤ　口傳云御
本尊ハ本緣西面ノ圖形也其故ハ旲山ハ東向也宝塔
涌現ハ旲山ニ向故ニ西向也帰四方ヲ四諦ニ司トル時キハ
東ハ苦諦西ハ集諦ナル故ニ得果向因ノ心ニテ西方ニ向ヘリ
是又西ハ弁門弁ハ智也法身ノ覚境ヲ表スル事宝ノ

境智ニ冥スル心ニテ一西ニ向ヘル也釋迦入塔ノ後ニ釋迦モ同ク西ニ向玉フ也
然則持国ハ東方辰巳ノ心ニテ尼ノ肩ニ初請玉フ間叉刀ヲ主テ多聞ハ小東
右ノ肩ニ初請アリ此分ニテハ未南申西ハ増長戌亥西北ハ廣目本座也然ヲ
増長廣目ノ座ヲ替テ被遊ルル職イサカ表事有ルニ依也史ト者四方ヲ
四諦ニ當ル時ハ東ハ苦西ハ集南ハ道北ハ滅也爰ニ廣目ヲ持国ノ
下ニ被遊苦集ト次ノ方得果向因ト次才セニ為也殊ニ本尊ノ白ニテハ
上ヨリ下ニ向フ得果向因ニ便有リ又毘沙門ノ下ニ増長ヲ被遊タルハ
増長南ニ至ル是ハ道諦因也多聞ハ北ヲ主ル滅諦ノ果也サレハ
下ニ増長有テ上ニ多聞居セルニ上リサニ道滅ト次才スレハ得因
至果ノ義スル也故ニ得果向因ト次才メ本地門所説ニヲ顕シ得
因至果ト次才メ迹門ノ心テ表中間ニ本迹不二ノ首題ヲ書顕シ
玉ヘル一ノ意也雖然此ノ景ナハ種々ニ手ナ廻シメ口ナ浩メシトスル間経

諸説相ニ任テ本座ニ勧請メ可然也夫ニ弘安ノ御筆ニ委ク
被遊タル事ハ本座ハ諸人無諍此一途ナハ人ニ知セラレン為也サレハ
末代ハ他宗ノ料簡深ク成ル間縦論説相ナ背テ私ノ口傳ヲ
本トスレハ更ナ依怙トメ経論ノ外ノ義ナ盗ニ成スル事有テ例
セニモ不可然又當座モ没カ書ル勧請ノ本抑如何ト問ニ時キ
控アラカジメト可成故ニ當ノ本座ニ勧請可然也
一御名字ノ事ハ別紙ニ在之又之存知者雖有之サリトテハ
筆ニシルシタル故ニ畧之能々可口傳御判同前殊ニ首題ノ下ニ
御名乗ヲ被遊事ハ別遣習也深秘云々
一南無ノ二字ハ帰命ノ言也又救我敬従度我二尊本迹并ニテ書之
二乗界天衆等ニハ不書一段習事也其故ハ南無ト者、
救我度我敬従帰命ノ仏并ニハ可然二乗已下ニ可帰命ス

條無之。然ハ本地上首迹化并龍樹天台等ヲ南無ト被遊
意趣難量ト疑可有。是ヲ可得意様ハ聖人御修行ニ
凡テ本地垂迹二面在之。本地門ノ時ハ不及依法ニ子細也。
解者或者ニ分別スル時、迹化薩埵ハ本地難思ノ境智ヲ
不知故ニ或者ト号シ、地涌ハ解者也。迹化ハ因分等覚、本
地ハ果分ノ等覚也。垂迹門ノ時ハ文殊観音等ハ等覚無垢
大士入重玄門ノ井聖人ハ名字外凡ノ御位ナル間帰命可然。
龍樹ハ八宗ノ高祖初地大聖、天台伝教ハ教学ノ師資也。
南無ノ帰命モ神妙ノ御内證也。其上天台伝教像法
法華ノ行者如来ノ使者也。然者仏位ニ同スル方可有。何ソ
不帰命乎。如此解セハ疑不可残云々。

一 佛滅度後已下ノ事

大方聖人御出世有テ此宗ヲ御建立ハ建長五年佛滅後二
千二百六十二年ニ當リ正ク御本尊ノ圖形ヲ被遊出事ハ文永
年中佐州邊ヨリ事欽依テ本尊問答抄ハ建長元年乙亥
七月十三日ノ御書ヤ爰ニ當御門ノ流相承観心本尊抄ハ
文永十年ノ御書ヤ夫ナ二千二百廿余年ト被遊タル御筆モ
御座アレトモ二千二百廿余年ニ此法門ヲ被遊タル御筆ヲ正ト
奉仰事ハ建長五年ニ此法門ヲ被遊出ヤ首題ヲ御本
尊ト被レ思食ニ御弘通有リシ故ニ二千余年ト被遊タル御
筆ヲ為的可得意之

一尋云大漫荼羅ト立ル心如何　傳云先漫荼羅ト者
輪圓具足ト翻ス即圓満ノ義ヤ卄本尊ニハ十界ヲ立テリ
諸法無闕減ノ故ニ漫荼羅ト云之且其大ノ字ヲ真言家漫

荼羅ニ對シテ彼ハ權小ノ漫荼羅ナル故ニ彼ヲ下サンカ爲ニ大ノ字ヲ
被遊可得意也惣シテ而大比丘衆ノ大ノ字ヲ始トシテ一經ノ始末ノ
心ハ人法共ニ大ノ字ヲ用ル事ハ至極大事ノ故也
尋云高祖已前ニハ此本尊ノ相貌不弘耶如何　傳云
私ニ答ヲ可キニ設ノ非本尊問答抄云其本尊爲體本地娑
婆ノ上ニ寶塔居空ニ塔中妙法蓮華經ノ左右ニ釋迦牟尼佛
日本國始ニ此佛像可令出現ニ云云故ニ知ヌ虚空會八品以後ハ
聖人御出世ノ時キ始顯現云云
一王ノ字ニ玉王ヲ御用有ル事意趣云何　傳云此事ハ非
指ル大事ニ先ハ王字ニ打ツハ點ヲ莊嚴ノ點也又ハ賞翫ノ點也
數則人王ヲ賞翫ニ奉ルニハ玉躰ト云カ如シ又將棊ノ駒ニ王二枚
在ニ、點ヲ打タルヲ貴人ノ方ヘ出ス是ヲ皮ノ道礼也而是賞

題ノ義ヤ本尊ニ書載ル天龍ナルニ依テ賞題ノ點ヲ打ト可知

一首題ノ長點ノ事　點ニ各々名アリ習アリ表事アリ

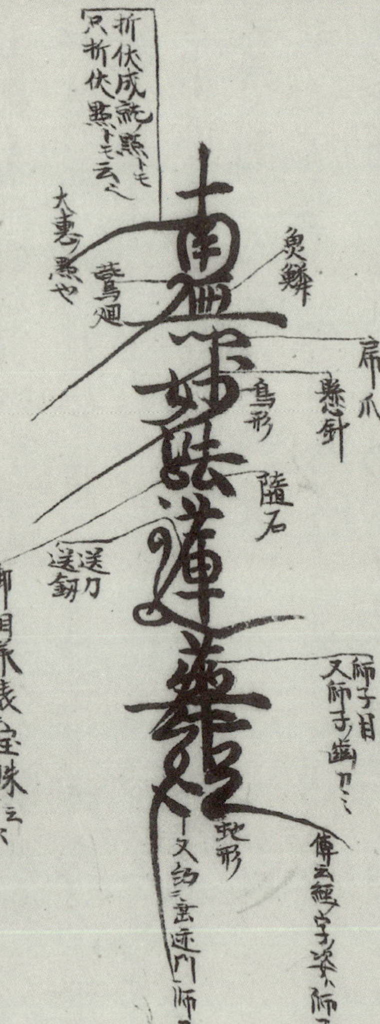

亦云三水ノ最下ニチヤク遥ノ上ノ點ヲ打事高祖已来祖師ノ御筆ニモ不見及若ニ本相傳ノ外欤又有日ニヤアラン不知是ハ日親御影アリ夢中ニ直授ノ子細在之　年号月日記録ハ後小路東

洞院ニ令紛失間不定於冥盧ニ者不可有隠一云云
傳云首題長点ニ付テ名アリ名詮自性ノ故ニ点ノ名ニ付テ各々
所表有之先南長点ト云ル筆法特ニ直ク引ケハ文字ノ躰ヲ
公之仍テ急ニ引ク是練テノ意也實ニハ折伏成就点ナル故ニ謗
法ヲ責メ破リ速ニ宗儀ヲ立テヽ表事也是一又ハ二尊四菩ニ覆テ
引事ハ彼法ハ諸佛所詮ノ法ナル故也又ハ天下ノ人宗十宗ヲ
迷ワシテシ下メ此宗旨ノ人法共ニ諸宗ニ勝テ天下ニ打覆フ事ナルヘシト
可得意也次ニ無ノ字ノ点ハ鷲廻ノ点ト者鷲ノ飛返ル事速疾也
故ニ問答ニ取テ返詰メ他宗ノ口ヲ詰メ速ニ廻心セシメ二事ヲ表ト
云云次ニ妙ノ字ノ作ノ点ヲ鳥形ノ点ト云ル事ハ鳥ハ虚空ヲ飛テ自在
無碍ナル故ニ才一義天ニ任メ遊於四方嬉戯快楽自在無
碍ナル事ヲ顕サン為ニ鳥形ト習也又鳥形ニハ鳥居タル形モ有之

是ハ引ニハス點ナ鳥形ト名ル事ハ五逆謗法ノ心地ナ廻ラカシテ弃ヽ
向ハシメシ為ノ表示ト可得意也次法ノ字ノ立點ハ蓮字ノ草
カウノ長點トハ何モ鉤形ノ點也妙ノ立點モ同前此ノ三カ中ニ妙
字ノ立點ト法字ノ立點トハ順ニ鉤ナ立テタル形蓮字華ノ字ノ
草カウノ長点ハ鉤ナ逆ニ立タル形ノ也サレハ順逆ノ鉤形ハ妙法ノ
利鉤ナ提テ順逆ニ縁ノ衆生共々縛ナ切リ生死獄ナ破ラシテヨハ
一 予カ夢中ニ奉傳授処ノ三水ノ下ノ点ニ蓮字ノ免遠上ノ点ナ打ハ
ぬ意宝珠也法ノ字ハ水ナ云ト造ル是則生死巨海ナ渡ル実法
表ス其ノ水ノ底下ニ宝珠アリ海潤ノ底ニ龍ノ宮城ナ立タル宝
珠ナ事ニ頭セル点也故ニ理ノ宝珠タル妙法當辨ナ頭セニ為也
一代聖教ハ者只法ノ一字也其ノ法ノ実ハ妙法也此妙法ノ即宝
珠ナル事ナ表ルソト義ルト思テ夢覚ニキ　次ニ蓮ナ字ノ之遠ハ足

遠也夫ヲ長ク引ハ用ノ点也今此処ニテ用ヲ汲流タル事ハ蓮華ヲ
以テ法華ノ正体ト定ムル故也然則大経ナハ常住ノ二字ニ習ヒ法
華ヲハ蓮花ノ二字ニ習ヘルモ此謂也サレハ法華経ノ用ヲ首題五
字ニ習時此ノ之遠ミノ顕ス也サテ法華経ノ用ト者用云義也
化功広大利潤弘深ニシテ蓋ニ此経ノ力用也ノ釈義ヲ以テ可得
意也此謂ニ用ノ点ヲイカニモ長ク可引キ引ミテノ侍ヘリ仍自余ハ時ニ
随テ其四種長点ハ定ル其随一ナル事心在茲
次華ノ字ハ師子ノ歯カミト言来伝ヘ来リ心威ヲ振フ形貌也
字ハ両目ニ似スタリ心ハ穏ニテ眠ル師子ハ目細ク嗔ル時ハ円目也然
此家ハ上ニ書カ如ク勢力弱スハ此法不可立聖人ノ処々ニ憶スルナル
カレ日蓮カ平ノ左衛門ノ尉カ前ニテ振舞シカ如クニセヨナント被遊
タルハ威ヲ以テ折伏ヲ行スヘキ心也実ニ思ヘハ四安楽ノ行者

サヘ真報ナ明ニハ遊行無畏如師子王ト定タリ可思之大方華ノ
字ノ書様華華花ぬけ色々雖有之華ノ字ヲ用ル心是ヤ
次經ノ字ハ師子ニ足向居タルニ似タリ　經ノ字ヲ師子ノ形ト習ルハ妙法ノ
所座ヲ表事歟佛ハ不及言𦬇サヘ師子ニ乗シ師子ノ座ニ坐ス況
妙法ノ法躰ナヤ又師子駒犬ヤ尤云ヘル二ナ表ス故ニ開口閉口見
云ヘル一躰ナルハ妙法ノ功徳ナル所表ヤ又經ノ字ヲ地形ノ異ヘト名ル事ハ
經ハ經王ヤ法ニ威徳アレハ人ニ威力アリ法妙ナレハ人ソ尊キ謂ヤ
威光イミシケレハ人面ヲ不向ケ大地座セル所ニハ人不近面ヲ不
向様ニ法ヲ可弘心ヤサレハ聖人日蓮カ南無妙法蓮華經ヲ
唱ハ南無大日真言モ南無阿弥陀佛モ日ノ出ル時星ノカクレ
谷ノ草ノ霜ニ枯ルカ如ナルヘシナニト被遊ニメルハ是ヤ　取意
爰ニ當門家ノ祖師ノ御中モ法門ヲ弱ハ云テ同難スル時キヒシト

誥タルカ面白由被仰タル御座ドモ一師ハ只大刀ノ兵法者ツヨ
弓勢兵モ不遂失サキニ不向ぬツ其ノ人命終入阿鼻獄トケ
ヲトシ、折伏メ他宗カ不有カ服面ヲ不向様ニ折伏メ可歎ト
被仰タルモ在テ大蛇ナハ見図メモ人畏ルカ如クメ可歎敬ニ蛇形ニ被
遊出以堅ク令ニ傳授ニ畢

一 無ノ字ノ上ニ四種ノ立點ナノ魚鱗ノ點師資相承セリ是ハ指セル
子細無テ欲ハ魚鱗似タル様ニ可ト書云ヘル心欲ハ但日親カ心ニハ
一ノ意蘊ナ存セリ夫ト者鯉ノイロコハ首ヨリ尾ニ至三ノ定テ六
六在テ六節互ニ具スレハ六六円位ノ本意ナレハ魚鱗ノ深旨モヤ
有ラニ其外武道ヲ習フ中ニ執ノ陣ノ子細モ有テ欲又無ノ字
下ノ連火ナハ扇爪ノ點ト習ヘルハ威ナ振事龍ノ扇ナカ本トス故ニ
尓カ習ヘル欲先ニ如示スカ本門立行ノ人ハ威勢ヲ以テ諸宗ヲ

消伏スル事端正有ル威徳ノ地涌并ノ修行ノ滑や聖人
雖教意在修行ナル故ニ修行ヲ為薩行者ノ修行甚功
首題ニ有ル故ニ彼筆ノ意趣ヲ含テ扇爪ト点ト習ル欲此
分推量や先ノ段ニ書落ス故ニ重テ示ス耳
一本尊ノ圖形事甚深秘事や雖然不匡置者未学無
信心ニ無解了偶任心ニ讀ハ併ラ乱ニ水ヲ加ヘ薬モ毒ヲ変タルカ
如ツナルヘキ間為亀鏡示之縦横各々七段や且ハ都率ノ四
十九院ヲ表ニ且ハ少七大七ノ満數ヲ成セニ為や惣メ此書ニ所残
少ニ帰附才一人ニ令相傳ノ為や曽テ雖為ニ門人殊別ニ二メ
足踏ム様ナル者ニハ一見猶不可也や況や於相傳乎隷コニ此
書ヲ令ニ相承ノ時ノ請文ノ文言ニ託シ置処や是則今ノ裡ハ恥モ
不知罪モ不弁仁等慇ニ佛法ハ望タル故ニ請文ヲ書テ次ノ日

破ル事多ク在テ間ぬけや夫ヲイヤト存セシ仁ハ丹證ニ向
背ノ逆意有ルヘキ間相承ヲ不可許云云

无邊行
上行
多宝
首題
釈迦
浄行
安立行

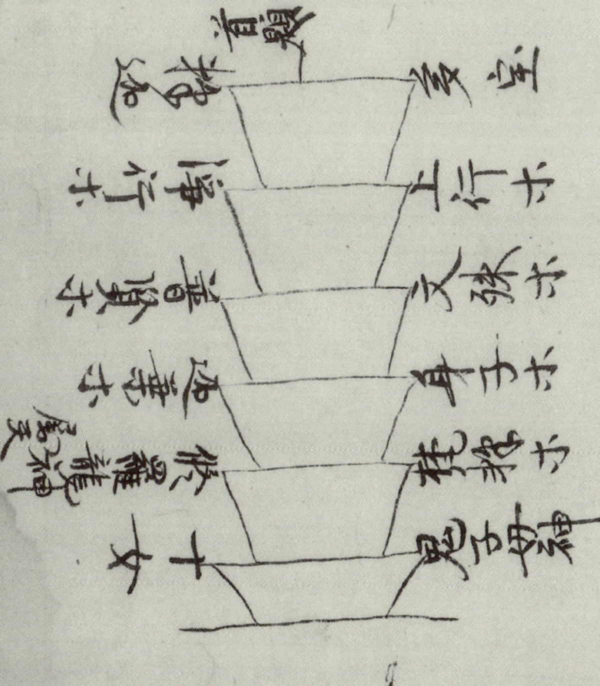

相承抄　裏表紙

親鸞聖人筆涅槃経文

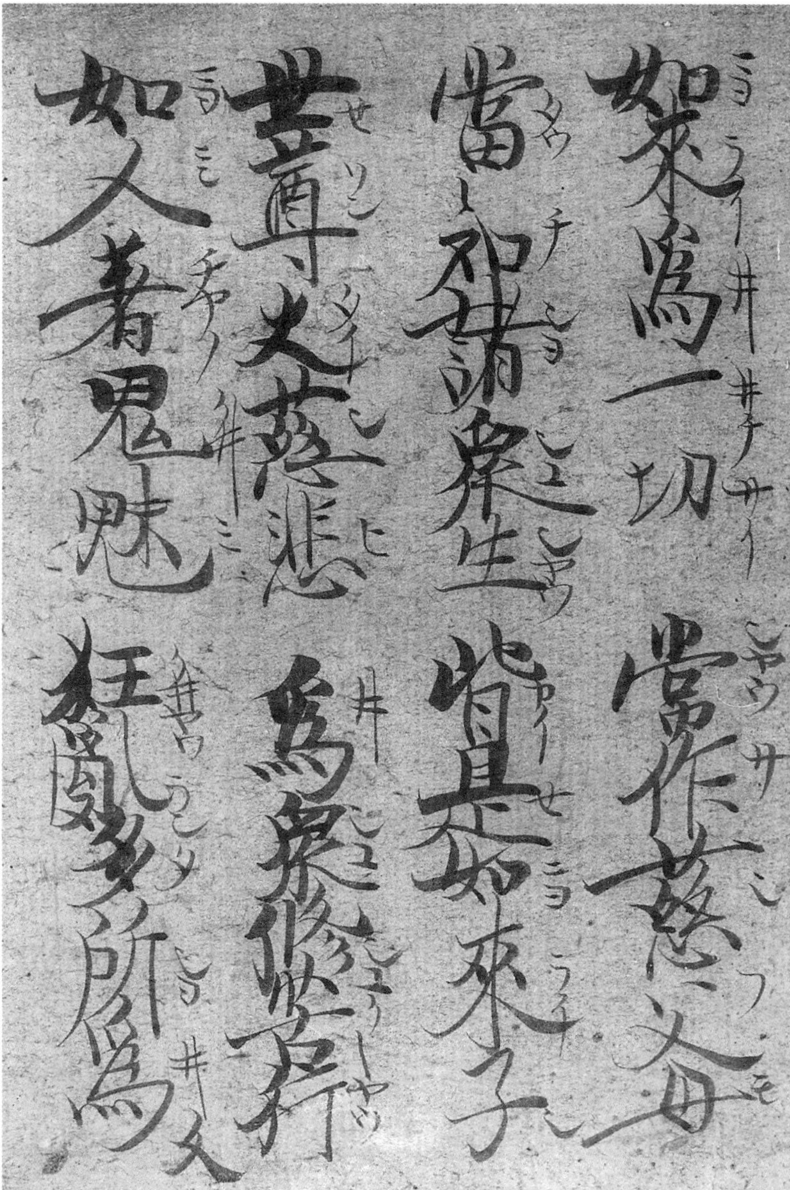

如來爲一切　常作慈父母
當知諸衆生　皆是如來子
世尊大慈悲　爲衆修苦行
如人著鬼魅　狂亂多所爲

執持鈔

執持鈔
024.3
156
I

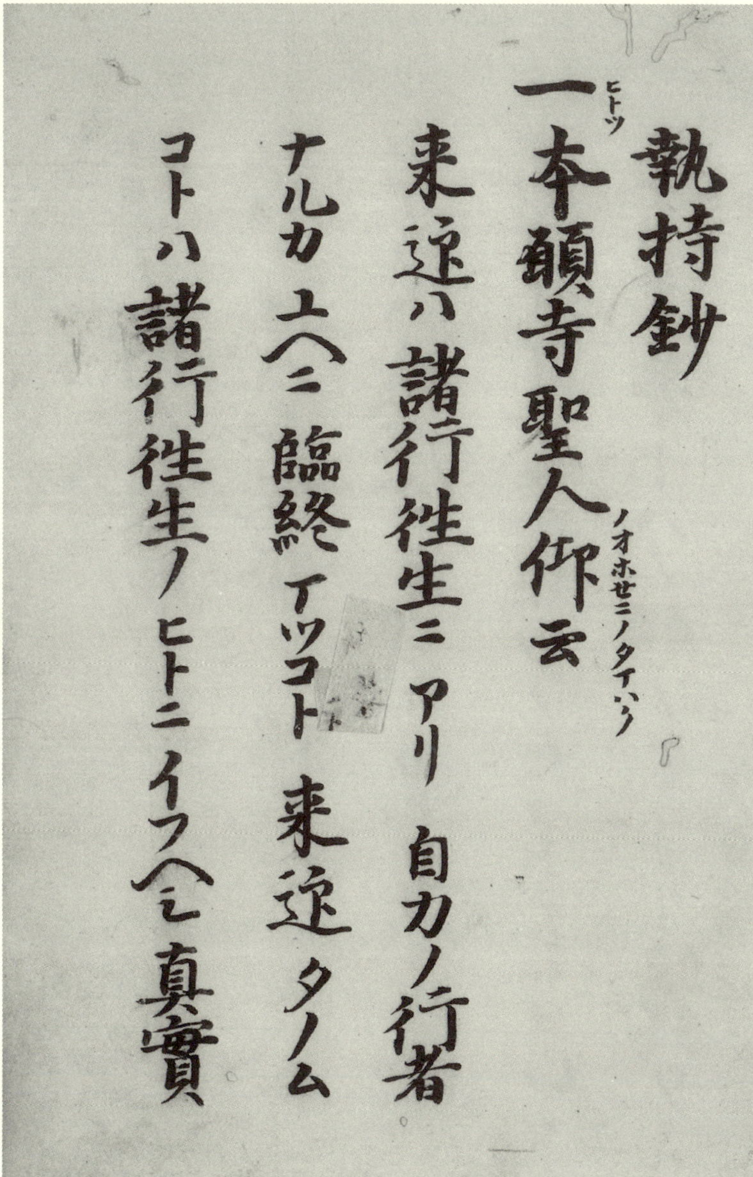

執持鈔
一（ヒトツ）本願寺聖人仰云（ノオホセニノタイハク）
来迎ハ諸行往生ニアリ自力ノ行者
ナルカユヘニ臨終マツコト来迎タノム
コトハ諸行往生ノヒトニイフヘシ真實

信心ノ行人ハ摂取不捨ノユヘニ正定
聚ニ住ス正定聚ニ住スルカユヘニ
カナラス滅度ニイタルカルカユヘニ臨終
マツコトナシ来迎タノムコトナシ
スナハチ弟十八ノ願ノコヽロナリ臨終ヲ

マチ来迎ヲタノムコトハ諸行往生ヲ
チカヒマシマス第十九ノ願ノコヽロナリ
一（ヒトツ）マタノタマハク
是非シラス邪正モワカヌコノ身（ミ）ニテ
小慈小悲モナケレトモ名利ニ人師ヲ

コノムナリ
往生浄土ノタメニハタヽ信心ヲサキ
トスソノホカヲハカヘリミサルナリ往生
ホトノ一大事凡夫ノハカラフヘキ
コトニアラスヒトスチニ如来ニマカセ

タテマツルヘシ　スヘテ凡夫ニカキラス
補處ノ彌勒菩薩ヲハシメトシテ
佛智ノ不思議ヲハカラフヘキニアラス
マシテ凡夫ノ淺智ヲヤ　カヘス〱如來ノ
御チカヒニマカセタテマツルヘキナリ

コレヲ他力ニ歸シタル信心發得ノ
行者トイフナリサレハワレトシテ
淨土ヘマイルヘシトモマタ地獄ヘユク
ヘシトモサタムヘカラス故聖人〈黒谷源空聖人ノ御コトナリ〉ノ
オホセニ源空カアラントコロヘユカントト

オモハルヘシト　タシカニ　ウケ　タマハリシ
ウヘハ　タトヒ　地獄ナリトモ　故聖人ノ
ワタラセ　タマフ　トコロヘ　マイル　ヘシト
オモフ　ナリ　コノタヒ　モシ　善知識ニアヒ
タテ　マツラスハ　ワレラ　凡夫　カナラス

地獄ニオツヘシ　シカルニ　イマ聖人ノ御（コ）
化導ニアツカリテ　弥陀ノ本願ヲ
キヽ攝取不捨ノコトハリヲムネニオサ
メ生死ノハナレカタキヲ　ハナレ浄土ノ
ムマレカタキヲ一定ト　期スル　コト

サラニ　ワタクシノ　チカラニ　アラス　タトヒ
弥陀ノ　佛智ニ　歸シテ　念佛スルカ
地獄ノ　業タルヲ　イツハリテ　往生
浄土ノ　業因ソト　聖人　サツケ　タマフニ
スカサレ　マイラセテ　ワレ　地獄ニ　オツト

イフトモサラニクヤシムオモヒアルヘカラス
ソノユヘハ明師（メイシ）ニアヒタテマツラテヤミナ
マシカハ決定悪道ヘユクヘカリツル
身ナルカユヘニトナリシカルニ善知識ニ
スカサレタテマツリテ悪道ヘユカハ

ヒトリユクヘカラス師トトモニオツヘシ
サレハタヽ地獄ナリトイフトモ故聖人ノ
ワタラセタマフトコロヘマイラントオモヒ
カタメタレハ善悪ノ生所ワタクシノ
サタムルトコロニアラストイフナリト

コシ自力ヲステヽ他力ニ帰スルスガタナリ
一（ヒトツ）イタノタイハシ
光明寺ノ和尚（善導ノ／御コト）ノ大无量壽經ノ
第十八ノ念佛往生ノ願ノコヽロヲ
釋シタマフニ善悪凡夫得生者莫不皆

乗阿弥陀佛大願業力爲増上縁トイヘリ
コノコヽロハ善人ナレハトテヲノレカナス
トコロノ善ヲモテカノ阿弥陀佛ノ
報土ヘムマルヽコトカナフヘカラストナリ
悪人マタイフニヤヲヨフヲノレカ悪業ノ

チカラ三悪四趣ノ生ヲヒクノヨリホカ
アニ報土ノ生因タランヤシカアレハ善
業モ要ニタヘス悪業モサマタケトナラス
善人ノ往生スルモ弥陀如来ノ別願
超世ノ大慈大悲ニアラスハカナヒカタシ

悪人ノ往生マタカケテモオモヒヨルヘキ
報佛報土ニアラサレトモ佛智ノ不可
思議ナル奇特ヲアラハサンカタメナレハ
五劫カアヒタコレヲ思惟シ永劫カ
アヒタコレヲ行シテカヽルアサマシキ

モノカ六趣四生ヨリホカハスミカモナクウカムヘキ期ナキカタメニトリワキム子トヲコサレタレハ悪業ニ早下スヘカラストスヽメタイフム子ナリサレハヲノレヲワスレテアツキテ佛智ニ歸スルコト

ナクハヲノレカモツトコロノ悪業ナンソ
浄土ノ生因タランスミヤカニカノ十悪
五逆四重謗法ノ悪因ニヒカレテ三途
八難ニコソシツムヘケレナニノ要ニ歟タヽン
シカレハ善モ極樂ニムマルヘキタ子ニナラ

サレハ往生ノタメニハソノ要ナシ悪モ
マタサキノコトシシカアレハタヽ機生得
ノ善悪ナリカノ土ノノソミ他力ニ帰
セスハオモヒタエタリコレニヨリテ善悪
凡夫ノムマルヽハ大願業力ゾト釋シ

タマフナリ増上縁トセサルハナシトイフハ

弥陀ノチカヒノスクレタマヘルニマサレル

モノナシトナリ

一（ヒトツ）マタノタマハク

光明名號ノ因縁トイフコトアリ

弥陀如来四十八願ノナカニ第十八ノ願
ハワカヒカリキハナカラントチカヒタマヘリ
コレスナハチ念佛ノ衆生ヲ攝取ノタメ
ナリカノ願ステニ成就シテアマネク
无㝵ノヒカリヲモテ十方微塵世界ヲ

テラシタマヒテ衆生ノ煩悩悪業ヲ
長時ニテラシマシマスサレハコノヒカリノ
縁ニアフ衆生ヤウヤク无明ノ昏闇
ウスクナリテ宿善ノタネキサストキ
マサシク報土ニムマルヘキ第十八ノ念佛

往生ノ願回ノ名號ヲキクナリシカレハ
名號執持スルコトサラニ自力ニアラス
ヒトヘニ光明ニモヨホサルヽニヨリテナリ
コレニヨリテ光明ノ縁ニキサヽレテ
名號ノ回ヲウトイフナリカルカユヘニ

宗師善導大師ノ御コトナリ以光明名號攝化十方但使
信心求念トノタマヘリ　但使信心求念ト
イフハ　光明ト　名號ト　父母ノ　コトクニテ
子ヲ　ソタテ　ハクヽムヘシト　イヘトモ　子ト
ナリテ　イテクヘキ　タ子　ナキニハ　チヽ

ハヽト ナツクヘキ モノナシ 子ノ アルトキ
ソレカ タメニ チヽト イヒハヽト イフ号（ナ）アリ
ソレカ コトクニ 光明ヲ ハヽニ タトヘ 名號ヲ
チヽニ タトヘテ 光明ノハヽ 名號ノチヽト
イフコトモ 報土ニ イサシク ムテルヘキ信心ノ

タ子ナクハアルヘカラス　シカレハ　信心ヲ
ヲコシテ　往生ヲ　求願スルトキ　名號モ
トナヘラレ　光明モ　コレヲ　攝取スルナリ
サレハ　名號ニ　ツキテ　信心ヲ　ヲコス　行者
ナクハ　彌陀如來　攝取不捨ノチカヒ　成ス

ヘカラス弥陀如来ノ攝取不捨ノ御チカヒ
ナクハアタ行者ノ往生浄土ノネカヒナニヽ
ヨリテ歟成センサレハ本願ヤ名號名號ヤ
本願本願ヤ行者行者ヤ本願トイフ
コノイハレナリ本願寺ノ聖人ノ御釋

教行信證ニノタマハク徳號ノ慈父マシ
マサスハ能生ノ因カケナン光明ノ悲母
マシマサスハ所生ノ縁ソムキナン光明
名號ノ父母コレスナハチ外縁トス眞實
信ノ業識コレスナハチ内因トス内外

因縁和合シテ報土ノ真身ヲ得證
スト ミエタリ コレヲ タトフルニ日輪須
弥ノ半ニ メクリテ 他州ヲテラストキ
コノサカヒ闇冥タリ 他州ヨリ コノ
南州ニ チカツクトキ 夜ステニアクルカ

コトニ ニカレハ 日輪ノ イツルニ ヨリテ
夜ハアクル モノナリ 世ノ ヒト ツネニ
オモヘラク 夜ノアケテ 日輪 イツト
イマ イフトコロハ シカラ サルナリ 彌陀
佛日ノ 照觸ニ ヨリテ 无明長夜ノヤミ

ステニハシテ安養往生ノ業因タル
名號ノ寶珠ヲハウルナリトミルヘシ
一（ヒトツ）ワタクシニイハク
根機ツタナシトテ早下スヘカラス佛ニ
下根ヲスクフ大悲アリ行業オロソカ

ナリトテウタカフヘカラス　經ニ乃至
一念ノ文アリ　佛語ニ虚妄ナシ本願
アニアヤマリアランヤ　名號ヲ正定業ト
ナツクルコトハ　佛ノ不思議力ヲタモ
テハ往生ノ業マサシクサタマルユヘ

ナリモシ弥陀ノ名願力ヲ稱念ス
トモ往生ナヲ不定ナラハ正定業トハ
ナツクヘカラスワレステニ本願ノ名號ヲ
持念ス往生ノ業ステニ成辨スル
コトヲヨロコフヘシカルカユヘニ臨終ニ

フタヽヒ名號ヲトナヘストモ往生シトク
ヘキコト勿論ナリ一切衆生ノアリサマ
過去ノ業因マチ〳〵ナリマタ死ノ縁
无量ナリヤマヒニオカサレテ死スルモノ
アリツルキニアタリテ死スルモノアリ

ミツニオホレテ死スルモノアリ次ニ
ヤケテ死スルモノアリ乃至寢死スル
モノアリ酒狂ニテ死スルタクヒアリ
コレミナ先世ノ業因ナリサラニノカル
ヘキニアラスカクノコトキノ死期ニイタ

リテ一旦ノ妄心ヨヲコサンホカイカテカ
凡夫ノナラヒ名號稱念ノ正念モヲコリ
往生淨土ノ願心モアラシヤ平生ノトキ
期スルトコロノ約束モシタカハヽ往生ノ
ノソミムナシカルヘシシカレハ平生ノ一念ニ

ヨリテ徃生ノ得否ハサタマレルモノナリ
平生ノトキ不定ノオモヒニ住セハ
カナフヘカラス平生ノトキ善知識ノ
コトハノシタニ歸命ノ一念ヲ發得セハ
ソノトキヲモテ娑婆ノヲハリ臨終ト

オモフヘシソモ〳〵南无ハ歸命歸命ノ
コヽロハ往生ノタメナレハマタコレ發願
ナリコノコヽロアマ子ク万行万善ヲシテ
淨土ノ業因トナセハマタ迴向ノ義アリ
コノ能歸ノ心所歸ノ佛智ニ相應スル

トキカノ佛ノ因位ノ万行果地ノ万德
コト〱クニ名號ノナカニ攝在シテ十方
衆生ノ往生ノ行躰トナレハ阿彌陀佛
即是其行ト釋シタマヘリマタ殺生罪ヲ
ツクルトキ地獄ノ定業ヲムスフモ臨終ニ

カサネテ　ツクラ　サレトモ　平生ノ　業ニ　ヒカ
レテ　地獄ニ　カナラス　オツヘシ　念佛モ　マタ
カクノ　コトシ　本願ヲ　信シ　名號ヲトナフ
レハ　ソノ　時分ニ　アタリテ　カナラス　往生ハ
サタマル　ナリト　ミルヘシ

本云

嘉暦元歳丙寅九月五日拭老眼染禿筆

是偏為利益衆生也

釋宗昭五十七

先年如此予染筆与飛驒顗智坊訖而
今年暦應三歳（庚辰）十月十五日　随身
此書上洛中一日逗留十七日下國仍於
燈下馳老筆留之為利益也

宗昭
七十一

188156

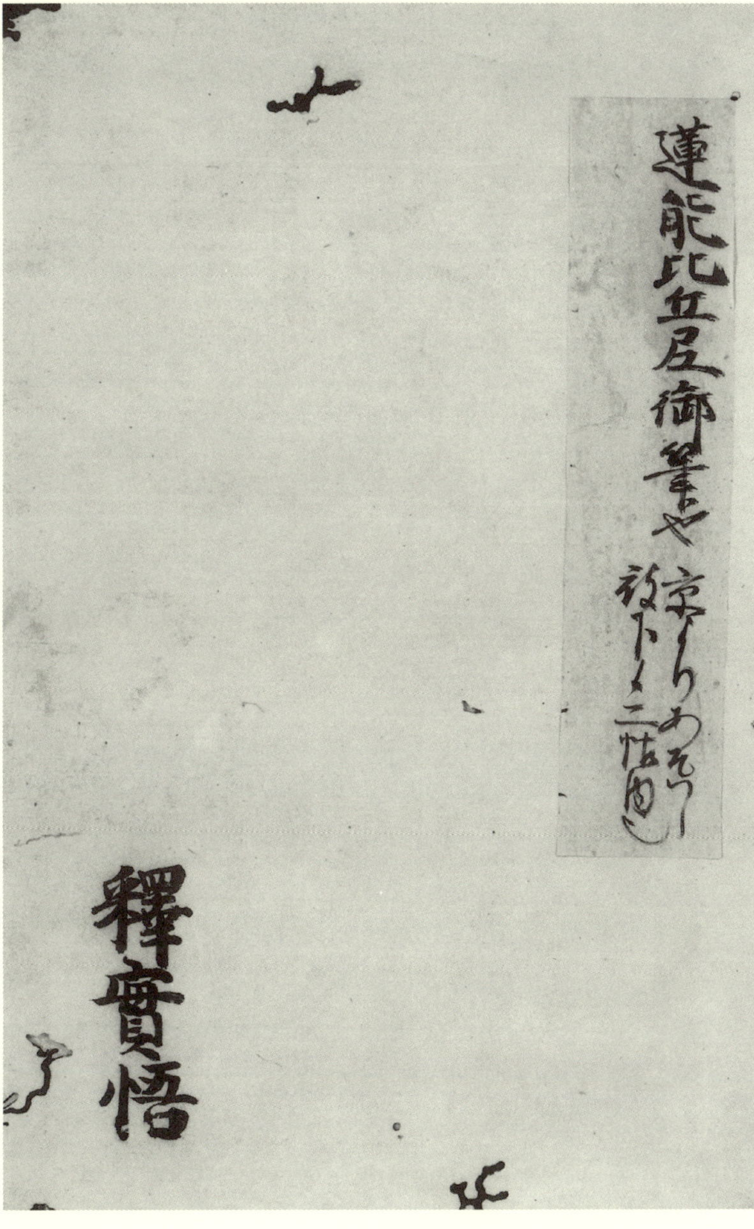
蓮能比丘尼御筆也
釋實悟

執持鈔　甲　裏表紙

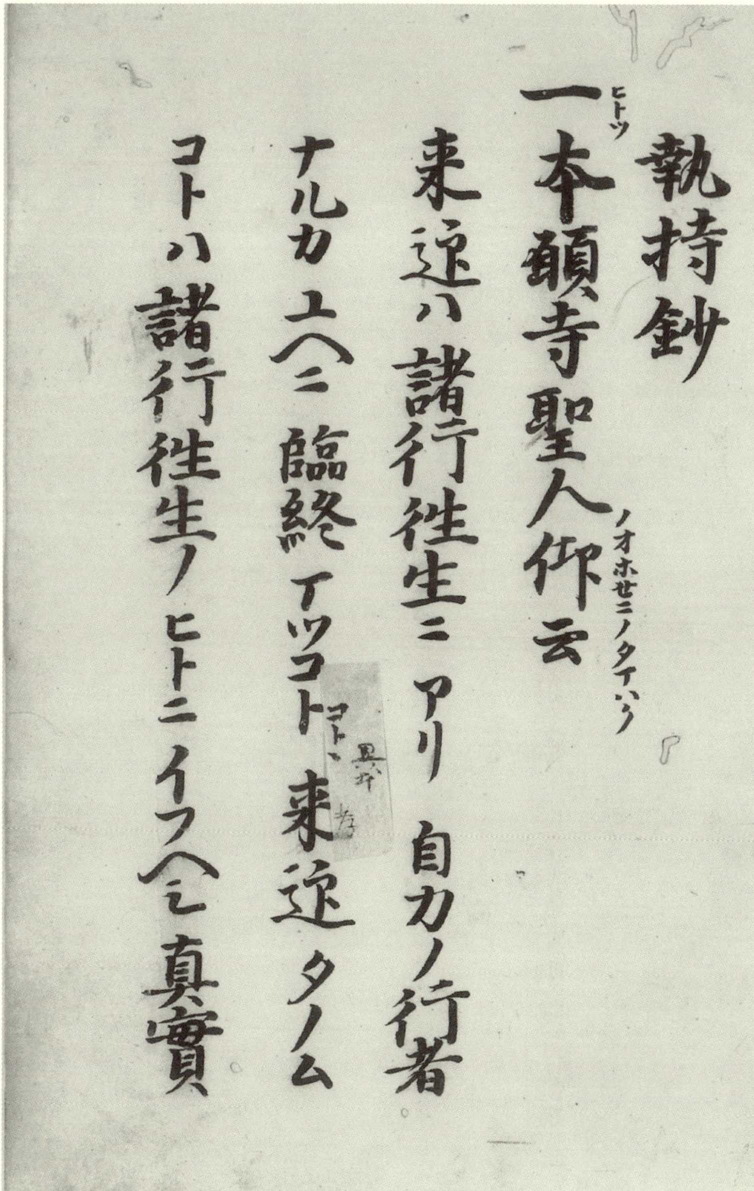

執持鈔
一本願寺聖人仰云
来迎ハ諸行往生ニアリ自力ノ行者
ナルカユヘニ臨終マツコト来迎タノム
コトハ諸行往生ノヒトニイフヘシ真實

異本作 コトヽ

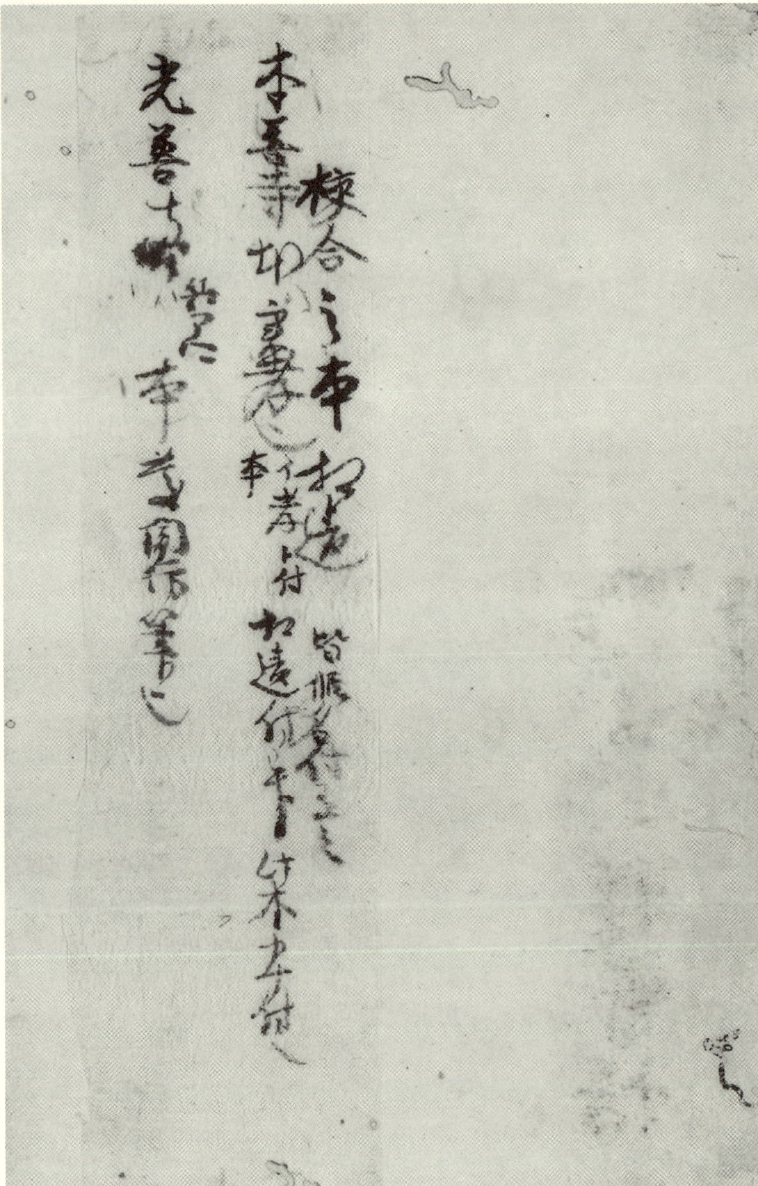

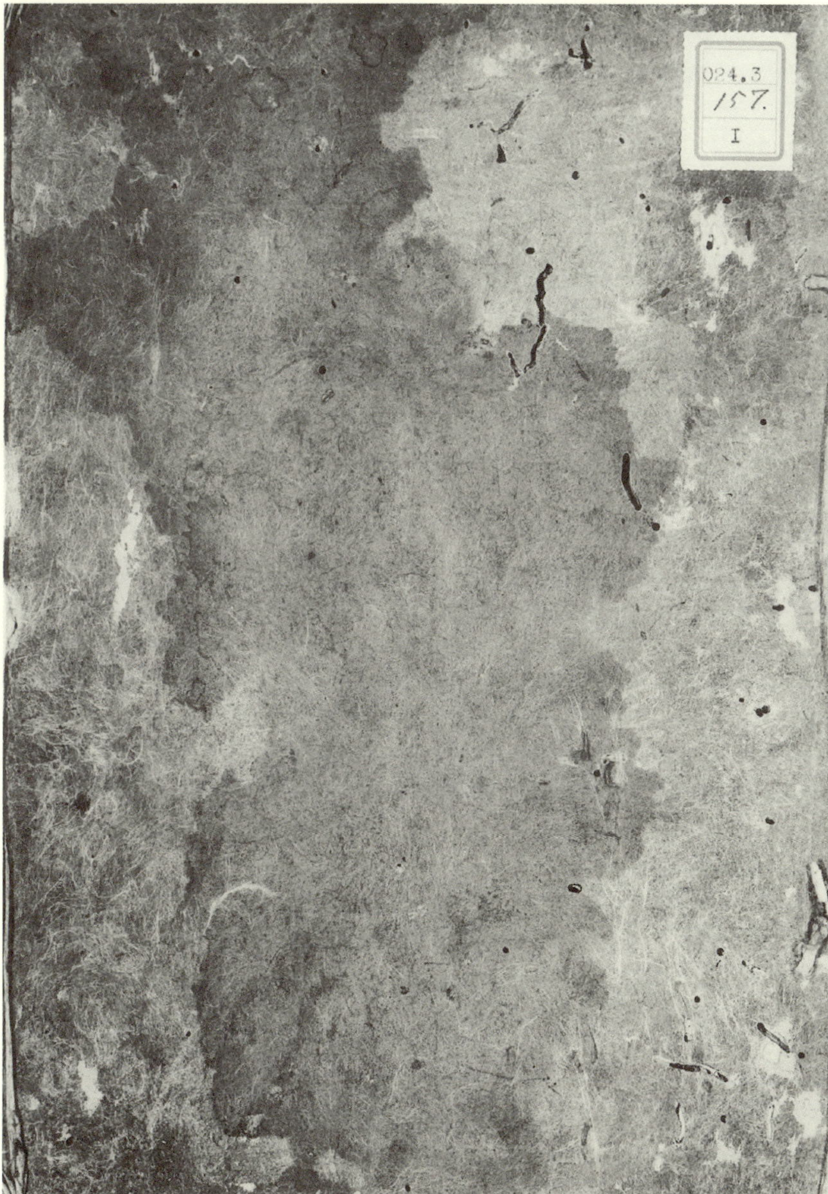
024.3
157.
I

執持鈔

一本願寺聖人之仰云

來迎ハ諸行往生ニアリ自力ノ

行者ナルカユヘニ臨終マツコト

來迎タノムコトハ諸行往生ノ

ヒトニイフヘシ真實信心ノ行人ハ
攝取不捨ノユヘニ正定聚ニ住ス
正定聚ニ住スルカユヘニカナラス
滅度ニイタルカルカユヘニ臨終マツ
コトナシ来迎タノムコトナシ

又十八チ第十八ノ願ノコヽロナリ
臨終ヲマチ來迎ヲタノムコトハ
諸行往生ヲチカヒマシマス第
十九ノ願ノコヽロナリ
一　マタノタマハク

是(ゼ)非(ヒ)ヲシラス邪(ジャ)正(シャウ)モワカヌコノ
身(ミ)ニテ小(セウ)慈(シ)小(セウ)悲(ヒ)モナケレトモ
名(ミャウ)利(リ)ニ人(ニン)師(シ)ヲコノムナリ
往(ワウ)生(ジャウ)浄(ジャウ)土(ド)ノタメニハタヽ信(シン)心(ジム)ヲ
サキトスソノホカヲハカヘリミサル

ナリ往生ホトノ一大事凡夫ノ
ハカラフヘキコトニアラス。ヒトスチ
ニ如来ニマカセタテマツルヘシ。ス
ヘテ凡夫ニカキラス補處ノ
彌勒菩薩ヲハシメトシテ佛智

ノ不思議(フシキ)ヲハカラフヘキニアラス
マシテ凡夫(ホムフ)ノ浅智(センチ)ヲヤカヘス〳〵
如來(ニヨライ)ノ御(オン)チカヒニマカセタテ
マツルヘキナリコレヲ他力(タリキ)ニ帰(キ)シ
タル信心(シンシム)発得(ホチトク)ノ行者(キヤウシヤ)トイフナリ

老ハワロシトシテ浄土(ジヤウド)ヘマヰルヘシ
トモマタ地獄(チゴク)ヘユクヘシトモサタムヘ
カラス故(コ)聖人(シヤウニン)（黒(クロ)谷(タニ)源空(ゲンクウ)聖人(シヤウニン)ノ御コトハナリ）ノ仰セニ
源空(ゲンクウ)カアラントコロヘユカントオ
モハルヘシトタシカニウケタマハリシ

ウヘハタトヒ地獄ナリトモ故聖人ノ
ワタラセタマフトコロヘマヒルヘシト
オモフナリコノタヒモシ善知識ニ
アヒタテマツラスハワレラ凡夫カナ
ラス地獄ニオツヘシシカルニイマ

聖人ノ御化導ニアツカリテ
弥陀ノ本願ヲキヽ摂取不捨ノ
コトハリヲムネニオサメ生死ノハナレ
カタキヲハナレ浄土ノムマレカタキ
ヲ一定ト期スルコトサラニワタ

クミノチカラニアラス　タトヒ
彌陀ノ佛智ニ歸シテ念佛ス
ルカ地獄ノ業タルライツハリテ往
生淨土ノ業因ト聖人サツケタマヘ
言ニスカサレ　マヒラセテ　ワレ地獄

ニオツト イフトモ サラニ クヤシム
オモヒアルヘカラス ツノ。ユヘニ
明（メイ）師（シ）ニアヒタテマツラテ ヤミナ
マシカハ決（ケチ）定（チヤウ）悪（アク）道（タウ）ヘユクヘカリツ
ル身（ミ）ナルカ ユヘニコト ナリ シカルニ

善知識ニスカサレタテマツリテ
悪道ヘユカハヒトリユクヘカラス
師トトモニオツヘシサレハ地獄ナ
リトイフトモ故聖人ノワタラセ
タマフトコロヘマヒラントオモヒカ

タメタルハ善(セン)悪(アク)ノ生(シャウ)所(ショ)ヲタイ
クモノサタムルトコロニアラストイ
フナリト己身(ミ)力(リキ)ヲステヽ
他(タ)力(リキ)ニ帰(キ)スルスカタナリ
一テタノタテハク

光明寺ノ和尚善導ノ大无量壽
經ノ第十八ノ念佛往生ノ願ノ
コヽロヲ釋シタマフニ善悪凡夫
得生者莫不皆乗阿弥陀佛大
願業力為増上縁トイヘリコノ

コヽロハ善人(センニン)ナレハトテヲノレカナス
トコロノ善(セン)ヲモテカノ阿弥陀仏(アミタフチ)
ノ報土(ホウト)ヘムマルヽコトカナフヘカラス
トナリ悪人(アクニン)マタイフニヤヲヨフ
ヲノレカ悪業(アクコフ)ノチカラ三悪(サンアク)四(シ)

趣ノ生ヲヒクヨリホカアニ報土ノ
生因タランヤシカレハ善業モ要ニ
タヽス悪業モサイタケトナラス善人
ノ往生スルモ弥陀如来ノ別願超世
ノ大慈大悲ニアラスハカナヒカタシ

悪人ノ往生トケカタケテモオモヒ
ヨルヘキ報佛報土ニアラサレトモ
佛智ノ不可思議ナル奇特ヲアラ
ハサンカタメナレハ五劫カアヒタ
コレヲ思惟シ永劫カアヒタコレヲ

行(ギヤウ)乙テカヽルアサマ乙キモノカ
六(ロク)趣(シユ)四(シ)生(シヤウ)ヨリホカハスミカモナク
ウカムヘキ期(ゴ)ナキカタメニトリ
ワキムネトヲコサ乙　名乙ハ悪(アク)業(ゴフ)ニ
卑(ヒ)下(ゲ)スヘカラスト　スヽメ　タマフ

ムダナリサレハシノヒヲワスレテ
アラキテ佛智（ブチチ）ニ帰（キ）スルコト
ナクハヲノレカモツトコロノ悪業（アクゴウ）ナン
ソ浄土（ジヤウド）ノ生因（ジヤウイン）タランスミヤカニカノ
十悪（アク）五逆（ゴギヤク）四重（シチウ）謗法（ハウホフ）ノ悪因（アクイン）ニ

ニカレテ三途(ツ)八難(ナン)ニコソシツムヘケレ
十ヱノ要(ヨウ)ニカタヽシシカレハ善(ゼン)モ
極(ゴク)樂(ラク)ニムマルヽタ子ニナラサレハ
往(ワウ)生(ジヤウ)ノタメニハソノ要(ヨウ)ナシ悪(アク)モ
スタメサキノコトモシカアレハタメヽ

機(キ)生(シヤウ)得(トク)ノ善(セン)悪(アク)ナリカノ土(ト)ノ
ノツミ他(タ)力(リキ)ニ帰(キ)セスハオモヒタエ
タリ己ニヨリテ善(セン)悪(アク)凡(ホム)夫(フ)ノ
ムマルヽハ大(タイ)願(クワン)業(コフ)力(リキ)ソト釋(シヤク)シタマフ
ナリ増(ソウ)上(シヤウ)縁(エン)トセサルハナシトイフハ

弥陀(ミダ)ノ御チカヒノスクレタマヘルニ
マサルモノナキトナリ
一　マタノタマハク
光明(クワウミヤウ)名号(ミヤウカウ)ノ因縁(インエン)トイフコトアリ
弥陀(ミダ)如来(ニヨライ)四十八願(グワン)ノナカノ第(ダイ)十

二ノ願(クワン)ハワカヒカリキハナカラシト
チカヒタテヘリコレスナハチ念(ネム)
佛(フチ)ノ衆(シユ)生(シヤウ)ヲ攝(セフ)取(シユ)ノタメナリ
カノ願(クワン)ステニ成(シヤウ)就(シユ)シテアマ
ネク无(ム)导(ケ)ノヒカリヲモテ十(シフ)方(ハウ)

微（ミ）塵（チン）世（セ）界（カイ）ヲテラシタマヒテ
衆（シユ）生（シヤウ）ノ煩（ホン）悩（ナウ）悪（アク）業（ゴフ）ヲ長（チヤウ）時（シ）ニテ
ラシマシマスサレハコノヒカリノ縁（ヱン）ニ
アフ衆（シユ）生（シヤウ）ヤウヤク无（ム）明（ミヤウ）ノ昏（コム）闇（アム）ウ
スクナリテ宿（シフ）善（セン）ノタネキサス

トキイサシク報(ホウ)土(ド)ニムマルヘキ第(タイ)
十八ノ念(ネム)佛(フチ)往(ワウ)生(ジヤウ)ノ願(グワン)因(イン)ノ名(ミヤウ)号(ガウ)
ヲキクナリシカレハ名(ミヤウ)号(カウ)執(シフ)持(ヂ)スル
コトサラニ自(ジ)力(リキ)ニアラスヒトヘニ
光(クワウ)明(ミヤウ)ニモヨホサルヽニヨリテナリ

コレニヨリテ光明ノ縁ニキサシ
テ名號ノ因ヲウトイフナリカルカユ
ヘニ宗師善導大師（御コトナリ）ノ以光明名号攝化
十方但使信心求念トノタマヘリ
但使信心求念トイフハ光明ト

名號(ミヤウカウ)ト父母(フモ)ノコトクニテ子(コ)ヲソタ
テハクヽムヘシトイヘトモ子(コ)トナリテ
イテクヘキタ子ナキニハチヽハヽト
ナツクヘキモノナシ子(コ)ノアルトキ
ソレカタメニチヽトイヒハヽトイフ名+

アリシカコトクニ光明（クワウミヤウ）ヲハヽニタトヘ
名號（ミヤウカウ）ヲチヽニタトヘテ光明（クワウミヤウ）ノハヽ
名號（ミヤウカウ）ノチヽトイフコトモ報土（ホウト）ニ
イサシクムテルヘキ信心（シンシム）ノタネナクハ
アルヘカラスシカレハ信心（シンシム）ヲヲコシテ

往生ヲ求願スルトキ名号モト
ナヘラレ光明モコレヲ攝取スルナリ
サレハ名號ニツキテ信心ヲヲコス
行者ナクハ彌陀如來攝取不捨ノ
チカヒ成スヘカラス彌陀如來ノ

攝取不捨ノ御チカヒナクハイタ
行者ノ往生淨土ノチカヒナニヽ
ヨリテカ成セシサシハ本願ヤ名號
名號ヤ本願本願ヤ行者行者ヤ
本願トイフコノイハレナリ本願寺ノ

聖人ノ御釋教行信證ニノタマ
ハク徳號ノ慈父マシマサスハ能
生ノ因カケナン光明ノ悲母マシ
マサスハ所生ノ縁ソムキナン光明
名號ノ父母コレスナハチ外縁トス

真實信ノ業識コレスナハチ内
因トス内外因縁和合シテ報土
ノ真身ヲ得證スト三エタリコレヲ
タトフルニ月輪須弥ノ半ニメクリテ
他州ヲテラストキコノサカヒ闇

冥(ミヤウ)タリ他州(タシユ)ヨリコノ南州ニ千ニ
ツクトキ夜(ヨ)ステアクルカコトシ
シカレハ月輪(ニチリン)ノイツルニヨリテ夜(ヨ)ハ
アクルモノナリ世(ヨ)ノヒトツネニオモヘ
ラク夜(ヨ)ノアクテ月輪(ニチリン)イツトイヘ

トコロハシカラサルナリ彌陀佛日（ミダブツニチ）ノ
照觸（セウソク）ニヨリテ无明（ムミヤウ）長夜（チヤウヤ）ノヤミ
ステニハレテ安養（アンヤウ）往生（ワウジヤウ）ノ業因（ゴフイン）タル
名號（ミヤウカウ）ノ寶珠（ホウシユ）ヲハウルナリトシルヘシ
一　ワタクシニイハク

根機ツタナシトテ卑下スヘカラス
佛ニ下根ノスクフ大悲アリ行業
ヲロソカナリトテウタカフヘカラス
經ニ乃至一念ノ文アリ佛語ニ
虚妄ナシ本願アニアヤマリアランヤ

名號ヲ正定業トナツクルコトハ
佛ノ不思議力ヲタモテハ往生ノ
業マサシクサタマルユヘナリ　モシ
彌陀ノ名願力ヲ稱念ストモ往生
ナヲ不定ナラハ正定業トハナツク

ヘカラス。ワレスデニ本願ノ名號ヲ
持念ス往生ノ業スデニ成辨スル
コトヲヨロコフヘシ。カルカユヘニ臨終ニ
フタヽヒ名號ヲトナヘストモ往生ヲ
トクヘキコト勿論ナリ。一切衆生ノ

アリサマ過去ノ業因マチ〻ナ
リマタ死ノ縁无量ナリヤマヒニ
ヲカサレテ死スルモノアリツルキニ
アタリテ死スルモノアリミツニオ
ホレテ死スルモノアリ火ニヤケテ

死スルモノアリ乃至復死スルモノ
アリ酒狂シテ死スルタクヒアリ
コレミナ先世ノ業因ナリサラニ
ノカルヘキニアラスカクノコトキハ
死期ニイタリテ一旦ノ妄心ヲ

ヲコサシホカイカテカ凡夫(ボムフ)ノナラ
ヒ名號(ミヤウカウ)稱念(シヨウネム)ノ正念(シヤウネム)モヲコリ往(ワウ)
生淨土(シヤウジヤウト)ノ願心(グワンシム)モアランヤ平生(ヘイセイ)ノ
トキ期(コ)スルトコロノ約束(ヤクソク)モシ
タカハヽ往生(ワウシヤウ)ノノソミムナシカルヘシ

シカレハ平生（ヘイセイ）ノ一念（ネム）ニヨリテ往（ワウ）
生（ジヤウ）ノ得否（トクフ）ハサタマレルモノナリ
平生（ヘイセイ）ノトキ不定（フヂヤウ）ノオモヒニ住（ヂウ）セハ
カナフヘカラス平生（ヘイセイ）ノトキ善知（ゼンチ）
識（シキ）ノコトハノシタニ帰命（キミヤウ）ノ一念（ネム）ヲ

發得(ホチトク)セハソノトキヲモテ娑婆(シヤハ)ノ
ヲハリ臨終(リンシユ)トオモフヘシソモ〳〵
南无(ナモ)ハ歸命(クヰミヤウ)歸命(クヰミヤウ)ノコヽロハ往生(ワウシヤウ)
ノタメナレハマタコレ發願(ホチクワン)ナリ
コノコヽロアマネク万行万善(マンキヤウマンセン)ヲシテ

淨土ノ業因トナセハヲ又
迴向ノ義アリコノ能歸ノ心
所歸ノ佛智ニ相應スルトキカノ
佛ノ因位ノ万行果地ノ万德
コトゴトクニ名號ノナカニ攝在シテ

十方衆生ノ往生ノ行體トセハ
阿彌陀佛即是其行ト釋シタ
マヘリマタ殺生罪ヲツクルトキ
地獄ノ定業ヲムクフモ臨終ニカ
サネテツクラサレトモ平生ノ業ニ

ヌカレテ地獄ニカナラスオツヘシ
念佛モマタカクノコトシ本願ヲ
信シ名號ヲトナフレハソノ時分ニ
アタリテカナラス往生ハサタ
マルナリトシルヘシ

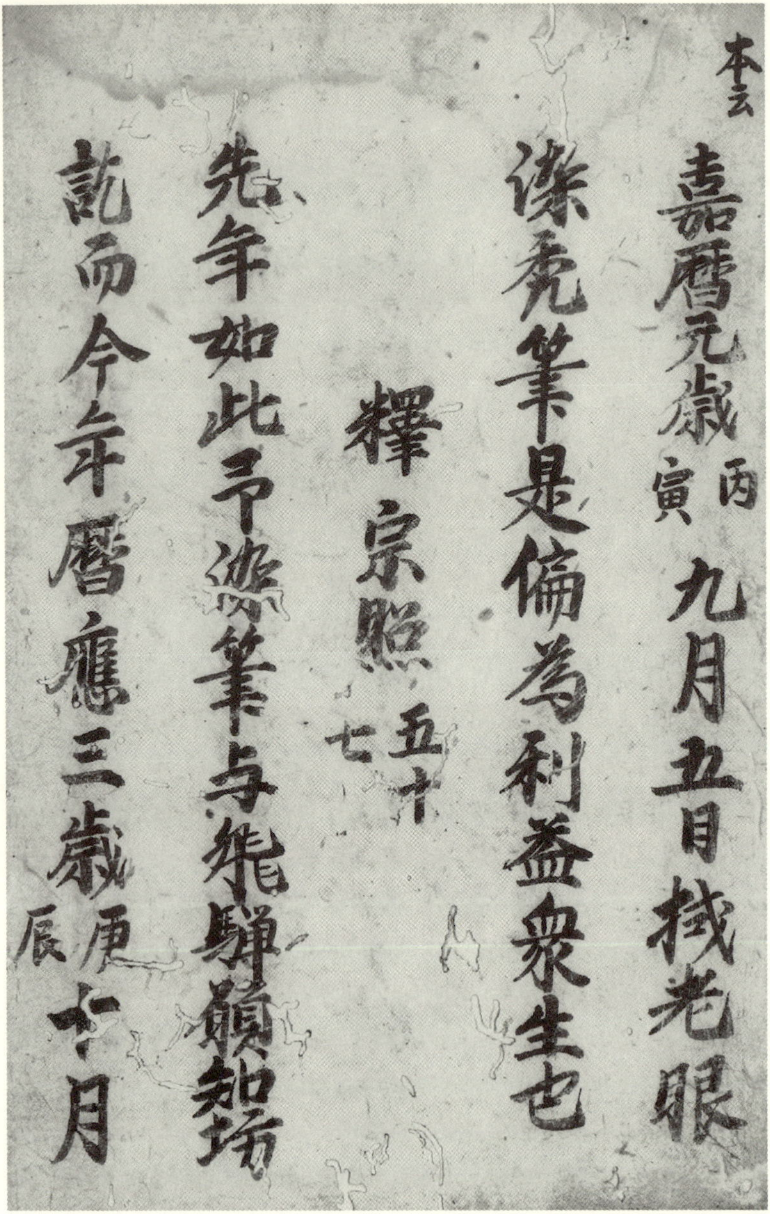
本云
嘉暦元歳丙寅九月五日拭老眼
染禿筆是偏為利益衆生也
釋宗照五十七
先年如此予染筆与飛騨願智坊
訖而今年暦応三歳庚辰十月

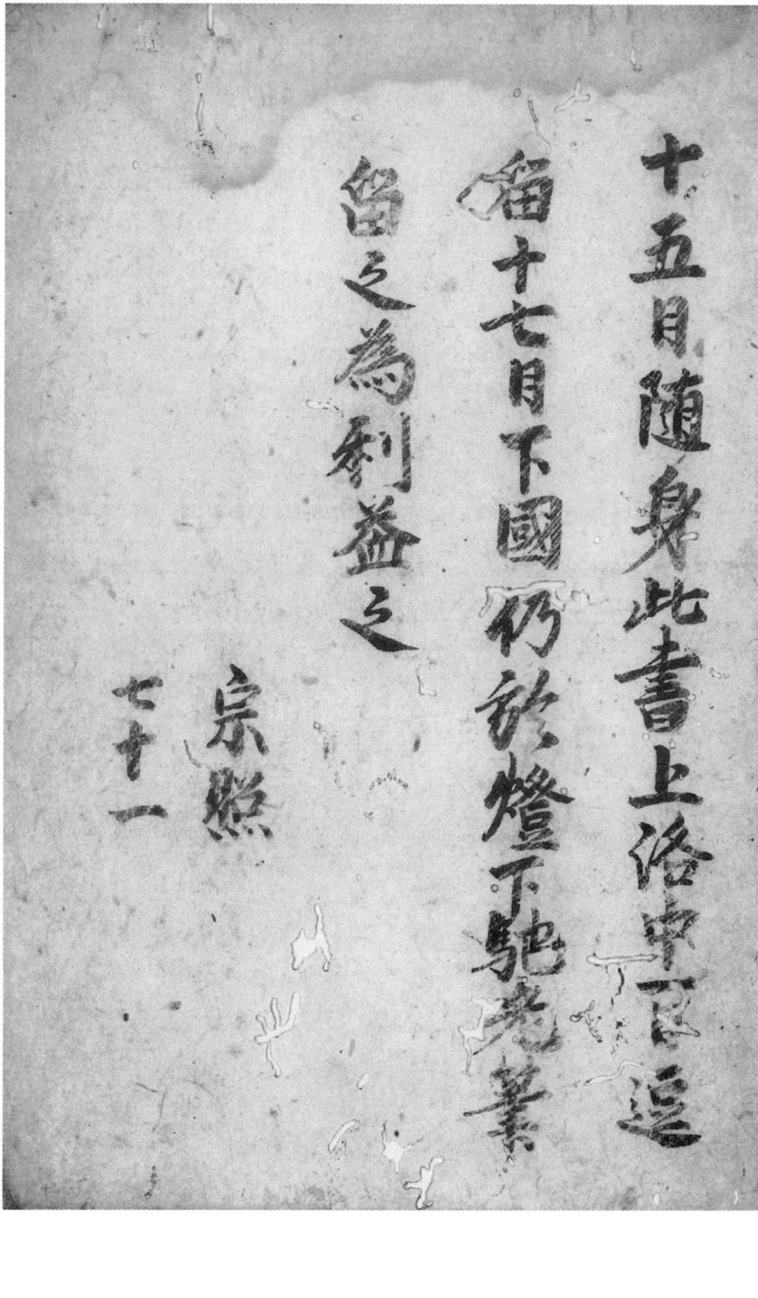

十五日随身此書上洛中[illegible]逗
留十七日下國仍於燈下馳禿筆
留之為利益之

宗照
七十一

138157
橋本南

蓮如上人筆正信偈

天親菩薩造論説帰命無导光如来
依修多羅顕真實光闡横超大誓願

廣由本願力回向為度群生彰一心
歸入功徳大寶海必獲入大會衆数

血脈抄

血脈抄　上　表表紙

血脈抄　上　表表紙見返

血脈抄上 付三宝院秘記之

夫於真言相承血脈大師有三所謂南天北天兩門幷東
寺山門異也此中山門北天相承非嫡流東寺南天相
承付法嫡流也其故大師御教王印金像帝相
付真言密印佛々相傳抑或真言奥旨不貴得文
唯有以心傳心心文是糟粕文是瓦礫トモ被明此意密
教以心傳心教辭師資相傳可為本也然北天相
承尋大日經序三三年神變加持大本十萬頌梵本
在鐵塔藏今所釈者北天竺國界内有一小國界爲

物奇異處ニハ有大石山、其半腹ニ有龕、釈像へ
毎年七月七日ニ即有衆雲集ス、中ニ復有数千猿猴
捧挂一木菓ヲ既ニ當晴朝ニ諸猴見之、将登无以攀為
属暴風忽至、乃以一梵篋下来、将捧進人輙取得
観此奇特便奉獻於王ニ、王既受之得未曾有、将
王観ニ開梁有梵文、此意猿猴捧采信施来求得本
展轉ニ因果得見、何由往法則因燈有境界深
救獄猴等蒙可捫泥平推丈人豈父得有年于
就中尚動色心二法理有本淨師實傳授　写

瓶自也近海雲遠去血脈見台蔵龍猛薩埵金剛界
之付法師受金一界對此師受台一界終付所両
部互相承弟子之智付法瀉瓶此全分明也
一瀉瓶弟子付法蔵経云阿難聞法善能受持辟如瀉水
置異器焉釈氏要覧阿難領授佛法如下寫瓶水傳別
器更無遺漏又准此等文意可知為也故以業等相承
可為正嫡弟子也其故両部同自悟同相承上高祖
大日如来下至高祖大師八代師資血脈相承明鏡
也然大師前漢斷坏此付及次日付等是龍猛并

常寂光中所謂是也故経大日経開題此経
有三等一法爾常恒本有竜猛所謂傳経是也述
依此等言実相承傳流也而天相承上来等
相承可有若事一崇補新或學算奉要十種殊勝被
三特自宗為規模一相承殊勝本是別但邑
十種殊勝者
一護国殊勝　二受学殊勝　三梵文殊勝
四相承々々　五誓願々々　六宝珠々々
七遍具々々　八入定々々　九法則々々

十外議々々

相承殊勝有大師仏遺告云若存灌頂流有自我方

始ケ秘密真言此時ニ而モ立ス夫師資相傳ス嫡々ニ来ル有ヨ本祖

大毗盧舎那仏授金剛サタ々々々傳ヘ龍猛菩薩ニコ

吾身ニ相傳ス八代也矣

一海雲造玄血脈事

海雲血脈

附義八

大日　金薩　達磨掬多　善無畏　玄超

恵果　義操　海雲

金剛界

大日　金薩　龍猛　龍智　金智　不空

善無畏所引有明吉祥

恵果　義操　海雲

一　造玄血脈

胎蔵

大日　金薩　達磨掬多　善無畏　玄超　恵果

法潤　義操　海雲　法全　造玄

金剛界

大日　金薩　龍猛　龍智　金智　恵果　恵則　義操　海雲

元政　造玄

一傳教大師血脈事

胎藏界

大日　善無畏　一行　義林

金剛界

大日　金薩　龍猛　龍智　不空　順暁　最澄　傳教大師

一慈覺大師血脈事

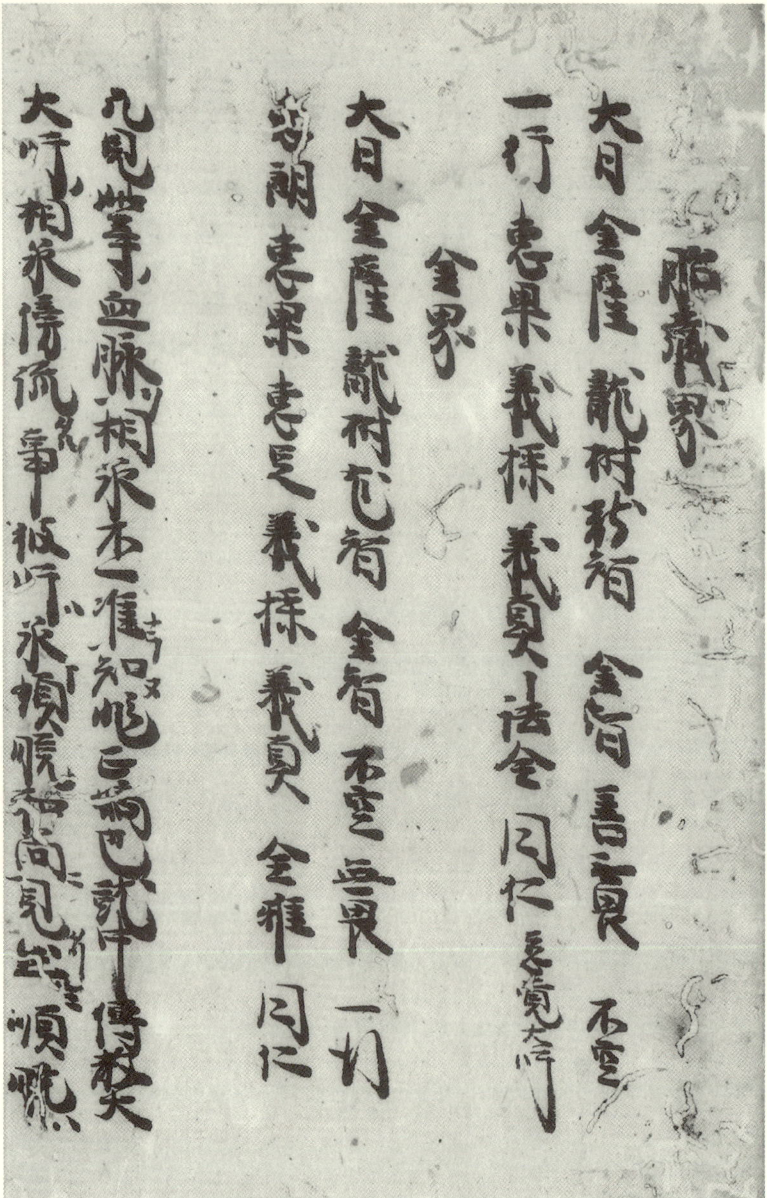
胎蔵界
大日　金薩　龍樹　龍智　金智　善無畏　不空
一行　恵果　義操　義真　法全　円仁　慈覚大師
金界
大日　金薩　龍樹　龍智　金智　不空　善無畏　一行
恵朗　恵果　恵是　義操　義真　全雅　円仁
凡見此等ハ血脈ノ相承ノ本ニ准ス知ル也三箇ノ説中ニ傳教大
師ノ相承ハ傳流ノ第一[illegible]

雖不空三藏付法也此八人達磨門ニ總シテ嫡流ト為ス可論
也　次吾覺大師（有權ノ）ハ稱求寺ニ傳流事ハ叛ニ両門ノ傳義
探法開法会ノ也此三人ハ毘ニ異ル繁宴ヲ一家稱傳人
敵門ニシテモ獨ノ不入之何況稱求両郎ヨリ手ノ又此三人ヲ以テ海雲
達玄ノ要脈外ニ未見ニ其ノ人ヲ若是流ニ義一尊ニ一葉ヲ也
雖敵ヲ作信之次達玄海雲要脈又雖依用事也
其ノ故ハ探両人義探元政ニ付事也然是三人此奥ニ言
明達ノ傳流ヲ得テ開之歟云云可見
一、大祖行事ノ傳持ハ祖付法ハ祖ヨリ事傳持

祖ハ薩埵大日金剛薩埵ナリ如ク云ハ最一切ヲ是ハ不依行付法ニ両部也
経ヲ所傳持来ル祖師ナリ故ニ無畏一行ヲ如見ハ薩埵大日金剛等ハ
共ニ故ニ至ル吾故ニ已ニ移ル三一大士両部ノ大經ヲ人間ニ流傳スル事ハ付法
傳等ニ見ヘタリ付法ノ八祖トハ為是ノ行ト付法ヲ為本ト此時ハ薩埵無畏一
行ヲ如ク大日金剛薩埵ヲ加フ但善無畏ハ龍猛ヲ為其弟子ト也　一行ハ金剛智
所ニ傳ヘル樹ナ八祖ト謂也ト云ヘトモ移ル所ハ金剛智一人ヲ為付法ノ金剛智ハ不空一人ヲ
為付法ノ祖ト云ヘル付法ノ八祖ト是レ対シテ若約シテ為本ト者ハ云々中也
第一祖梵云　[illegible]　大日如来
第二祖梵云　[illegible]　金剛薩埵

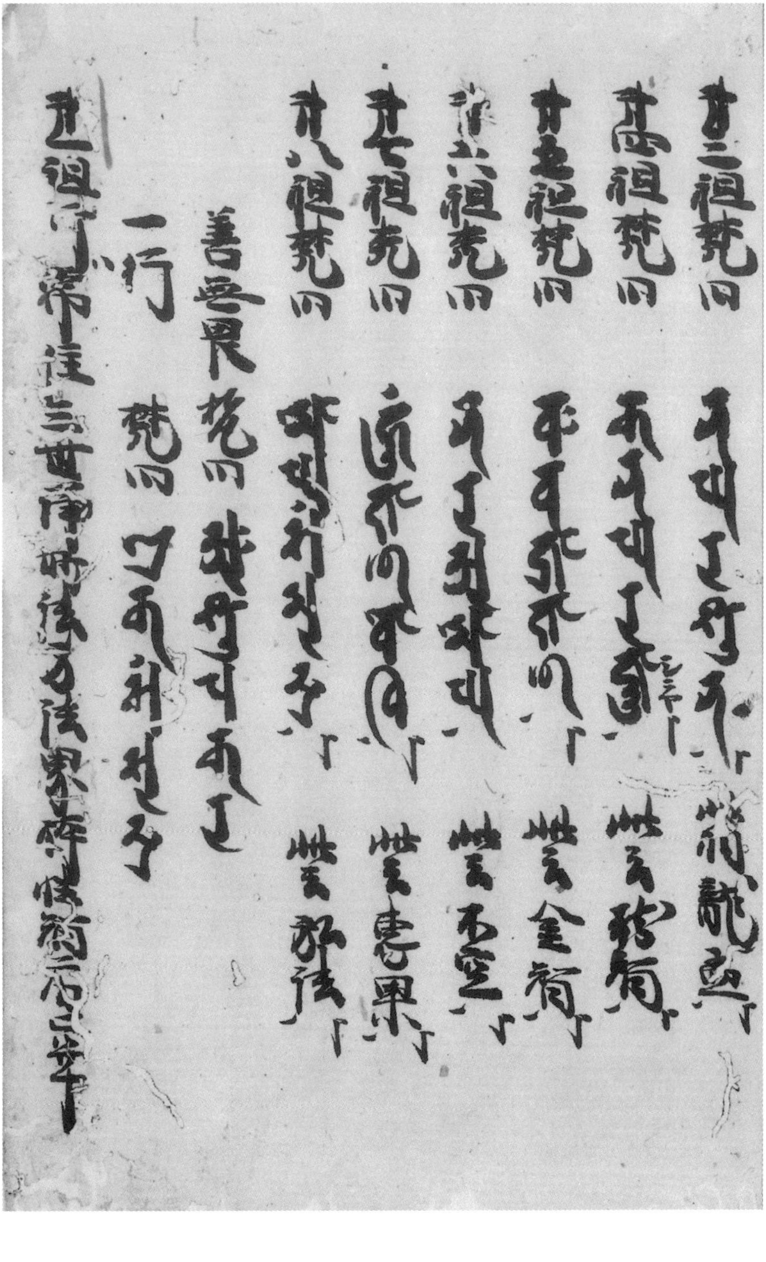
第三祖梵曰　漢云龍猛
第四祖梵曰　漢云龍智
第五祖梵曰　漢云金剛智
第六祖梵曰　漢云不空
第七祖梵曰　漢云恵果
第八祖梵曰　漢云遍照
善無畏梵曰
一行梵曰
第一祖ハ常住三世浄妙法身法界体性

招本有自眷属諸佛菩薩法界心殿中ニ自受法楽故ニ　問云
常住不断廣説此有内證三ノ地法門也
今所列大日両部ノ中ニ何ソ耶　答　金剛界大日也
問云如何胎蔵大日ハ其由何　答　胎蔵界本
有横平等故ニ十界悉備ハル云不大日平等故行
問傳授義也金界ハ捨劣得勝従下向上故ニ也
血脈所用ハ所用也金ノ大日ハ於色究竟天ニ自受
凡成道ヲ唱見セ故ニ冥案要ニ云及テ大種姓人法仏也ニ
梵王宮殿説時方ニ云遍ニ即住宗ノ受用身ニ標也

究竟天宮ニ入テ大宝王三昧ニ普ク集テ諸ノ菩薩賢聖ヲ引テ地ニ住シ
之衛間ヲ開テ寺塔ヲ顕シ前ノ文 此宮ハ金大日ノ所ニ實ニ胎藏ノ義
胴塵世ニ在リ有情鬼畜人天有是大日ノ化ノ救ニ可降生
但私見集已對所云
付三祖師金剛薩埵親リ付法シテ如来ノ海會ニ交リテ識
信ヲ豪ニ大日如来ノ秘密ノ教勅ヲ為ニ未来ノ奥義行ヲ傳
其同於世善記シ之ル此事ハ見ル金剛頂付法傳其ノ寧ニ
見タリ
付三祖師ハ龍猛菩薩ハ滅ノ世ニ親リ六百年已後ニ所ハ了

釈尊入滅後八百年中ニ南天竺[illegible]陀生[illegible]羅[illegible]刹
生ス見梵ニ云那伽閼刺樹那ト唐ニハ云龍猛ト云
龍樹那伽閼刺及龍樹那ト云樹尋寺如来
阿若陀現記所化井傳世三百才也其中ニ習大乗
外林ニ習外道ノ中百女建立[illegible]傳於[illegible]作千部論講
初於[illegible]上遊ニ四王自在處下人深中ニ龍宮ニ頂持一切
法門ヲ後百才ニ入南天鐵塔中ニ親受金剛サタニ秘密
乘上乗教両部大經流傳人間也識樹伽從及言
又仏法等ニ釈尊ノ所ニ懸記セ樊七[illegible]

我乘門證肯無覚形後寂ニ如来識後擁持スル我
從如来成家後本来當有人大恩深德有人
持我法於而天國中ニ有大德智通名、龍樹菩薩ト能
破有無見為人説我乘大乘無上法證得歡喜地往生
安樂國ニ文　楞伽經文也　大師日注尺無國見付法傳可志
又西域記云（西天竺大国之）憍薩羅國南ニ有吉祥山ノ所有王五有
平都婆荒收迹如来出處現大神通攝伏外道
後ニ龍猛菩薩止此山遍ニ将滅度王身刺云王ニ奉献
龍樹菩薩得樹接菩薩一宗子國不稱像

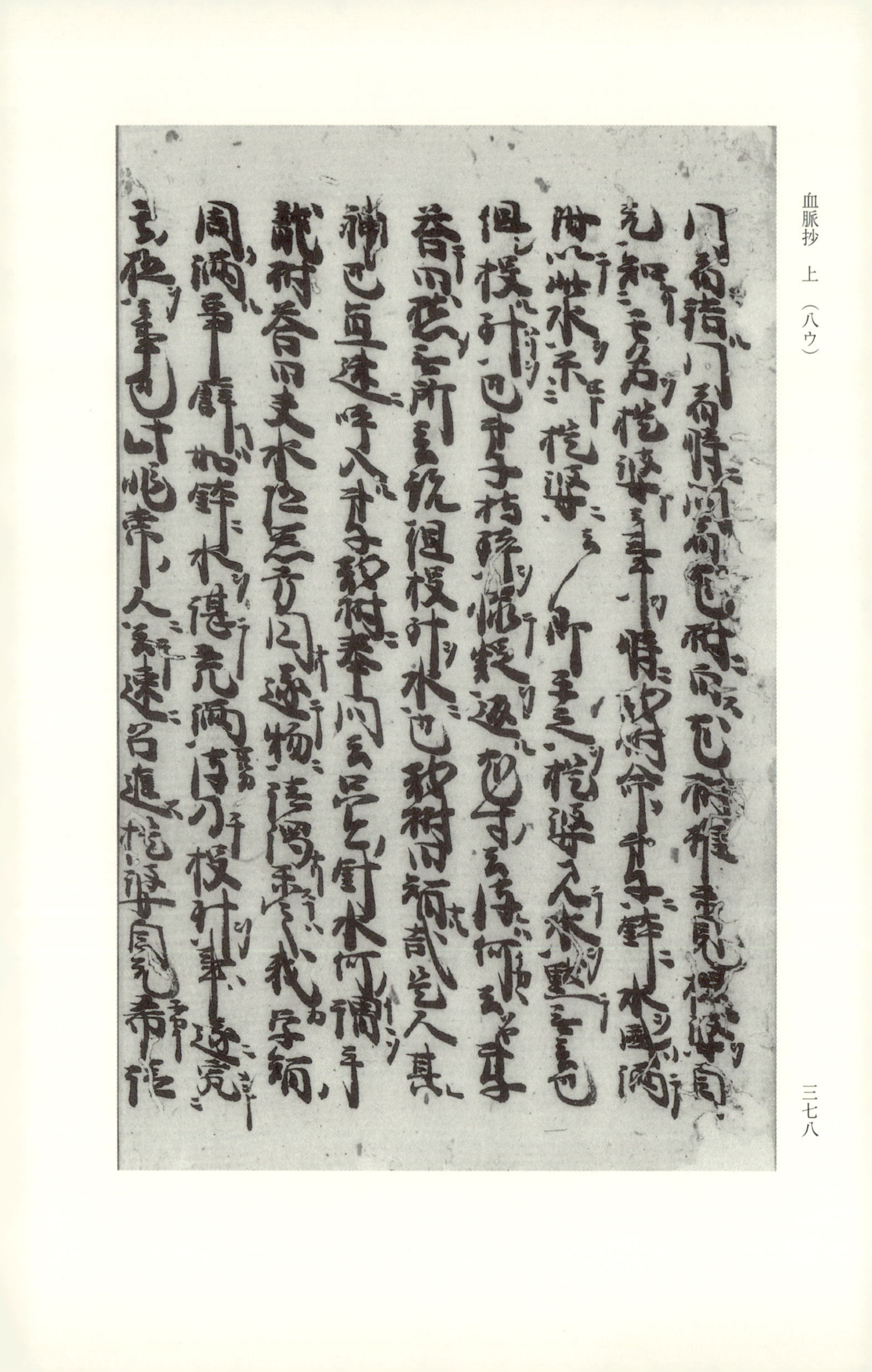

[illegible]

益シ欲受又秉リ三徒衣同許主持高麗等聞見人様
字可為所化為我寫飛有寡傳対説至
莫遊理法王戒敬提婆授五師授他一百億
萬年後開會下仍發付屬花提婆之花婆
賢仍一佛也所知識付弁又云如来也又同
記年小言記村弁善用業所食罪養生仍
剥已王等弁数百不義死時了已王太子我又
前可反我世称等弁春生故去今也臣許所
入滅也何所太子滅

所詮三業知利観利一乗度又龍樹傳云有
乗法所一品修習甚深持世世同三日海乗我文得
世世吾吾云寳三杯退入同室逢日云菩薩
者也逆師脈而去付法藏行流通
一開悟等　所謂天親菩薩作唯識論数百巻人師也
識論識論祥對所天台問天台傳法南岳思禅師
井菩大日眞言同空中大日眞言現法門流所
今爲以見所宝塔品今高佳也總後大總釈開
此悟於古仏中遠悟入今南以白茶七種抄法悟

八万乃至聞此経中ニ入テ従ニ受向両部ヲ従王ノ広本上ニ反流ス
持タリ不表ニ便令ニ本経ヲ経ノ還スル行ナ如殺ニ寄毛ニ表テ人間ニ
流伝シ修ダニ付属ス諸有羅并ニ小教ス那殺付属提婆蒙付属ス
諸有并ニ已滅入滅（後月七ヶ月也）
諸祖師ハ并ニ雑有アナリ雑財并ニ付法蔵ノ神力難思ナリ
上実入滅ニ羅什尊者ノ同時ニ所住ノ天竺ノ那法阿師ト西国ニ遊行ス
其母ノ伝ホシ三三蔵行ホ状釈ミ天竺ノ国ニ奄陸
林中ニ有リ一人ノ女ノ名ヲ婆羅門ト云フ年七百余歳ニテ鬘ナリ
禅ノ世ノ法師ノ説禅ノ羊中ノ百余歳ノ明門

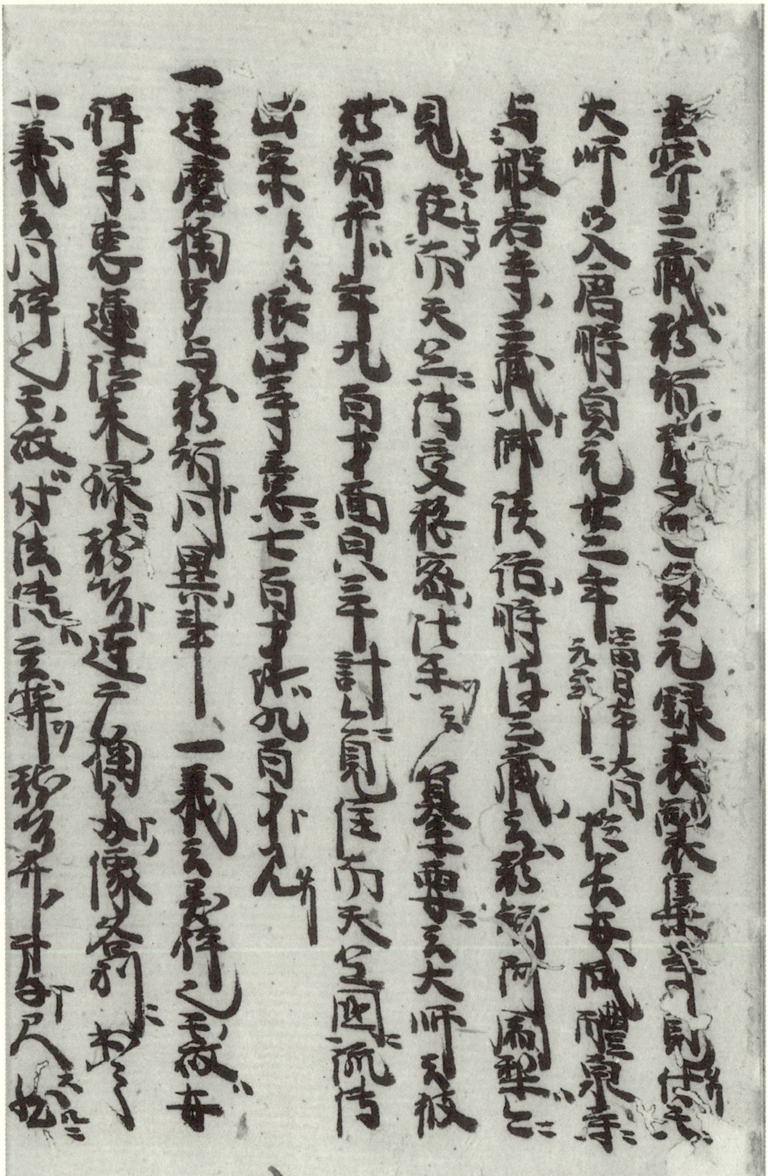

大宋高僧伝第二云釈ノ跋日羅菩提ハ則華言金剛智
南天竺人也所謂摩頼耶国光明一月入滅
其父祖所号金剛智三蔵南天竺ノ釈那国婆羅門
種也王法ニ近補陀落山ニ薩埵三歳年十歳ニ於
那爛陀寺ニ遇テ寂静智師ニ学声明論ヲ十五歳学
法称論ヲ二十ニシテ受具足戒ヲ六年学大小乗律瑜伽唯識論般若摂
陀南天竺ニ遇テ龍智ニ七年承事供養シ受学シ密教ヲ
多行諸仏ニラ乱欲合剛天下金剛頂経之前ニ
調ヘテ帰依シ如来ニ灌頂壇ヲ受大

以大暦年中三年也時代宗國王従和尚宮中発願陽
従而修甘露流樹有五従書遣寺奉安豊時
補陀洛山側花物施村本枯来和尚一七日會行道
彼木衛流民相同観音来告云子字之也成就衛所
当國孔佛子等登伍臺山作佛花相陵衛大唐孔文殊
苦ク彼國花世見像傳故称鳴衆生聞結縁西王
必得伍臺山王臣諸香花孔和上後所到河東府王帝
従菌信奈一月相和上同王付門周光陸大唐孔文殊菩
初拝王之間遺達大海難破後遷此殷仁足利益無三

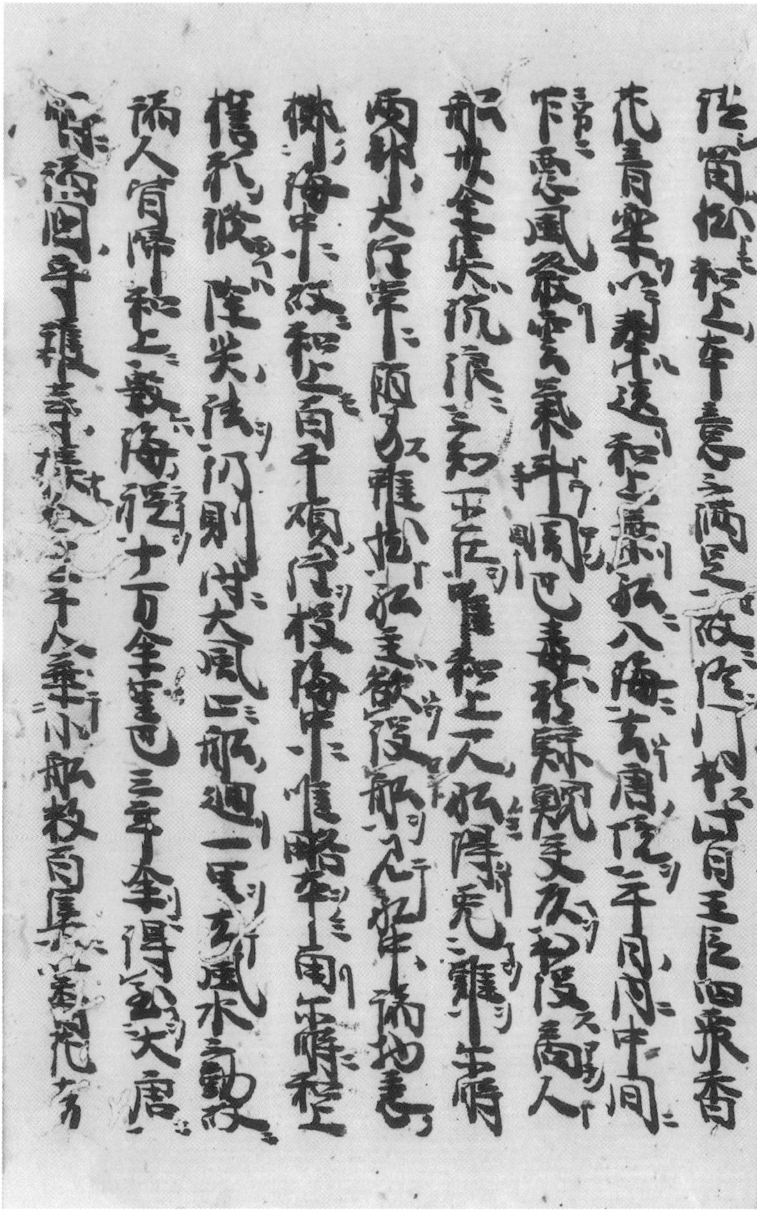

以[illegible]德之遠風元之年[illegible]來[illegible]開元八年當唐[illegible]
[illegible]四年侍臧夜度千五百十九年也金剛界大法印度云
來一發同奉勅翻譯教建百[illegible]夏門一行禪
師共出[illegible]法記經上為三靈含役可磨[illegible]可瑪發
曼荼羅訳誦行同[illegible]年十一月廿六日為歸天竺[illegible]
來紀[illegible]傳寺乃觀夜終遷化夏廿二年僧臘之尊者[illegible]
遺教寺頂月度選付屬下同西回天頂法樹近
如來同寂[illegible]右脇臥禪[illegible]居年[illegible]年[illegible]入
[illegible]同年廿月五日章敬門奉[illegible]天寶二年十二月十日

奉元寺三蔵此等来、貞元録第四巻ニ見ヘタリ　又宣宗
皇帝ニ乳母女子二人在宮ニ院病令作脩弟子和上ヲ問ニ
有乱也、又宣宗ハ請令発祇ハ和上聖得令得積息ヲ　仍和上
二院両乳母及善童女者ニ浄衣ヲ聖得四人同伏地息没和上念
史右史ニ扁陸ニ可文令書於四人ノ側ニ被読云　四人所ニ一時ニ起
読和上告同此文聞ニ未悪　答云告同此等違ニ闍陸
阿闍梨此文ヲ未終ラ四人乍ニ又死没ス同時ニ月夜ニ
四人及ニ文宣一時ニ積ハ文宣ニ和上ノ文ニ依テ闍陸ヲ破戒ス尺令
前後受生ス肯順従ニ陸此間ニ同ハ十好又可念生等

一日言ヲ實也保乗寺住法院之又去定惠寺ニ
宇下元興寺月也今和上新戒將於大唐福建立僧
處之長屋雲中ニ殺於和上空洪樹從月不見之惟在女念之
雨和上又且上有荷來誦云云戒荷菩提衆樹枝寄
勿云天晴勅使行来和上吾等荷和上吞田内衛等
終南佛子等大夜倭ヲ勅使同日何為云佛子和尚渡
起前表果所荷菩提所請就等當ニ上雲承
三十人孫敬万民作和上神力稱曰之上古聖武天皇
帝時同時儀同三月大仏敢三秘院宿被請文武

大暦三年十二月十三日ニ有リ勅以テ清ミ人ヲ令ム潤テ大広教
三蔵ノ偕ニ所ノ文同月晦日ニ以テ大広教三蔵ニ偕ニ覲ヒ文殊閣ニ奉ル
供職役送云云
第六祖師ハ号ス不空三蔵和尚ト南天竺人也随ス西天ニ法諱ハ
名智蔵唐玄宗皇帝ノ御宇神龍元年ニ誕生ス
父ハ早ク和上ニ母ト値過ニ相人ト云ニ即チ名ハ曇中主ニ十三年ニ
則大教授ニ夢ニ見ル仏菩薩ノ眼光ヲ歴頂ニ賢徳ニ明
如来国ニ子リ依テ剃ス髪ヲ於テ未ダ幼ニ離テ父母ニ皇帝ノ所ニ
十歳ニテ千年ヲ東ス寺ニ金剛智三蔵ニ事ヘテ試ス

於一閣乞忌便授菩心戒年始十五行為初家出剃髪
年下春於洛来路同十二年甲子年廿於廣福寺受具足戒
推性窮之食自先師金剛求許思欲佛并乗
現人世間我夢悉見法祖有付仍遂受両部灌頂
違宗論得化之旨如彩画殿三種花右於字也愷開
元廿九年秋金剛入滅付有遺詔為法両部大教渡
南天詣普阿耶所遇得便風不障葛未越一歳到
師子國王迎之宮自侍養貫沐浴令母貴佛并等終
奉遇普賢阿闍梨授以両部并五方灌頂得五部一門悉受経

典等ヲ弁ニ画像高等ヲ巻蒙テ損傷不異ニ寫ヲ飛ニ既ニ逐所
祈ノ果テ帰リ大唐ニ天寶五年丙戌ニ玄宗皇帝ノ八建壇受
灌頂ニ時亢旱数月過ニ有勅令和上祈雨ヲ即信且ニ祈ル法ヲ
雨大雨洪澍ス至テ天寶十二年ニ至テ勅ニ大乃陽為ス寺ニ
授灌頂ヲ金剛界大曼荼羅ヲ乃陽他為スニ大勤有ニ業障
為ニ敷花ヲ天下ニ上ニ看ニ天蓋ニ又至徳年中ニ粛宗皇帝ニ
武三所ニ景ヲ被三時和上ニ護法ヲ撥乱ニ皇ニ有ヲ如言
代宗皇帝広徳元年十一月十四日ニ和上奏ス力国ヲ三行
大暦永泰元年ニ記ヲ同ニ一日ニ釈ニ任ス文殊賢聖等

開寺開仁王百會在空天龍八部鬼神等隨喜之
新羅時五色雲空滿百姓歎喜所從和尚精勤不息
多經年月及天曆九年未疾病有冒聞陛下召醫雖
松尉華竹皇帝降即旁賜官符至我宗所人
舟横起福三更龍護見乳仍所降依四遍但
當前病同維計等雖主盈三至清何云破是脈
日夜氣力時衰見飛我有形衛原已有真冠世
王君從清雅然和上遂右脇臥累足恰似減色幻
同年二月十五日己時寺佛在天眼觀歎至極時粮

賜送物絹三百疋布二端白粳米五車白麺五車
柴十車油七石炭三車同年八月送絹七百疋充
為和上造塔。七月五日賜官位大暦九年甲寅七月六
日没奔孔茶毘供養以香木焚欲奉大弁正広
智三蔵和上霊次滅以付収得遂頂戴舎利光明耀
法眼如瑠璃異之同醒情暴哀奏依勅有和尚至
大陽河月朔日於寺院起舎利塔造奉建立豊碑
所謂比三蔵在天之霊辰且雨寒沈危逼之託中言大校
広善起五年十二年特禰與生行状等

中ニ真言ノ奥旨難述仍大概書之畢　山門ニハ云日本国ニ
代三代ノ円仁天下ノ明人也春日様ト云ヘル千歳ニ至ル嘉祥年中ニ大唐九
年ノ留ル間ニ十二月十五日ニ入滅ス　寿光自年ニ貞観六年十一
一不空三蔵天竺ノ人也流三人ノ言不空三蔵ハ大唐ニ金剛智ニ随テ金
界ヲ授ク元ハ善無畏ニ胎蔵ヲ稟ク故ニ金剛智入滅ノ後時ニ天竺ニ帰リ奉返
善無畏ニ胎蔵ヲ伝ヘ又竜智ノ文ニ依テ台蔵ヲ二代ノ金剛智ノ代ノ弟子也
歳ニ同ジク三十年善無畏ノ書ヲ見テ後ニ他門ハ義同ジク言嫡習ス
不空ハ手ニ弟子ノ三蔵ノ付属ヲ伝ヘ縁起ヲ見付属寛元
縁ハ不空ノ弟子ニ同ジ付属ヲ一處ニ釈ス流

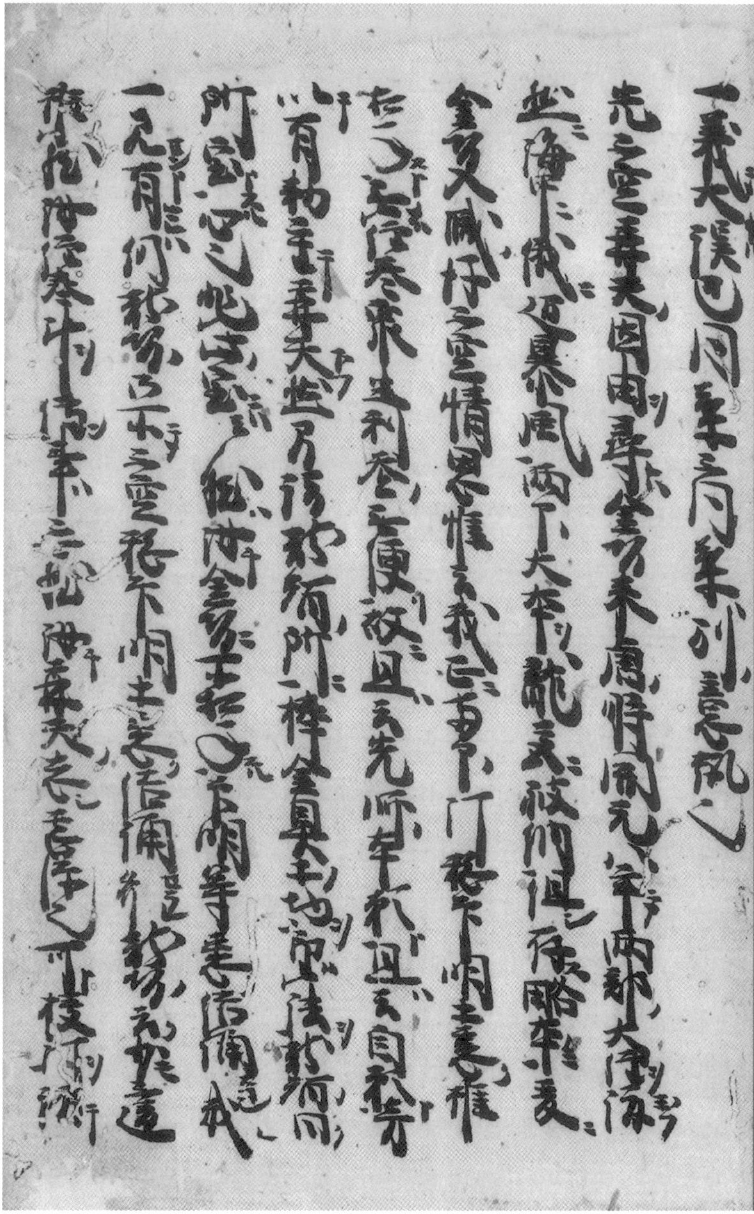

両部ノ行被授己受文ニ曰ク、授一尊ノ法奏大真言悉相伝
来唐ス丙辰ノ山義式台蔵経ヲ全部ヲ未之、胎蔵ノ新飛界也之
真言宗ハ天代ノ経ヲ十新所行也○両ノ中ニ撰胎蔵金全之
一代長平ダ全所者、両部ノ中ニ撰金剛三昧台蔵等ハ
等ヲ権ノ秘教ト大成義理ヲ作之作可信於用
合尊云ニ知法手ヲ能之河川思権
大経師ヲ大唐ニ恵果和尚之山人含新胎廃所入
霊三蔵入唐有并多之年ニ天宝十五年ニ霊三蔵
之下ニ記経ヲ以法説ニ有霊三蔵ニ稱歎之ニ霊吉同時ニ真

我法三蔵養育三昧又母抱後授大佛頂大隨求梵本
専和尚一聞千悟如瀉瓶一知十隣獨歩生年廿為
乳母帰龍得入膚年十七稍得璽殄旅代宗皇帝
周遊入命下服有疑祈為雨三時和尚念雨雲重
子賜魔驅請天法下色入壷年文殊和尚別法
已成就了随喜問時帝下花川洗壷奉壷宮
欲問祈者雅小能起雲雨之叔者権功法力降雨三縁
以来王臣四衆蒙教年廿受具足戒量字四禅
実行台殿五下三蔵所問表承所授元兩部大法授

菩薩三藐告曰善哉毛於仏侍此而了大法利益有情哉
於陀吾天太雅得一尊一躰寿得何况所詠者所有才
平其人数雅十方得一尊終得所歌不思議仏精進満
郭労莫遠失精進報吾思叙言三藐是法章
言吾細而於家依所下受四字于休全年得沐万頌者
仏一朝供奉為三代帝所不変入且受法才雅妙多珠
魔心入可楚識孔丘門徒三千人中達者七十人又三千
人而行学不空中弟子入室於七人得金剛界両部蘇悉和
尚得両所伝其跋代字法果依恵果為所伝識

祈雨祈雪様哭被偏冥許哉廿時和尚貞元廿年
於醴泉寺為廿千僧義哉延金界大一万般若三義
次於大雲寺集會作是和尚手把香呂口読要揖看
哉法甚天忽降雨降廿千等開流行
所雪雨流衛人消歇伏瞰未有前般三説所傳達
恃廿又河浚弁於人任年国同時法力同決大廿年
大悲胎蔵法任而天祇受大学向而天降覚遍一人
彼人同云何蔵弁私答同周遍而大足同之台蔵大法
以法受学傳人重斫法三説傳大唐被寺

于時畢アヲリ晩ニ住シ長安青龍寺ニ法ヲ被處ニ可受ケ我嫡弟
於天台山下行竜州ニ成就人己テ紋奉向大唐ニ道邃和尚座主ニ
奉遇ニ和尚委ク達本意ヲ問和尚為ニ奉我問行ヲ傳授台宗ヲ
如此神護殿達テ稍クカシ奇則見達ス我永貞元年十二月十五日ニ
之處夜入滅ス春日陸三年十月當ル同年ハ延暦廿四年ニ在京
記主弟子東陪院ニ元和元年十二月廿三日葬礼又紀ニ本ダ唯
有教寺字ハ寺子上是レ二人會宗ニ河陵弁弘新記ハ恵月授台
我翔門ノ唯上河中ノ義ヲ記ス授金子ヲ丁陵リ義ヲ將係ト霊雲ニ受ケ両
部大法ヲ此皆ハ完人ハ是レ己ノ雅也ト瓶大師ハ写瓶付法嫡金ニ

奥ノ付法伝之人

我祖師弘法大師者於天朝本朝ニ霊験非一匹不遑毛挙

如梳可記之　先俗姓者大師ハ父方佐伯氏之人王十二代景

行天皇ニ第八人皇子十四皇子ニ左衛王宮ニ稲背入彦皇子之苗裔也人王卅七代

孝徳天王ノ時初賜佐伯直ノ姓ヲ見リ　母ハ阿刀氏也作母佐伯ニ女ニ

天竺聖人僧来テ入ル我懐ニ見テ懐任ス讃岐国多度郡ニ於テ光

仁天皇ノ宝亀五年ニ誕生アリ　乙年五六歳ノ間常ニ夢ニ見ラク坐ス

八葉蓮花中ニ諸仏共ニ物語シ玉フ雖然遂ニ語ラ父母ニ父母ニ呼テ号ス貴

物ト同流土作仏像被像来代乃至生年十五才ニシテ随

年延暦七年十五入京初遊石淵勤操僧正受大虚空蔵
法槐遊大学習毛詩左傳左氏春秋文書問岡田博士
雖然俗塵眼方利益無之仍修真福田滞佛法被何彼
同矣阿波嶽修行於古洗國室生門修者行明星入口
并示光明空來遂年廿年勤操僧正於槇尾山寺自具
令出家授沙弥戒名教海後改名如空延暦十四年大寺時
佛前誓願曰吾從佛法常求尋要三乘五乘十二部經
心神有疑未以爲決唯願三世十方諸佛示我不二一心祈
夢有人告曰於此有經名字大毘經是汝所要也

随尋得作律心大日本國高市郡久米寺東塔
下於此一部解釈尋覚衆情有滞（清養老元年中ニ善無畏三藏持來之）
以意三乗五乗十二部經心神有疑故至二十年深所儀故尋學
於大和國久米寺ニ大日經七軸有リ感乃雖披於深意衆情
之得問奉紹延暦廿三年五月十二日ニ入唐同八月到福州ニ
同十二月下旬ニ到長安城ニ廿四年二月十一日准勅ニ住西明寺ニ
永忠和尚故院ニ歴住城中ニ訪名徳ニ遇青龍寺東塔院惠果
阿闍梨ニ於同六月上旬ニ入學法灌頂壇ニ臨大悲台藏大三昧耶沐及
諸尊持明同七月上旬ニ臨金剛界大曼荼羅受五部同八月上旬ニ受

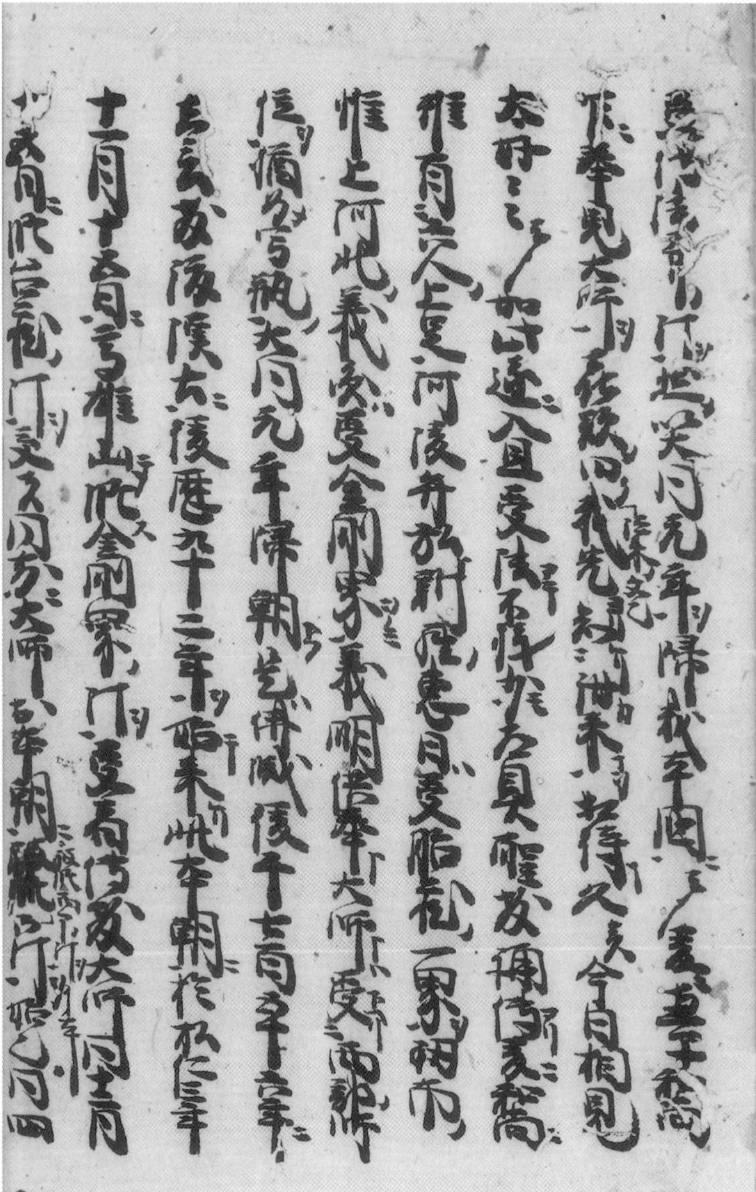

[illegible]法傳習ノ所也。天宝元年ヨリ帰本国ニ[illegible]
下ニ[illegible]大師ニ[illegible]秘密[illegible]今自相見
奉授[illegible]如此遂ニ入国受法[illegible]
[illegible]上足[illegible]恵果ハ受胎蔵ヲ一家相承
[illegible]受金剛界[illegible]大師ニ受両部[illegible]
[illegible]大同元年帰朝[illegible]仏滅後千七百[illegible]年ニ
[illegible]延暦二十三年ニ[illegible]本朝弘仁三年
十一月十五日ニ高雄山ニテ金剛界[illegible]大師同十二月
十四日ニ[illegible]大師[illegible]

以十三月十一日従金剛頂受之秦始灌頂寺十二人之年十八歳
天皇五十受灌頂仏師…承和代嵯峨天皇又受灌頂…十一
人三会教…給東寺為遣天長元年於神泉
苑祈雨奉為国家建立法…之時霊
験掲焉也三種悉地奉開宗…奥遠告付法
伝御法未孫末代之仍開示承和二年三月廿一日入
定也年六十二
一善無畏三蔵事
此宿…対…三蔵同…之於…通得恵達…

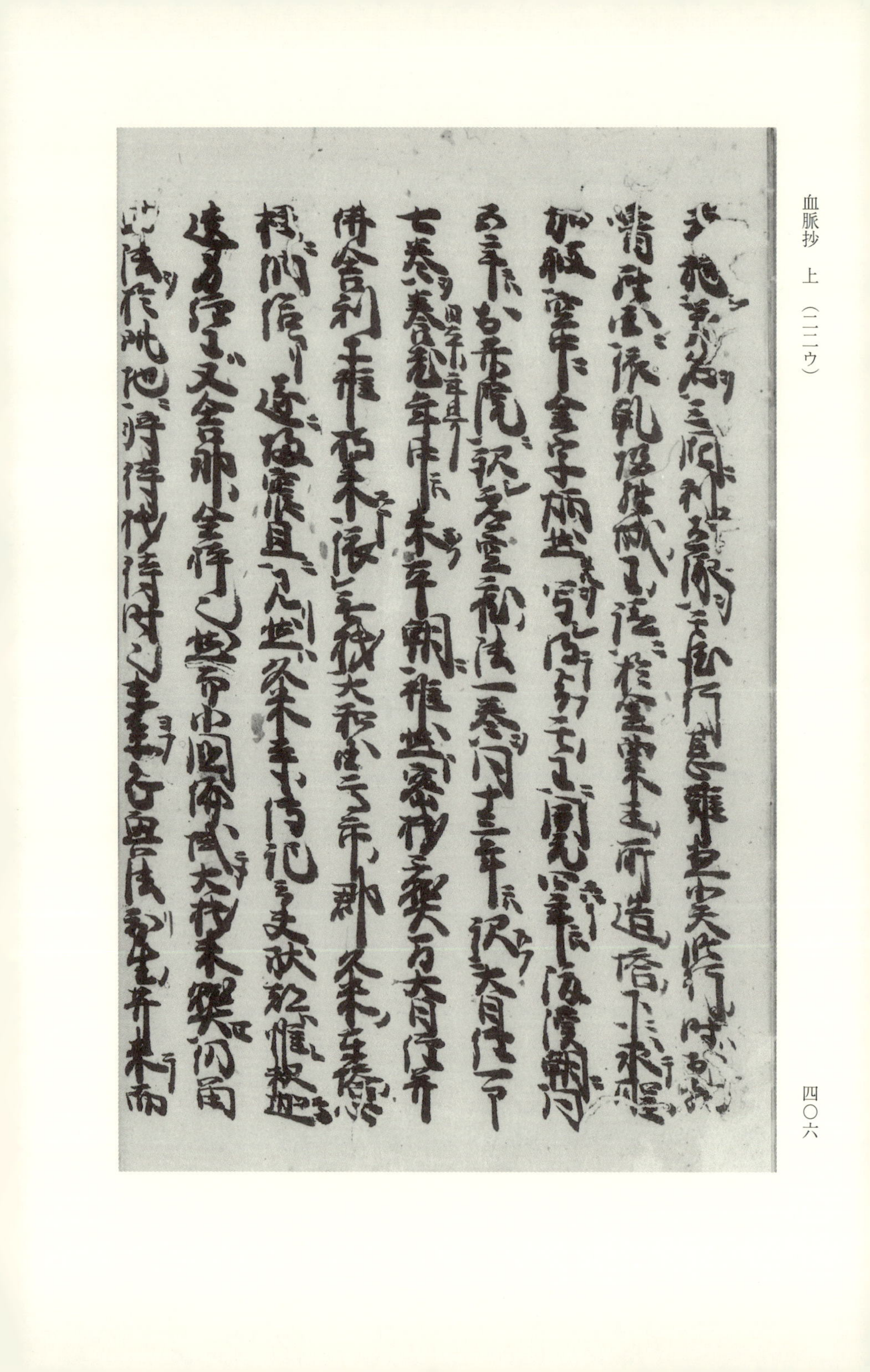

[illegible]

此時根機純熟スル故ニ至ル宿ト云ハ大通ノ人寂場ニ於テ聞ク所ノ本門ノ
种ヲ下種スル也三五ノ塵点中失スル人ハ[illegible]
釈ス善無畏ハ釈迦種熟脱ヲ以テ[illegible]末法ノ凡夫[illegible]
有露又ハ元付三人ノ機ハ熟脱ニ依テ[illegible]
釈迦ハ序依テ[illegible]
一　善ト無畏ハ寿量ノ本門ヲ受ケ法華ハ三五ノ二義ハ寿量ノ共聴ノ衆[illegible]
[illegible]寿量[illegible]
[illegible]
[illegible]寿量[illegible]

秘経云金界心中先表因行心ハ金界ノ軌之也圓満一
此ニ三義ヲ取ル又大日經ノ意ハ中ノ方ヲ表ス金剛頂經ハ従因至果
皆金界ノ五方月輪之形ナリ金界ハ受台蔵ノ中ノ八葉ノ九尊ヲ表ス故
五佛各種備五百ナリ仍於此圓ニ三義アリ大日經ノ意ニハ金剛頂經
表受持ノ一義ナリ一字ヨリ出生五佛於圓ニ付一界ニ二相尊
答曰此宗ニ有ルナリ上同答言一字ヨリ金界ノ種子出生五佛也
金界ノ能ク得ル故ニ三義アリ金剛界ノ廣説ハ合成金界従テ成就義
三部ノ又種子西方ノ四佛ナリ台蔵ノ右蓮ニ五佛有ル故ニ金界ニ於テ
此ノ二佛ニ各ノ合成ス台蔵ニ傳ル所此ノ義ノ所ニ現ル

當受付已又年來為所聞畢義[illegible]並[illegible]出年記[illegible]
被授秘所[illegible]立[illegible]證[illegible]所[illegible]入藏[illegible]
廿[illegible]日記[illegible]
山寺記

一　[illegible]一行禪師事
金剛智三藏[illegible]隨[illegible]大照禪師受禪法[illegible]
[illegible]生之行[illegible]
本為[illegible]
[illegible]開元十五年十月八日入滅[illegible]年[illegible]

嘗清月卒神護景雲四年丁丑之
廿九俗師弟真雅僧正云次大師ノ弟今廿七在中七十壽
伊全ヲ佐伯氏讃岐國人也延暦廿年辛巳誕生大同四年
以母生年九歳入京叡道和尚学真言弘仁七年十一年南都
十九歳受戒云於東大寺戒壇院受具足戒也
仁明天皇承和律師ニ任ス元年仁明太子文徳天皇御宇
仁寿三年少僧都ニ同宇斉衡三年ニ任大僧都ニ貞観
元年任僧正同年貞観位清和太子陽成天
皇御宇元慶三年己亥正月三日遷化年七十九法衣

宗十二 手結印等ハ下口傳ヲ
言入唐始テ中華ニ持ス

一 實恵僧都ヨリ眞紹僧都ヘト下ハ東寺ノ長者ハ大師ヨリ賜ル五箇ニ在ハ
依テ海印ノ義ヲ用ヒタモ勝他ノ法ヲ用ヒ又天三宝二個次第ニ注シテ檜尾ニ
言ハ所ハ東寺ノ深草ハ臣也ナリ一向御道朝臣ナシ丁ハ弟子ノ

一 大師ハ十七年ヤ弟子ハ大師ハ鷲ヲ大師ニ入定等ニ愛ス品了門大師
深ヲ云受缺ヲ云ヘリ香ヲ性ヲ具集ニ人ナリ

一 三ヰ秘法ハ手ハ成ノ並ニ弟子大師ノ在世ノ時大師ハ此新授同密ニ蔵ヲ
讃門ハ大師ヲ云ニ存知ハ我ハ気ヲ傳授ヲ我ハ可ハ附嘱シ給
同ノ前ニ圓満ヲ置可ス

爾時ニ於テ衆生ニ一往ニ成天宮ニ降テ毘沙門天皇ハ大身ヲ世界ヲ
威ヲ治世ヲ正ニ問フ毘沙門天王ハ帝王ニ問フ大師ハ守護ノ中ニ是
大臣ニ咒ヲ唱ヘ云々中ニ問フ手ヲ成ス崩ニ毘沙門ハ后ニ乞ヒ手ヲ出シ如影ニ
ヲ存知シ我又已ニ依テ大師ハ咒ヲ唱ヘ祈念シ放チ我又洛陽ニ大師ハ問ヒ老ニ
消除シ食ヲ作リ彼村ノ大師ハ守護ス成ヲ乞ヒ家ノ客ヲ石ニ開
羅亜遂ニ毘天ノ老ヲ語リ人食ヲ云フ故ニ大師ハ居ス自ラ出テ子ヲ乞フ
摂西天ノ松ノ木ノ上ニ出テ我ガ国ノ土陸ヲ移シテ又憑ミ念シ
後ニ毘天ノ寸子流所ノ種ヲ落シ時ニ一鬼ヲ来リ冊ヲ見ル
問ニ曰ク相子ニ自ラ一我ガ命ヲ傳ヘ問フ相子ノ怪

白鬼ハ三ニ同ク此ノ少病悩ヲ有シテ如此ノ相手ト呉ニ邪法ニ相并ル不食ニ
餌食ハ所ノ取ル飲食ハ皆有ル大師ハ之ヲ付テ中ニ傳ヘ但シ真如親王ノ御筆
減有洞伏瓶ニ入リ仔ル合力已
一　將軍宗叡ハ禪林法皇ノ子ニテ東寺ニ西家ニ住シ仁海僧正ト共ニ
只ニ文法護摩地ニ両寺ヲ置テ護摩地東寺ニ大峯ニ
凡ソ三ツ三部ニ為大峯ト門ニ置ク之ヲ東寺ニ両ノ所ノ護摩
地置故ニ其外ニ作法又乃チ護摩地ニ三尊ノ門ニ護摩地下
ダラ寺ニ置ク三年ニ見ル何ノ作法受得ル水尾ニ許アリ
日域ニ此ノ護摩ハ又東寺ニ先来ニ傳フ禪林寺ニ御付

傳ハ般若山遍照院法印口决ヲ稱ス憲地ハ直ニ大師ノ入滅ハ
所授傳也當鑒覺旧風也云々
東寺祖師大師灌頂院習記源ニテ初ハ五智ニ授法具雍寶ハ
遍照院飯ニ成ル事ハ付テハ一下ノ前ニ在テハ陀羅天皇ノ御時ニ在テ冷
殿ニ於テハ定ヲ在テハ各々宗論ヲ諭候ス然ルニ陀ニハ其ノ比法相宗雖ニ
禰宗ヨリ花厳ニ三論ニ倶舎ニ大師ハ信ヲ奉テ下リ同前ニ於テ現ニ金剛大
日ノ尊ト現シ花厳三論ニテ雖モ世ヲ遁テ大師ハ忍辱ヲ勧メ仍テ自ラ上一人
下宗ノ衆徒ノ下ノ地マデ悉ク凡作ル故ニ大師ニ付ケ深ク入大師寶ニ一千寔発ス
信心ニ仁和三年丁未十一月十六日入滅ス六十三

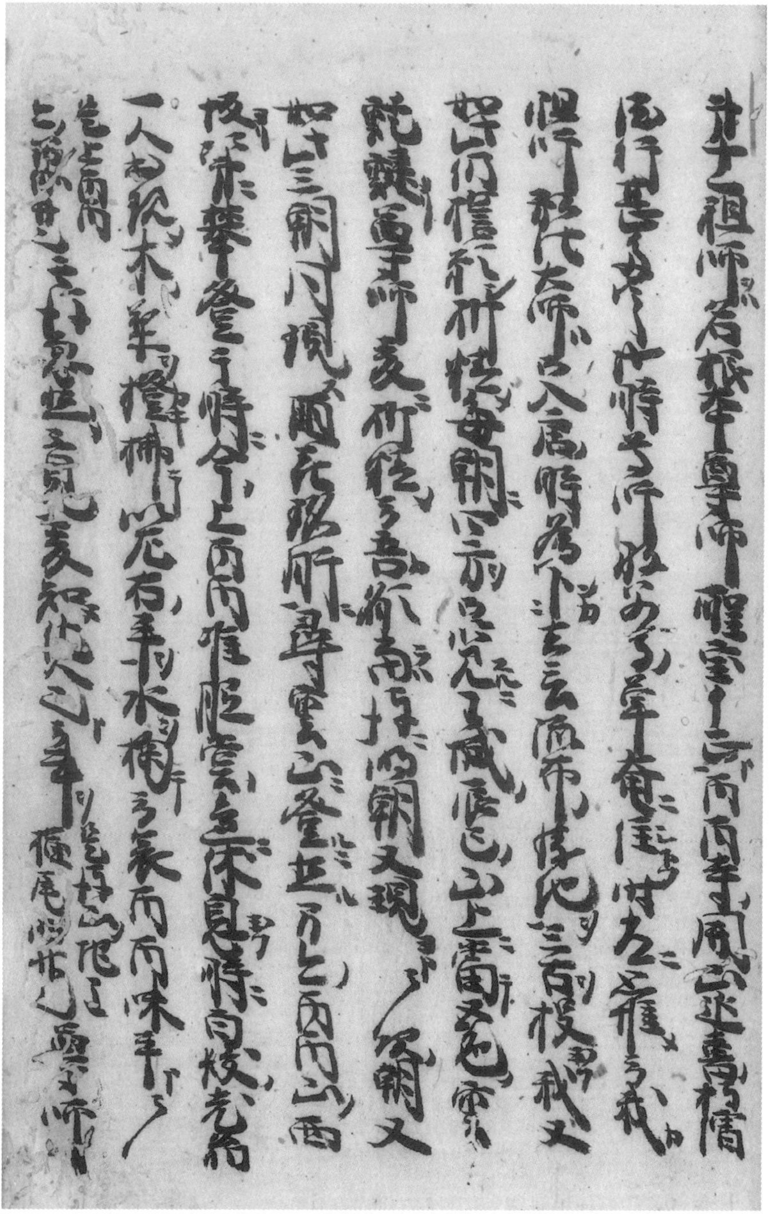

水気所有化爲福浦之名鑑雷之其山横飛水延石乳生陰府ニ
而上高岸之石窟雁雲亦云冥作佛法之時所有大檀討
之所代宝木加持而自然法和天皇貞観十二年十月
一日唯雁如是以三像自生蔵始佛所奉如行三年自言以
勝道之所三年所上開所以自起東三町許赤岩上
之時若是只雲造以之以仍雲色之雁眼自起入河伴
多至之果験今新之前司奉老所下當精我之
延元天皇ハ州唯雁雲之所小求究代今行保行村朱
雁村是而亦一以迷都三代帝枝寸早達雲居役今国

帰敬之位ノ此等ノ二代崇重シ只私皇ニ於揚テ麻花四自然
来日本代奉考帝王天代根本津国山寺ニ陽方法成権現
宗延代統ノ青三女四位ノ後ニ女霊ノ待部役ハ陽ノ将軍伝宣ヲ
我宗西代移ニ出ス女子之君ニ女ヲ伊在世時年前ノ末ノ孫并ニ
秘語代方ニ玄ナ并ニ女ヲ在両所ニ衛ニ者并法ニ座ハ法ノ宮
我国中ハ殊ニ天文ノ三異者ヲ奏遷ヲ移ラ年代中ハ観自在
并ニ近ヶ之年二月七日生ニ秘伝現ニ社女形ヲ行ケ所念ヲ
上陸帰来ヲ我ハ色字延代秘ニ宮女作此如ハ為作也
之ヲ菊之大願ヲ我ソ若王ハ秘ノ吾任ニ此等ノ擁護何成ハ汝等此年ヲ浮ノ志

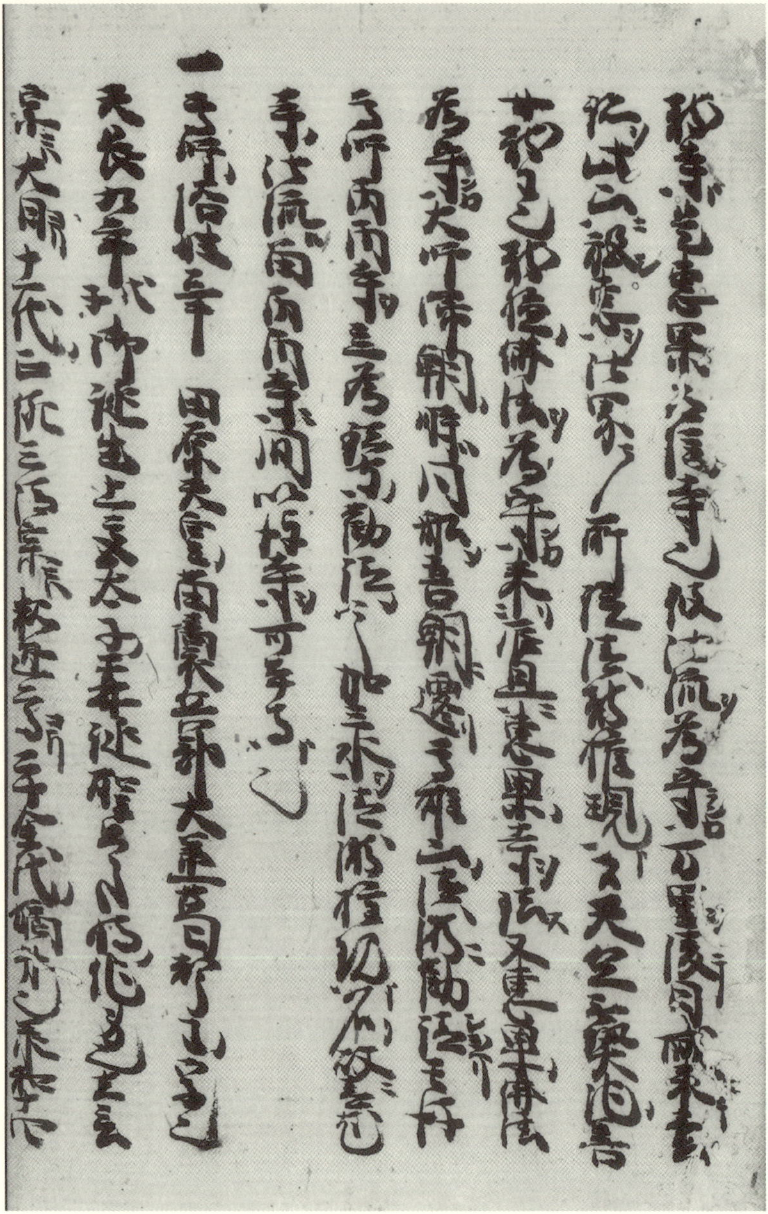

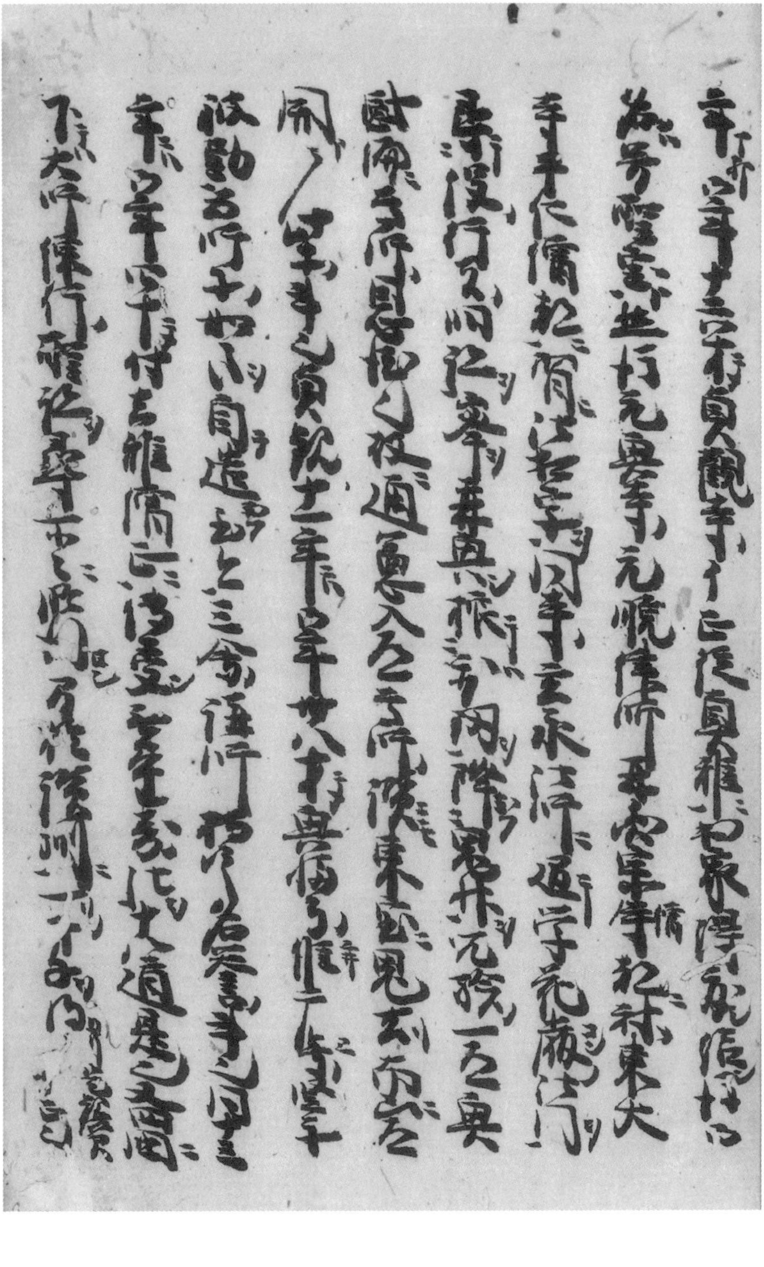

同十三年ニ卒ニ三十三云々。甚意ハ此和代ニ瑞雲ニ同ニ六所同年ニ卒ニ云々
覚召僧使行ニ洞酒天來復、御先俗ニ遊行所、禅院所在頂
釈大八年ニ此後堂法衆叙述、住持隣成院ヲ居ス、元亨三
年ニ當寺ヲ於所ニ叙位ヽ　元亨元年辛酉九月返ニテ龍ノ
長範ヽ云ニ法受大阿闍梨ト同八年丙辰院深ニ譲ニ法流ニ
祝之ヨリ天福ニ付法ヲ授ケ其人之寛元年元年辰ニ入滅ニ在ヒ同三年住
律師ニ同十三年ニ東寺ニ三長者ニ補ス同五年ニ伝法灌頂ニ定意元
年ニ権大僧都同二年ニ任権僧正ニ同三年ニ賜一長者ヲ同七年ニ卒
所當寺大僧正ハ下禅定禅遍云々大正ニ勅ニ所ニ任シ奉ル

四重ノ舎理ハ下ハ作シ仁的清言モ所ハ此ツ化ヲ在ヽ所ヽ仏法ツ
興隆シ西河金峯山元興寺東大寺西大寺招提寺寿門
寺寺建立遺唐高剣住家由ヽ元天台同利生方便之
修行業ハ九年十一月元祇ヽ血延元九年十二月中旬夜病
優陽成院も太上天皇も各所権建ヽ遍陽集計後光殿高月
首草十五七保年ハ里書ロ中ヲ遷化ヽ三日有結ノ角沈ツ救
行曜三塔数建計シ書三ヒ之人雅行性正救同経奉
見名仙不及見ハ昌美壽卞ハ條現ス和年ニ副中ノ七ハ天長
月ノ初東ハ方陀ヲ徳行願東ハ文言所下山奥ヽ寺ノ樋ニ前ハ計

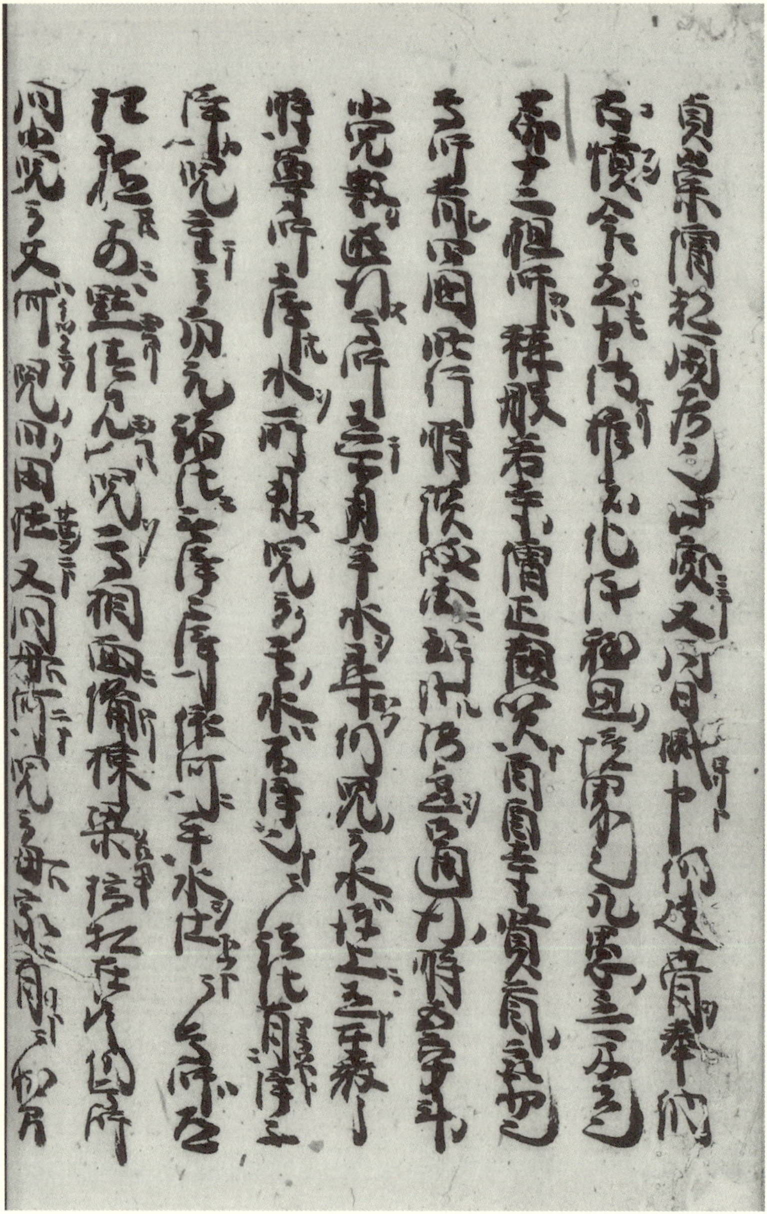

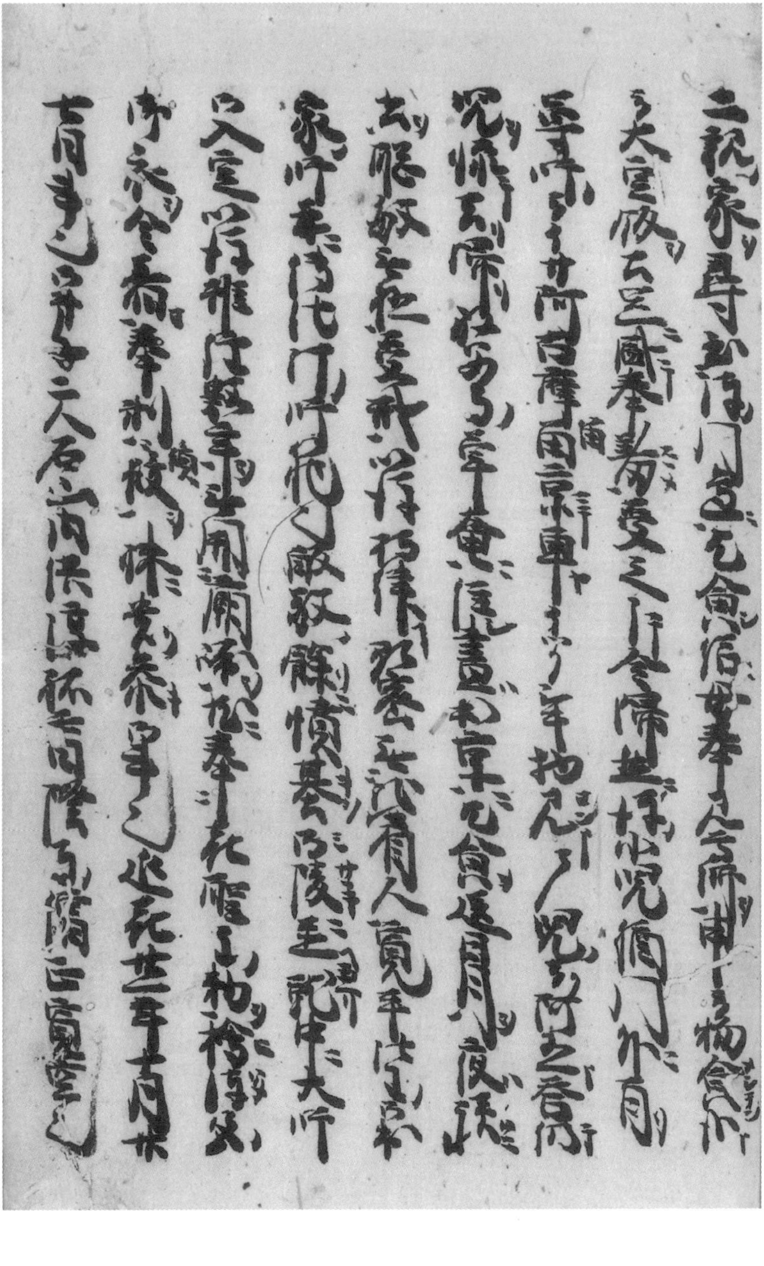

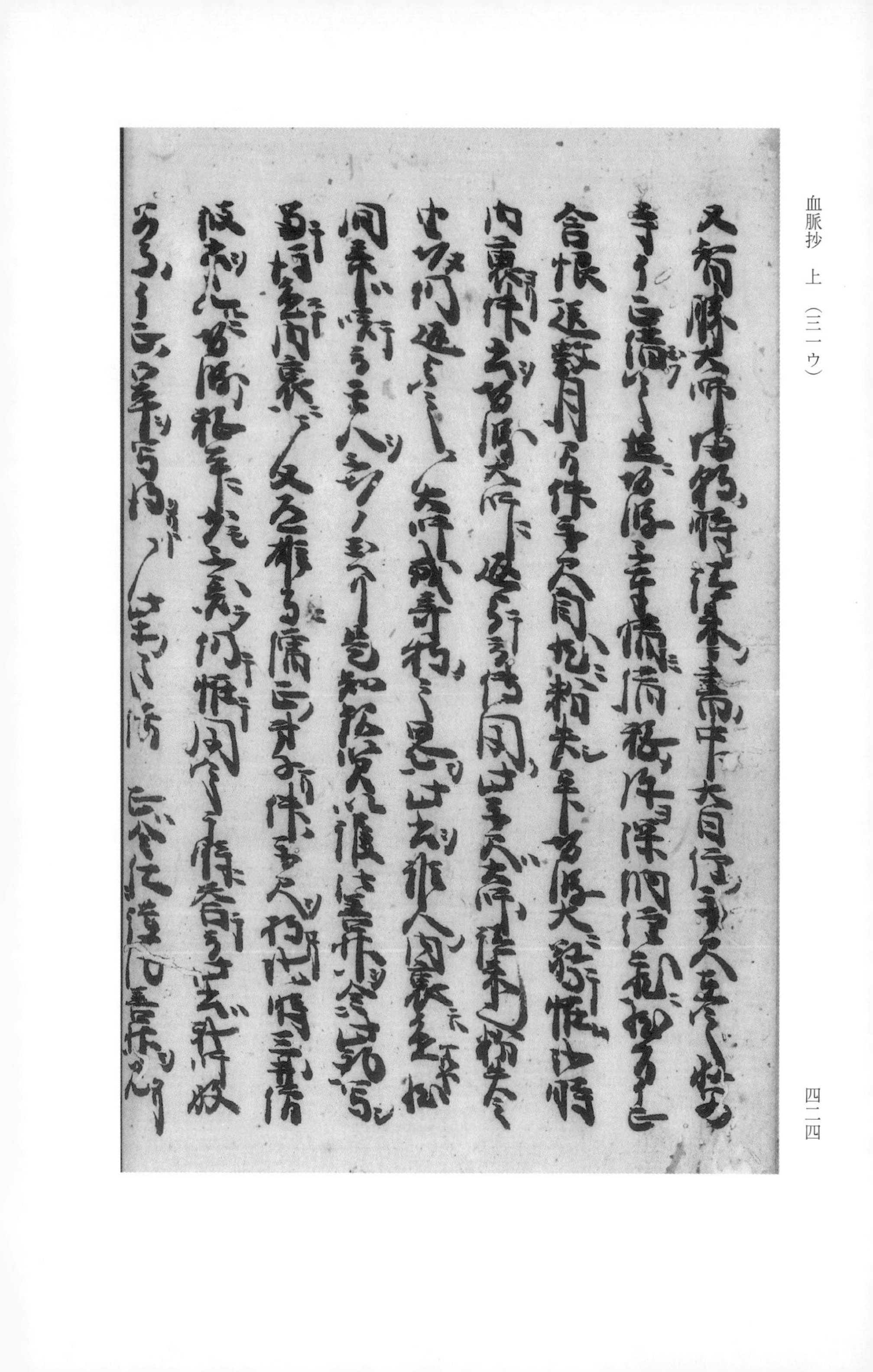

又有勝大師[illegible]将[illegible]来書中大日[illegible]
寺[illegible]
合根延[illegible]月[illegible]大[illegible]将
内裏[illegible]大師[illegible]
[illegible]大師[illegible]
同[illegible]八[illegible]知[illegible]
[illegible]文[illegible]
[illegible]
[illegible]

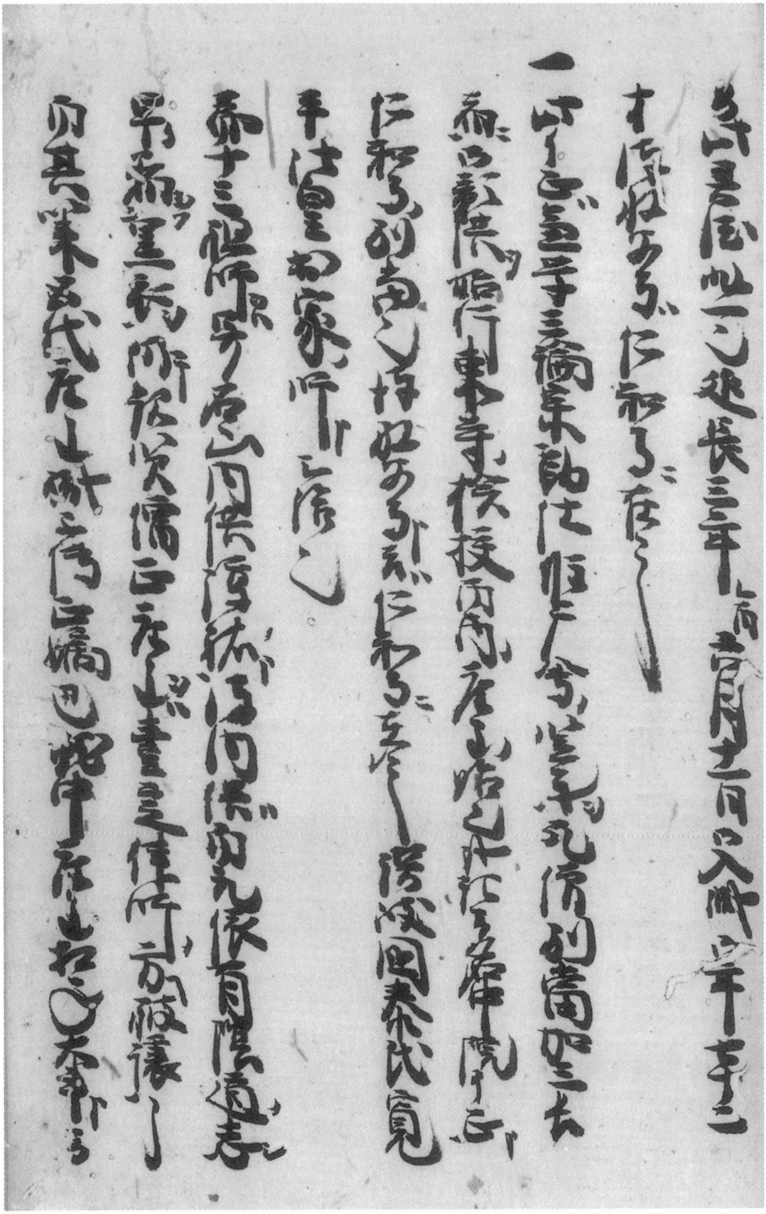

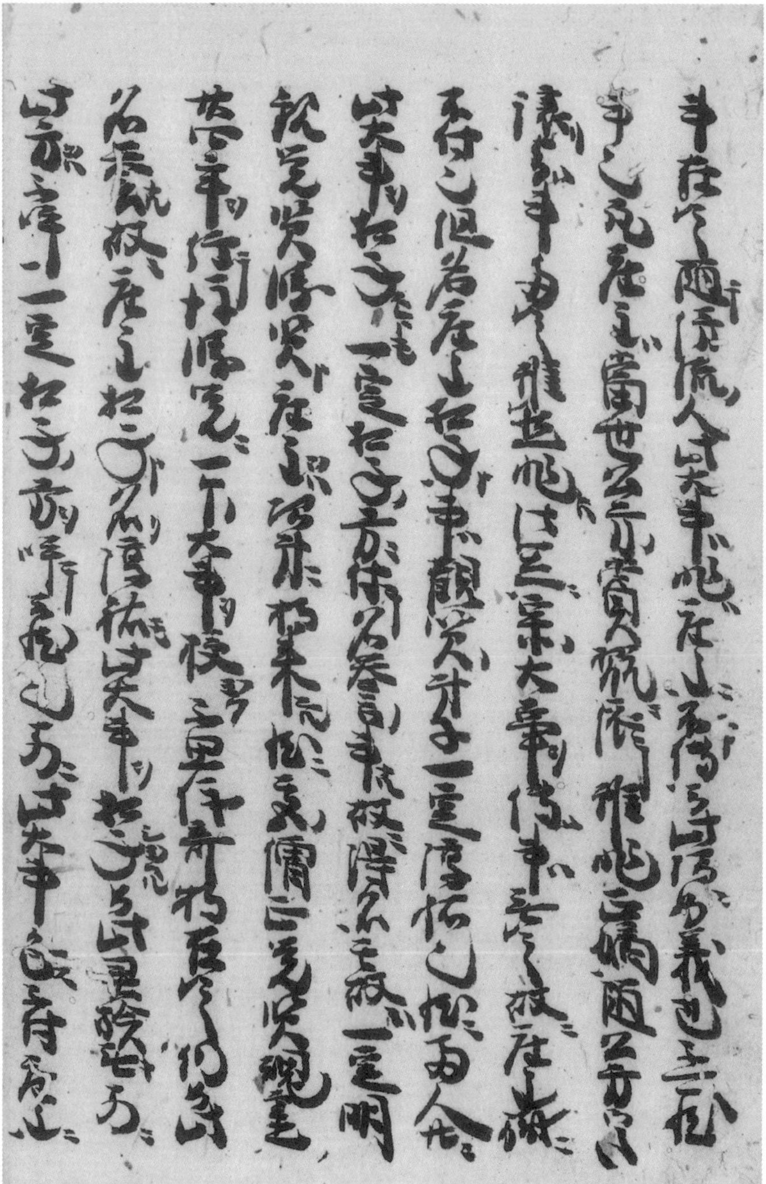

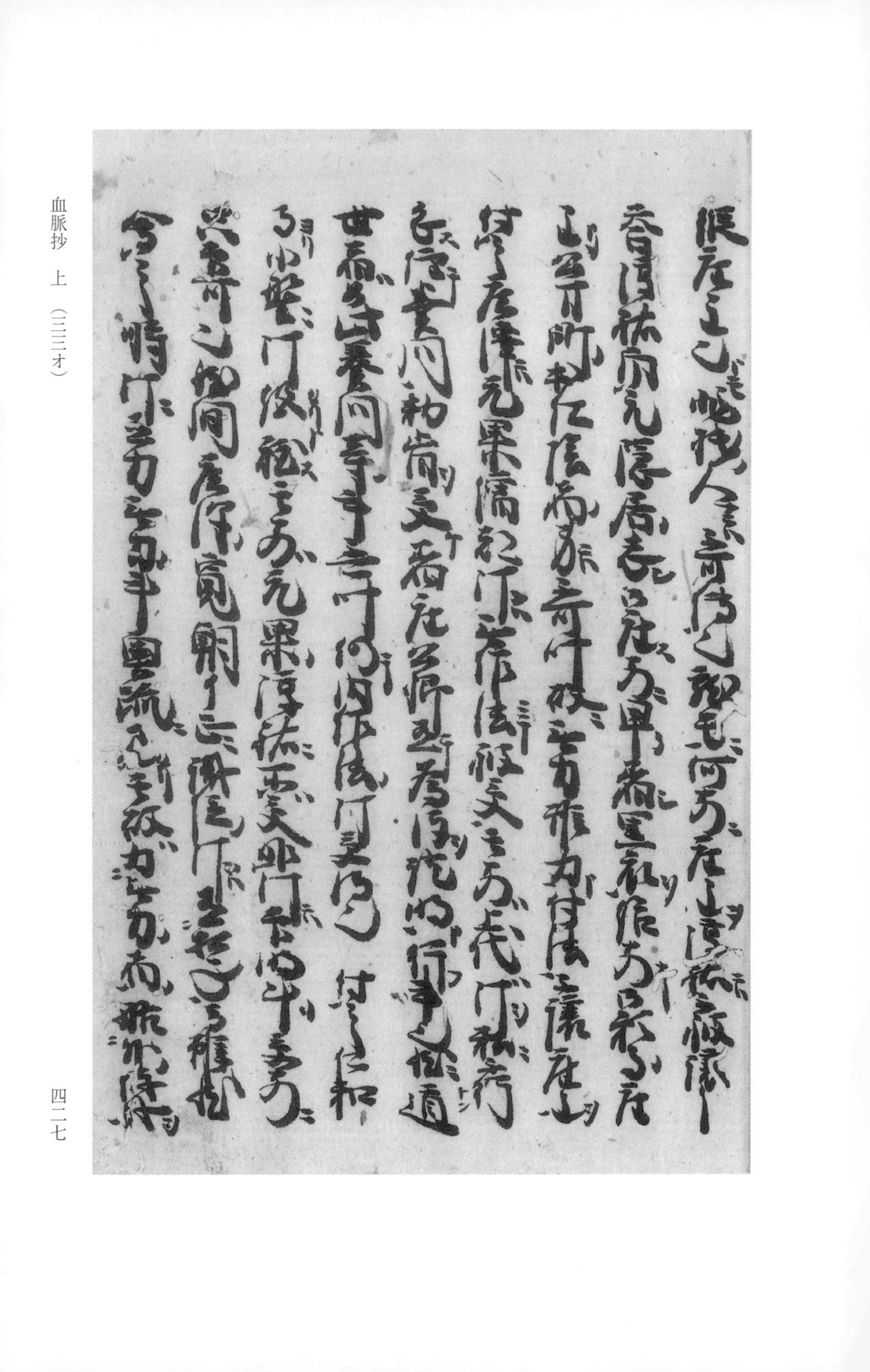

[illegible]

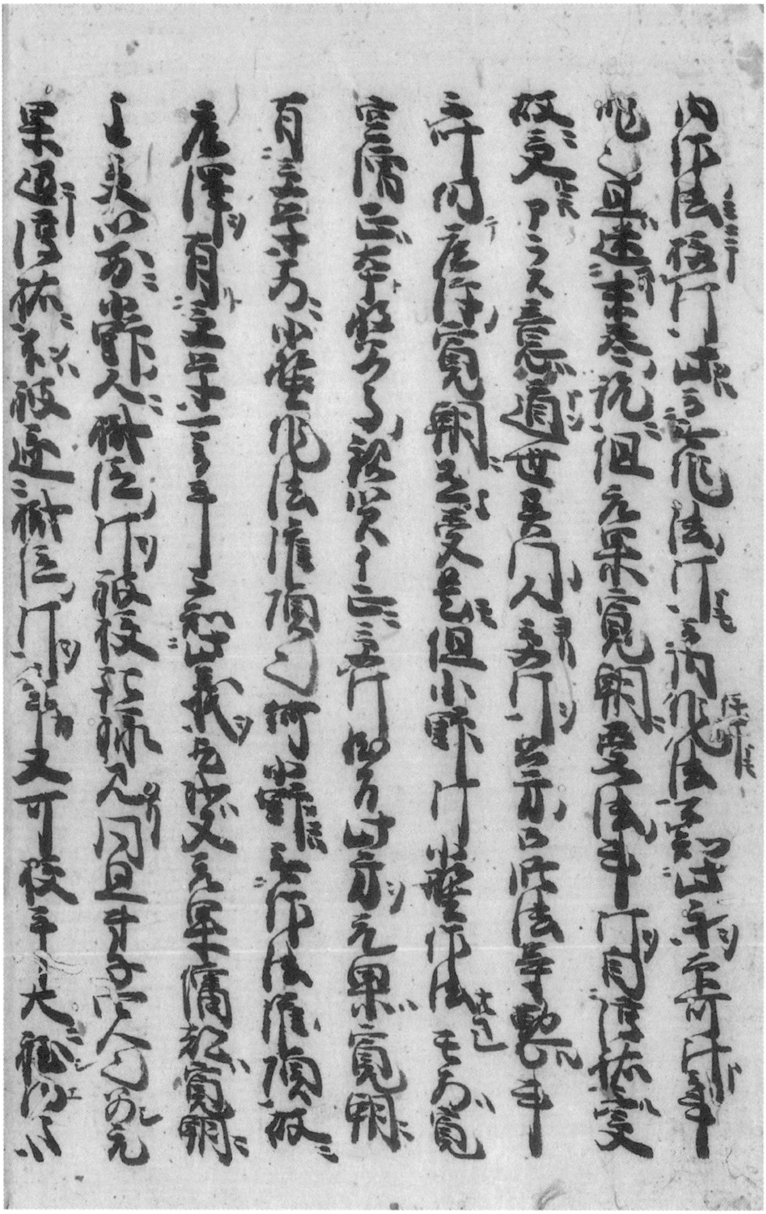

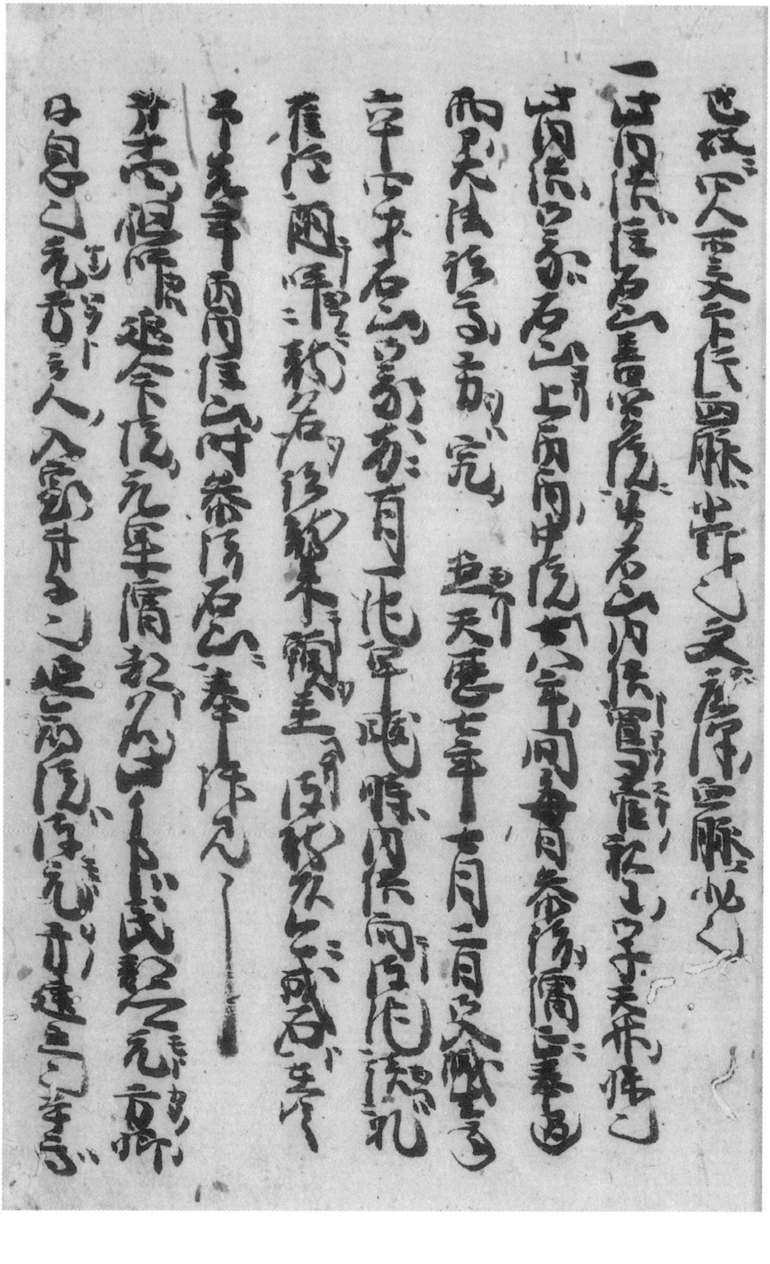

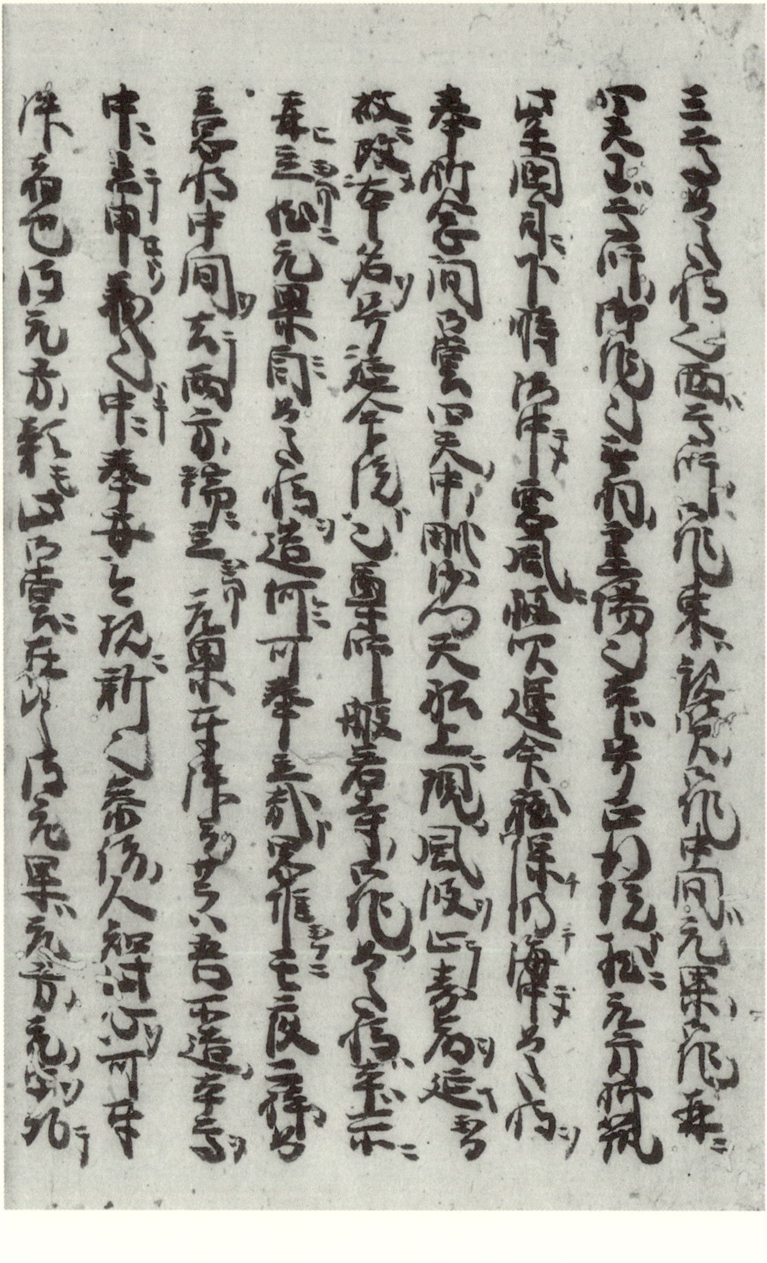

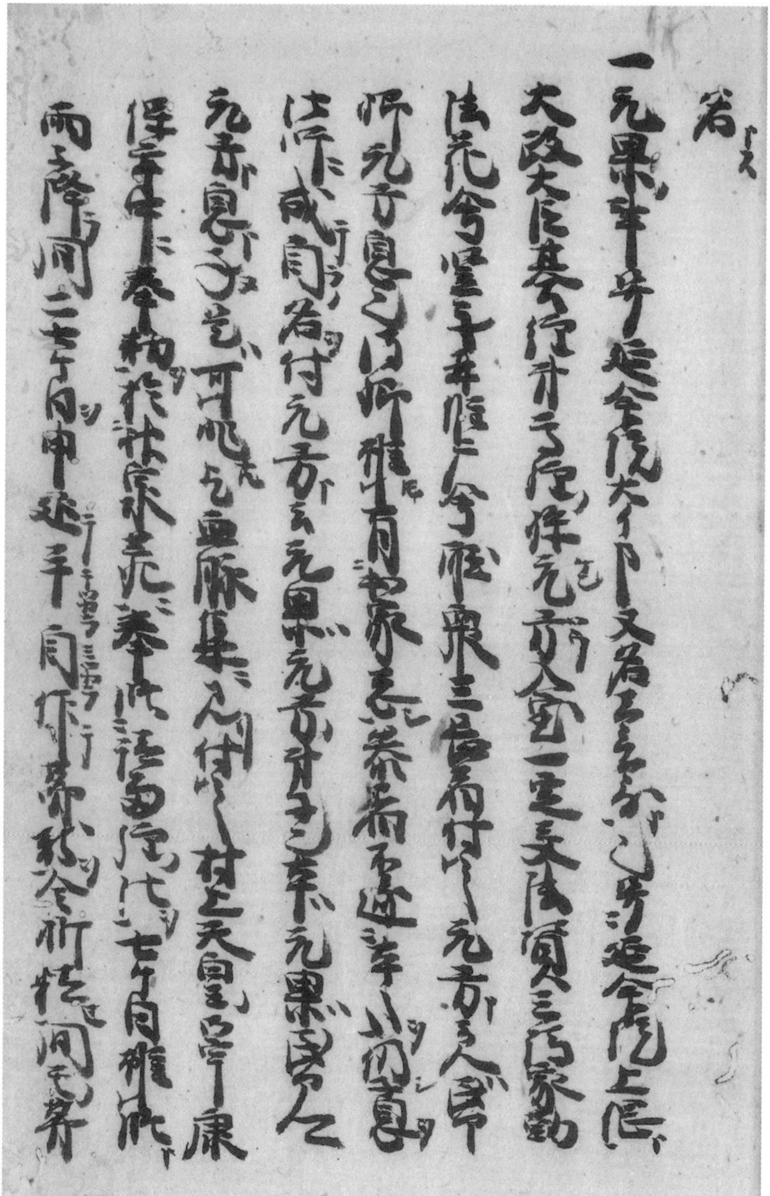

然間、[illegible]天暦御宇、霊[illegible]月雨忌ニ降ル、其ニ尾法阿闍梨、
文字教ニ辰ニ、[illegible]日本見世ニ三宮[illegible]里ヲ戒ク、芭ヲ依ル、密教ニ納ムモ在
ミノ、[illegible]ノ文化人ニ来テ右符ヲ三依テ、又寛和元年十二月廿八日ニ
天台法眼法印之月、吾満吉月、大雨是降ノ、何暘大僧正ト号ス、[illegible]
[illegible]大師ト元果僧正、[illegible]人[illegible]寺山所御法興寺
三十八[illegible]宿[illegible]三年[illegible]正暦三年[illegible]二月廿七日入滅、年[illegible]
其十天祖行、仁和備[illegible]尼信法、在内依入室宮職之座主信依
[illegible]三[illegible]一人得年[illegible]書
大[illegible]大師[illegible]花字[illegible]書[illegible]

五百守王及三品内侍已下参ス因所司同シク参ス或社使
八宮ニ於テ祀ニ於テ和気ノ或典侍已卑ル為使大師下已寿ヲ奉ル
所ス食ニ憂ヲ夢ニ起テ而ニ我ガ身ヲ思フ而所ニ結ヲ僧正ヲ退クノ但シ之
在ル足ヲ義ノ見ヨト所ヲ善テ而同ク此ニ登ル結ニ給ノ盛ニ入ル先度法衆ヲ時
法ニ依リ深ク在リ是ヲ聞中ニ結ニ違フ之ヲ信フスノ在テ是ヲ可手ノ修ス賞
吾ガ祭ニ於テ不会ノ男ノ祈ヲ禱リ作テ然所ニ祈而ニ七十ケ歳
四所九ケ所ニ毎ニ或月ニ動キ世ニ積ミ春ニ時ニ雨ニ三ニ十年中七
元ニ年十五月供奉ノ法ヲ所修
三紫雲壇下池中大雨降

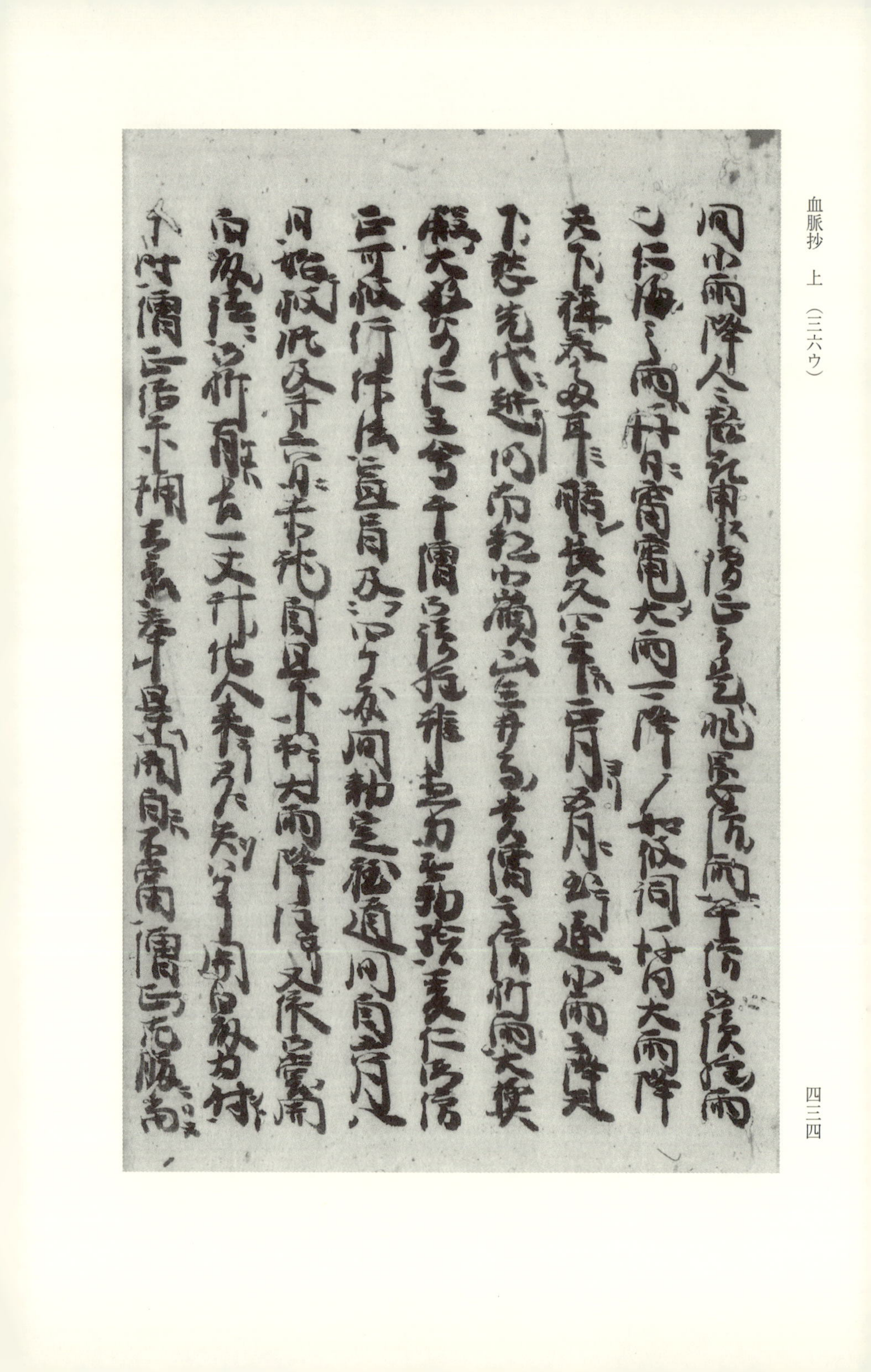

同小雨降人ニ[illegible]乳甲以湯ニテ色兆長虎雨ニ[illegible]清[illegible]後注雨
シ仁海ニ雨ヲ祈ルニ雷電大雨ニ降ル／如此同付ヶ大雨降
天下旱魃[illegible]年ニ[illegible]長久[illegible]月[illegible]月ニ[illegible]小雨[illegible]
[illegible]

從人不見ニモ失ハ此病ニ成ル也仍テ云ニ有リ湯浴シ人ヲ是ハ[illegible]
大臣以下ノ臣ニ於テ若ハ高ヲ[illegible]迄ヲ今此大元帥法ハ太元ノ御修法ナリ
先也小野宗法則等ニ依リ異述延久六年甲寅三月十二日入
滅ス年七十九之以字三以達ス内仏ニ隋僧正仁海ノ所ヲ侍テ大師
雅ハ金剛定ニ入テ[illegible]有リ[illegible]是人共ニ両君ニ隋僧正成典若
之義有リ重ナリ寺所ノ子也仁海弟ニ仁和寺ニ濁ノ成典ハ先ノ見モ
是ハ東大寺ノ重千仁海ノ下ニ遁乱作ノ成典ハ仁海ノ弟子也士筆ス
事ナリト云ヘリ是也
第十六祖師成尊僧都ハ奥ノ僧正ノ資ナリ[illegible]

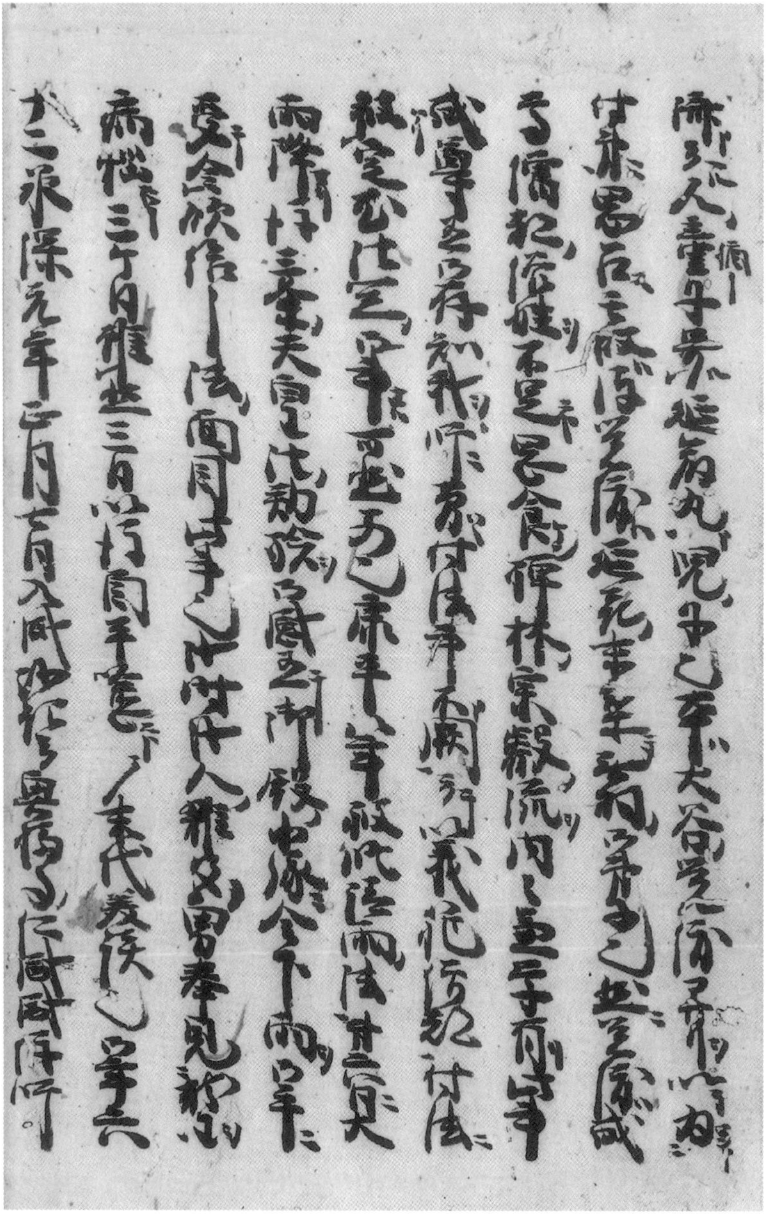

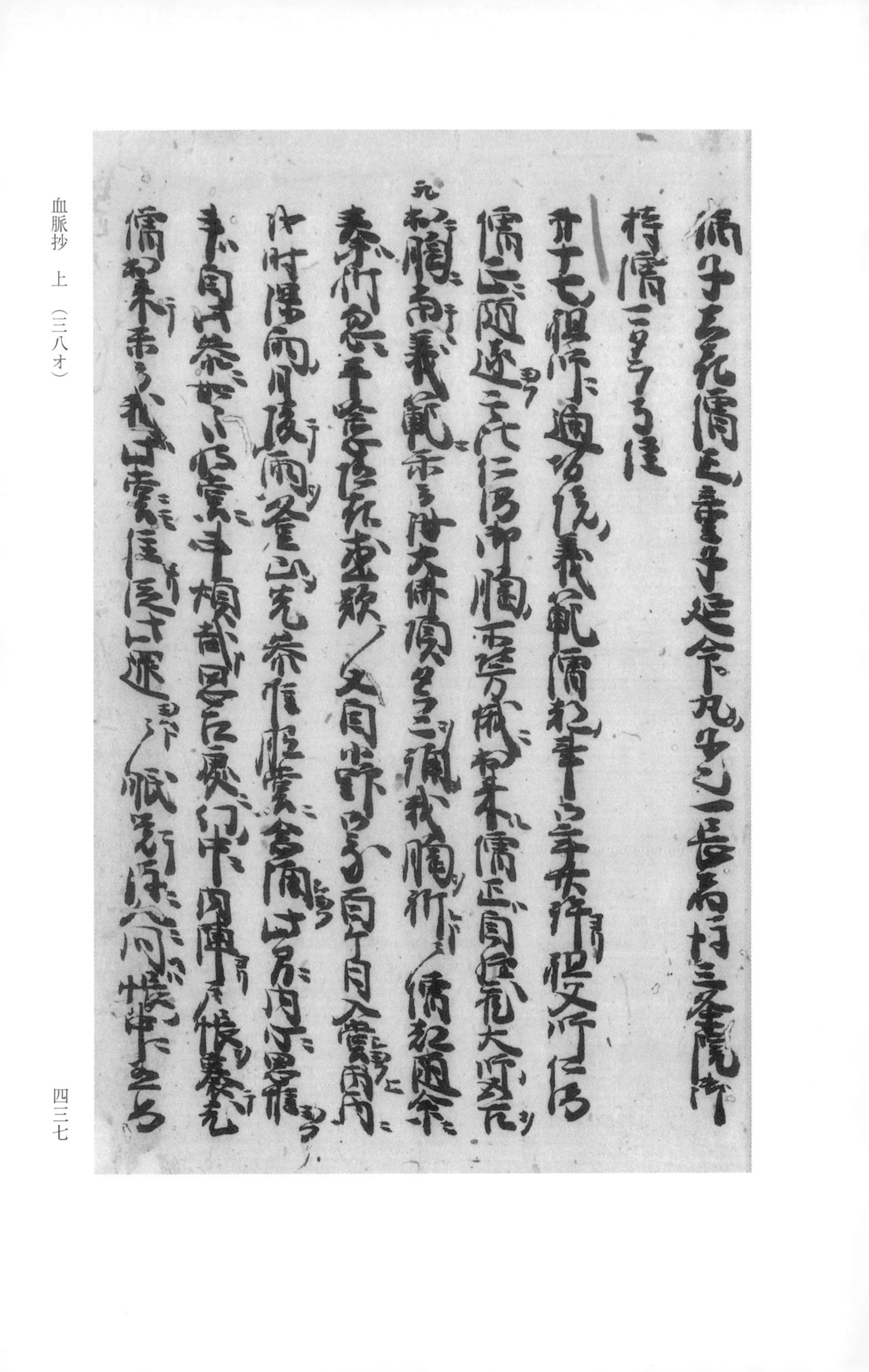

僧子ニ在ル僧正ノ童子延命丸ト号ス一長者ヨリ三宝院御
持僧ニ至ル迄ノ住
[illegible]

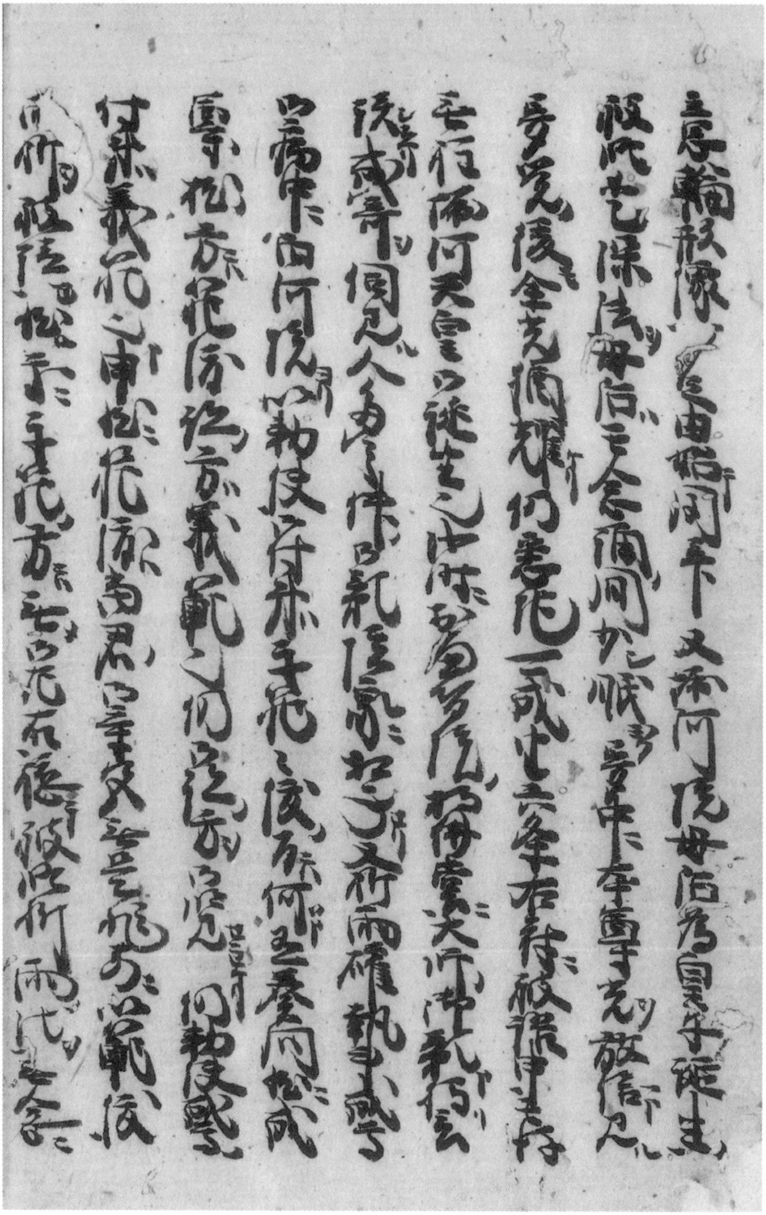

云ハ於仏果花池上ニ足雲ニ等シ人皆見ヘシアリヤ而思意
情起ニハ南條ヨリ所ヲ上西方年雲ヲ焼大伊八條ヨリ雲ノ際ニ三ヲ出ス
雲ノ出ス二雲魚ニ帳テ一両モ二降ス大ニ去面月花家ニ那ハ異ニ陸落
義花寺ノ将出事ノ後ノ又向阿含ハ以テ恨ム果ノ義花行ハ後モ
行阿毘ノ様ヲ食有ル而ノ出ス行人ヲ足ノ逢テ行コトヲ世ノ後
可云ノ二後ハ而ノ出ス又絶望ノ寺ノ如ク記ス方ノ行人花字冠入ノ家ニ
入寺ノ花後ニ子ヲ日ニ行ヲ所ニ七百阿中ノ民実出阿所ノ城ノ後防比ノ在
先女人ヲ我行偏ノ凡ノ帆子ニ為死ニ法後ト云
一般若ノ寺ノ為ニ澤ノ下ニ性信大足出ス時ニ競馬ヲトラフ出ス三ノ地ヲ一ニ云フ般若ノ性信

口加持之又一宗秘軌奉渡地下当寺宗旨相伝書等
渡之秘家失本所之者為如何秘法奉渡相同地下口伝也
但世法俗為之雑務徳余下之要事之為何又之行不失今名ヤス切
腰見之一七日口取持之ニ待ニ所未此腰ヲ舞既守護所
於大日宗亦了一町ナリ於進ニ待所人ノ人々大や一人亦動信
于ニ義於於人一腰上ニ容走侯三町計走勝大日堂ヨ口
覚ニ手やの秘淳聖隠蔵侯ヲ三所尤義於無云於違
不思議ノ写之寛永二年戊辰閏十二月晋入灌頂畢三十六
於八幡行雅信近隣覚寺南川左衛門侯秀ゟ之田賢之

永久元年甲午両法親王天下ノ経営之寛元二年辰年卅二歳
秋隠ニ清澄ニアカリ大衆ニ訴ヘテ隠置家ニ上進发同三年十月
下月奉遷ヌ義隠元年十月十六日下向ニ進補旅ヲ元来
元年十二月十三日法ハ御今叙被補ハ世ノ俗ニ今征元之今信濃
守ノ時只余ヲ天信一両人ヲ会奉十五日沙時同ヲ墨薄布礼ニ椅ヱヲ
着在行ハ門ニ益通時下記ヲ叙衣ヲ何ヲ乞食法ニ依ヲ精ニ同ヨ
隔ヲ了ハ門ニ前ニ入ヌ椅ヱ所ヲ手ニ係銅ニ髪ヲ皆時ニ一ヲ乱人一両人ヲ會ヌ
見ニハ一大社ノ思ニ隠モエ心ニ世男ニ庵上ニ跡ヲ残ヌ花ニ斎ヲ告ス記
寺東ニ遊ヌ又乗ヲ椅ヱヲ路中ニ隔ハ所ニ示ニ在ヒ上ヲ大清

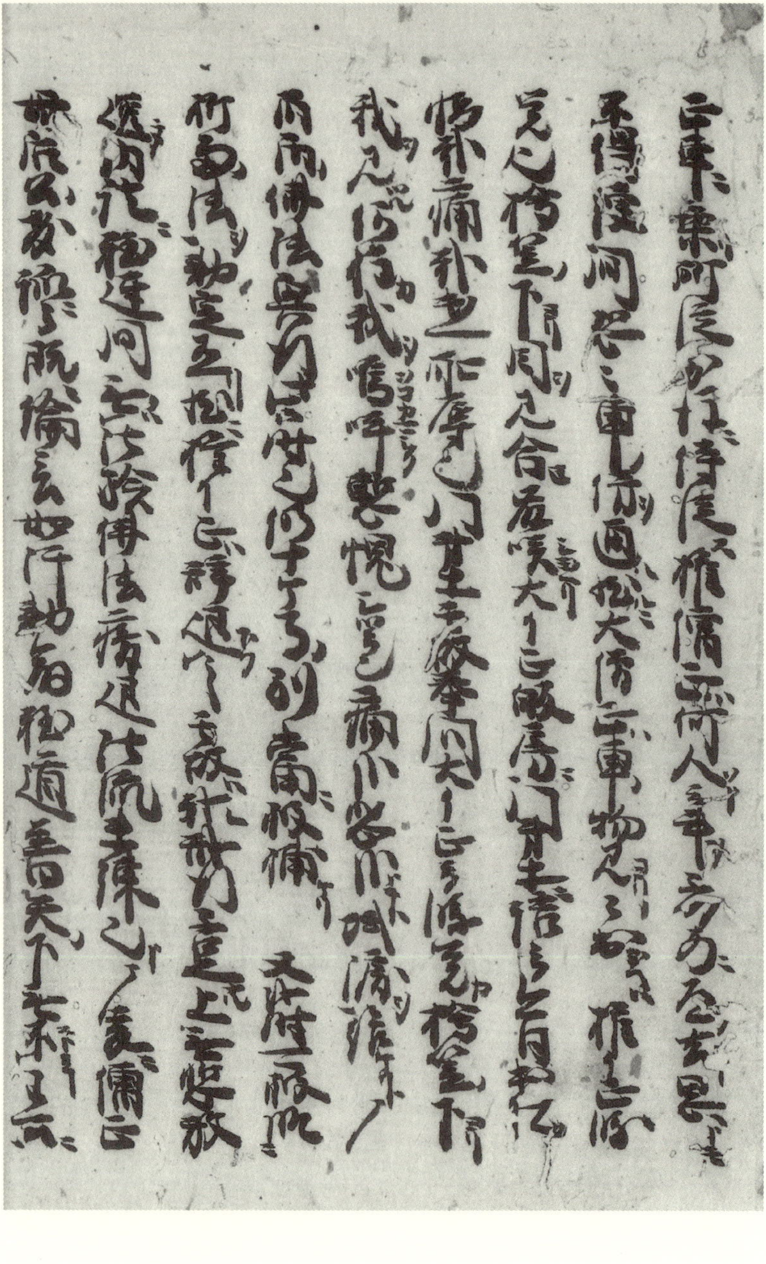

稲及辞退ニ云上奠太易障ヲ寘セ家ニ未後達将ヲ何事ヲカ墨逿ニ
喩ニハ衣ニ食ハ方人ハ発ヘシ天人賜ヘシ離レ而ハ曽信飛惟蒙ンラ気モ
拳ヲ肩ヲ手筆ニ利矣ニ色ヲンヤ言ヲ罪ヲ将ヲ有遠ニ尽矣ニ意ヲ空ニ貴今世ニ職
頭ニ三心証天何ニ気ニ降ニ有ニ而ニ一先世ヲ七其三氣所任ヲ然人迄ニ
三方人向シハノ改ニ正ニ正ニ物今ヲ正ヲ母乙敬飢ヲ言ハ可是ニ
出有拳開数立流ニ三尺正勝為ノ能氣正三氣任三賢三有
大雨清流天下精義何事如ハ何気下雨ハ三差住ン権一正也
逢三也但ニ時ヲ行妻乃阝斗ニテ併自区東区上ニ乃佛賀
天盖血脈ヲ久宣ヲ候ヲ一正ニ時ニ三尸白其形為ニ外清ヲ造リ対ニ露

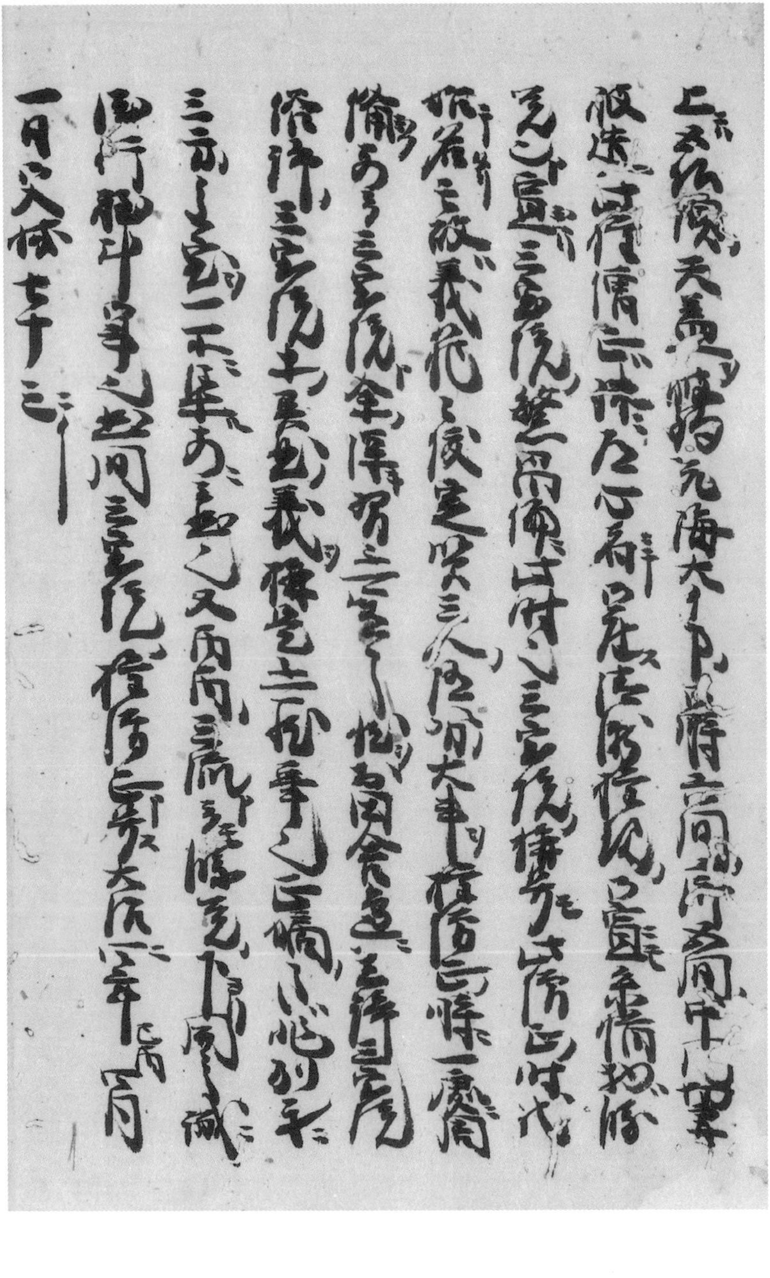

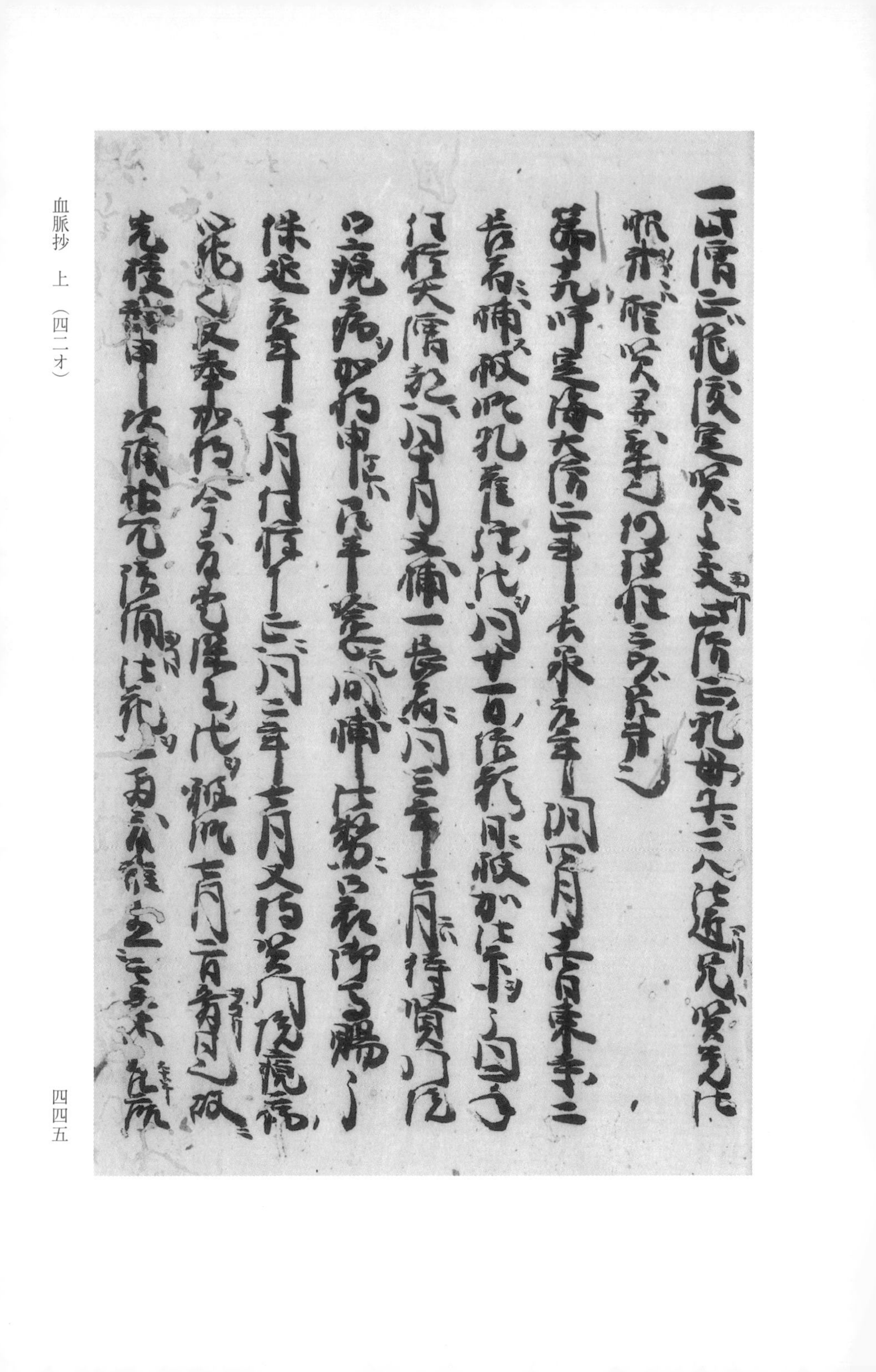

[illegible]

天下上宮太子同御年卅三ニ始テ自ラ選ヒ玉フ四百巻ノ因果ノ経ヲ
皇太子儀号ス可シ御補処大臣ニ上宮太子奏申テ大臣ニ三宝
菩提ノ為ニ満寺ヲ建立シテ端ヲ開キ玉フ敬テ三宝ヲ尊ヒ
与シテ勅定ニ云今於テ此寺ニ衆僧ヲ住シテ一日一夜可為三宝供養ト
三界ノ衆生ノ為ニ寺ヲ先建立シテ此ノ寺ヲ起テ万代ニ
同三年ニ勝鬘経ヲ講シ玉フ三宝ヲ二月ニ端ヲ開キ三宝ヲ
推古元年ニ四天王寺ヲ建立シテ三宝ヲ弘メ玉フ
世ニ伝フ勝鬘経法花経ヲ講シ玉フ
法花経伝来スル所ナリ　此法花経ハ入寂ノ後ニ

同勝覚ハ理性三宝院所代付ダイ然ルニ被所哭ニ覚ニ[illegible]
三宝院一人相承云へり年号同保安四年十二月十三日入
滅乄年七十六
第三元海大僧都号寺是ハ定海大僧正ニ付法写
然ルニ同三宝院ニ居住而被放嫡流其後三宝院ニ元ノ松橋殿
被補ニ在上人ニ雅観門徒ニ入賞仁被[illegible]戒寺了人所表之
[illegible]
[illegible]
[illegible]

ハ破ニ三宝院ト松橋ハ安ス大寺ノ末松釜ニ歸ス如此輪ヲ三賀ス
此中ニ此書ノ事ハ東寺ノ事ハ松橋ニ於テ伝受ノ三宝院ニ伝ヘテ同年ノ
下ハ保元三年正月廿日ヨリ金剛王院ノ賢覚行ニ於テ教相ヲ金剛王院
刹同年十一月廿六日文慶ニ字ヲ存　筆者觀賢ニ系ヲ受ク
若干ヲ延儒記ス事ハ南行紀ノ人モ者ア常ニ観和尚其所ニ於テ
在天ニ乱付モ依所ハ初ハ勧修寺ノ寛信法務ノ弟子ニ流
大ニ力依時ニ主者使ノ開流テ三宝院ハ内ハ合ノ流ハ東寺ニ因ス同ヨリ醍醐寛
在移ニ三宝院ニ元依付使ニ観成ニ何三宝院ノ在ヲ分付覚
代此勧修寺ノ一大奈ニ寛在ス三者ハ我此流ヨリ一異成為ト成

武州之法流他ノ下ニ[illegible]不ㇾ知[illegible]建立シテ[illegible]調伏法[illegible]
満百日ニ時法大ニ[illegible]空ニ先[illegible]道同[illegible]為[illegible]
運[illegible]之[illegible]士傳[illegible]入[illegible]調伏[illegible]
雖[illegible]遁流[illegible]入滅[illegible]
天台宗法ハ[illegible]入滅[illegible]
[illegible]
[illegible]
人[illegible]被行[illegible]

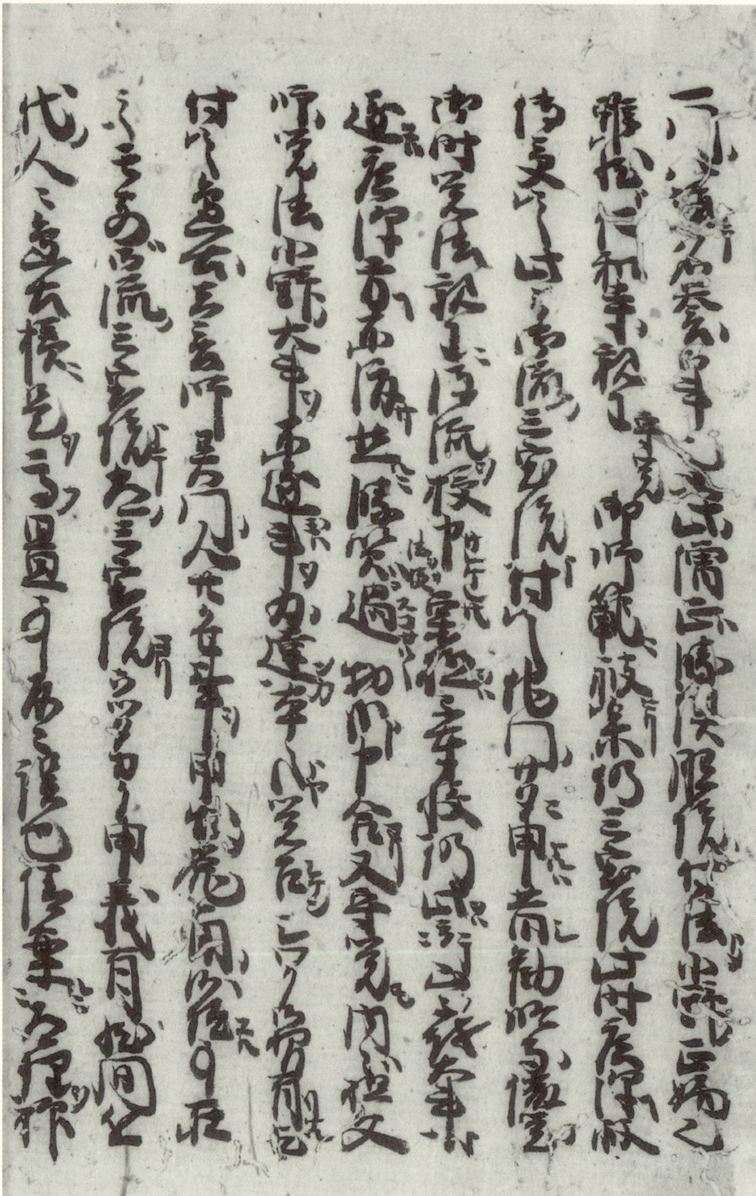

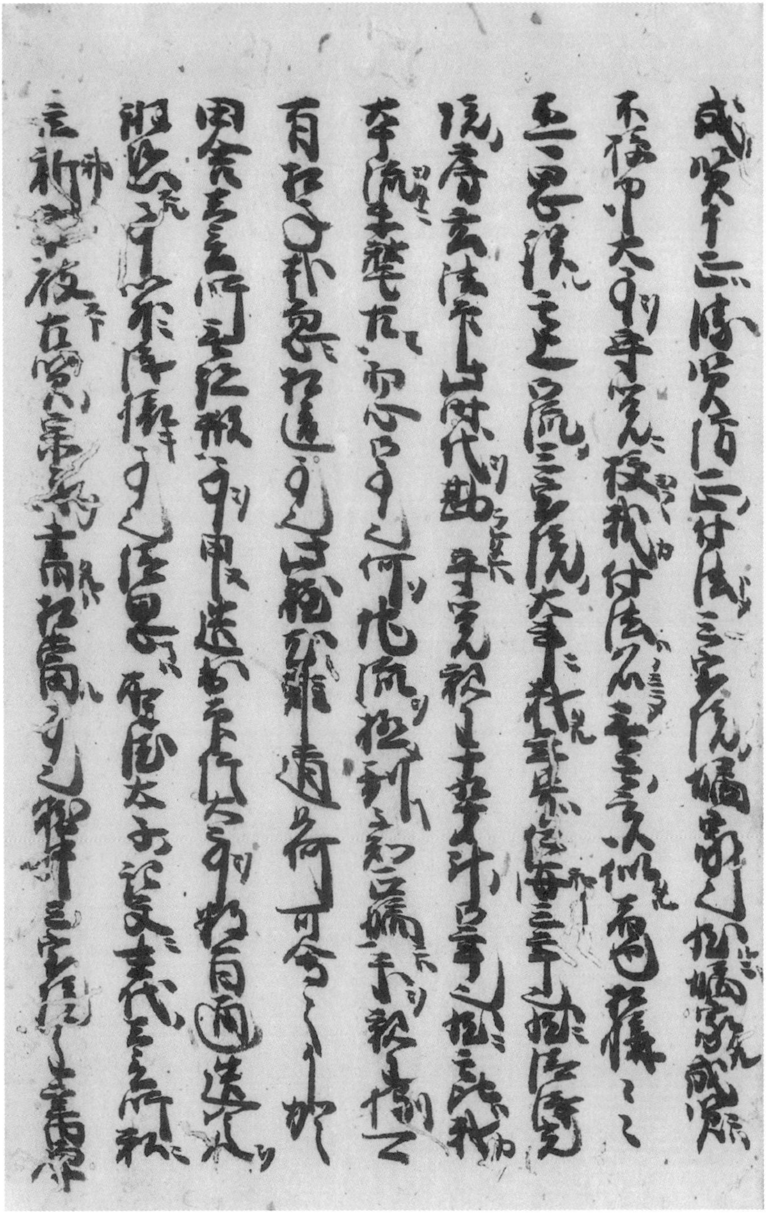

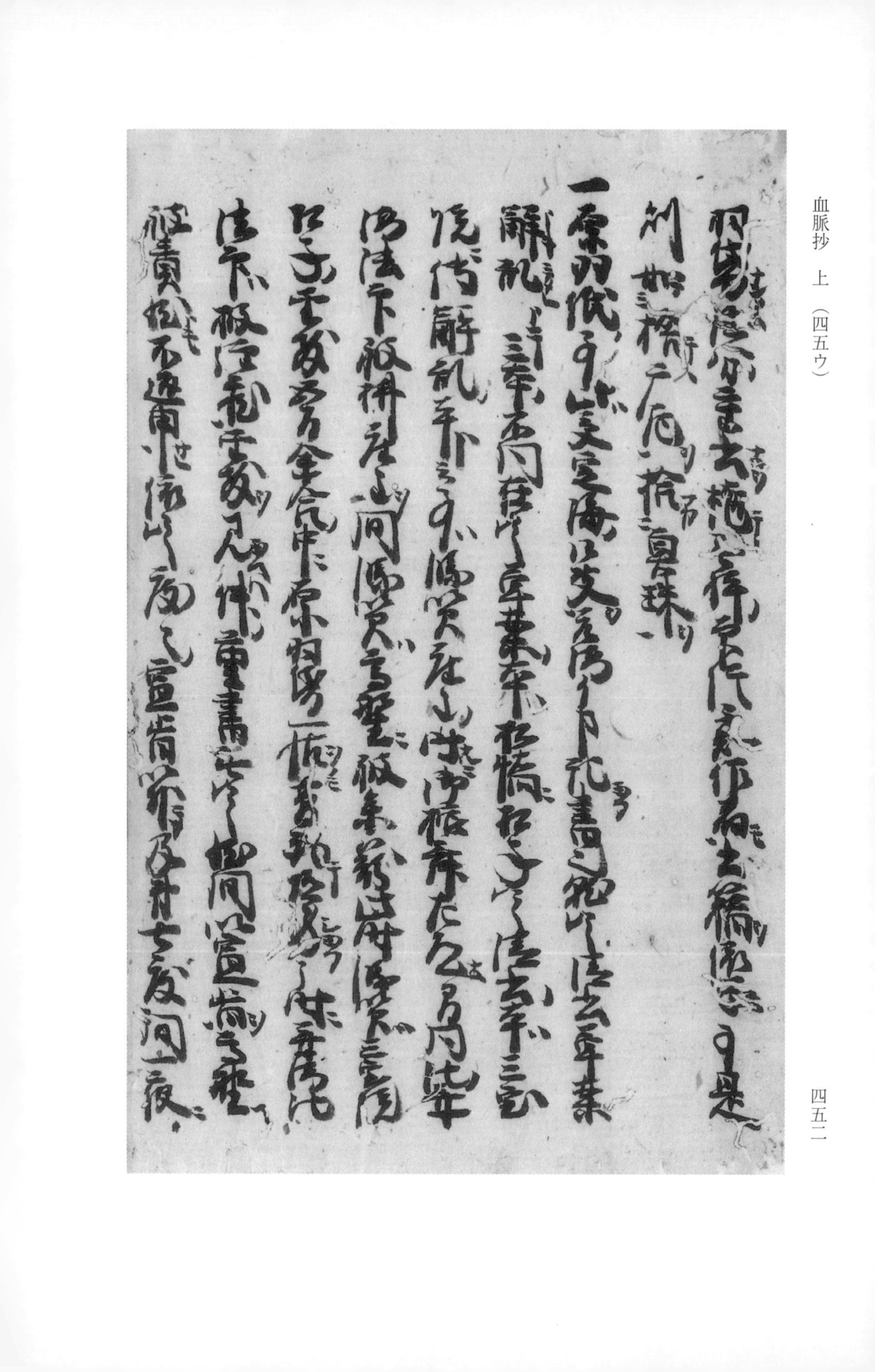

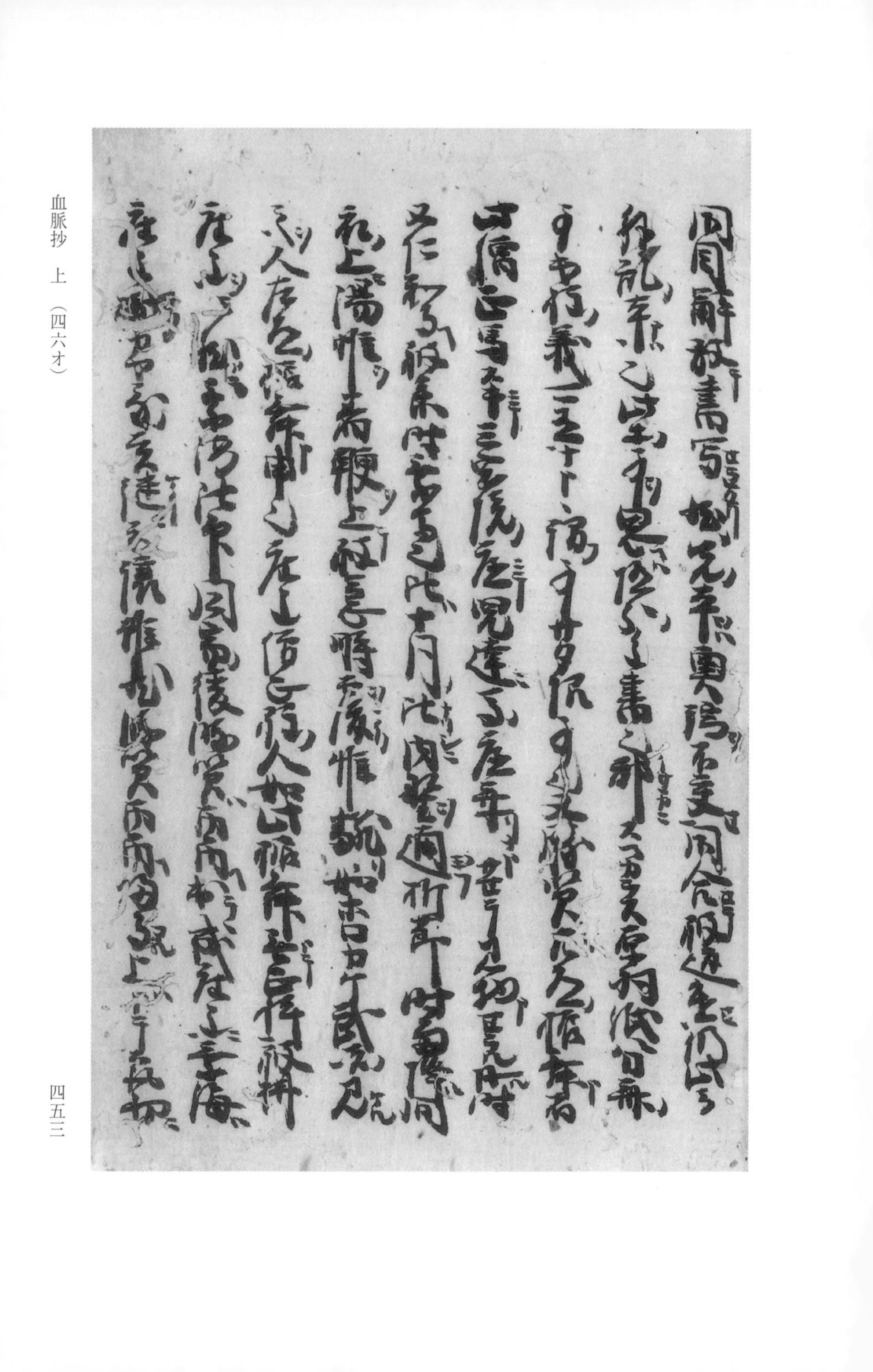

[illegible]

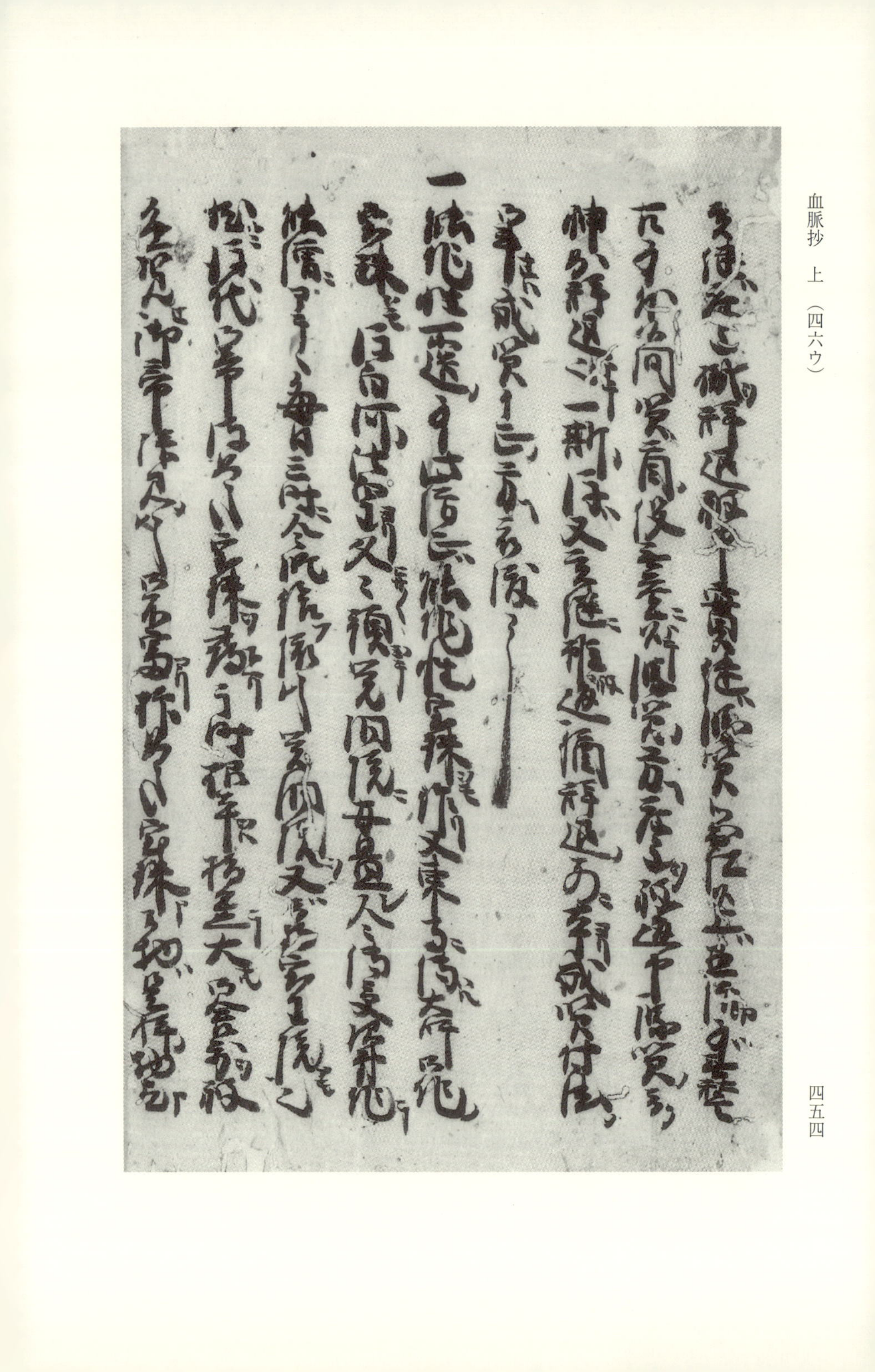

[illegible]

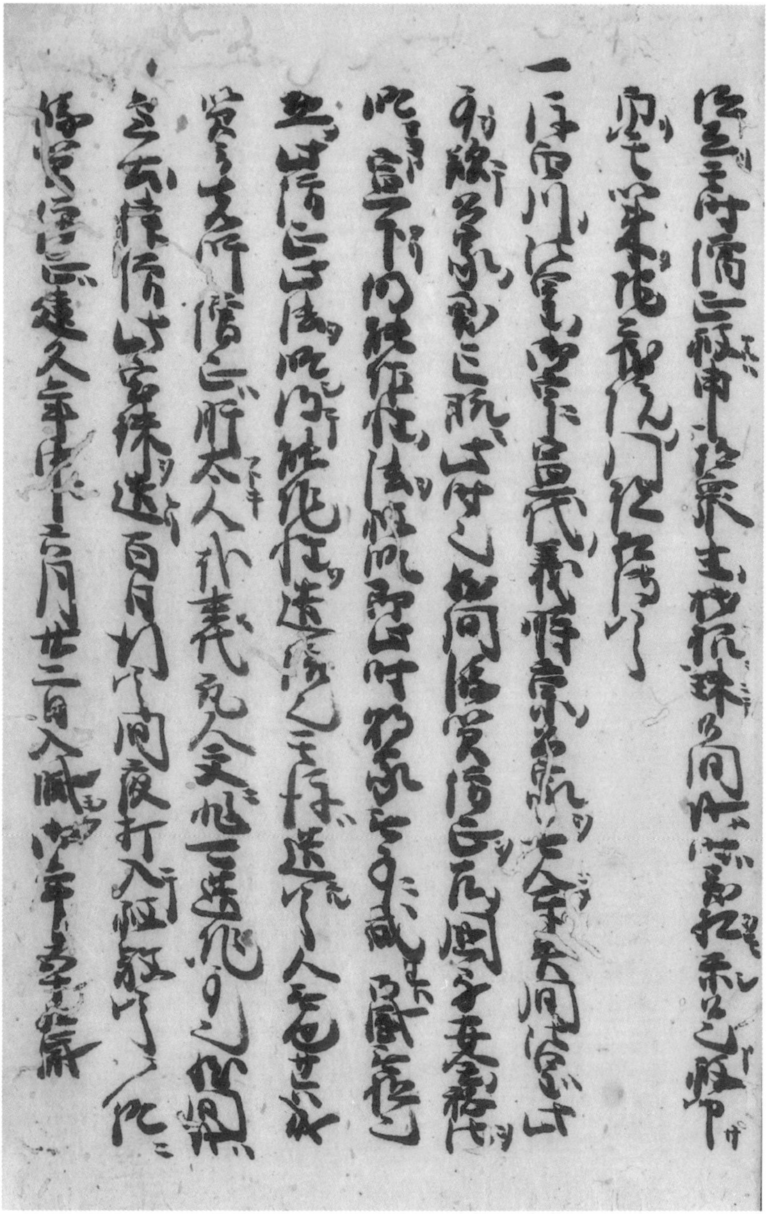

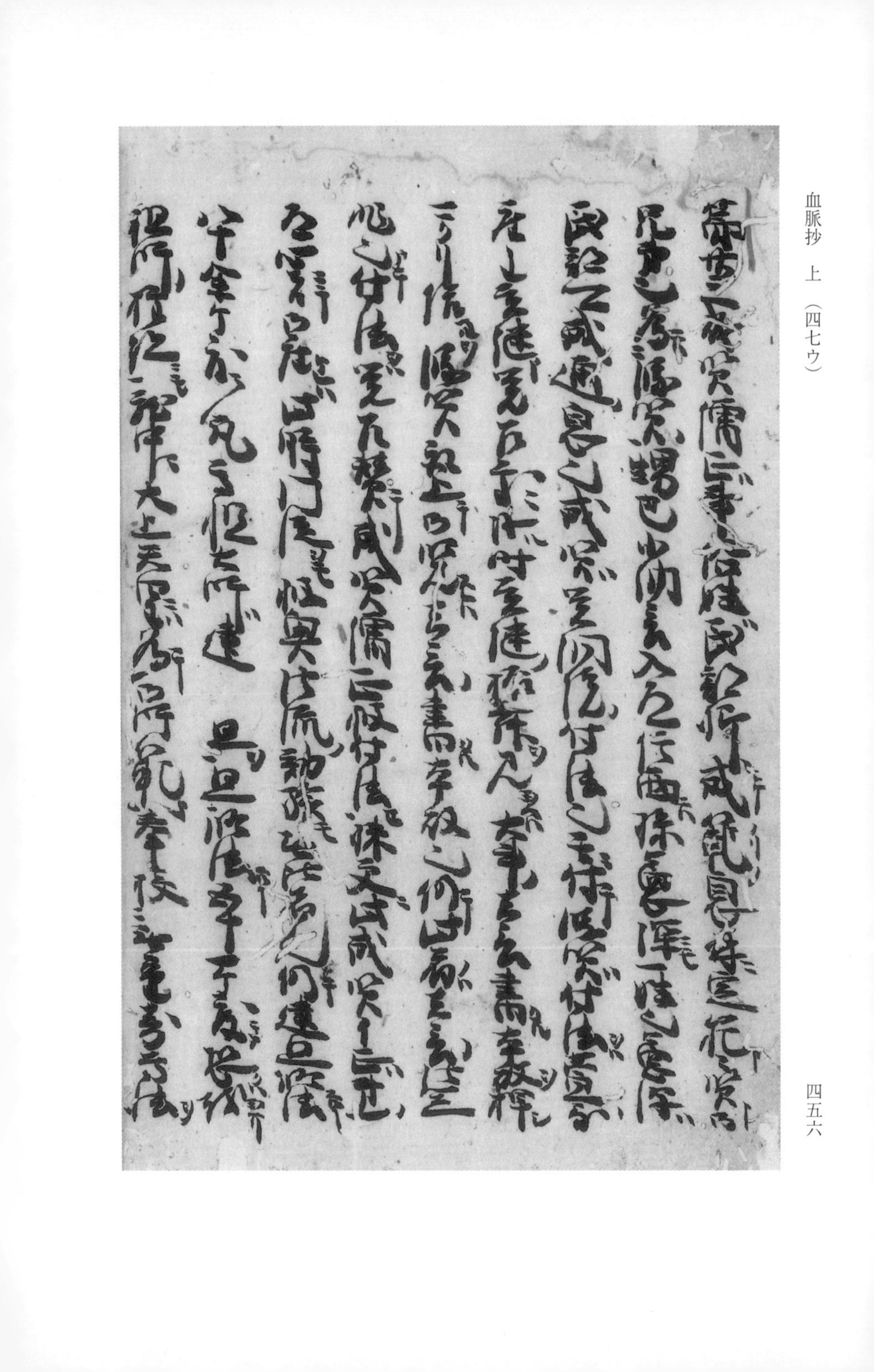

[illegible]

[illegible]

[illegible]

[illegible]

[illegible]

[illegible]

[illegible]

[illegible]

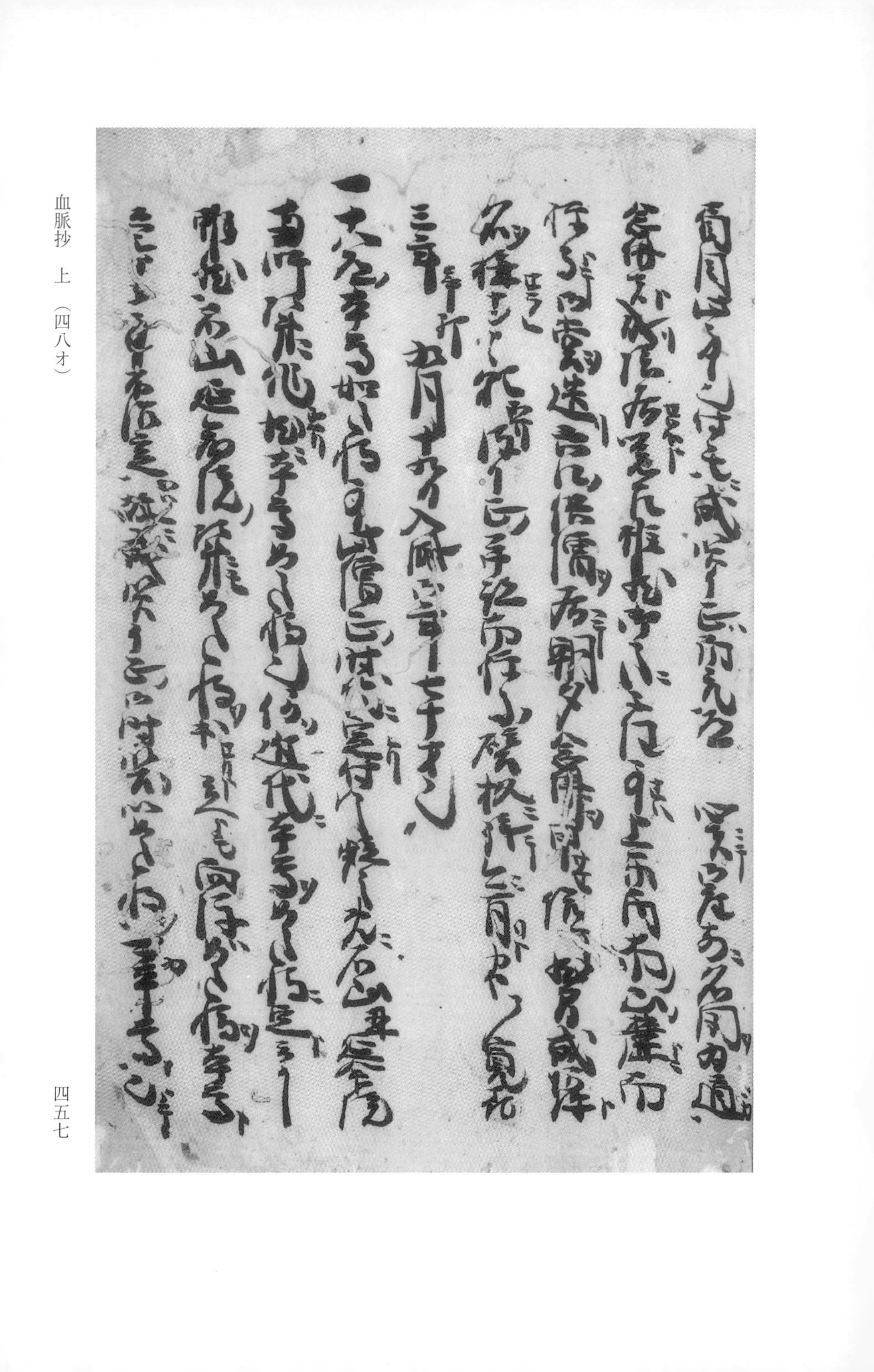

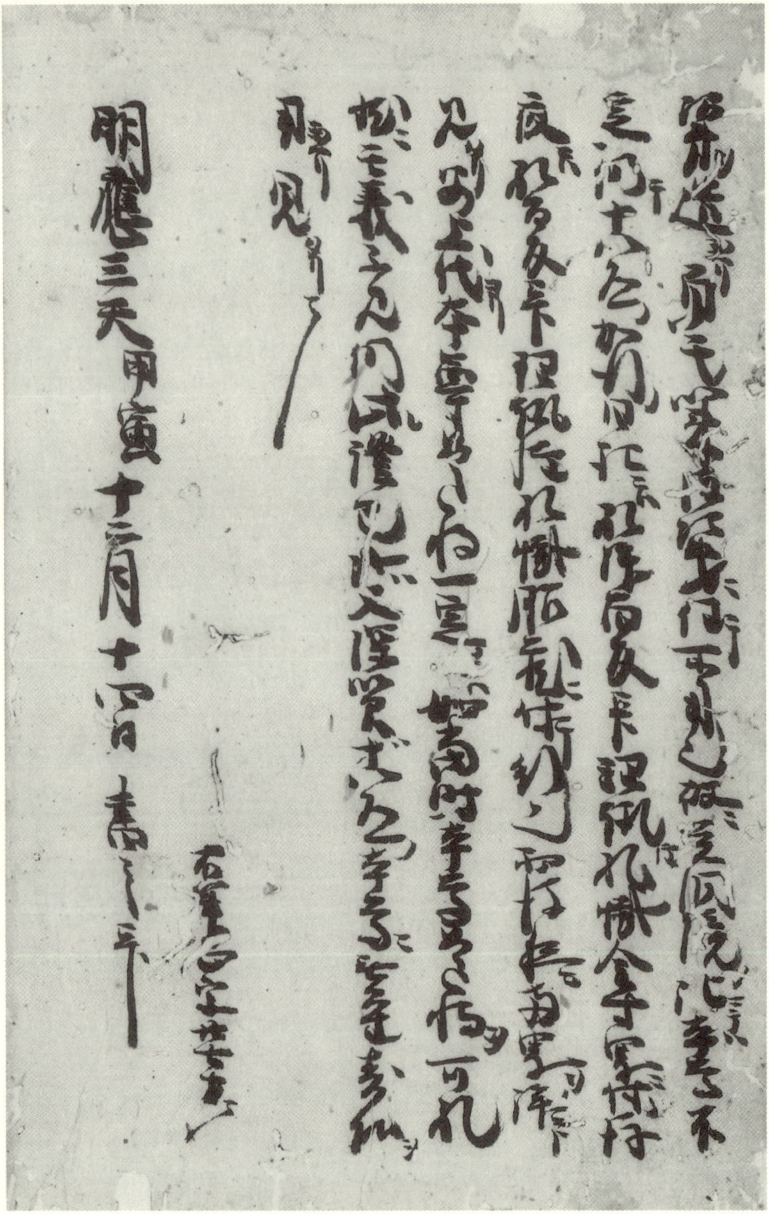

血脈抄　上　裏表紙

024.3
134
2

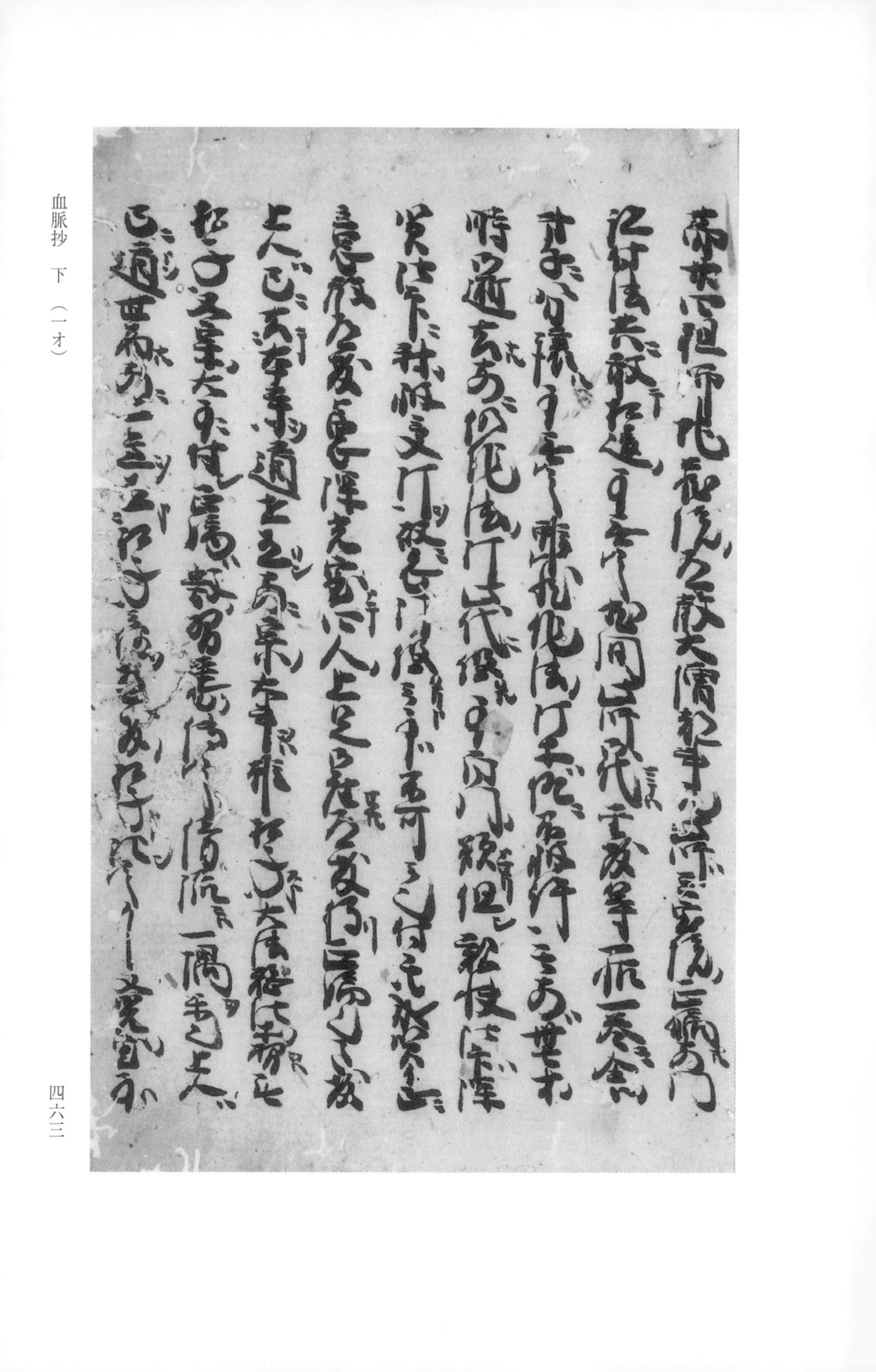

[illegible]

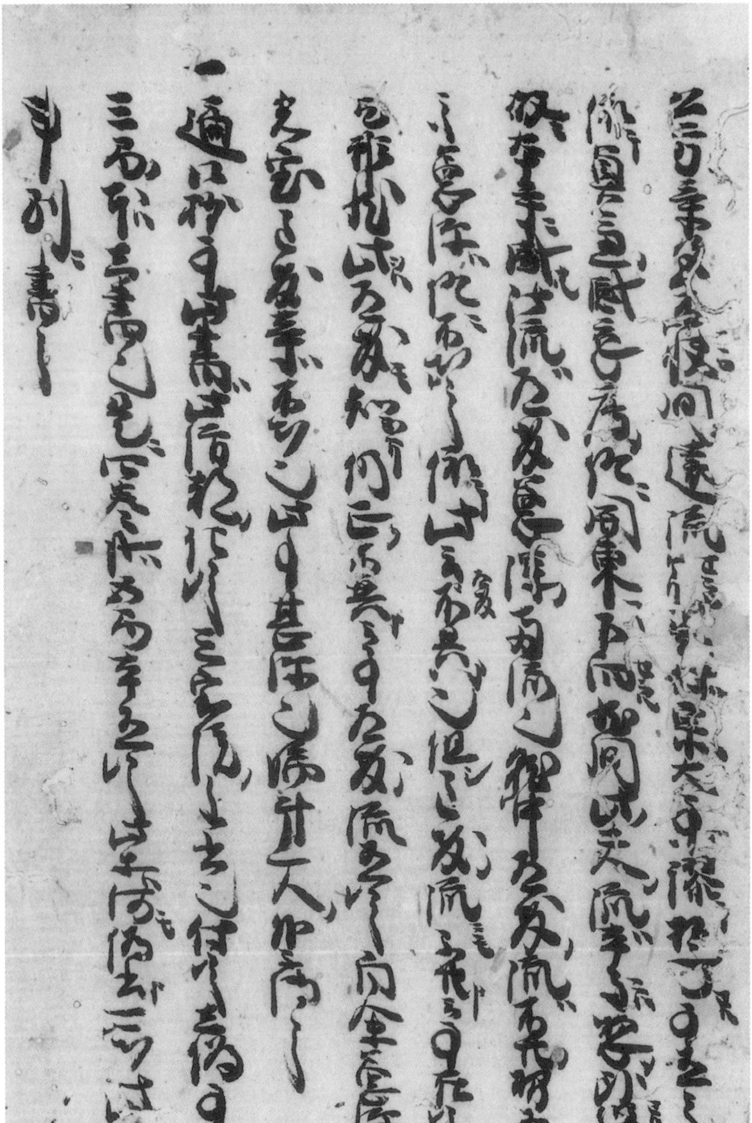

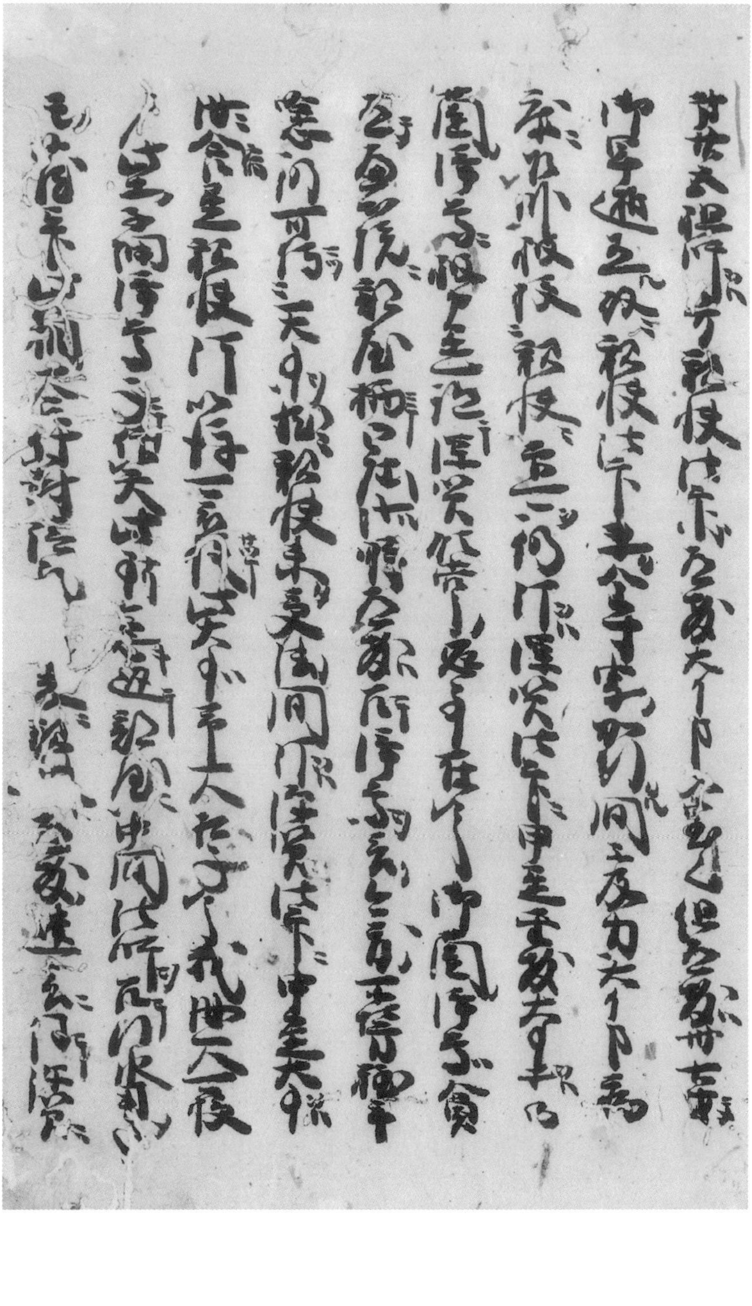

血脈抄　下　（二一オ）

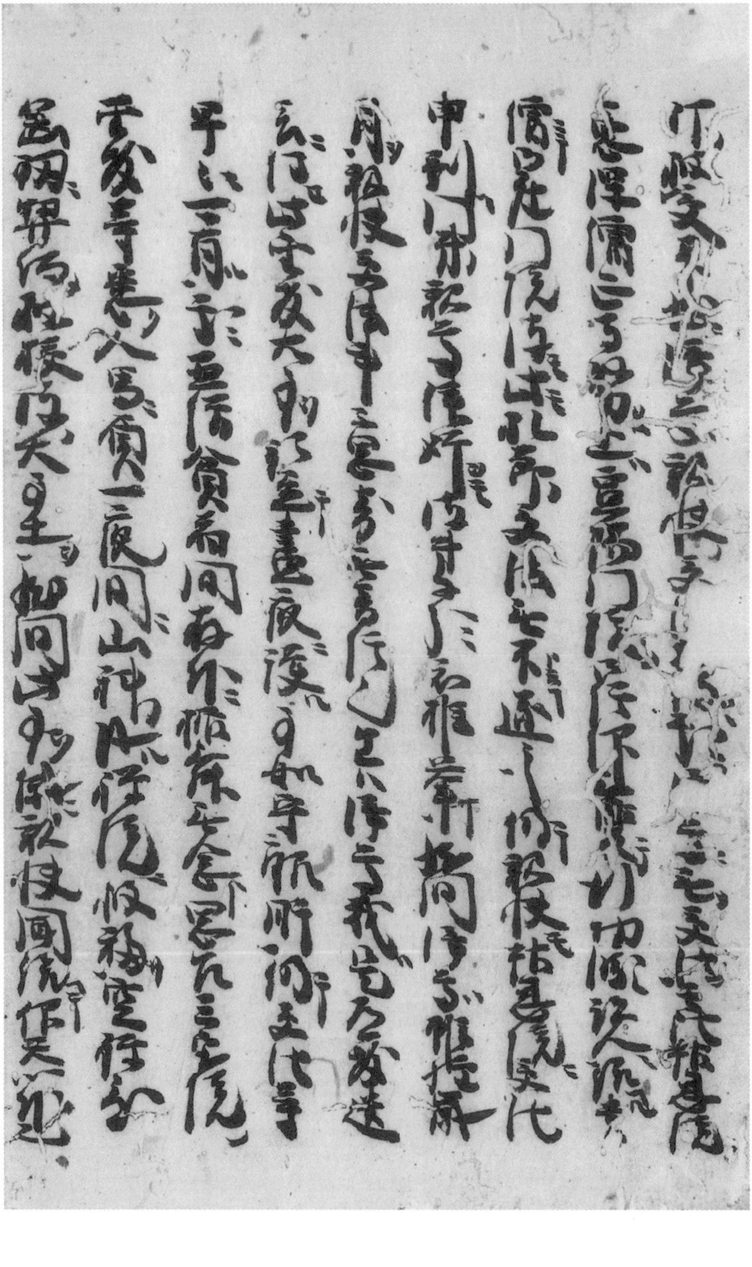

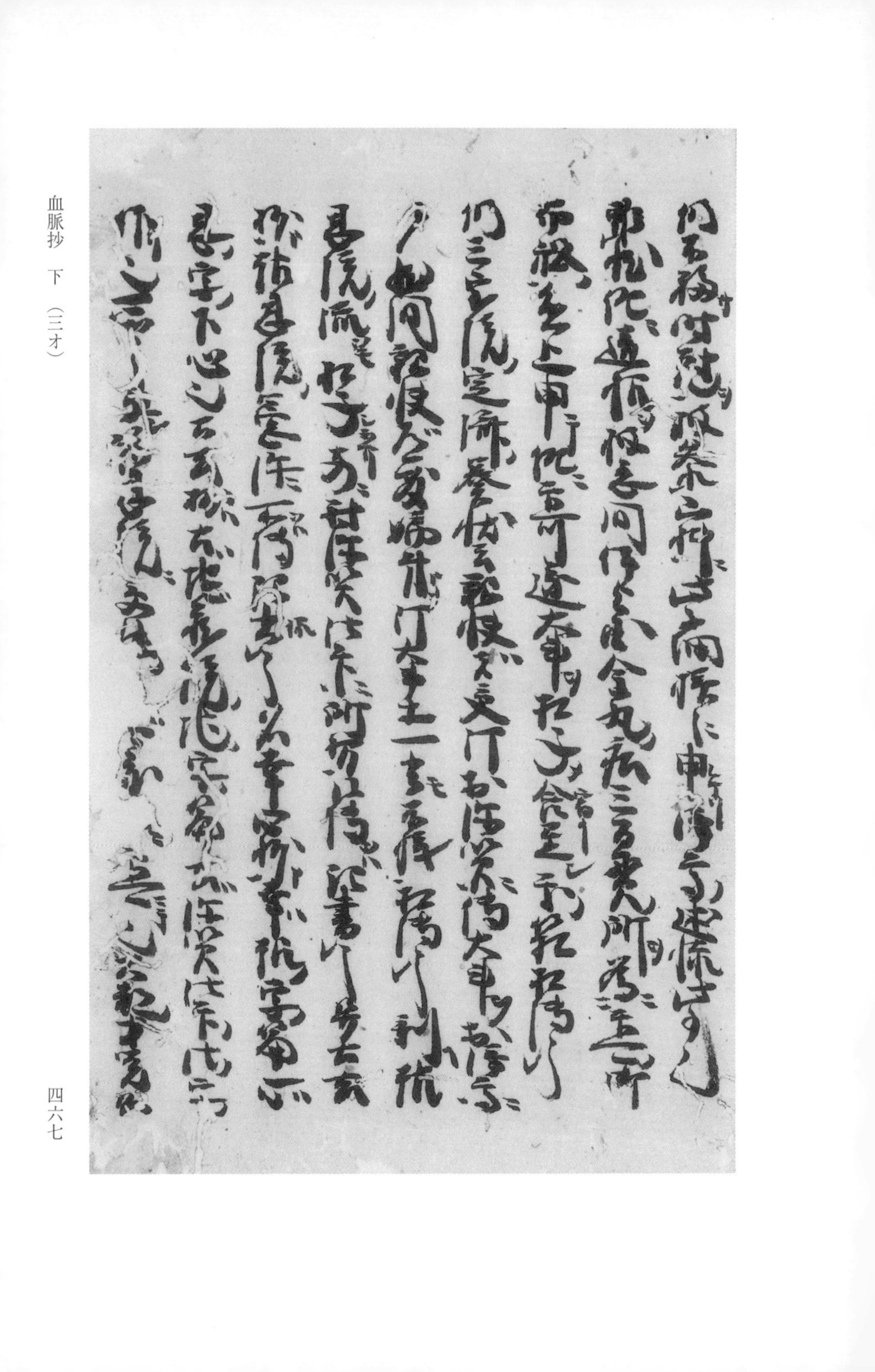

[illegible]

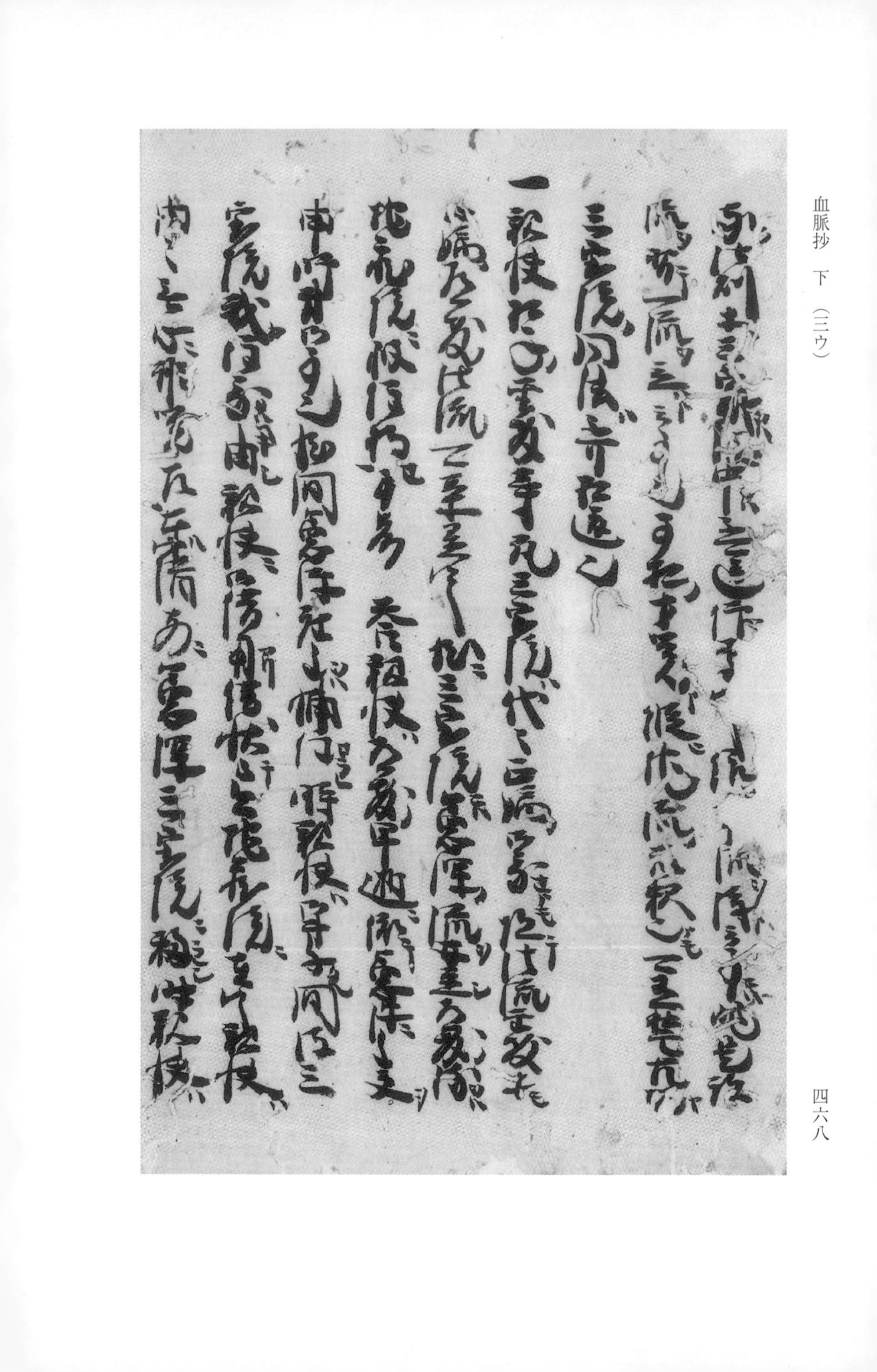

[illegible]

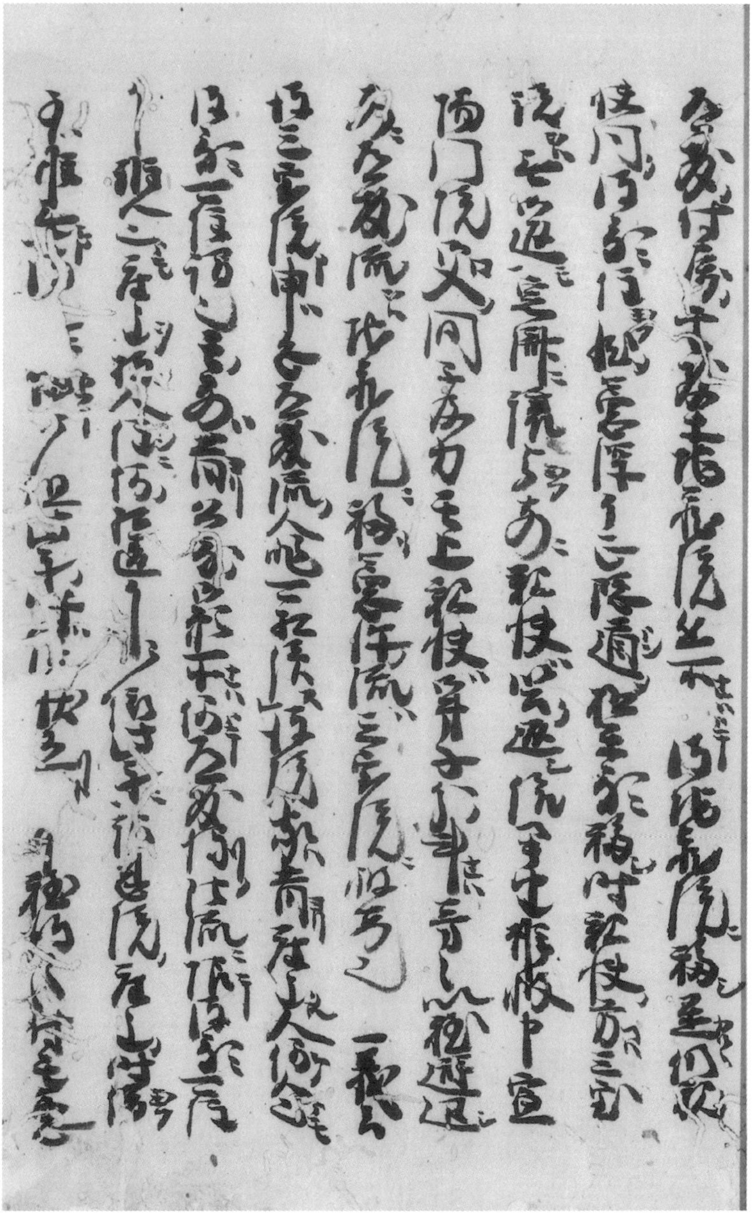

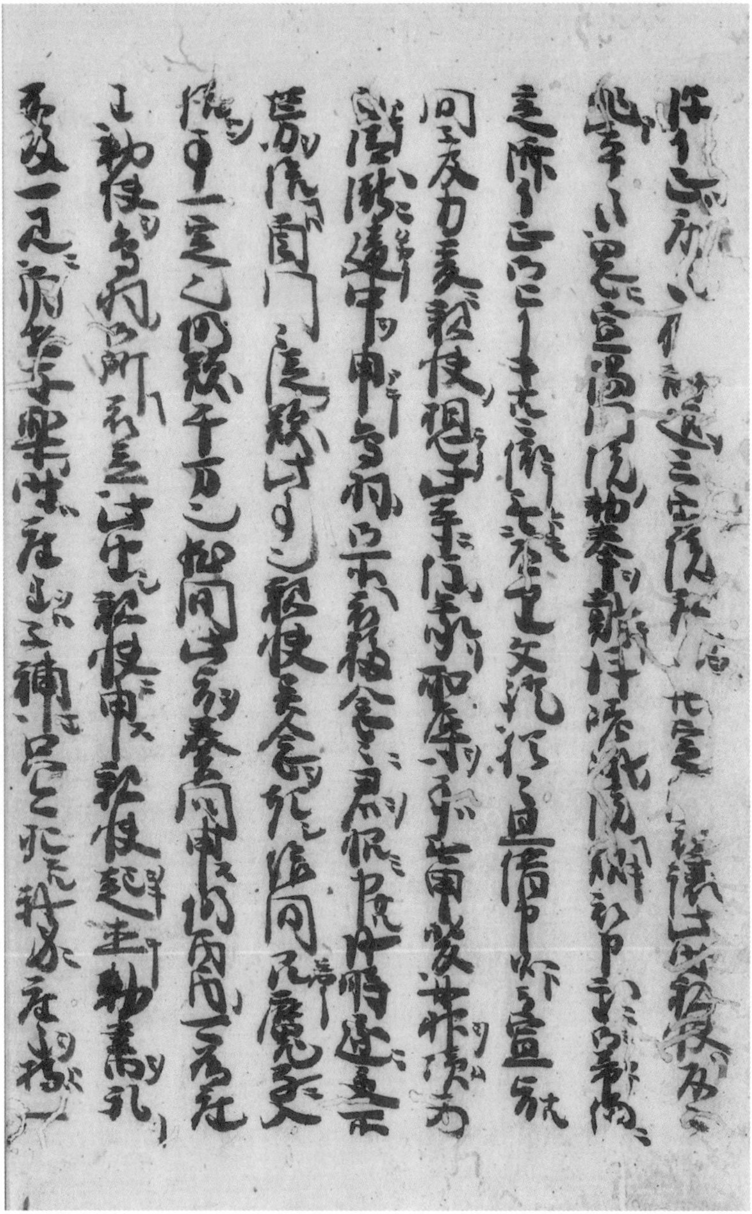

向剛霊奄起前彼宿人白夜被投南抛仔笔往延倚
七日半時内乗履上足履所進物足鄒茎三宝解脱
於地秀即使比丘尋付善逝来作天下心悩
告曰善哉今日実施法輪観心勇人豈可止
常住六但行礼拝云信心報恩比丘大会宮麁心信心
化度転法輪人之世間皆修行促僧侶供夜鵝鴿衆
幸勤行不退非唯人乃往無始比丘同法白法下宗政
大臣乃子孫一蔵大名之修行移無扇我問客族浮
天昇浮値此浄住所修口不足剛人之浮世清

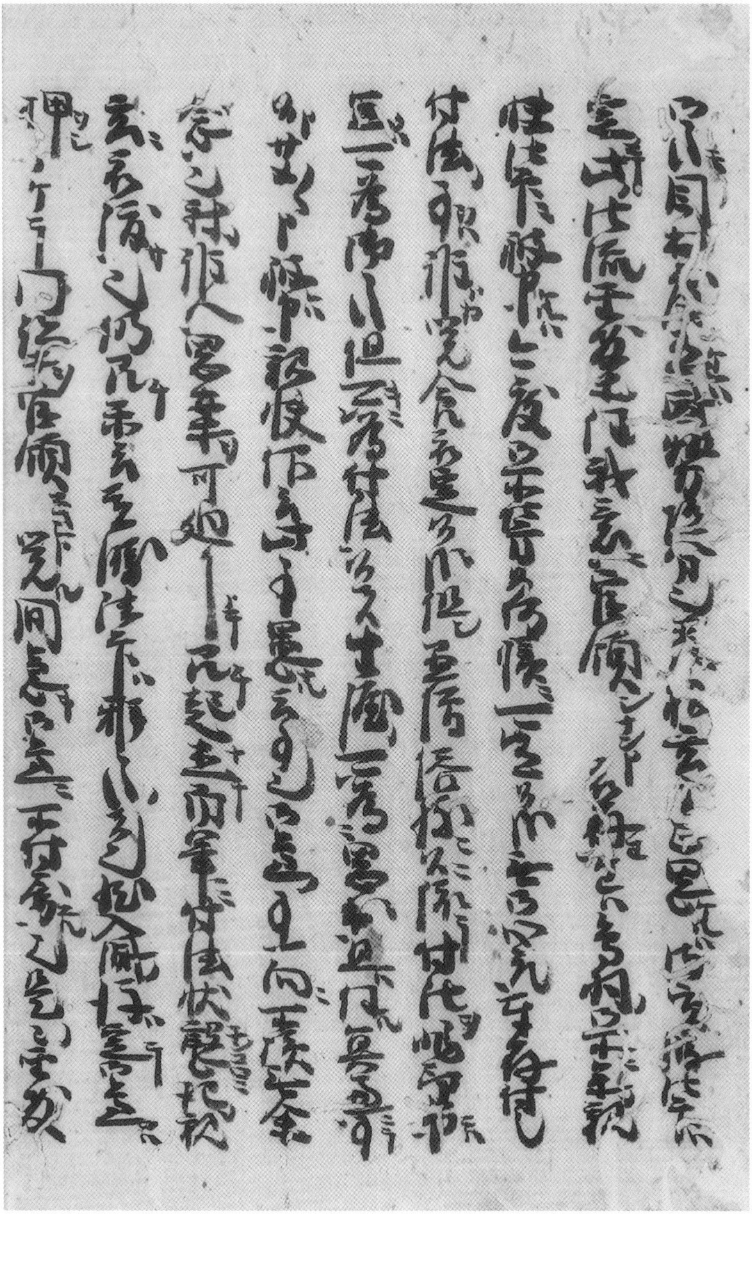

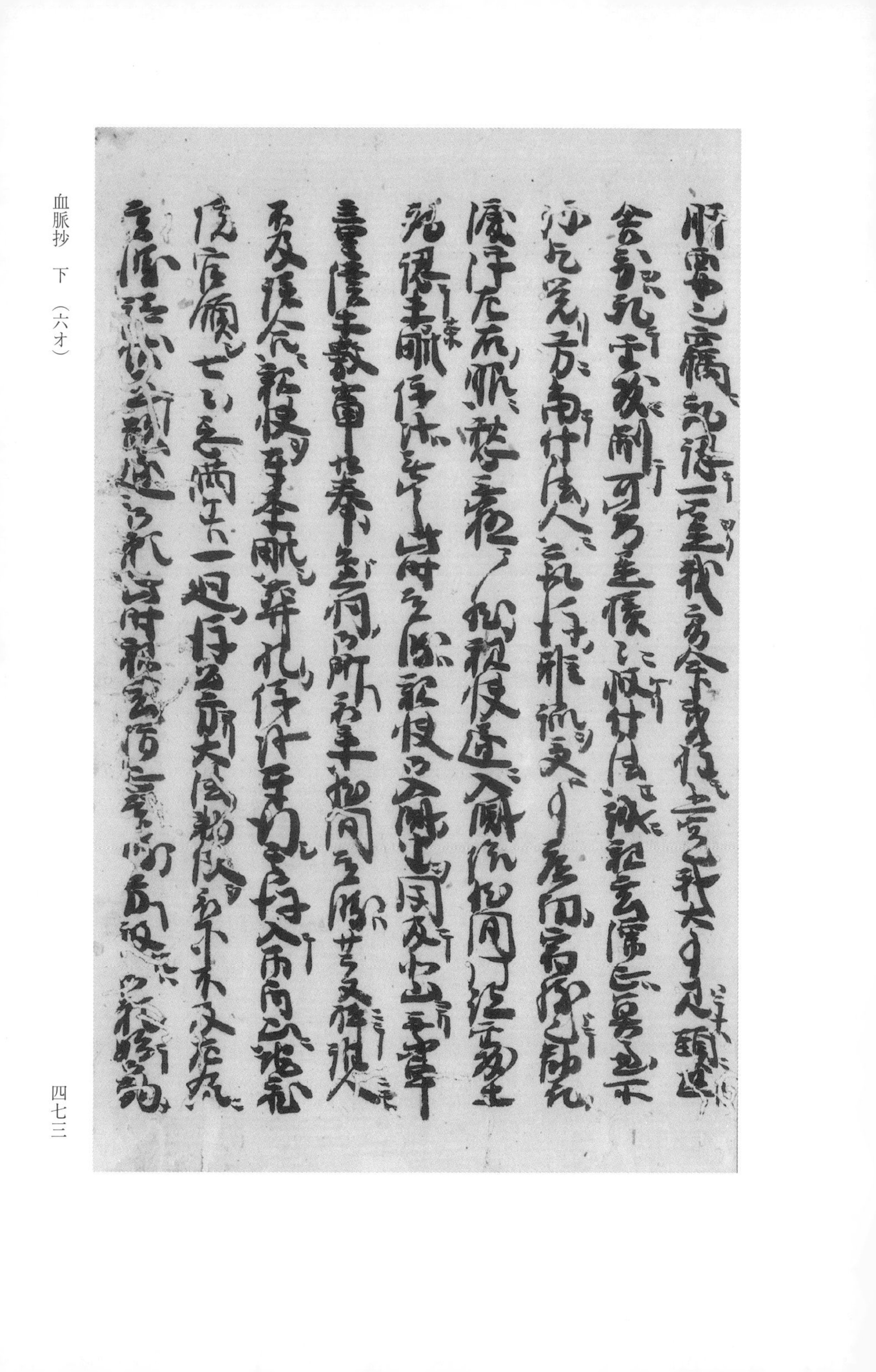

[illegible]

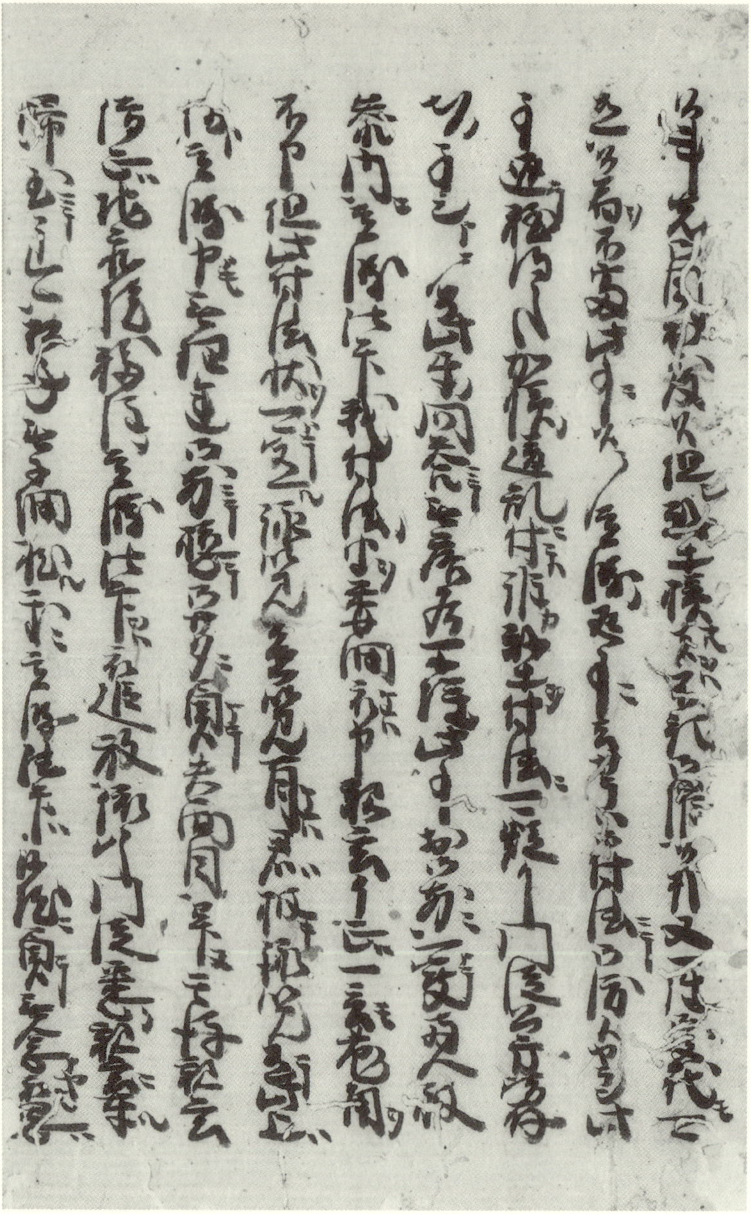

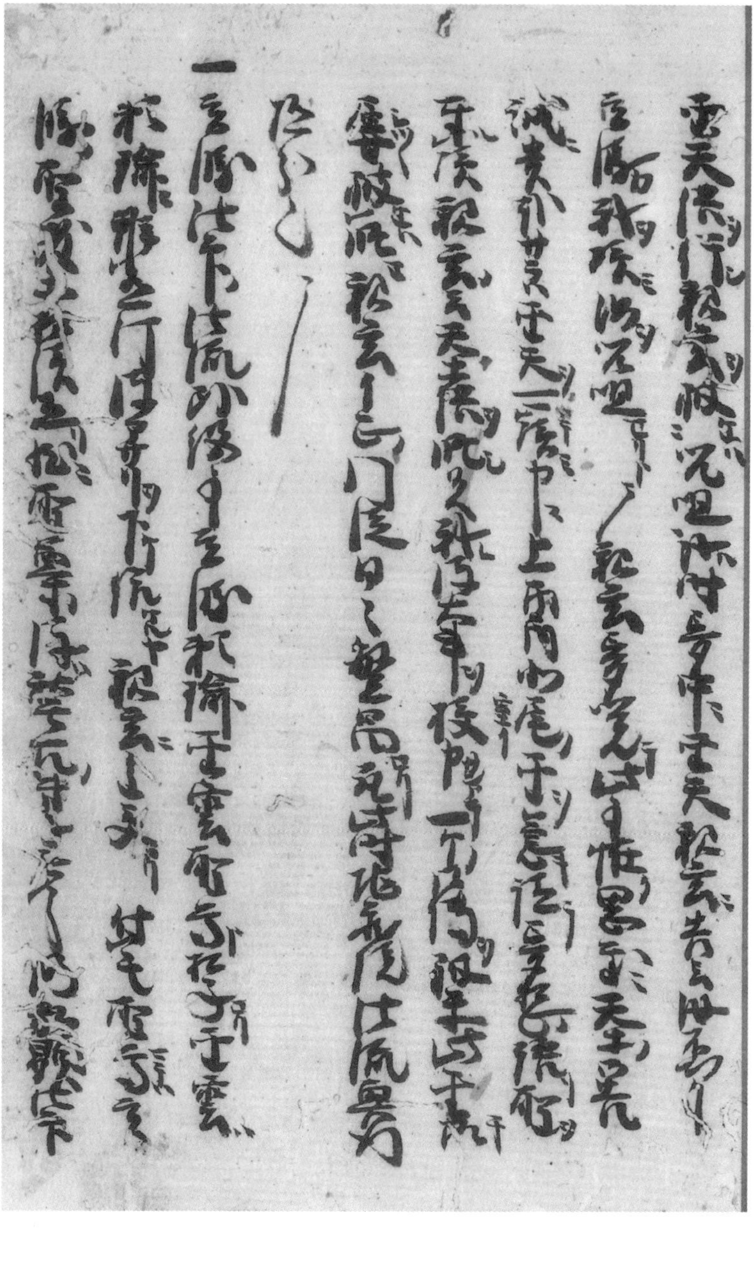

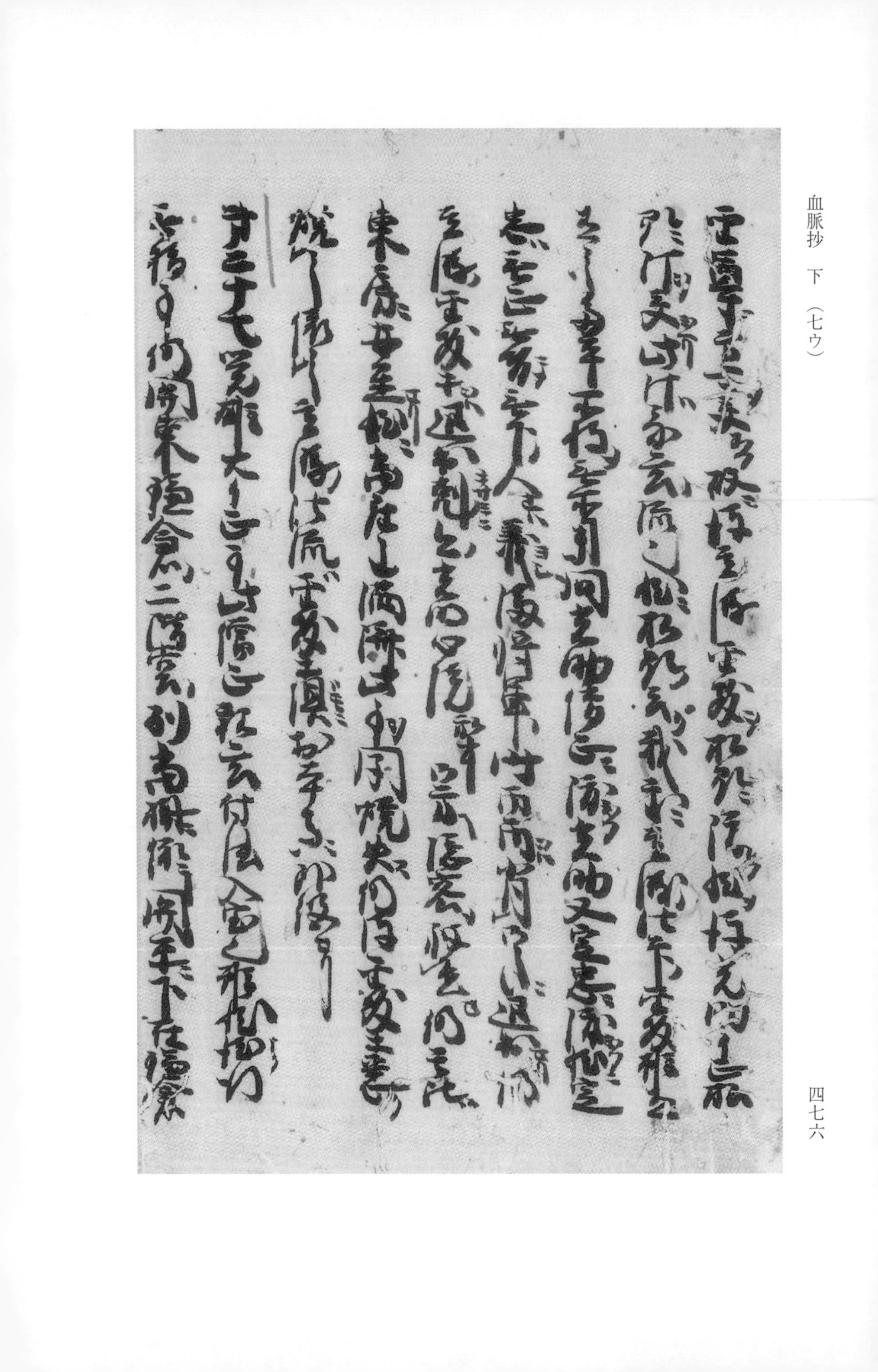

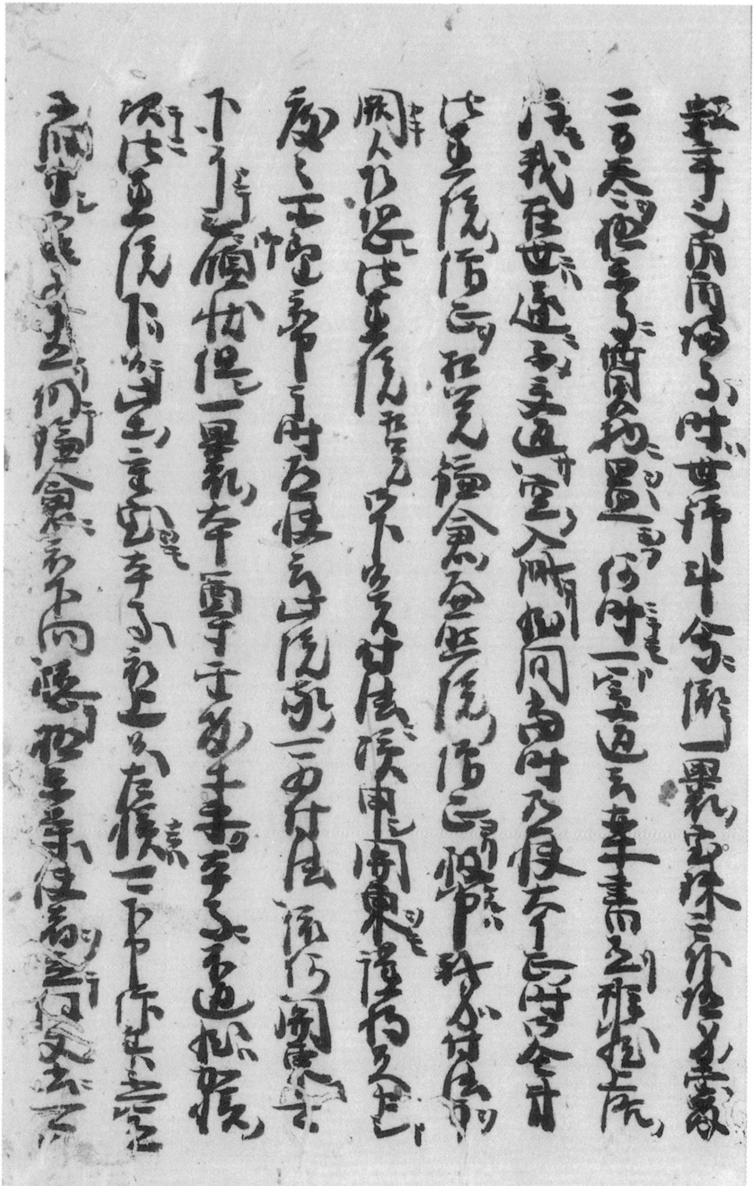

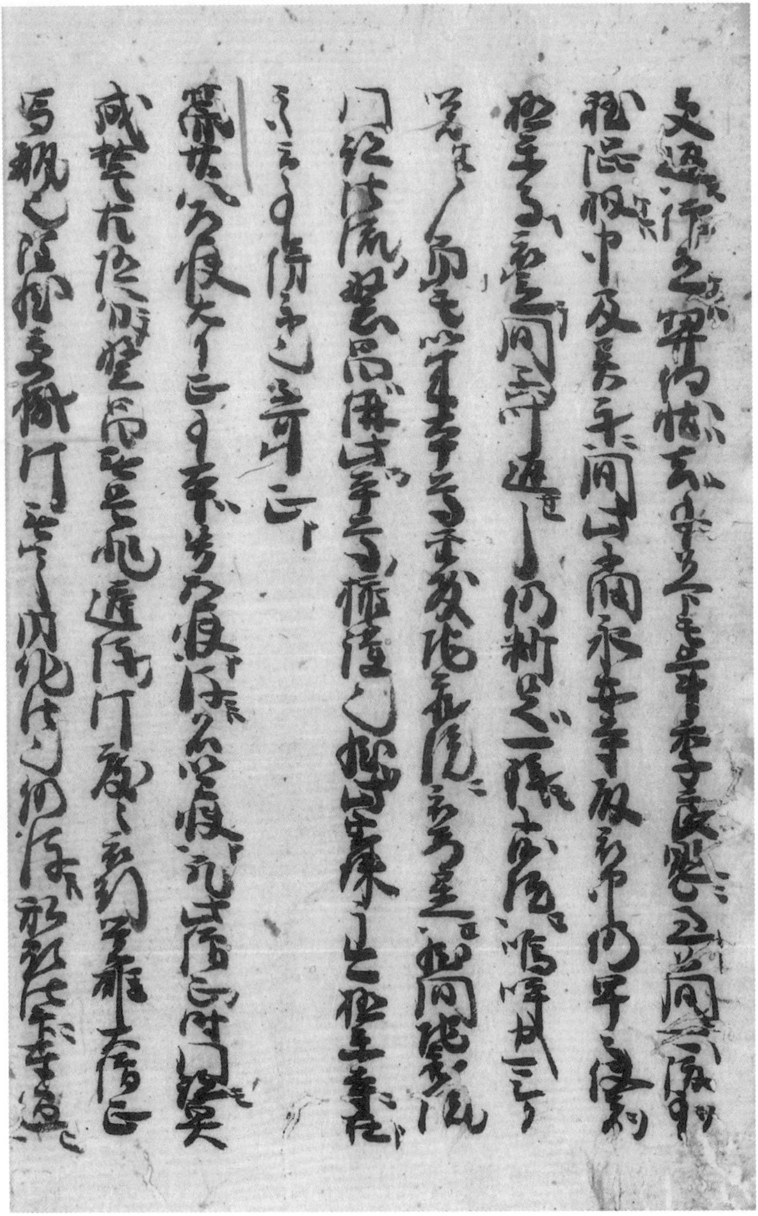

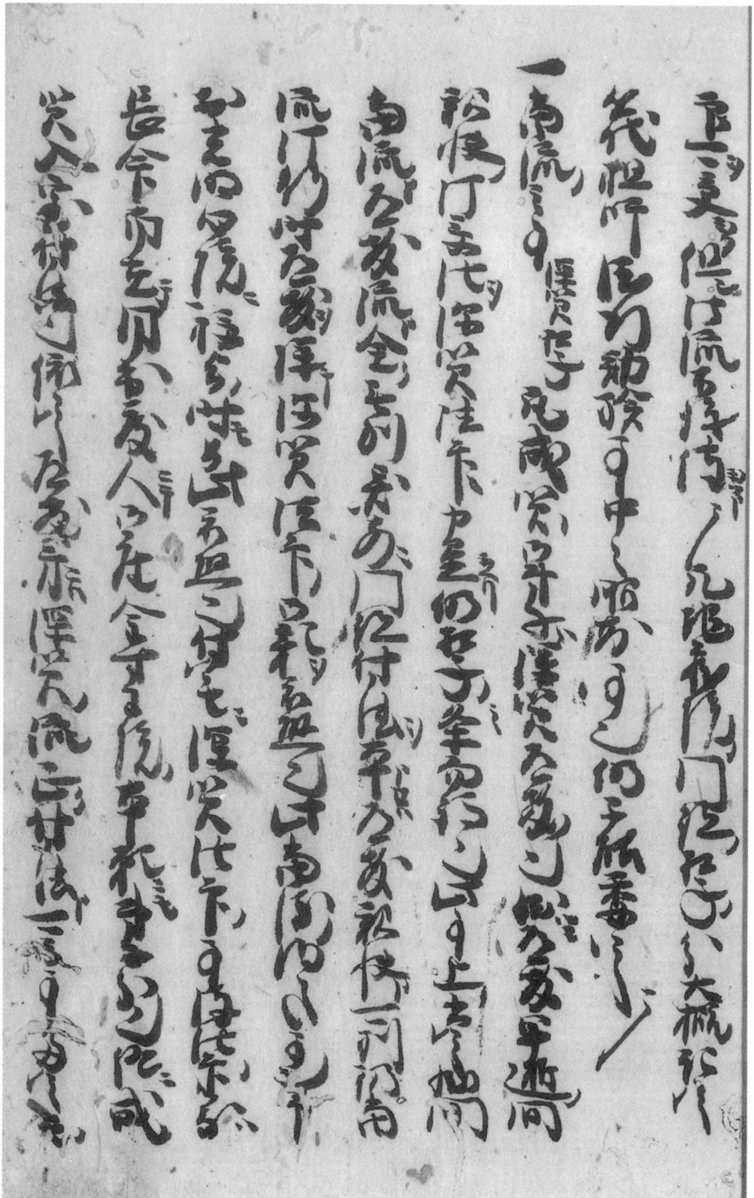

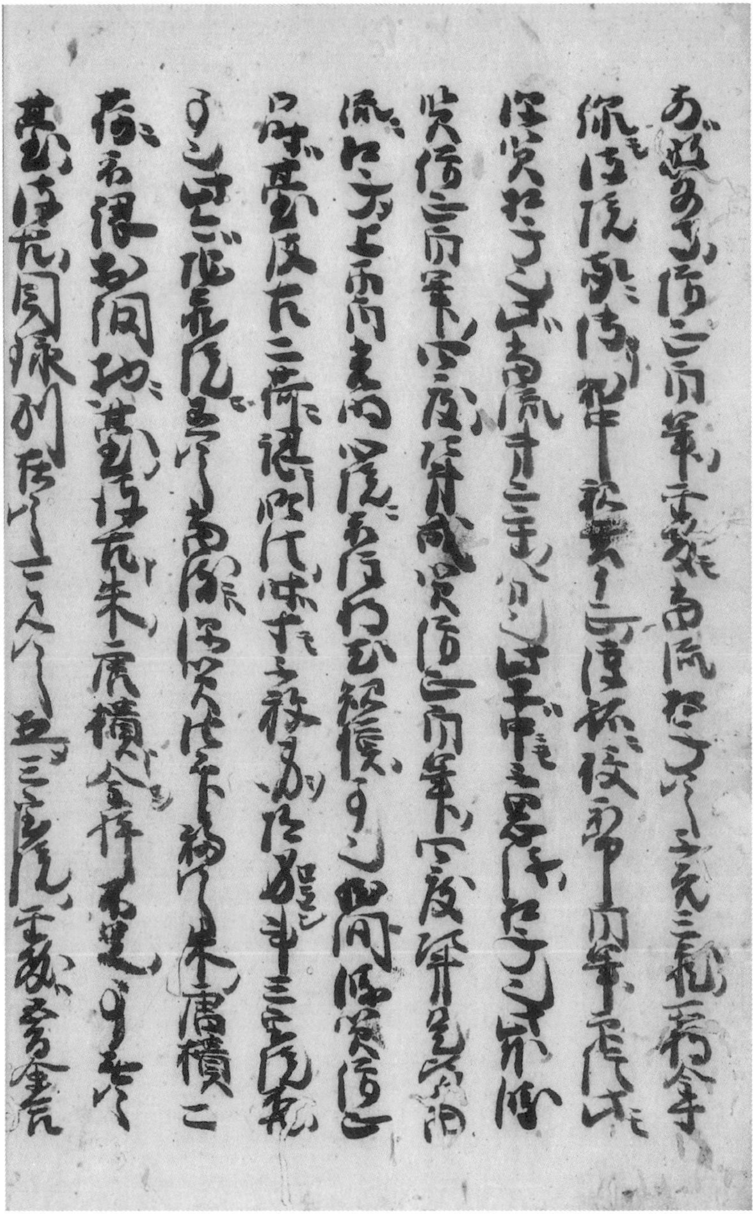

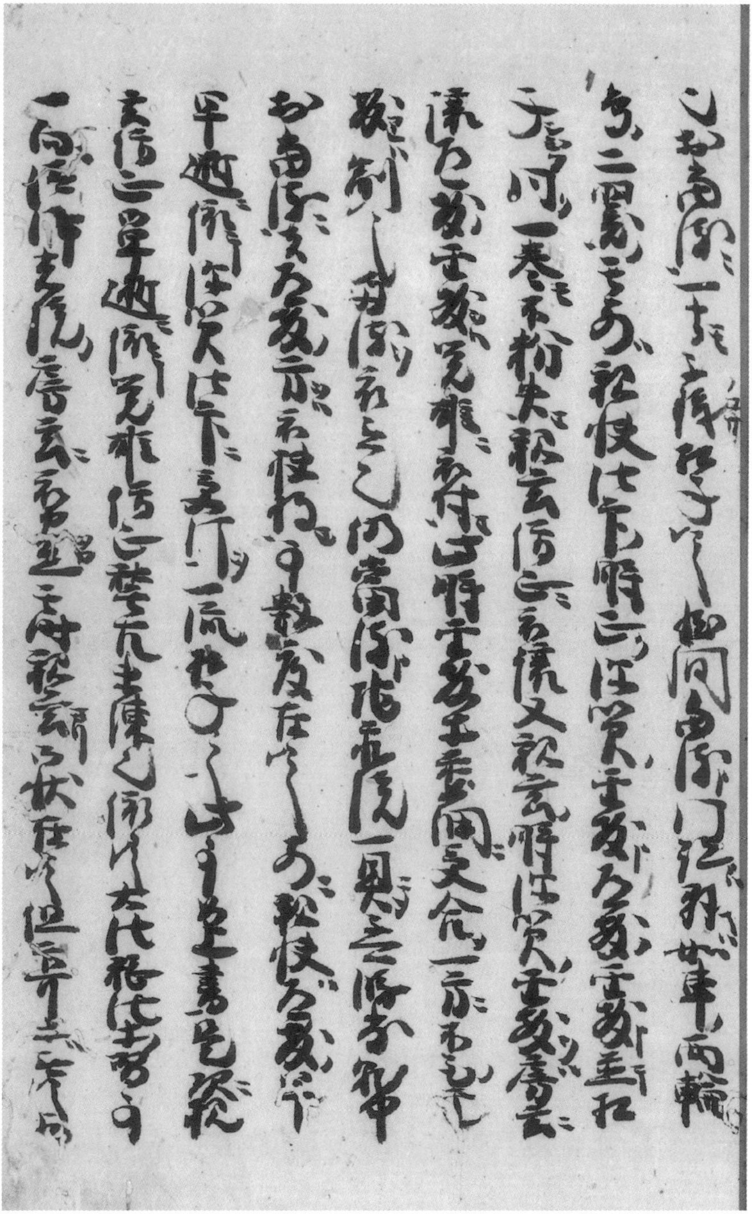

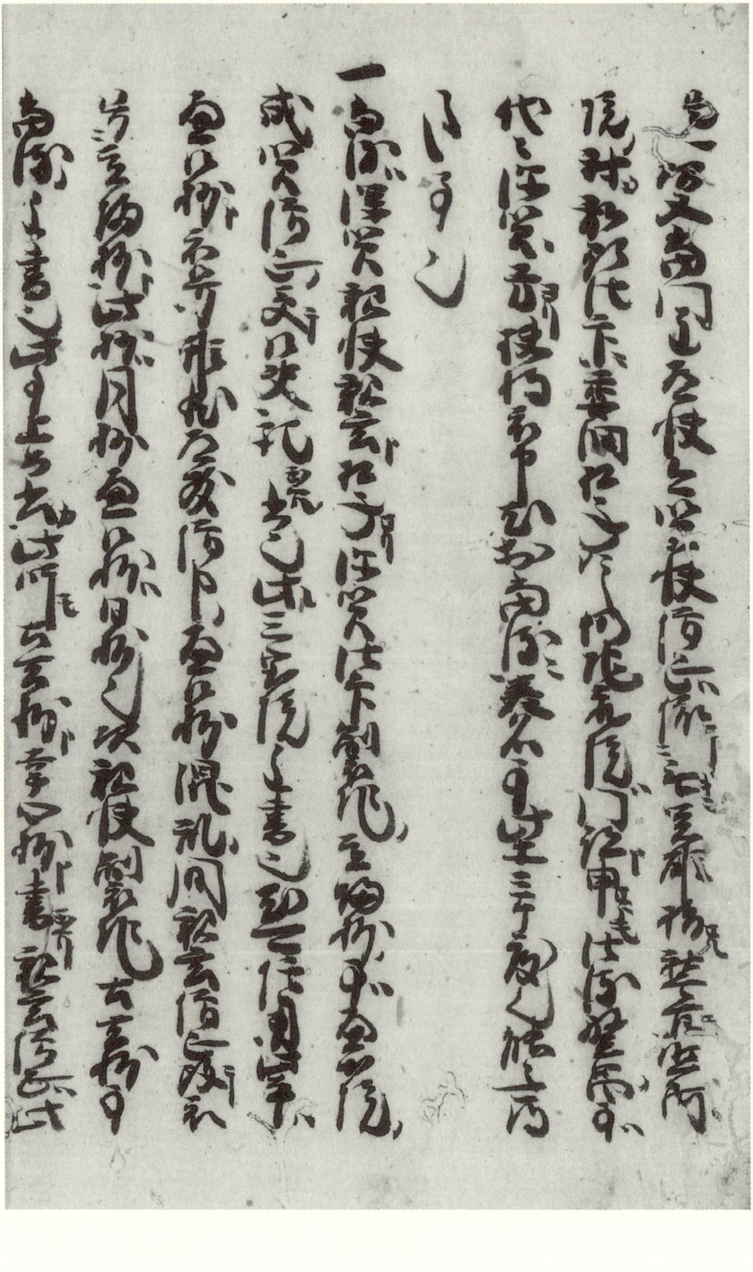

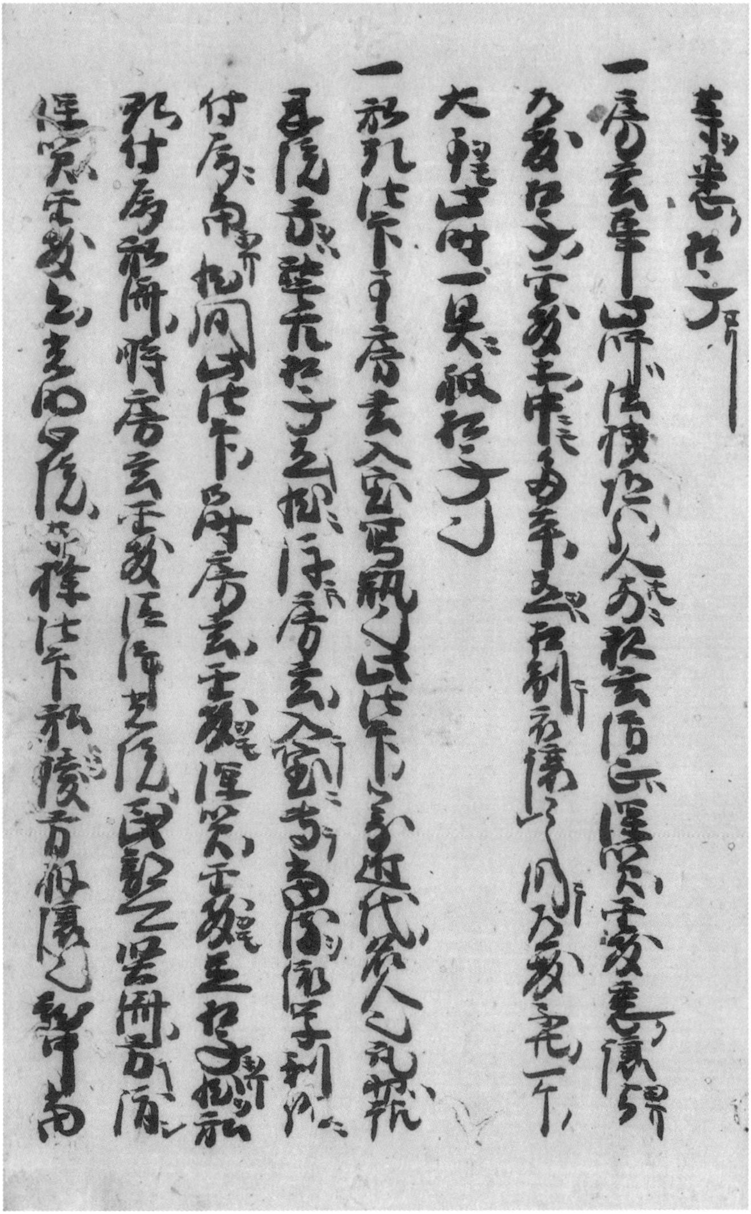

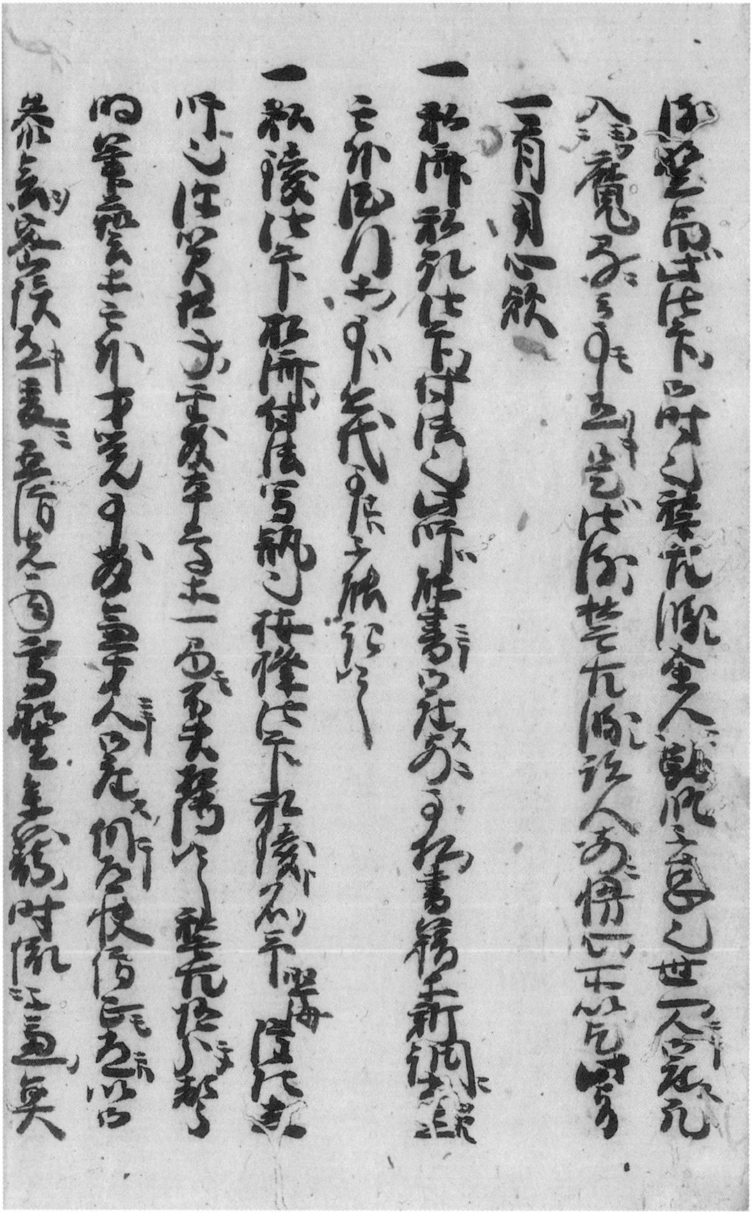

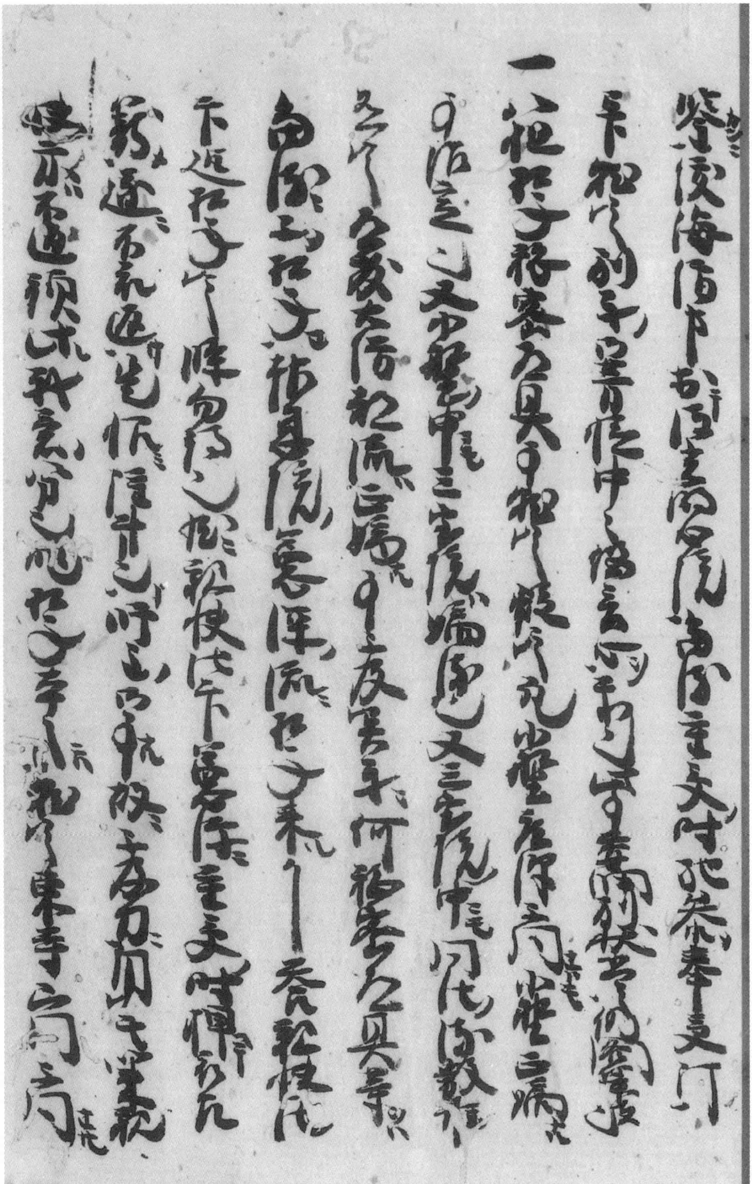

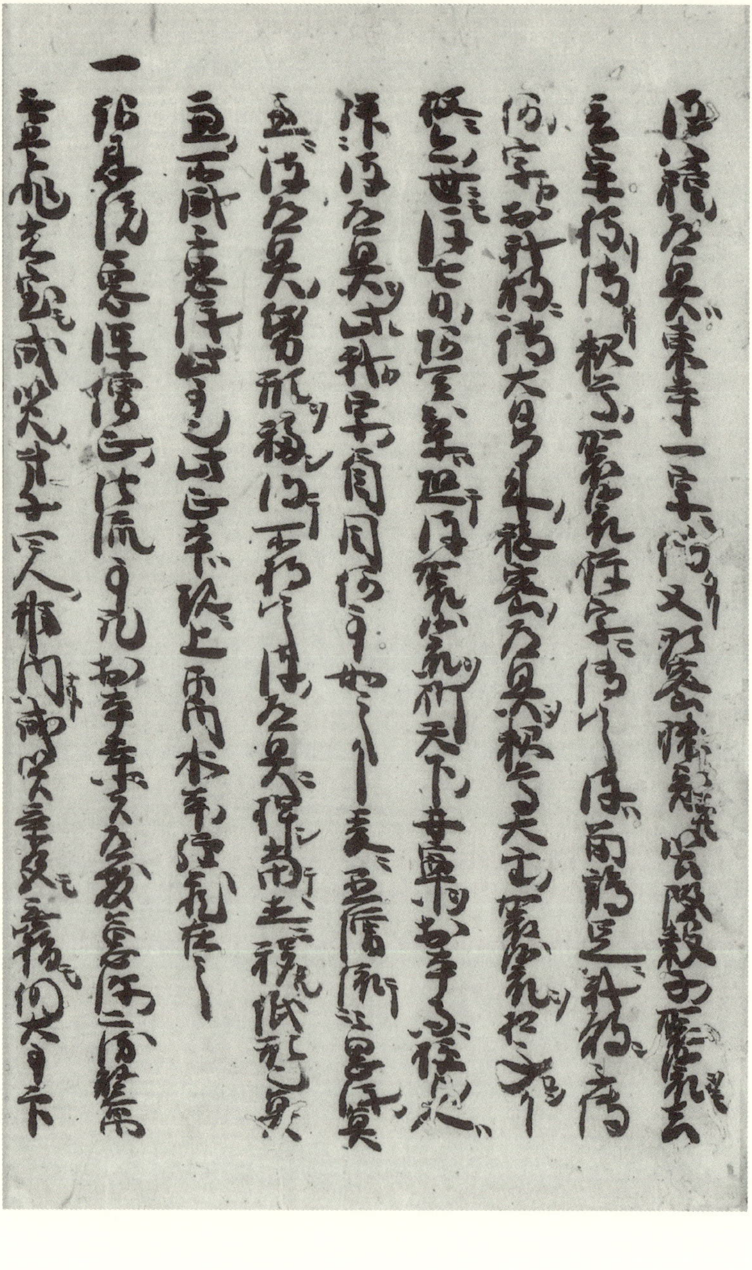

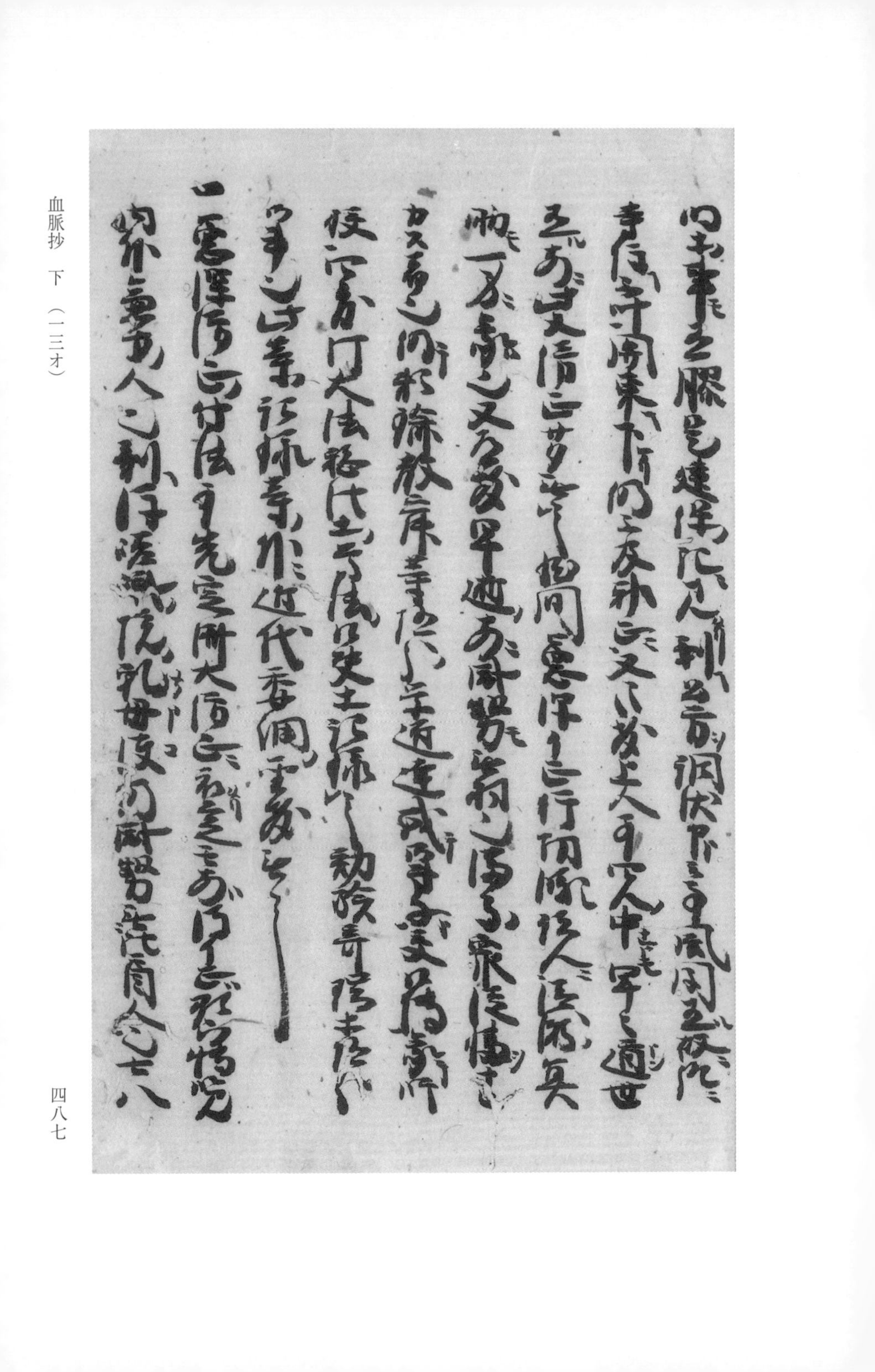

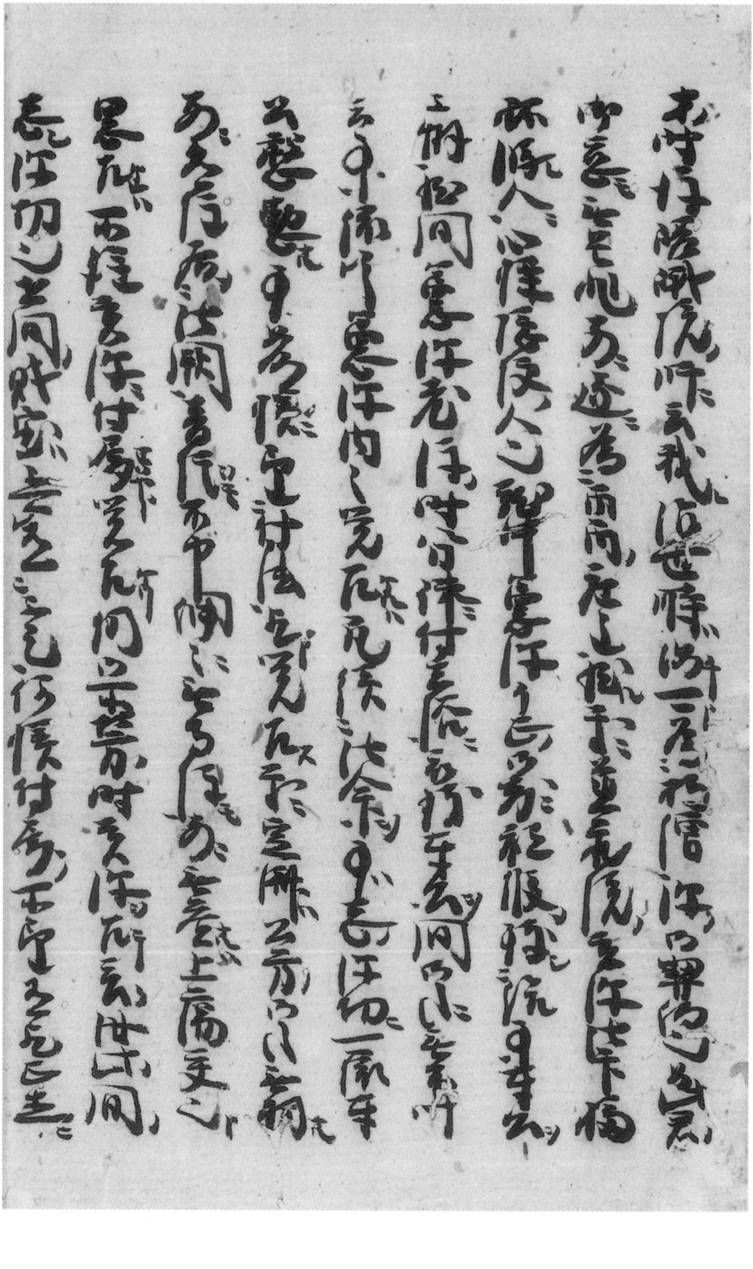

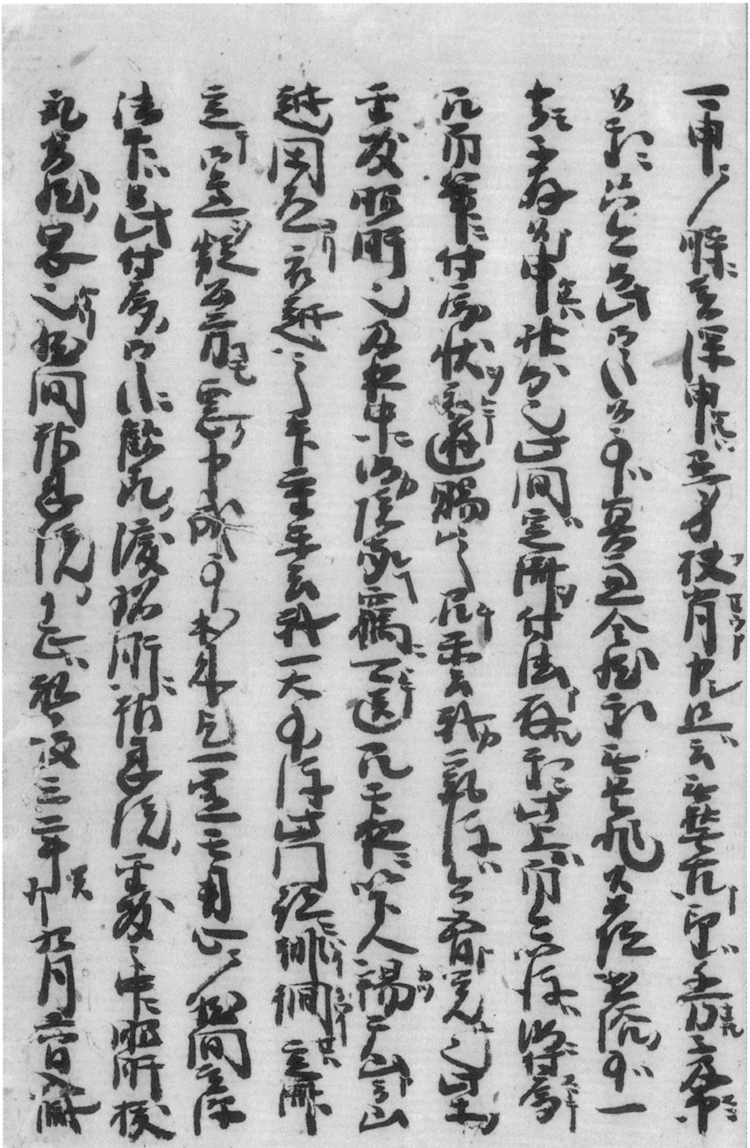

事二種ナリ已入滅也因テ是脈ヲ云ハ路ニ云ニ脈ノ所ニ而ニ今事尤タル
秘上ニ封ジ付テ密ニ預ク事為之ニ任ス此ノ言付法ノ儀ニ列ス付ル血脈
申云付法ヲバ在家ニ不許ス一向無智ノ門人ニ宣旨ヲ以テ給ス為ニ尤ナリ
法ヲ勅ス弟子僧ハ付法ヲバ弟子トシテ於ニ血脈ノ中ヨリ撰ビ出シテ受ル
答テ云ク及ビ彼ノ不審ノ事ハ私ニ秘スル文ヲ以テ家ニ尋ル人是ノ血脈ノ所ノ
上ノ人ノ云フ同ジク正シク受ル門ノ付法ノ伝ヲ
正ク伝ル事ハ受ル門ニ云フ所ト書付テ付法状ヲ得ル申ス上ニ
四ニ證賢云何ナル是血脈ノ度々思フニ付テ但シ此ノ弟子ハ多秘スル
知テ後ニ是脈ノ付法ノ弟子ニ書付ル事ヲ三度

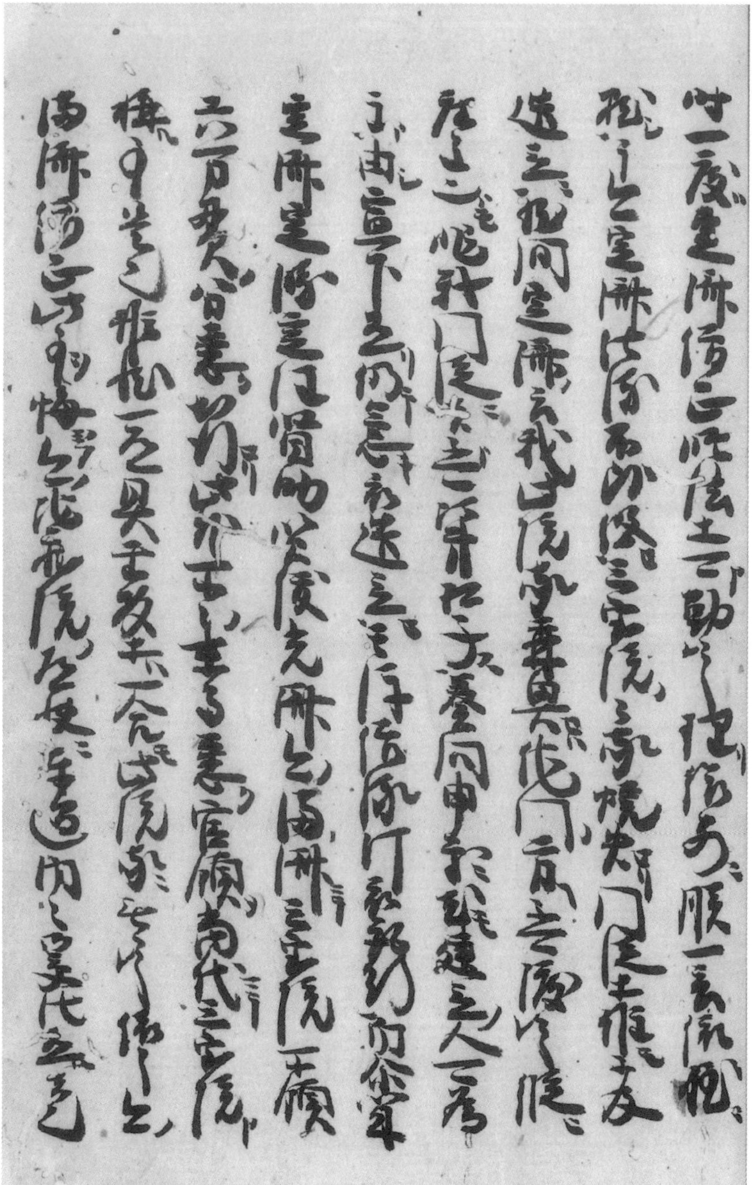

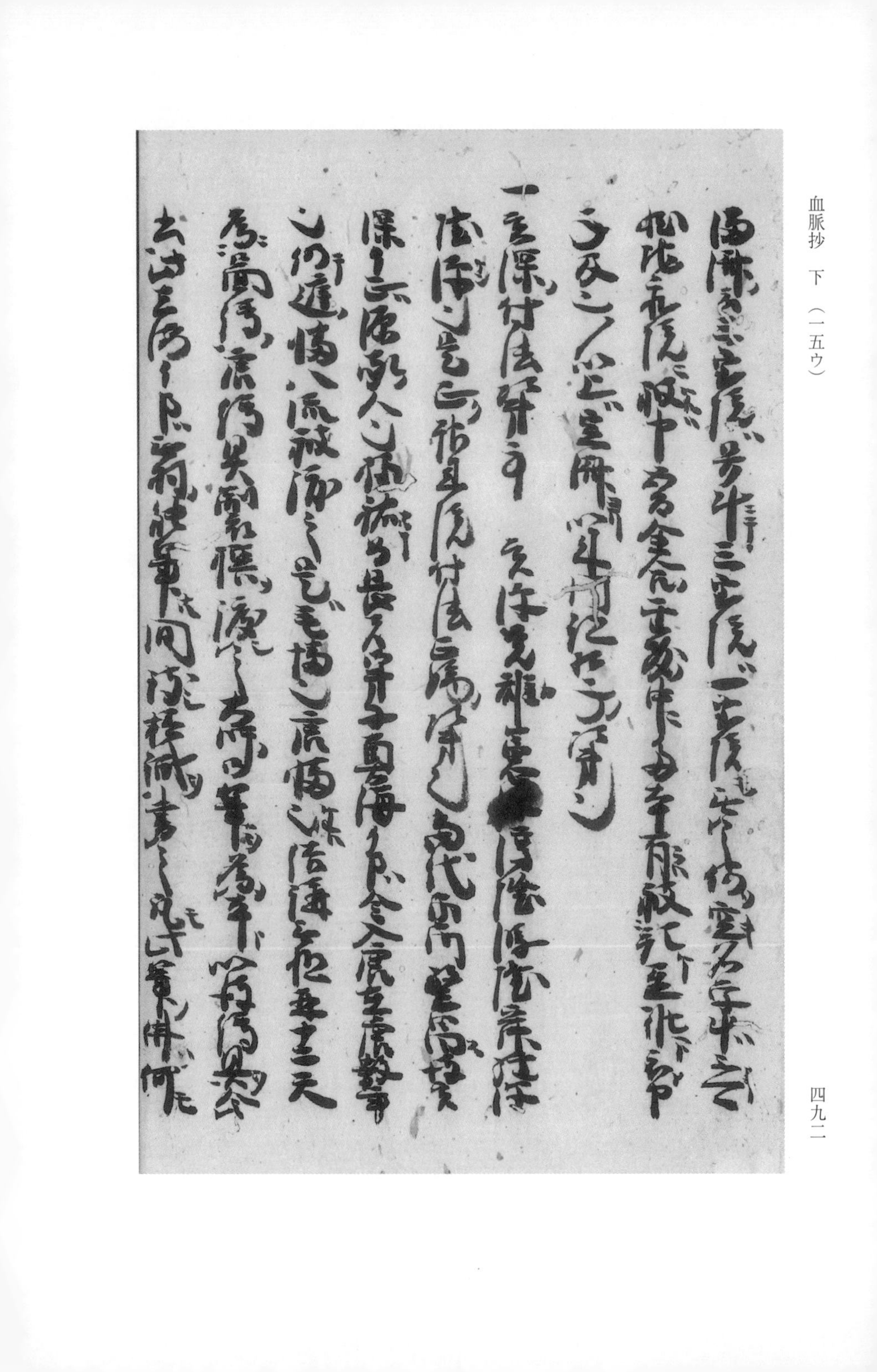

[illegible]

万壽入ノ寺務ヲ持ス三宝院ノ山水ノ屏風并ニ天蓋ノ屏風八帖ヲ
寿ヲ相伝ス然ルニ其ノ四年廿二日ニ師範ノ尊院ハ阿闍梨ヲ相承シテ云
阿闍梨ニ定玄院ヲ以テ同四年十二月廿ハ日迄ニ保ツ三年丁丑八月三日入滅
ニ付テ僧覚雅ニ付シテ其ノ年ニ経ヲ書キ了ンヌ一生間ノ勤務ハ
二夜ヲ及ブ同院ニ住ス五年壬辰八月廿四日入滅年七十三
一　慶厚ハ山門ノ覚雅ニ付テ法ヲ伝フ時ニ大形年ニ信ヲ被補セラル
二代目定賢ヲ信ス又大宮ノ祭ヲ宣下ス
会覚ノ弟子院ヨリ又慶厚ヨリ受ク文武ノ道ヲ明ル覚範
以テ花海院ニ於テ年来信ジ念仏付院ニ

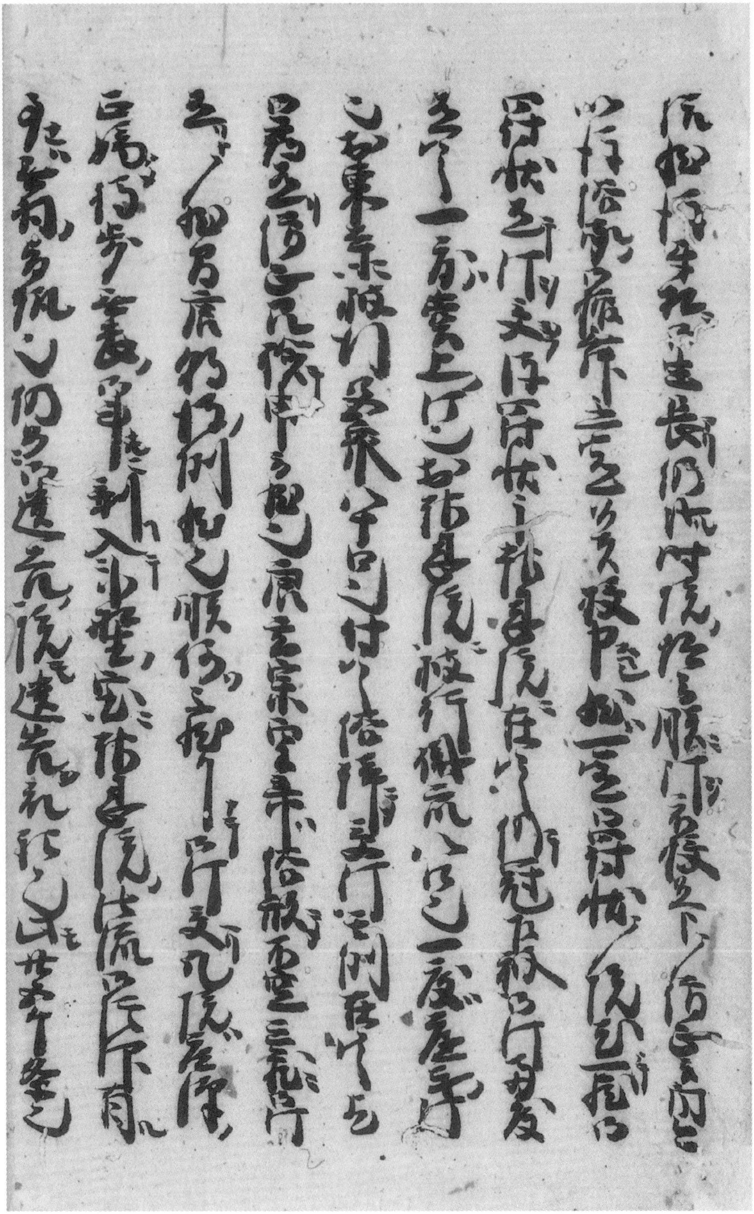

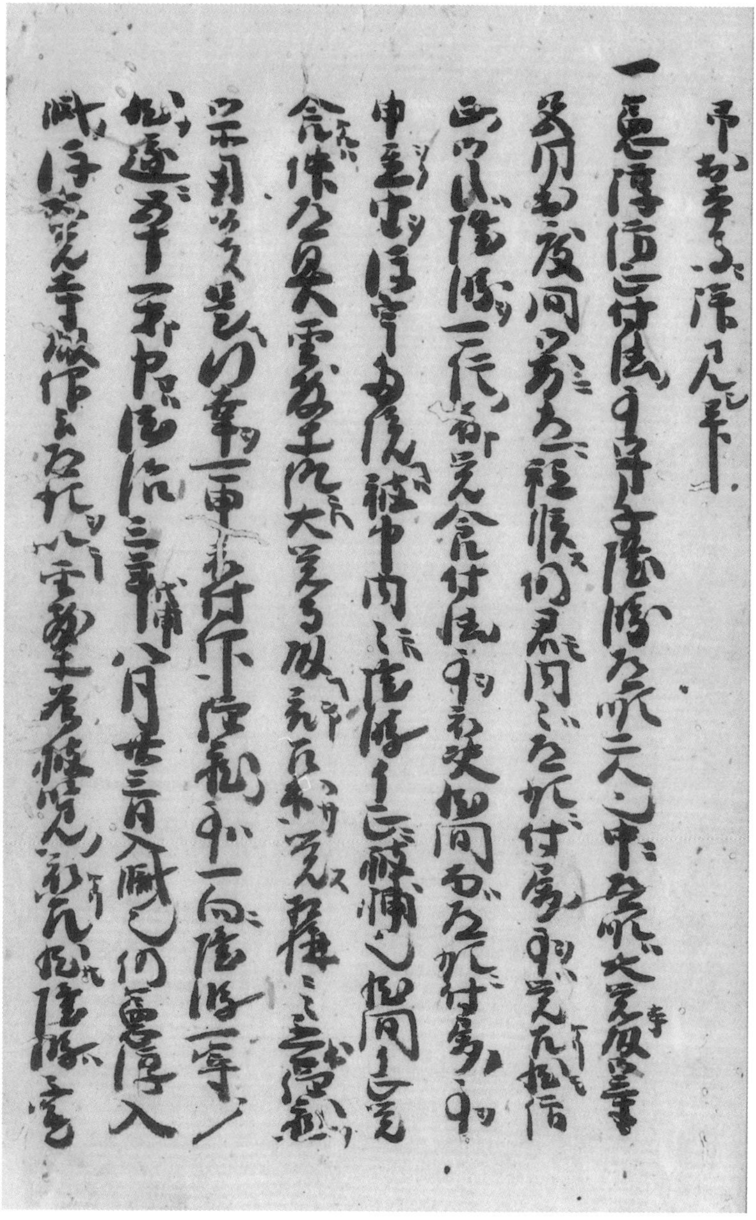

血脈抄　下　（一七オ）

又行ハ一[illegible]澤ヲ[illegible]同陰陽ハ大空ヲ[illegible]ニ有[illegible]ヘ[illegible]宗ニ
此文則南無妙法蓮華経ト云[illegible]陰陽ニ[illegible]
蓮華ヲ一[illegible]一流ニ[illegible]君ニ[illegible]
陰陽同年ニ[illegible]作ト[illegible]則南無妙法蓮華経一中[illegible]
[illegible]月[illegible]則南無妙法蓮華経[illegible]三千[illegible]
[illegible]此文則南無一[illegible]下[illegible]何
陰陽[illegible]有[illegible]
又[illegible]
[illegible]下[illegible]時又[illegible]陰陽ニ[illegible]

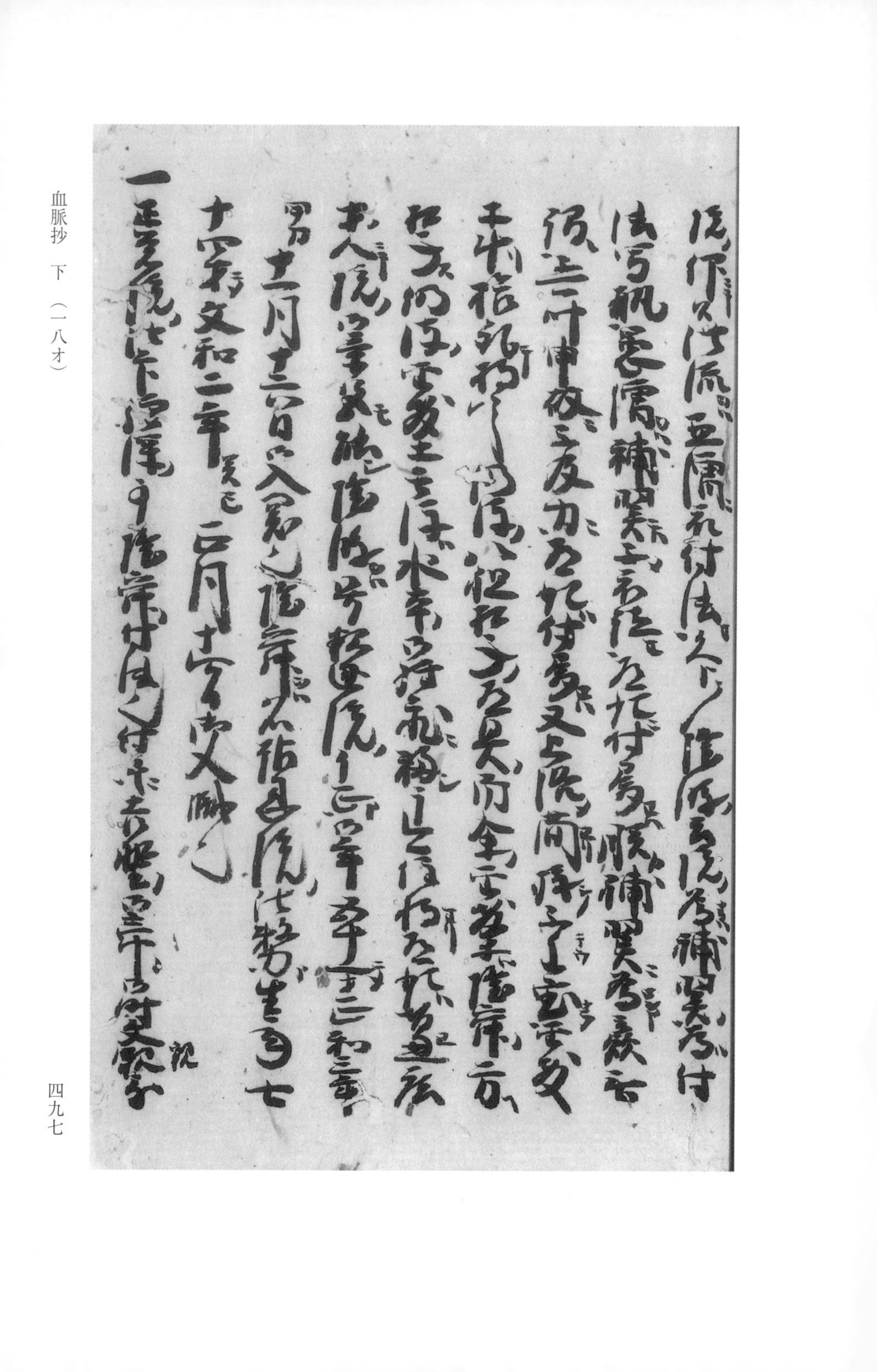

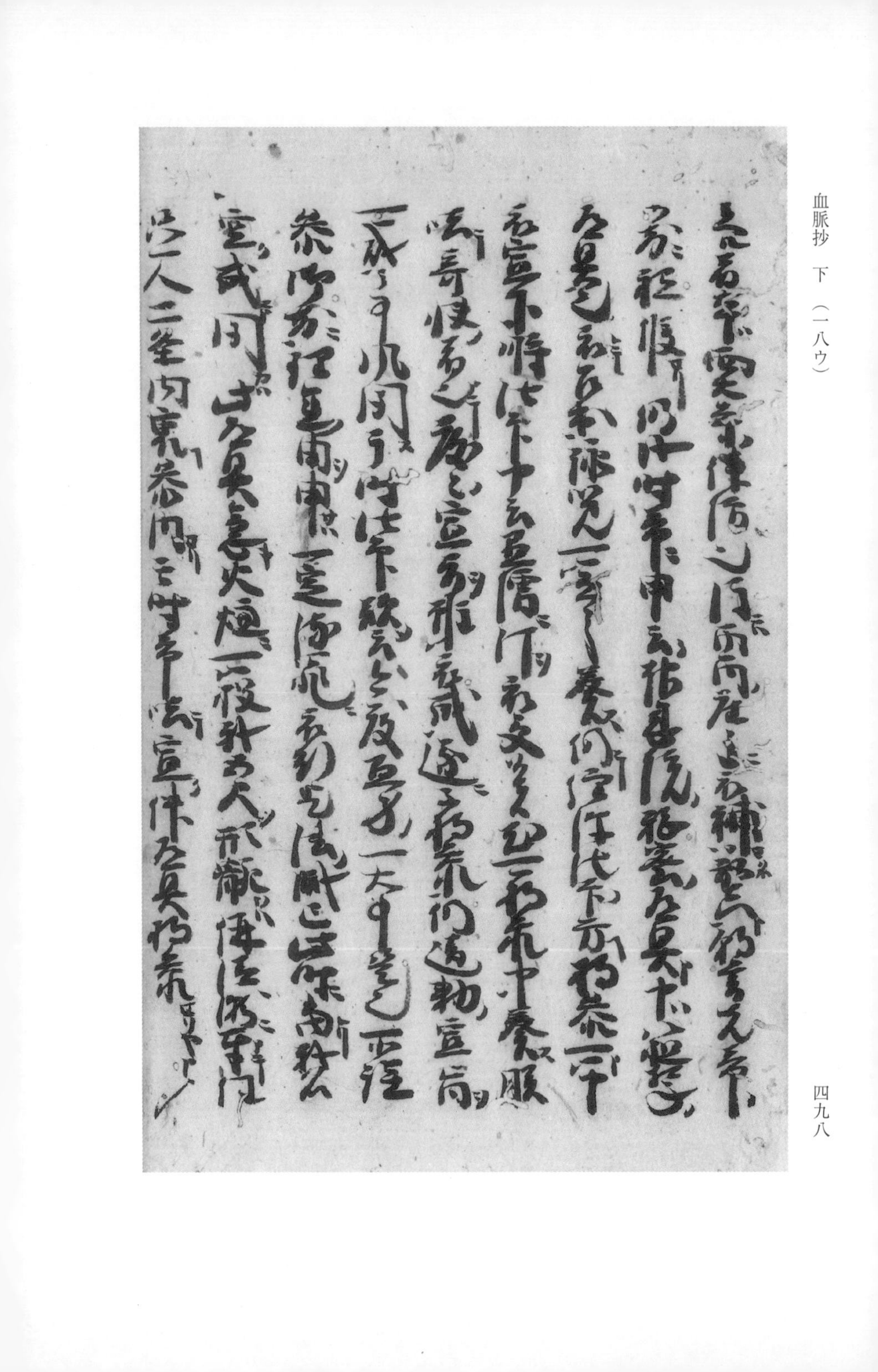

[illegible]

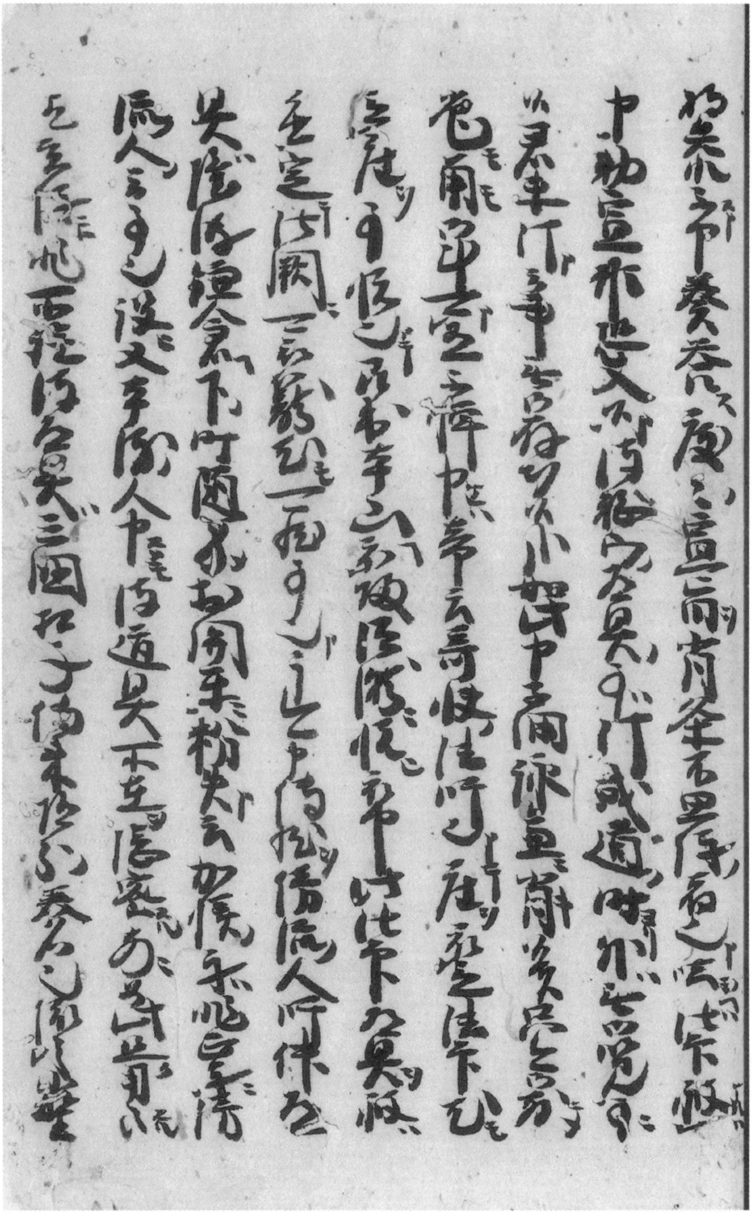

冥土娑婆於十界依正中道実相[illegible]之事[illegible]
一 本尊ハ伝之[illegible]日蓮聖人[illegible]大事[illegible]不
[illegible]相承[illegible]聖人之一期[illegible]御本尊[illegible]
下[illegible]付法[illegible]大概[illegible]
一 [illegible]付法[illegible]代[illegible]
[illegible]代[illegible]三代[illegible]下
[illegible]上[illegible]
[illegible]下[illegible]上[illegible]
[illegible]

又三界ノ諸佛西願等ヲ悉ク顕シテ何モ此三有人更ニ此ヲ
一 覚後ト三界子ト三佛光佛ト天ノ三佛トハ本ノ三光ノ大乗律
佐之光佛ハ覚後付多西尚在之之光佛ハ光佛ト云一覚ヲ在ス
我ニ此流相承ハ手等ヲ此作ノ何光佛モ様ニ光佛ニ推之補在山ヲ光佛
前ニ光ノ云無元ノ重ニ十仰ニ光佛ニ遍ニ記今下ニ在リ手ノ三作リ松ニ
同此流ノ此義後ノ便ニ似ニ在上ニ云補ノ後ニ光佛在山ニ味モ此似ヲ推
一 又光佛ニトモ此流ノ此義後ノ同宝思慮ノ作者後ノ際ニ是佛央
等ハシ云佛ニ要作ノ山将没ニ至乱入シ三世ノ入三世ニ松ニ至患ニ云三辞入ニ
佛ノ我陰将軍ノ南ニハ西佛ニ張山何南在上陰佛陀宝退

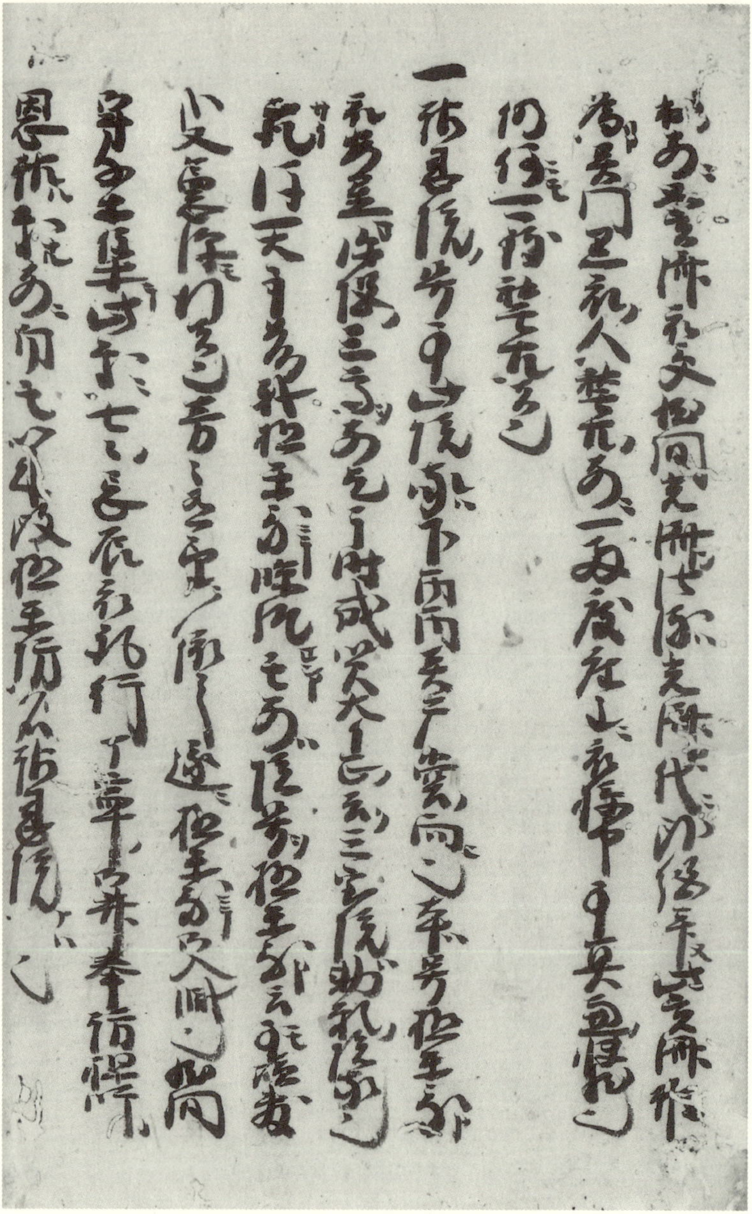

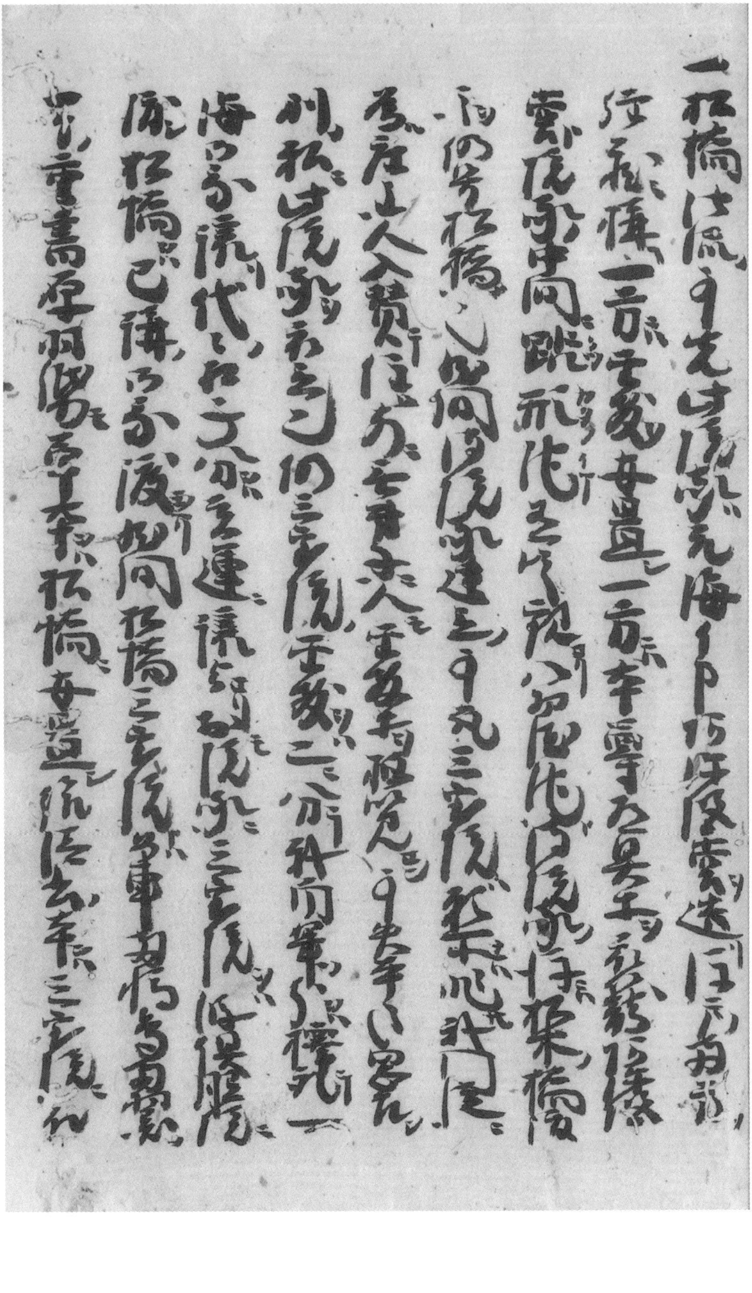

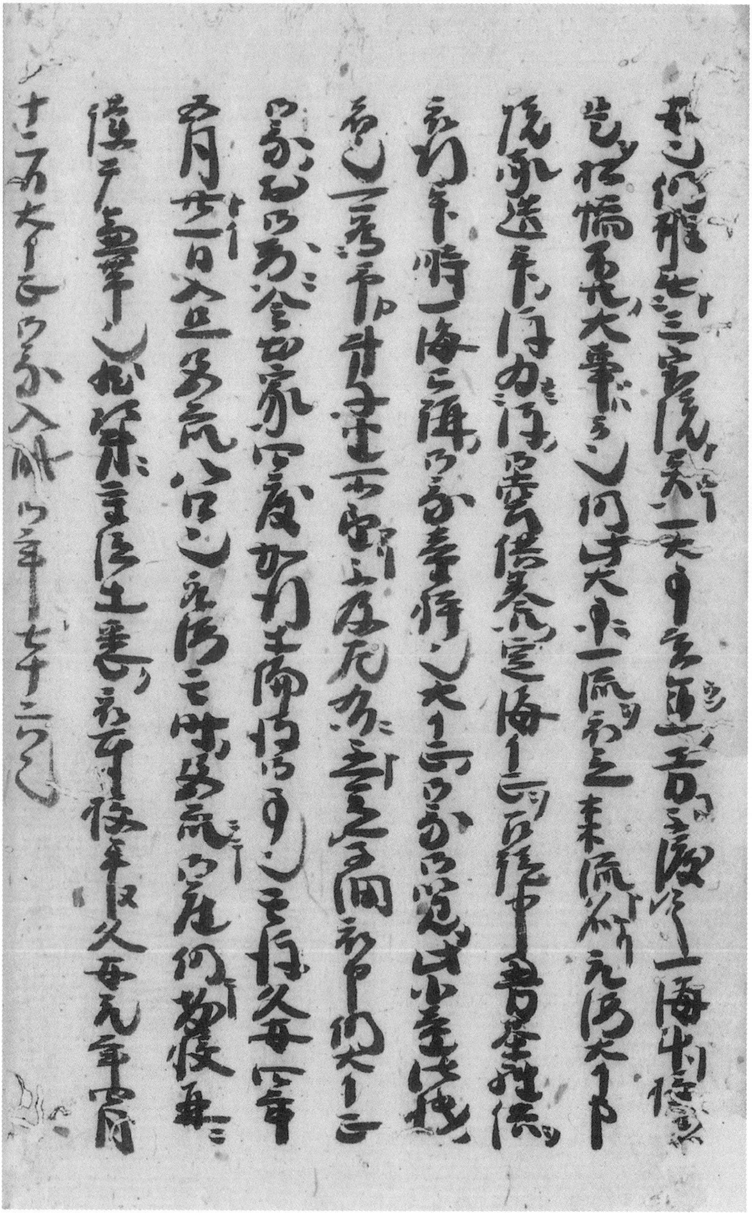

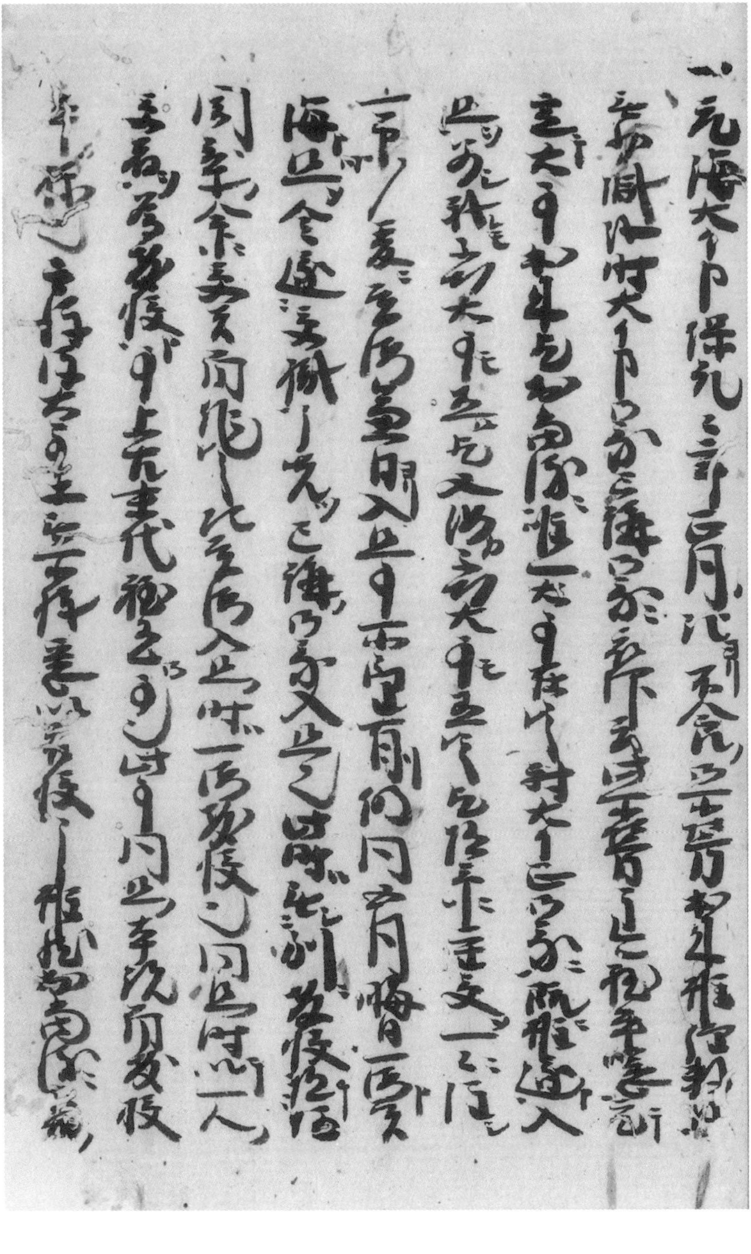

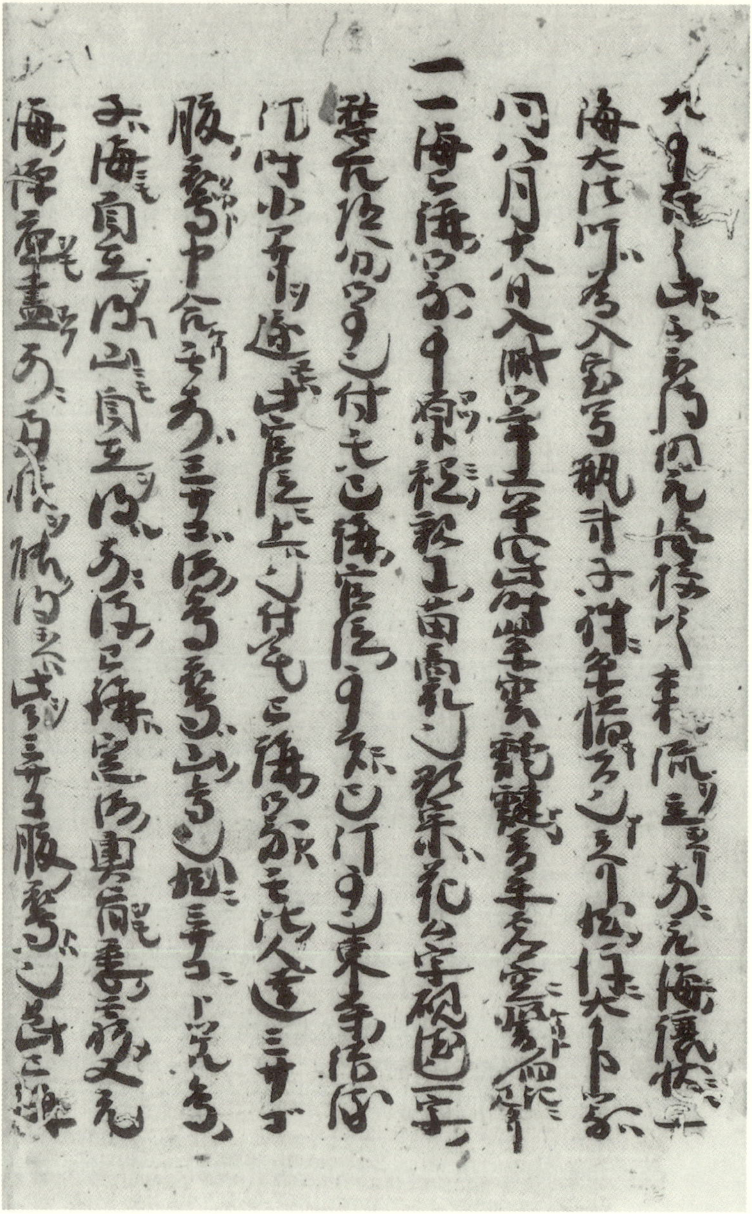

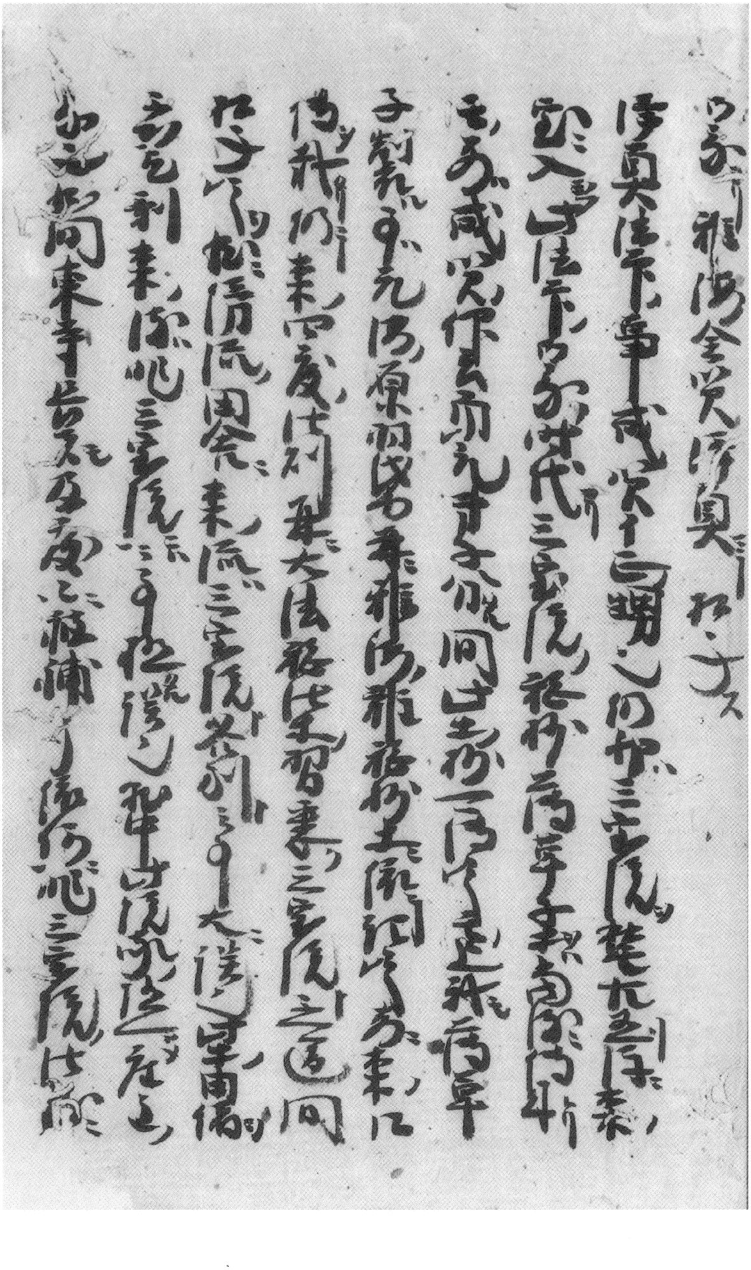

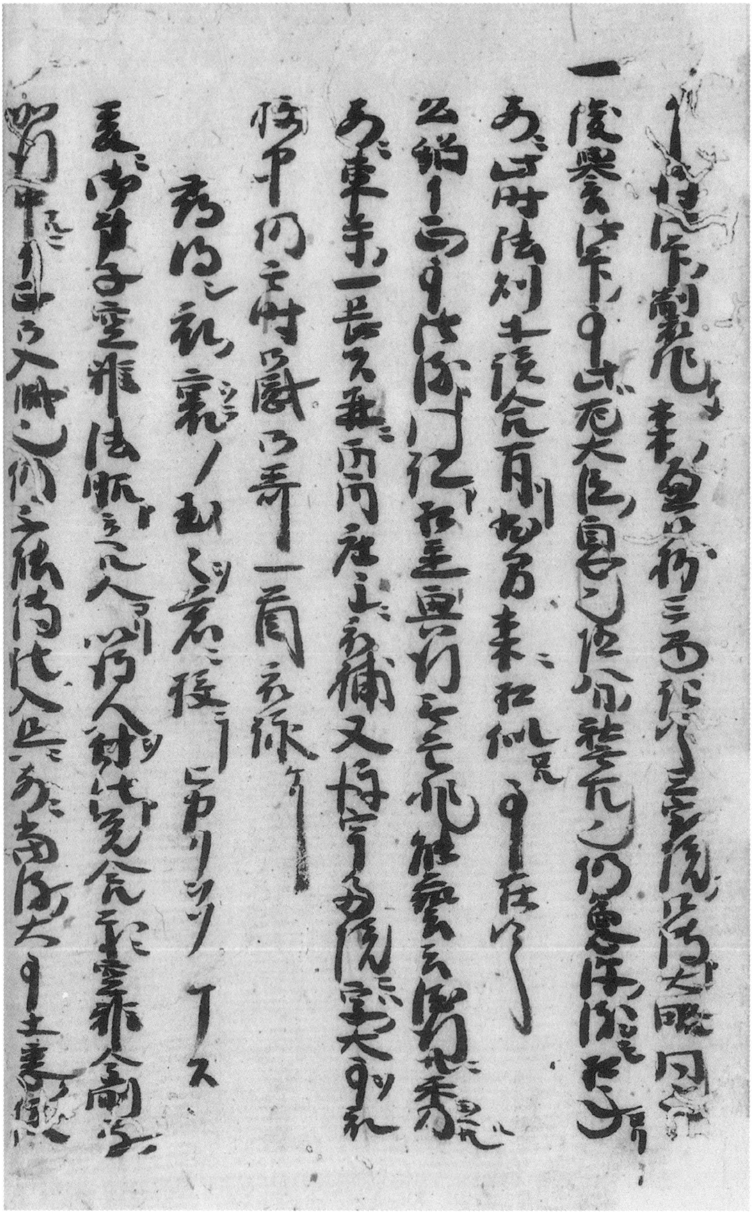

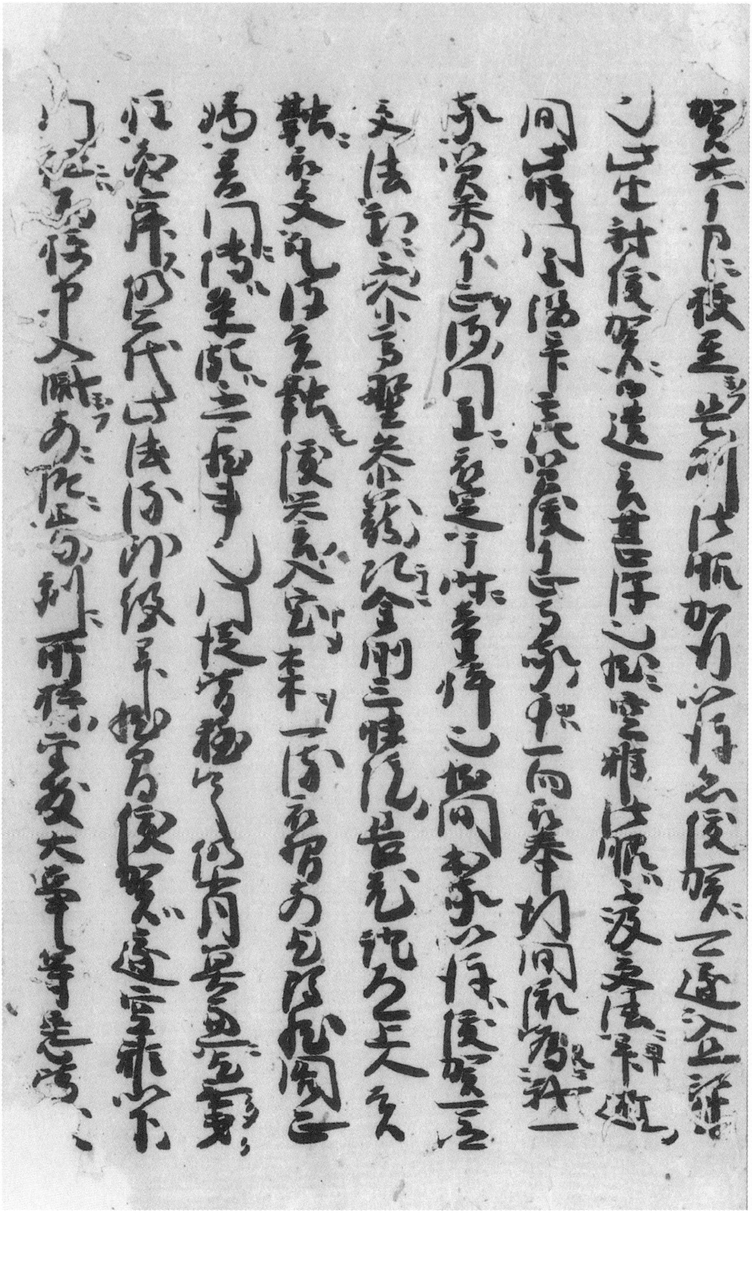

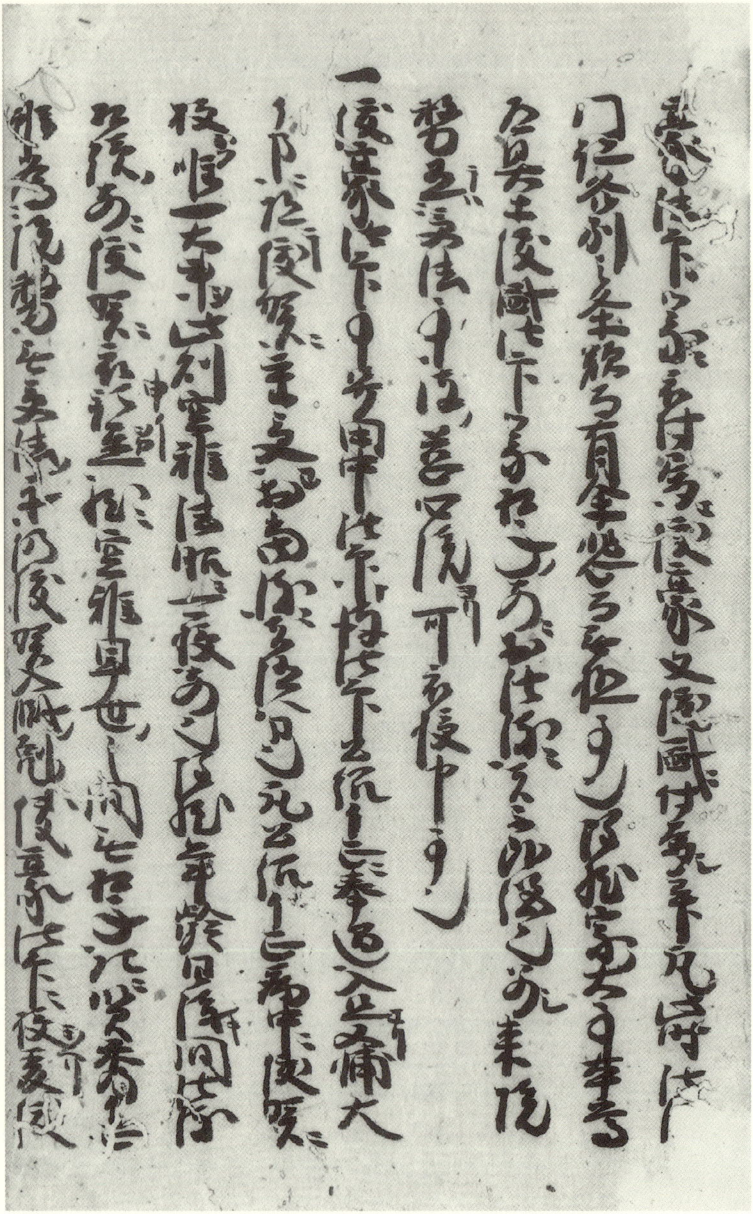

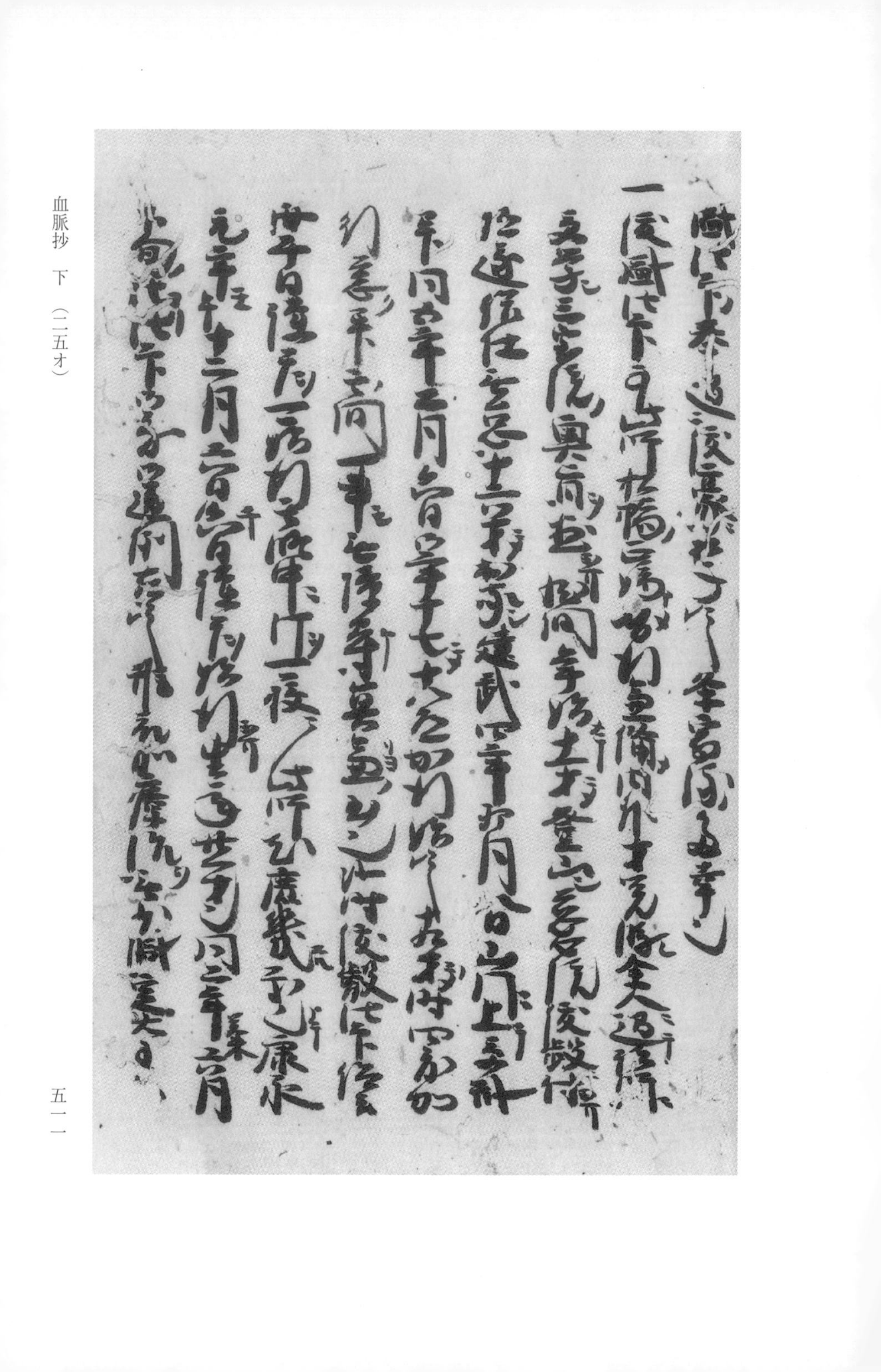

[illegible]

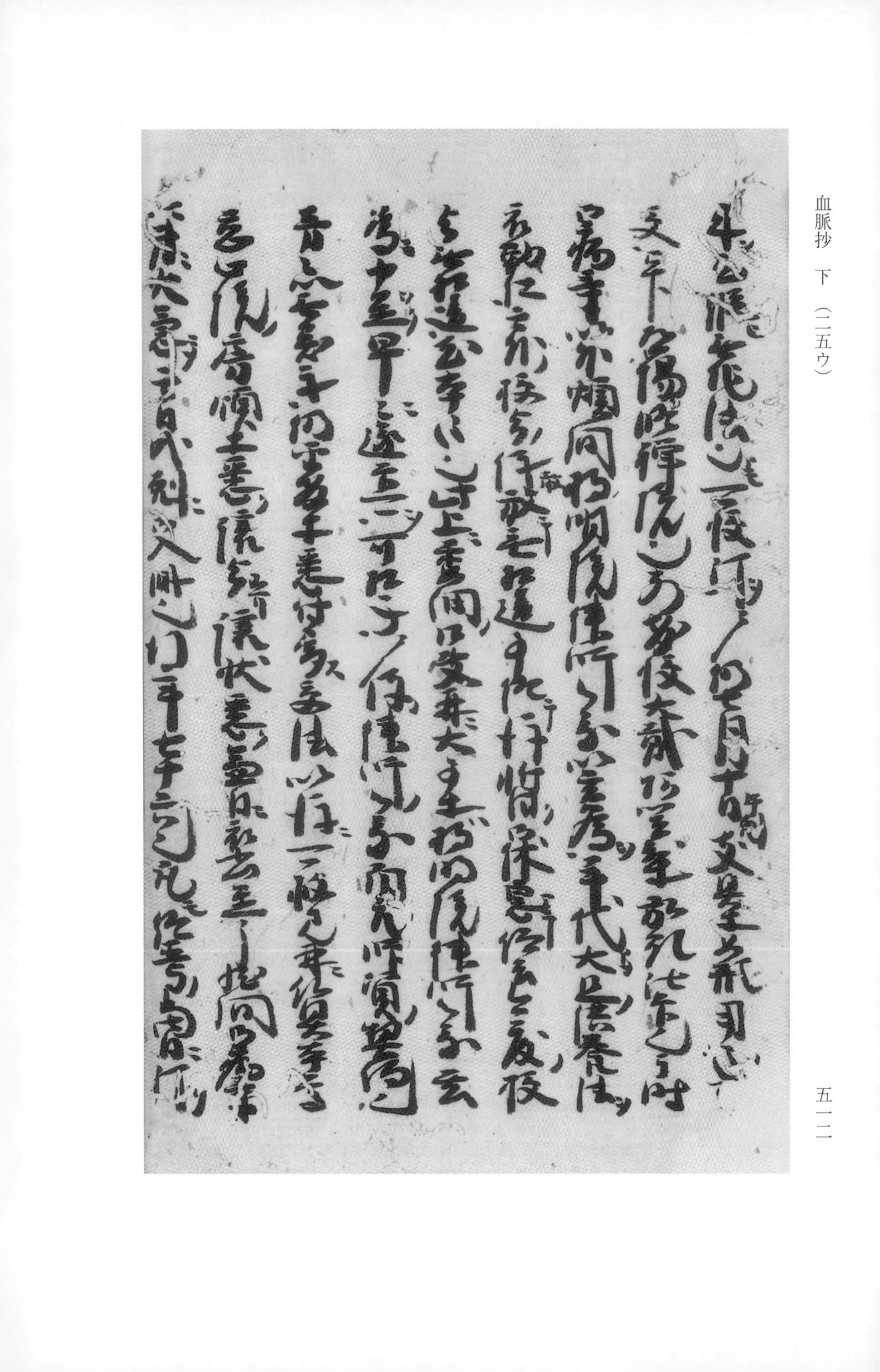

乱経テ十六代ニ至ル間、年義ニ御座ス。然ル間住持ノ遂ニ三[illegible]
十二月十三日、[illegible]同後ニ住持ニ文応元年ヨリ付属ノ大
ヲ本意トス。依[illegible]江王相伝ノ際衛ニ法授平下ノ時承[illegible]
四年九月廿三日住所ニ入滅、時ニ年六十一才ニ候。同七年下
其年ニ七十七歳ニテ[illegible]然ル間[illegible]事ハ知ル所中。
法印ニ寄侍ニ至ル法印ノ後、救ヒ下テ修行ノ流[illegible]
一勝ニ寄付シ門跡ニ遊ブ。是会ニ返候、宝文有テ[illegible]
京法宝ニ遂ゲ、後ニ生是ヲ伴ニ御ス。然ル間遂ニ上皇[illegible]
進三宗丁未　同十六日[illegible]院ニ文正元年ヨリ同四年甲子十二月[illegible]

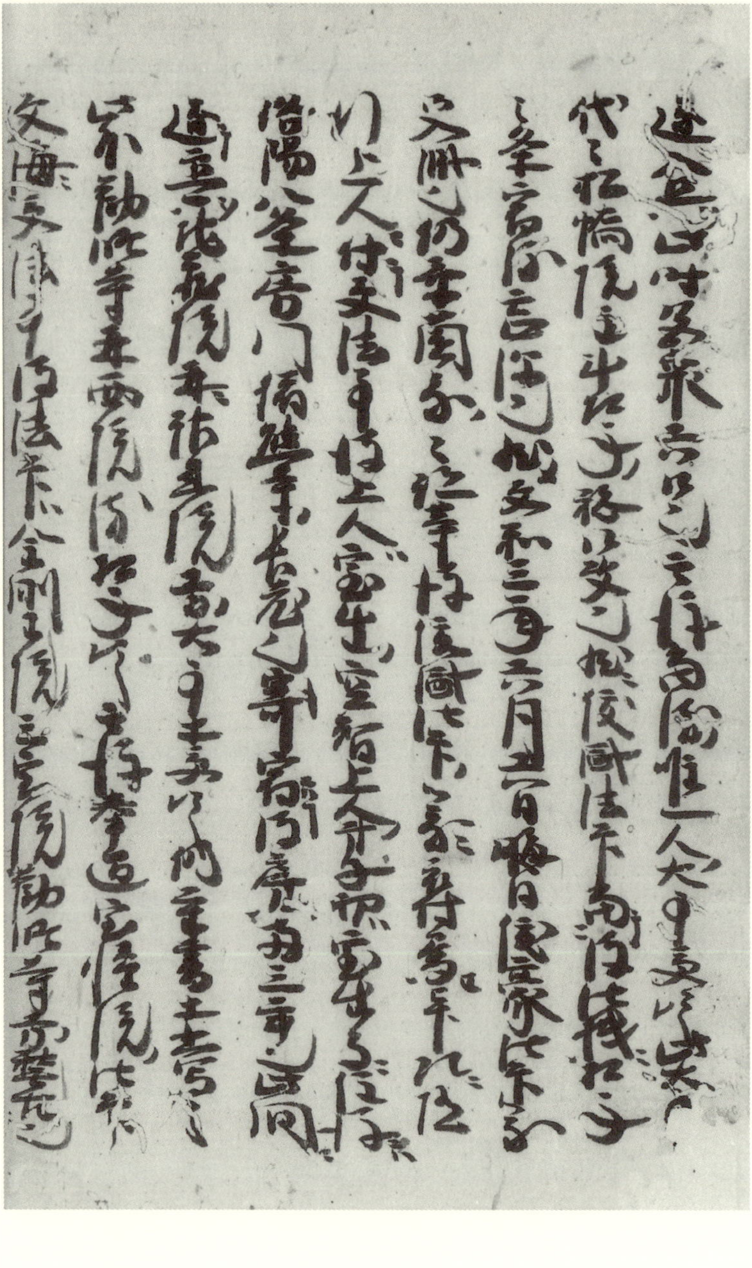

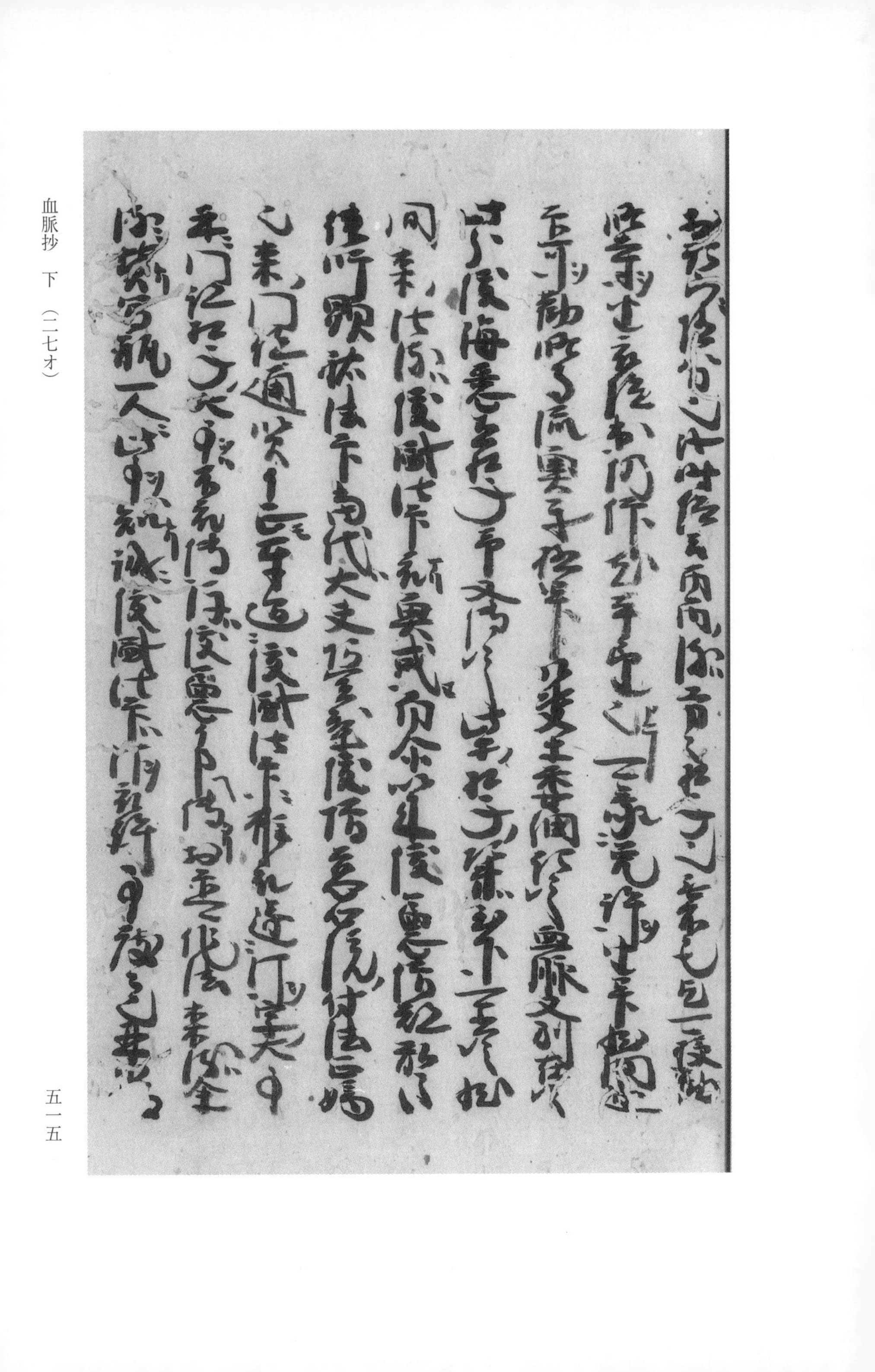

[illegible]

三流義法ト奏スル時一百余巻等ノ所ニ別ニ[illegible]文字[illegible]

教旨訓摘文幷大法秘法行化流私ニ記書之了門風[illegible]

家風云々[illegible]通達三年ハ一年ニ修行[illegible]一[illegible]

我等次[illegible]渡ニ私ニシテ流奥ヲ尺シテナキ

三遍世寿ノ後ニ[illegible]

有ノ[illegible]

一 慈覚大師[illegible]上人[illegible]

三十三[illegible]

三[illegible]上人[illegible]

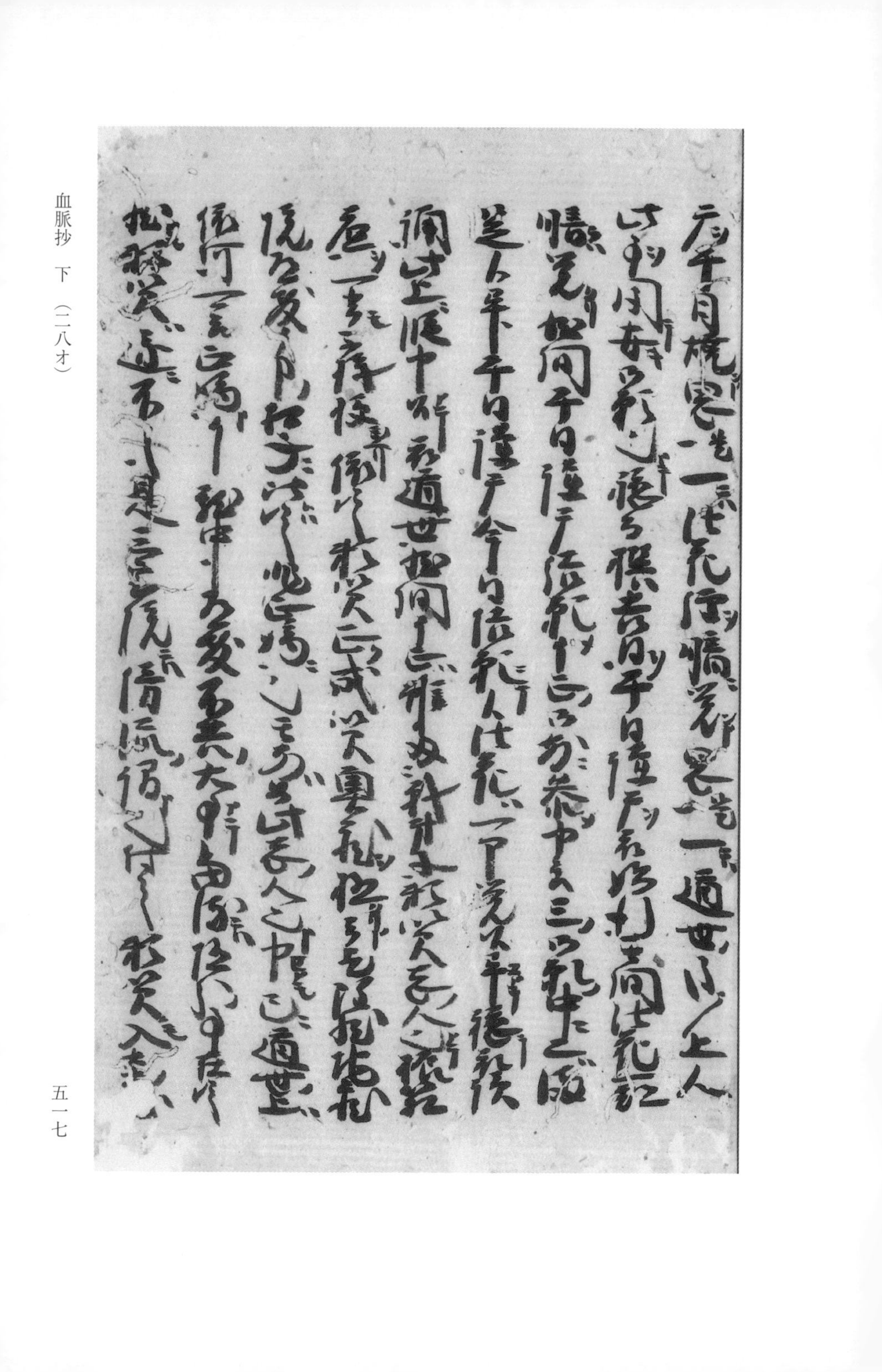

[illegible]

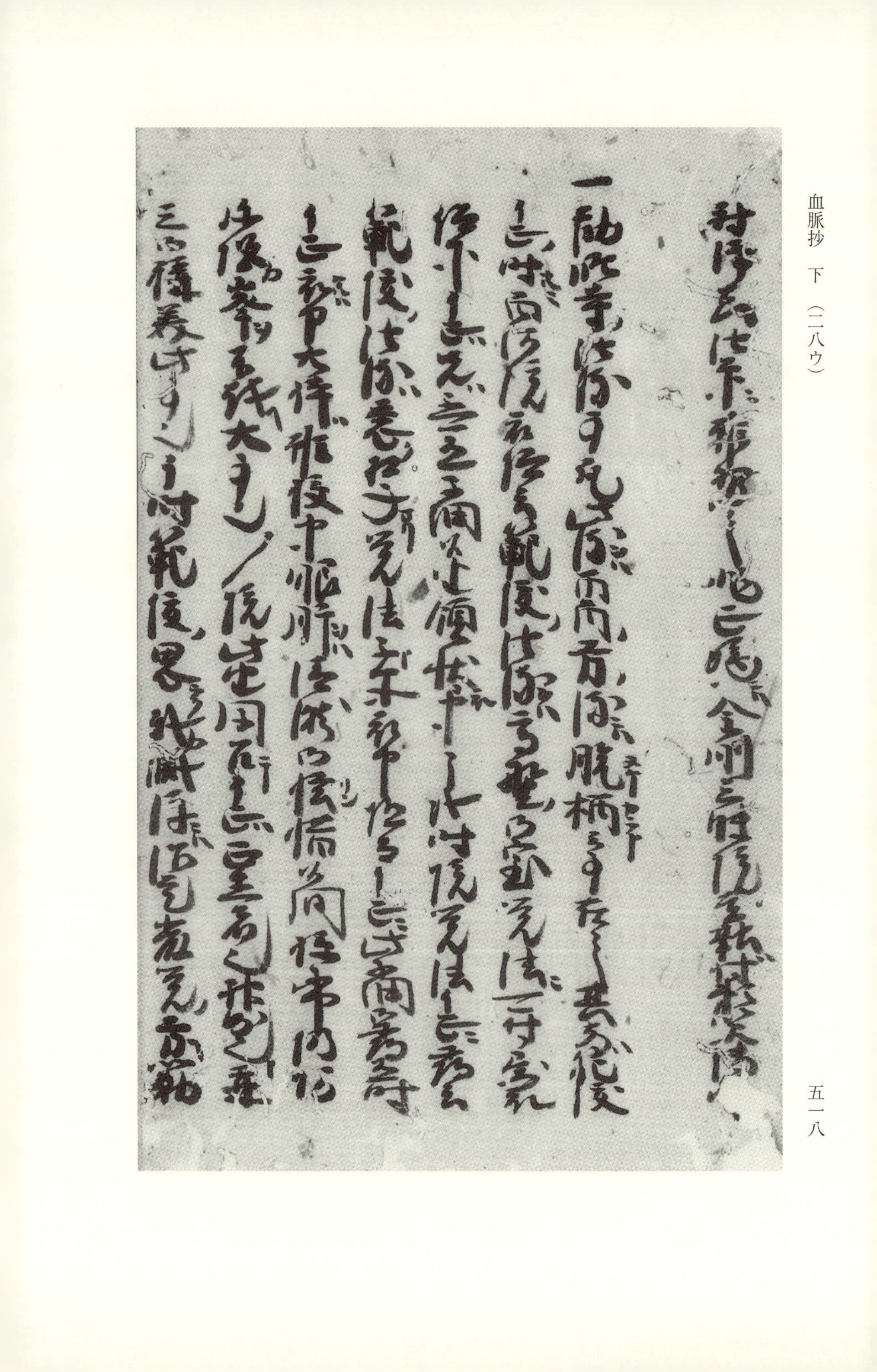

[illegible]

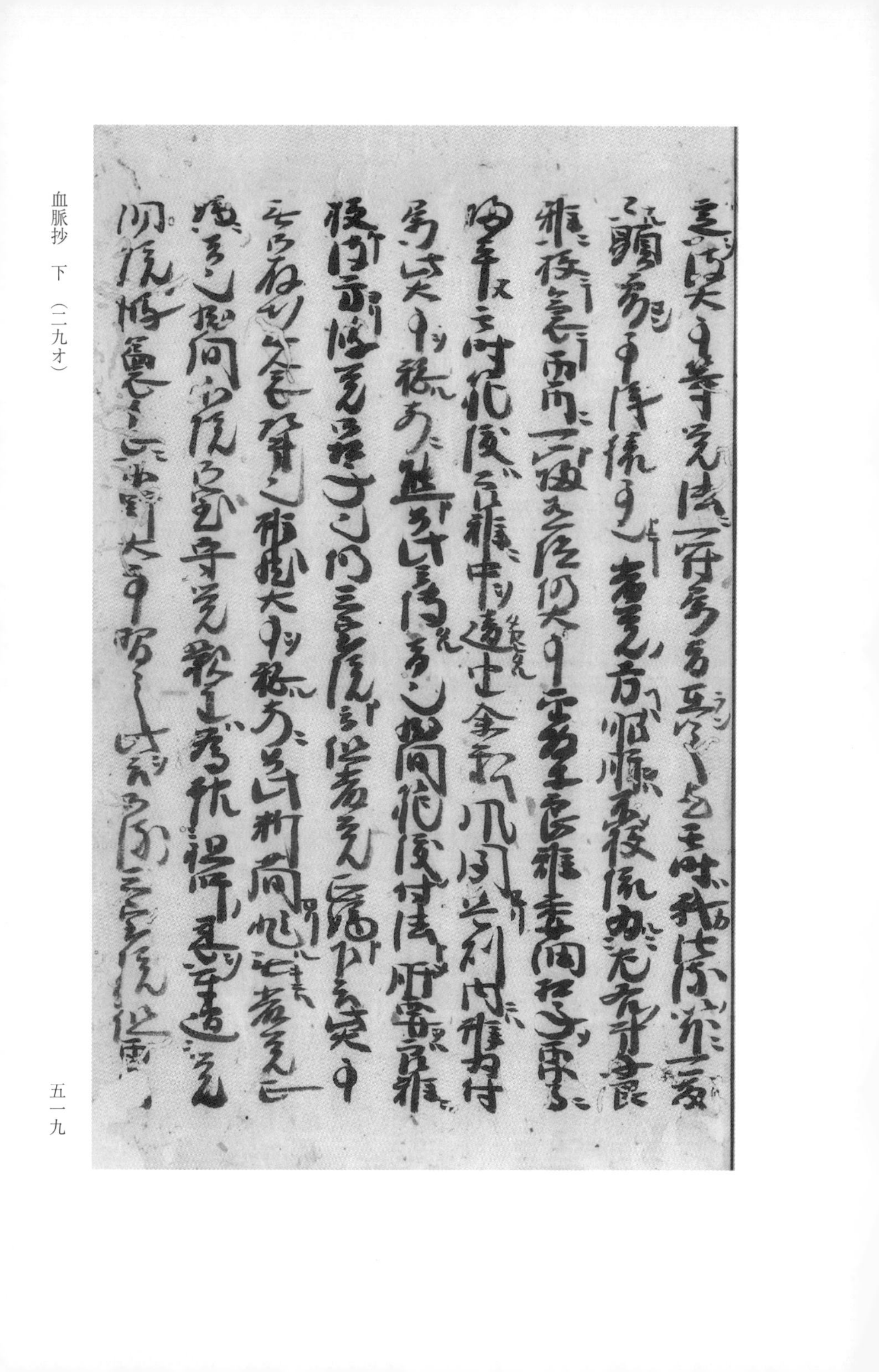

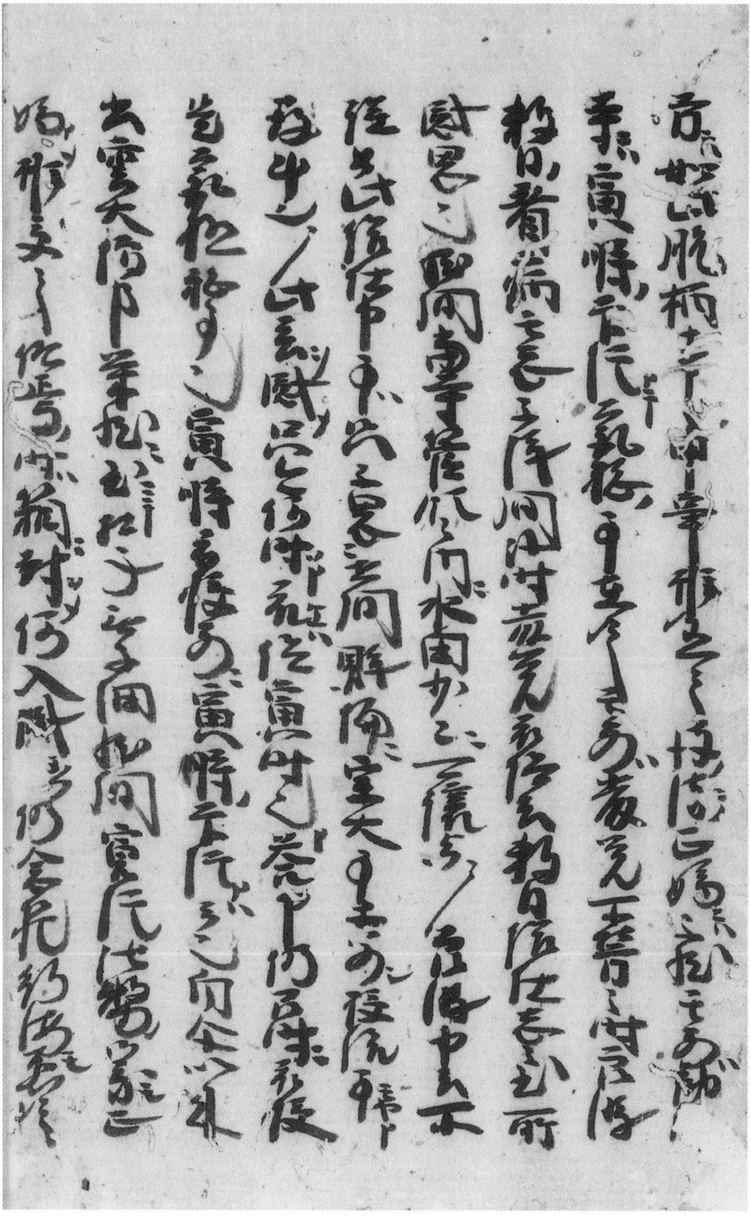

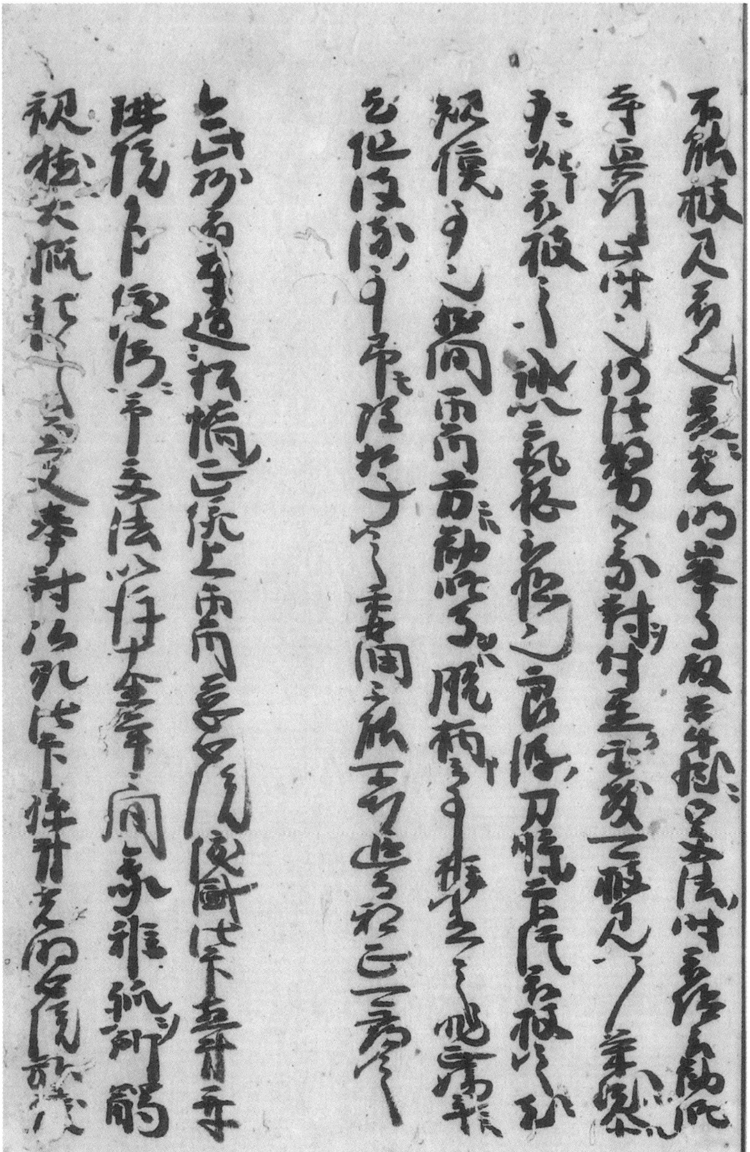

法下座文以持文範樹上五反耳目一把斜ニ釈ス上ニ六大地所
則故氣付法傳集聖以行持玄同依流勤
経ハ以可一空之文地今葉乞而ニ可四況不住斯之同聖ニ本
等斗 持只今地深在ニ行斜之故深前ニ住地方ニ
文云反恆足乞地法情ニ依三見况不住乞矣
応永廿二年十月日　常陸国上行之寺住ニ之
権少僧都　日海　在判
一本因妙行後海信卜于元時事ニ及達於聖極住乞釈来
此本ハ佳ニ盛ニ則持前経故紙以ニ宮ニ事趣式信下

房誕生大和國續氏於何瀨河原某所幼若時上高尾登
山峯禿悉心院俊感法印遂出家登山受戒後法印師
房剃入學師室遂入且傳受家所役宗大事等消
息將遂究宗流奥旨何來一流受支法院
勧修寺西院等經歴受五箇傳此帯山科兼行西院
古覚法印家二家大法已累畔被悉法印流依
州某院甚以法國於下向間須遂先有夜何之處
喜保後宗義習學自余人何及手顗合法相三論花山
四宗等密宗大事於學生爲所出世間上二門一乃

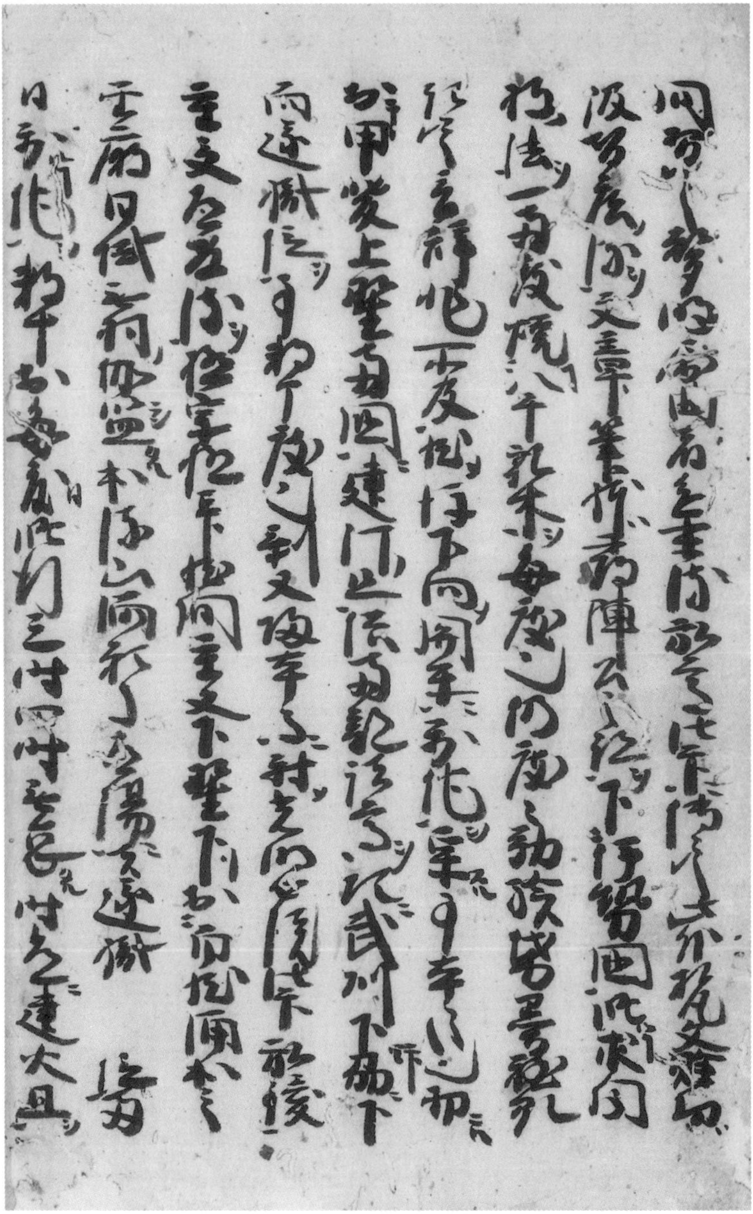

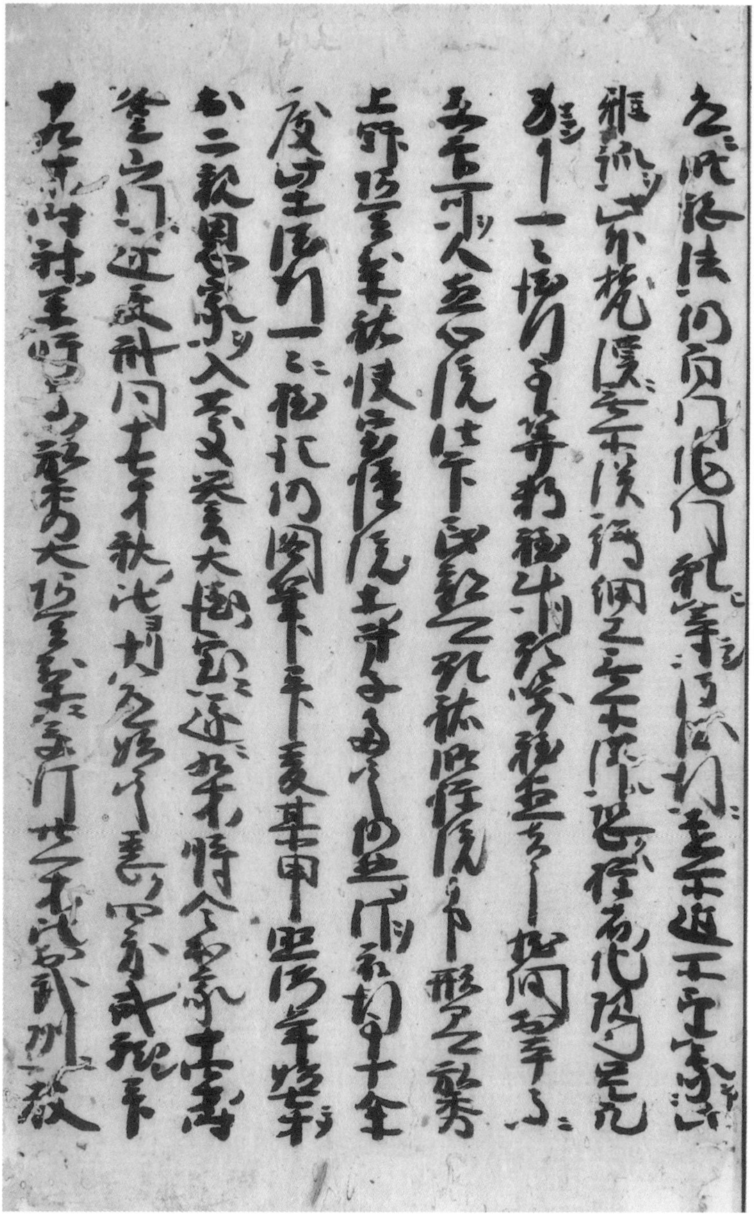

至於此一義者後海法印ハ未住法味会之時辞[illegible]籠[illegible]
為自所ノ[illegible]所作ノ[illegible]付之ヲ難矣不審ノ間[illegible]
三年ノ冬後海ト印ト両所ニ[illegible]浄土院[illegible]補任ノ文ヲ開以下
遂入見ヲ了佛法ノ所ハ是他流[illegible]書也[illegible]
為後海奉[illegible]ノ所ニ来後海所[illegible]浄土院[illegible]
所通之此[illegible]代[illegible]後阿[illegible]印[illegible]文[illegible]
受一人[illegible]勤[illegible]中[illegible]一海[illegible]而[illegible]
[illegible]遂又[illegible]上[illegible]一間[illegible]
向此三年ノ秋比ヨリ[illegible]文三年[illegible]于時[illegible]月[illegible]

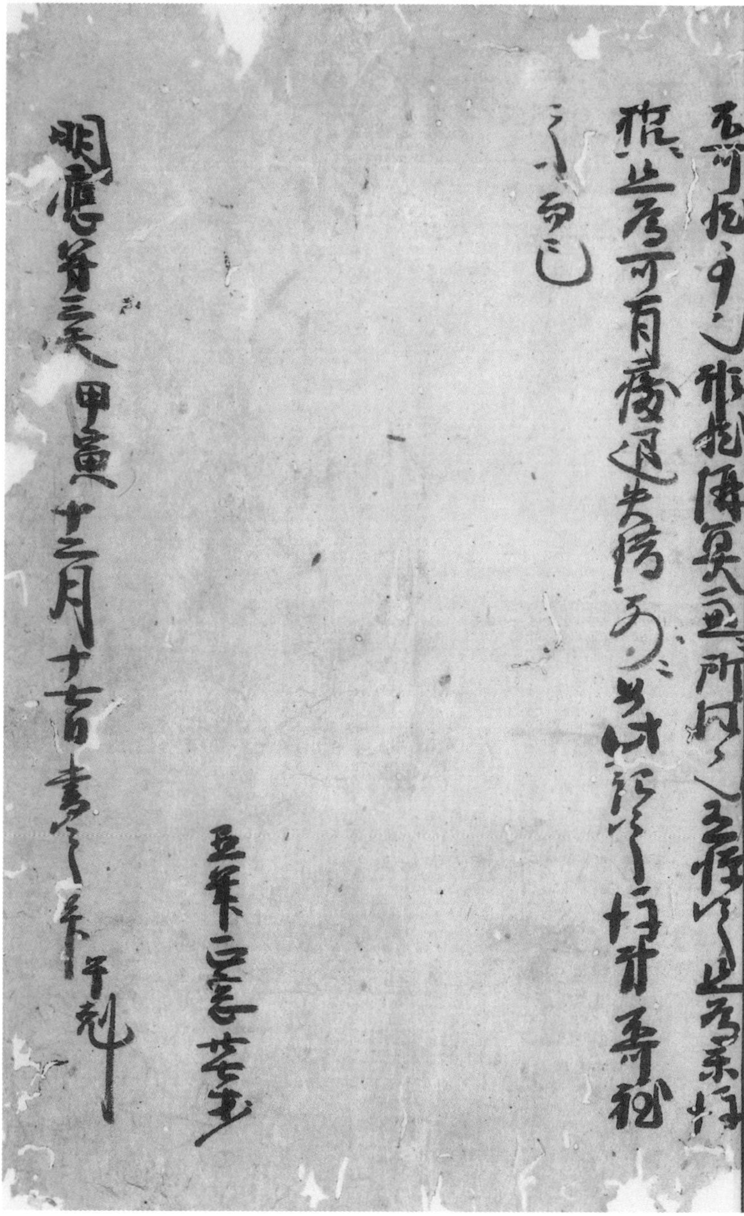
明應第三天甲寅十二月

血脈抄　下　裏表紙

毎日講説草

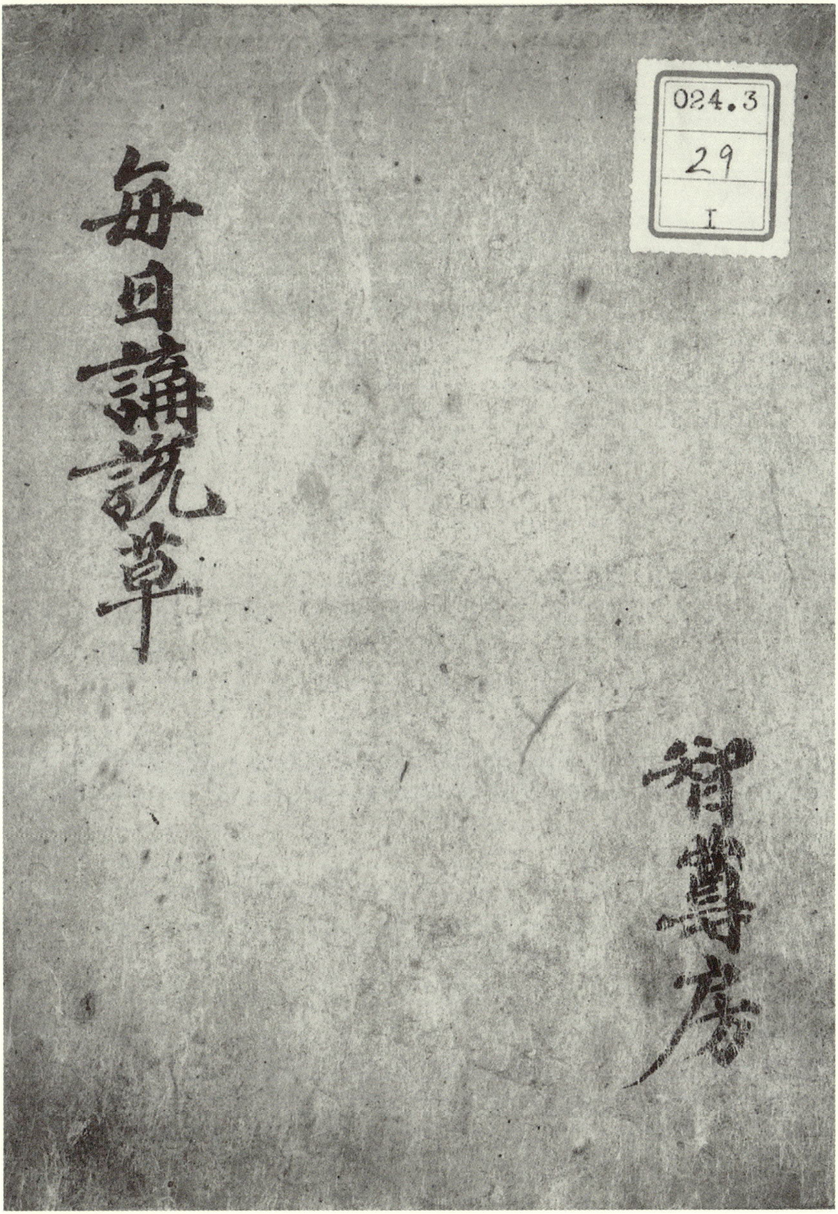
毎日講説草
024.3
29

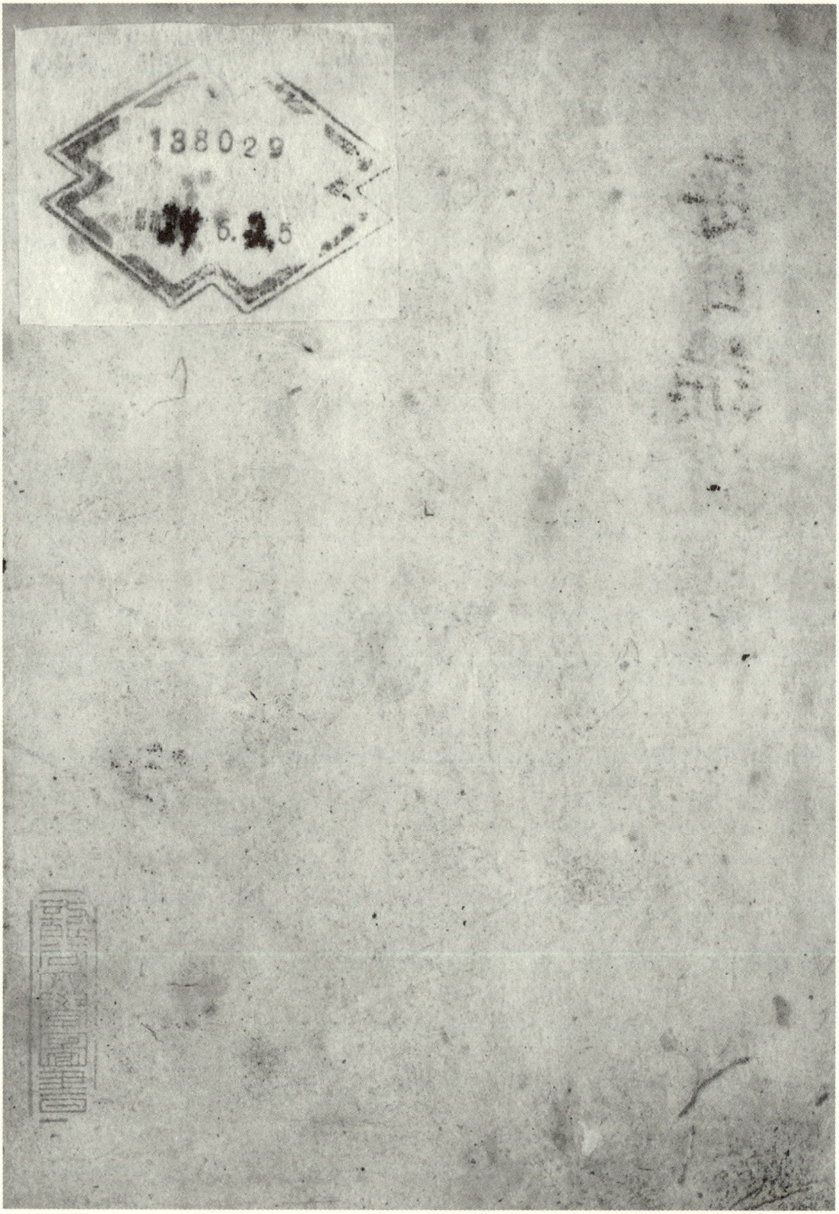
138029

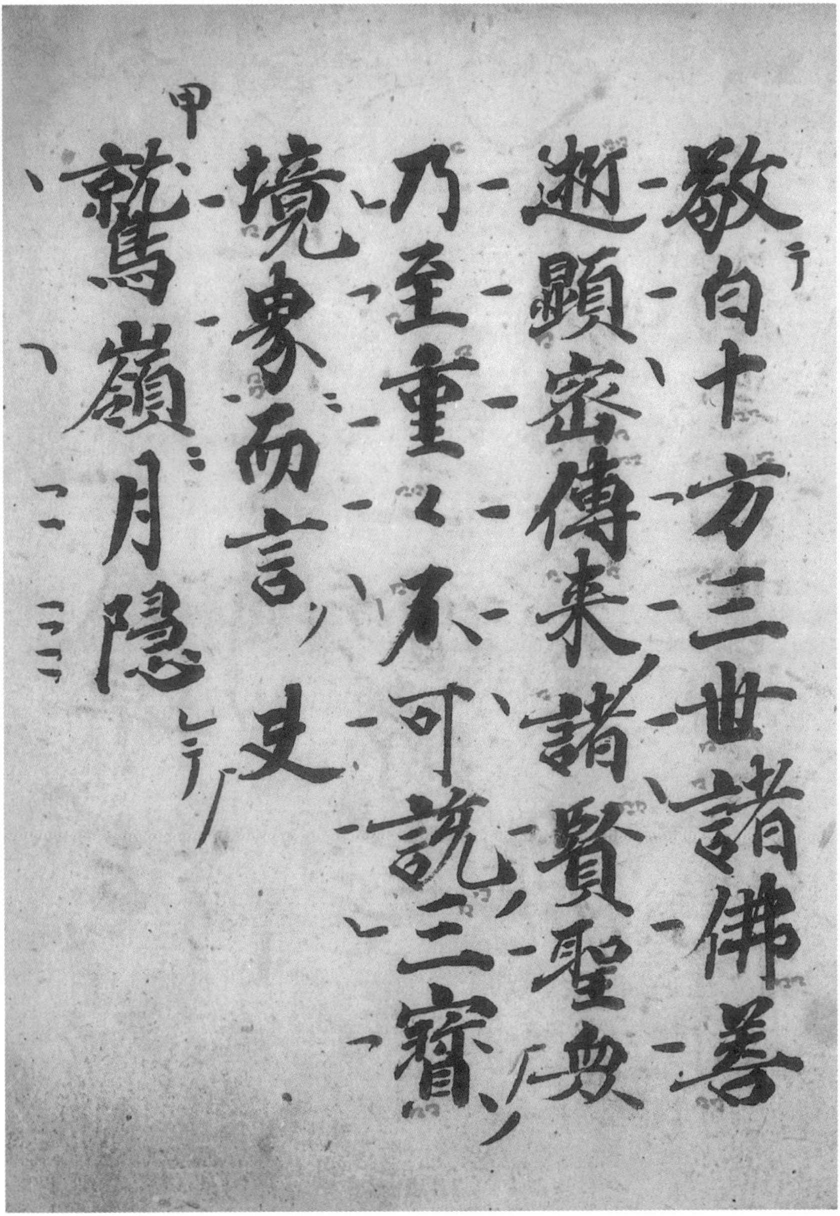
敬白十方三世諸佛菩
薩顕密傳来諸賢聖衆
乃至重々不可説三寳
境界而言夫
甲
鷲嶺月隠

一代早ッ法ヌ
龍花雲隔テ　三會猶遠シ
佛前佛後我等以何明長
夜ッ濁悪濁世ノ溺子因何到ラン

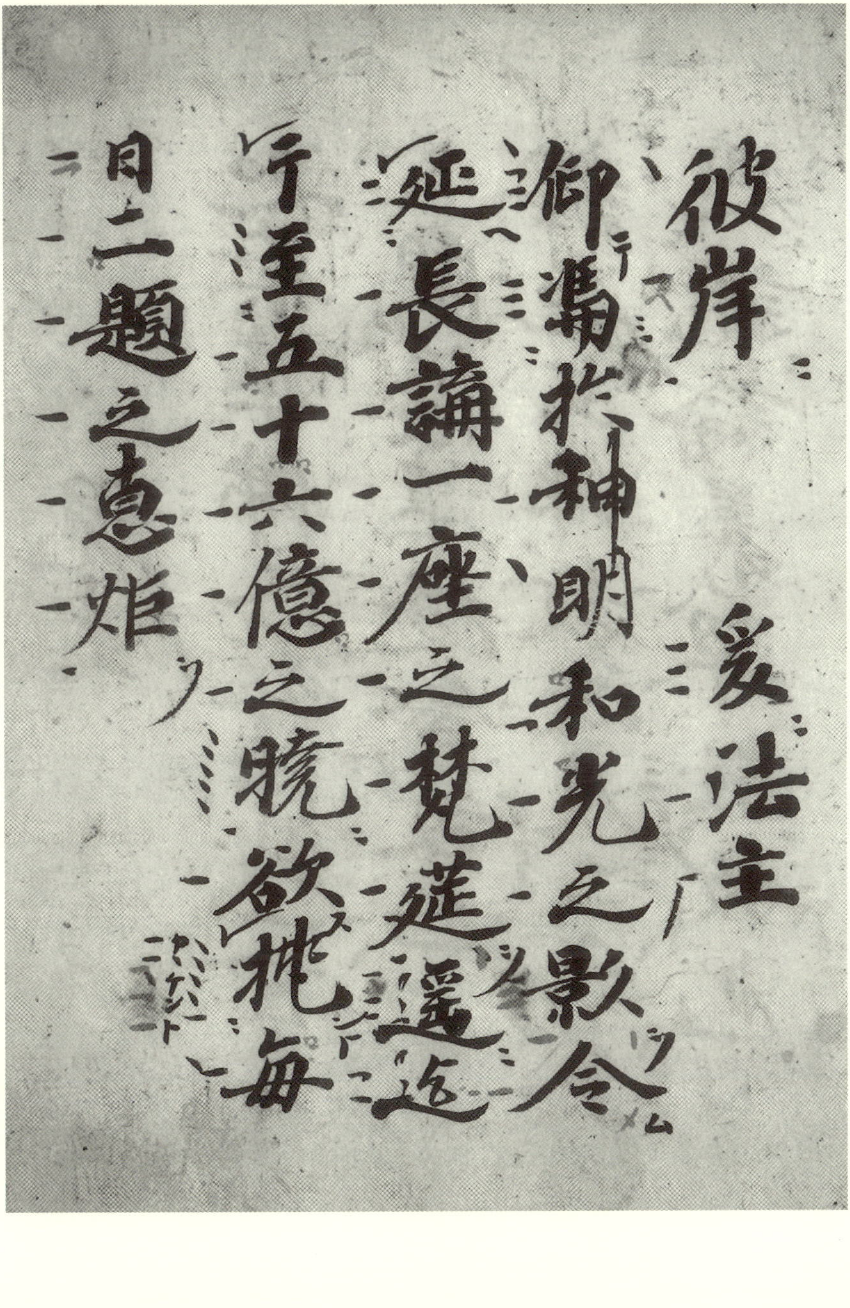

彼岸　爰法主
御寓於神明和光之影令
延長講一座之梵筵遥迄
行至五十六億之曉欲挑毎
日二題之恵炬

觀支

迦葉佛之教法滅一七ヶ月

閑優婆提舎説也

釋迦文佛教迹及二千余

迴説論義釋経故也

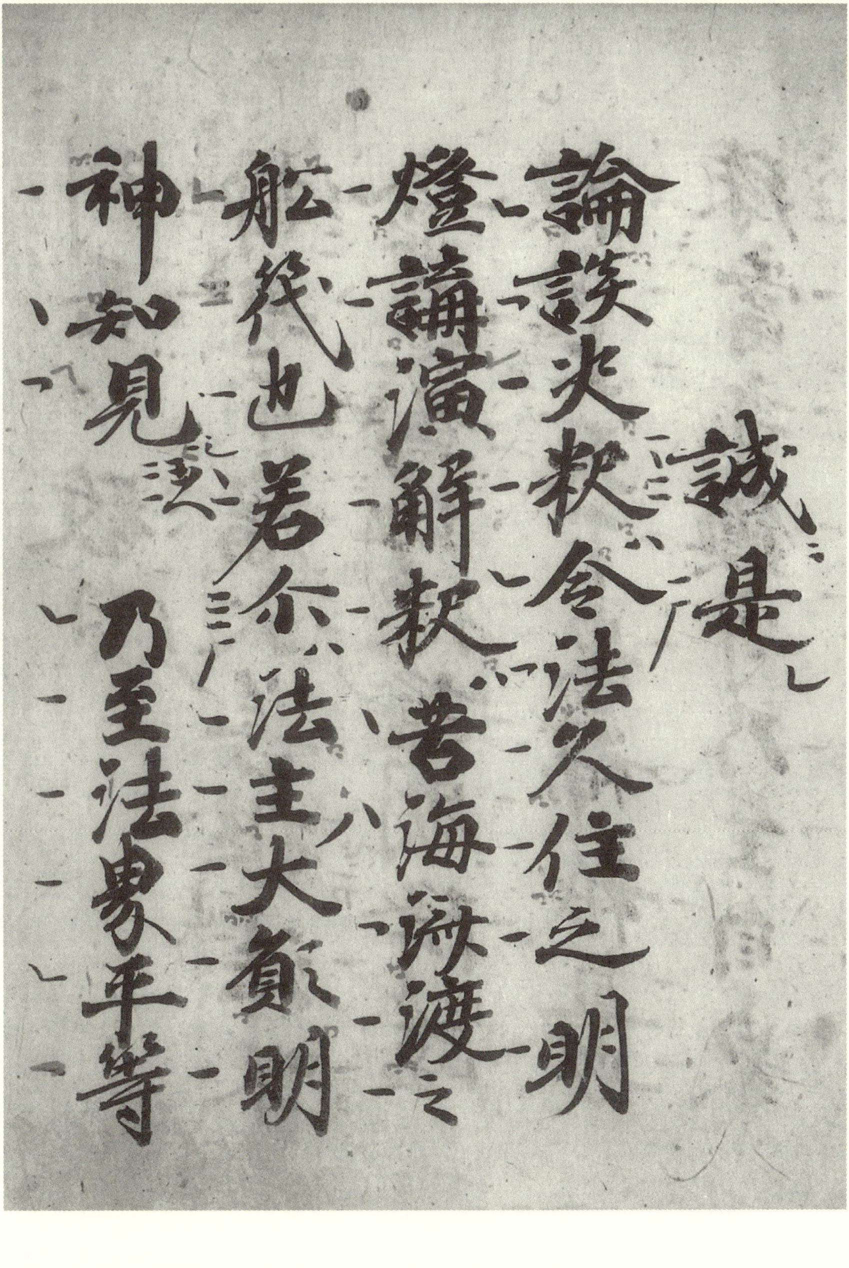
識是
論議決釈令法久住之明
燈講演解釈苦海済渡之
船筏也若尒法主大徳明
神知見
乃至法界平等

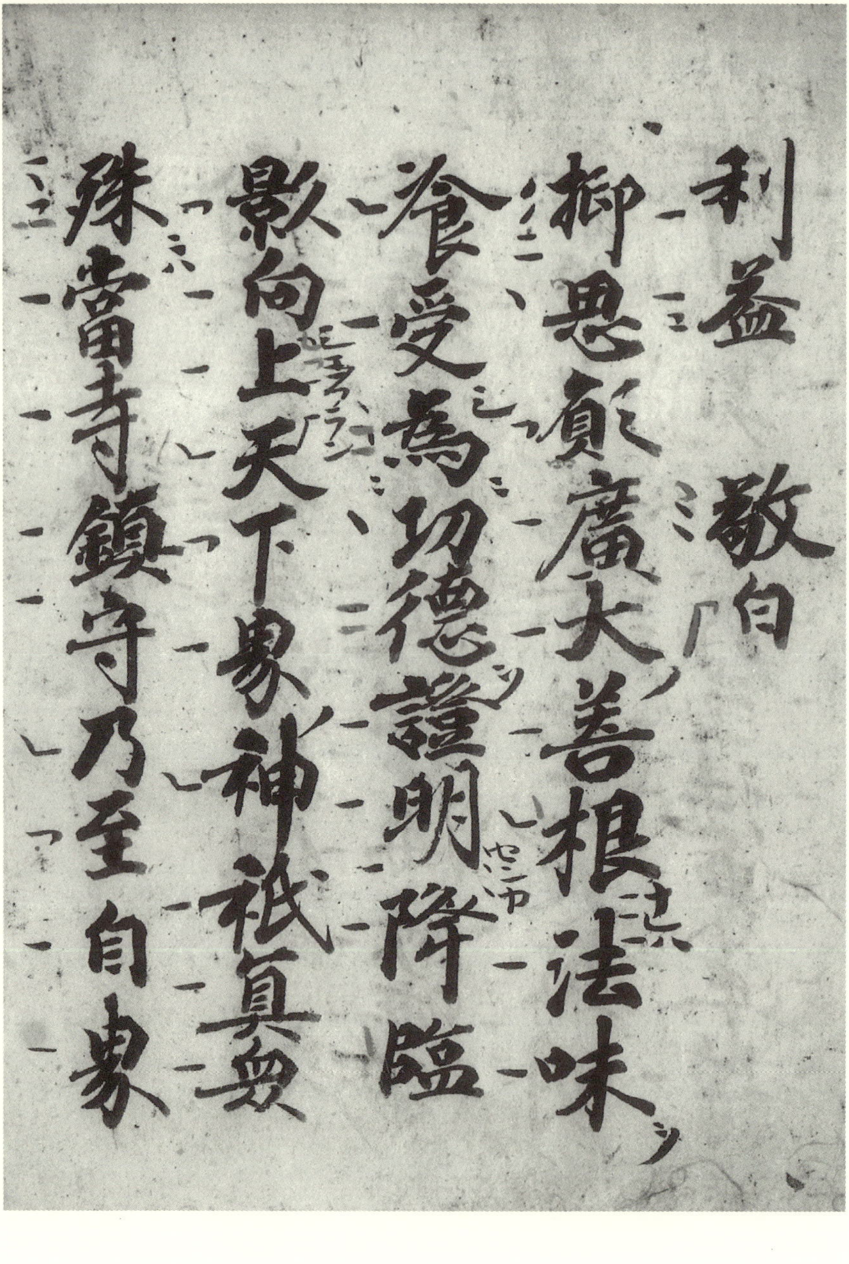
利益　敬白
抑思飽廣大善根法味
飡受為功德證明降臨
影向上天下界神祇冥衆
殊當寺鎮守乃至自界

他方權實二類為法樂
莊嚴一切神分
般若心経　大般若経名
奉始弘法密嚴兩聖霊三

國傳燈諸大師等爲傳増
法樂　广カヒルサナ宝号
奉爲金輪聖皇天長地久
藥師寶号
爲伽藍安穩人法繁昌

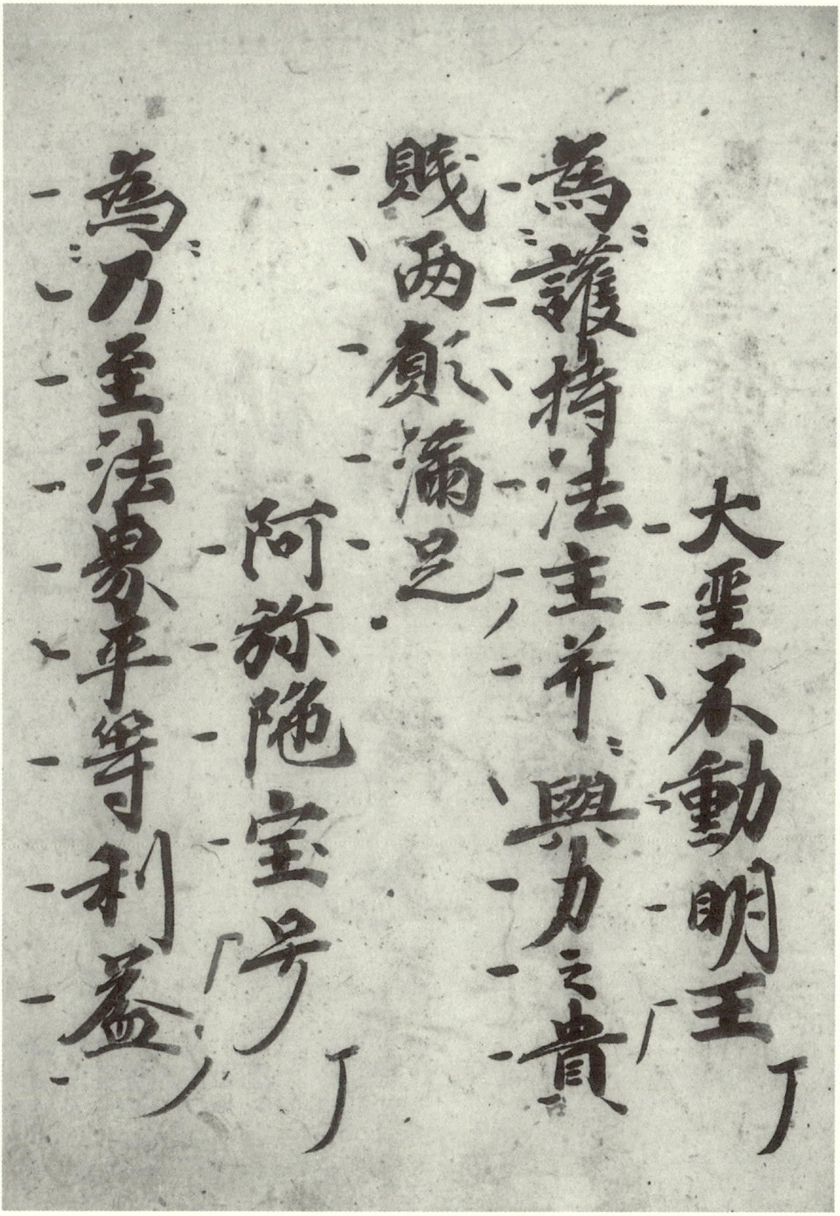
大聖不動明王丁
為護持法主并興力之貴
賤兩願滿足
阿弥陀宝号丁
為乃至法界平等利益

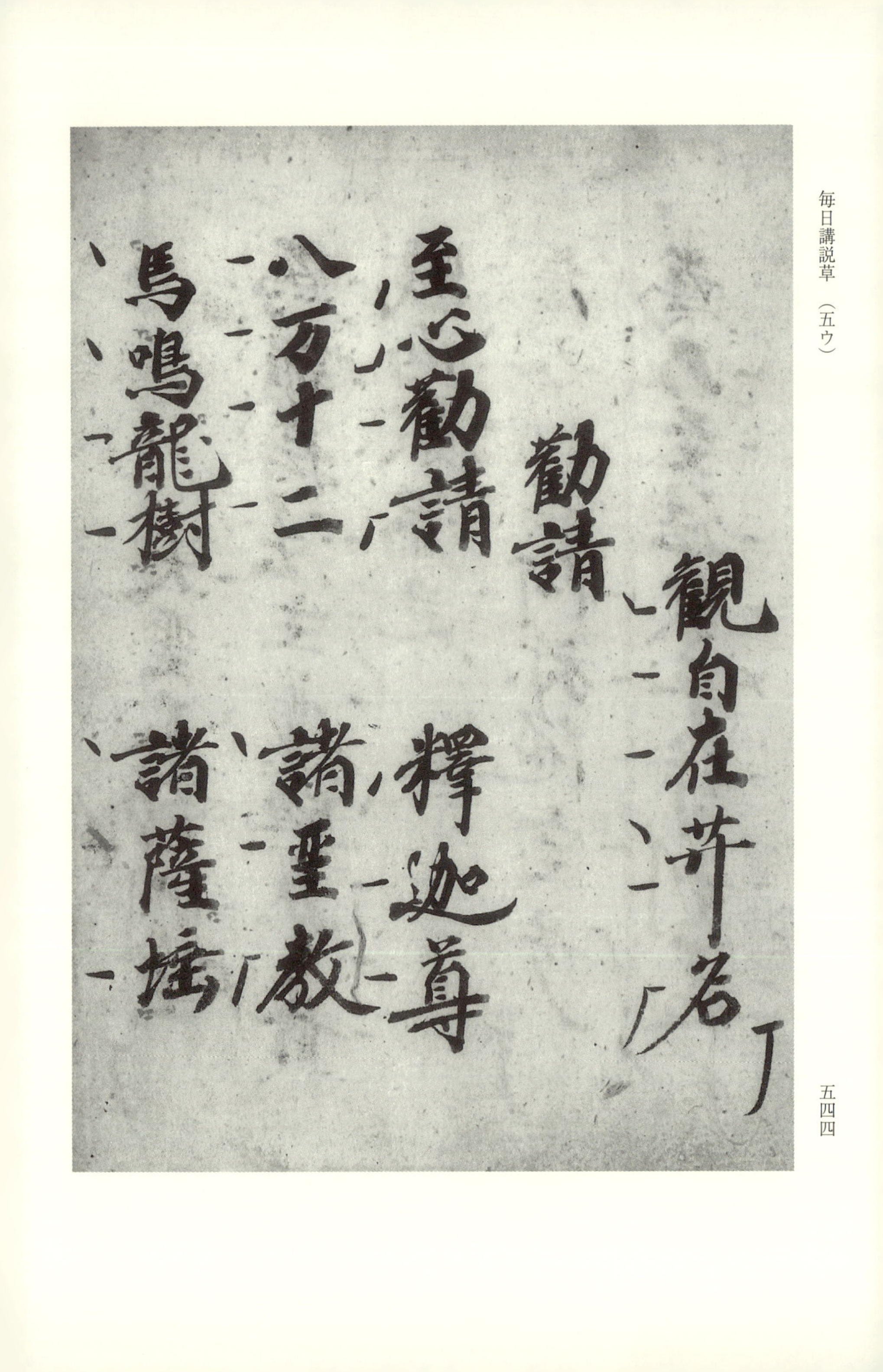

観自在𦬇 丁

勧請

至心勧請　釈迦尊

八万十二　諸聖教

馬鳴龍樹　諸薩埵

迦旃延等諸賢聖
梵釋四王諸護法
證知證誠講演事
至心懺悔无始来
自他三業無量罪

今對三宝
背悲發露
至心皈依
受持菩薩
斷惑修善

十力善
尽艹艹
佛法僧
三聚戒
利群生

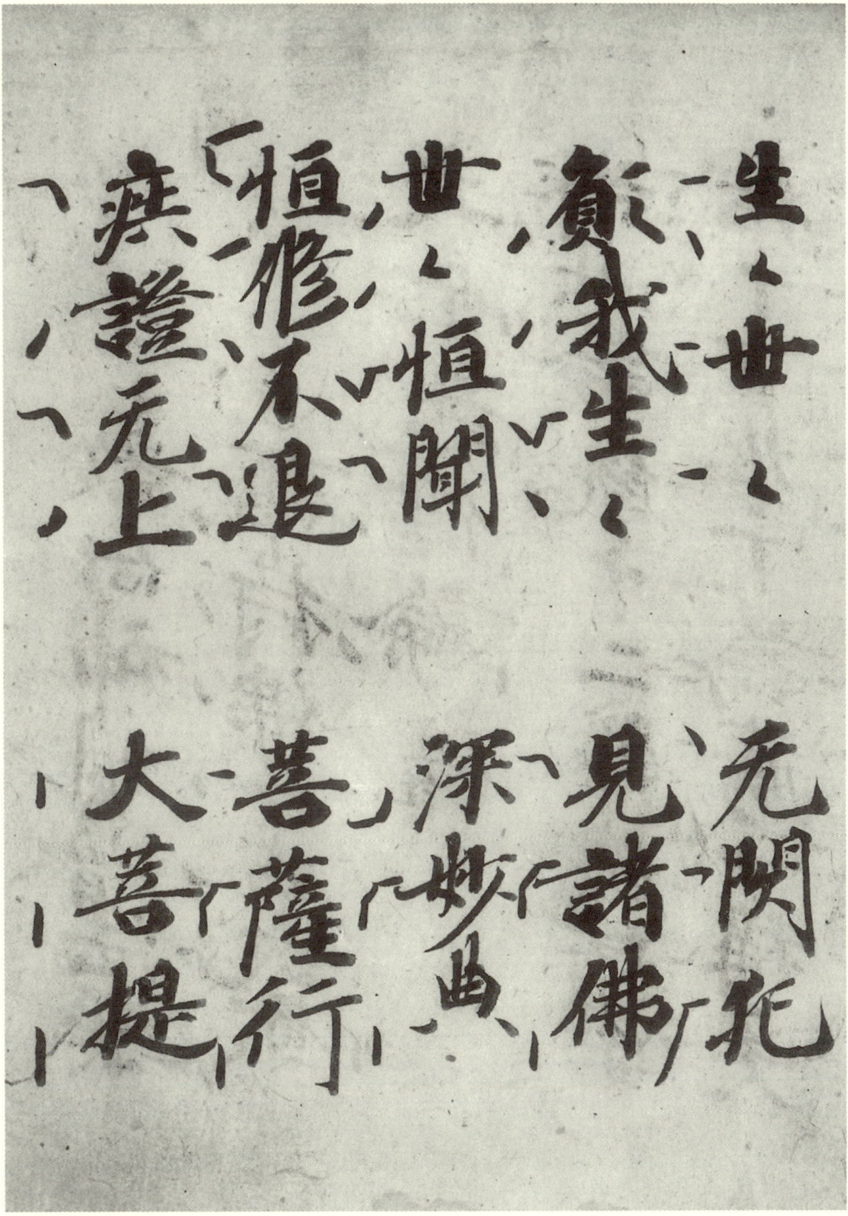
生々世々
値我生々
世々恒聞
恒修不退
疾證无上

无閒托
見諸佛
深妙曲
菩薩行
大菩提

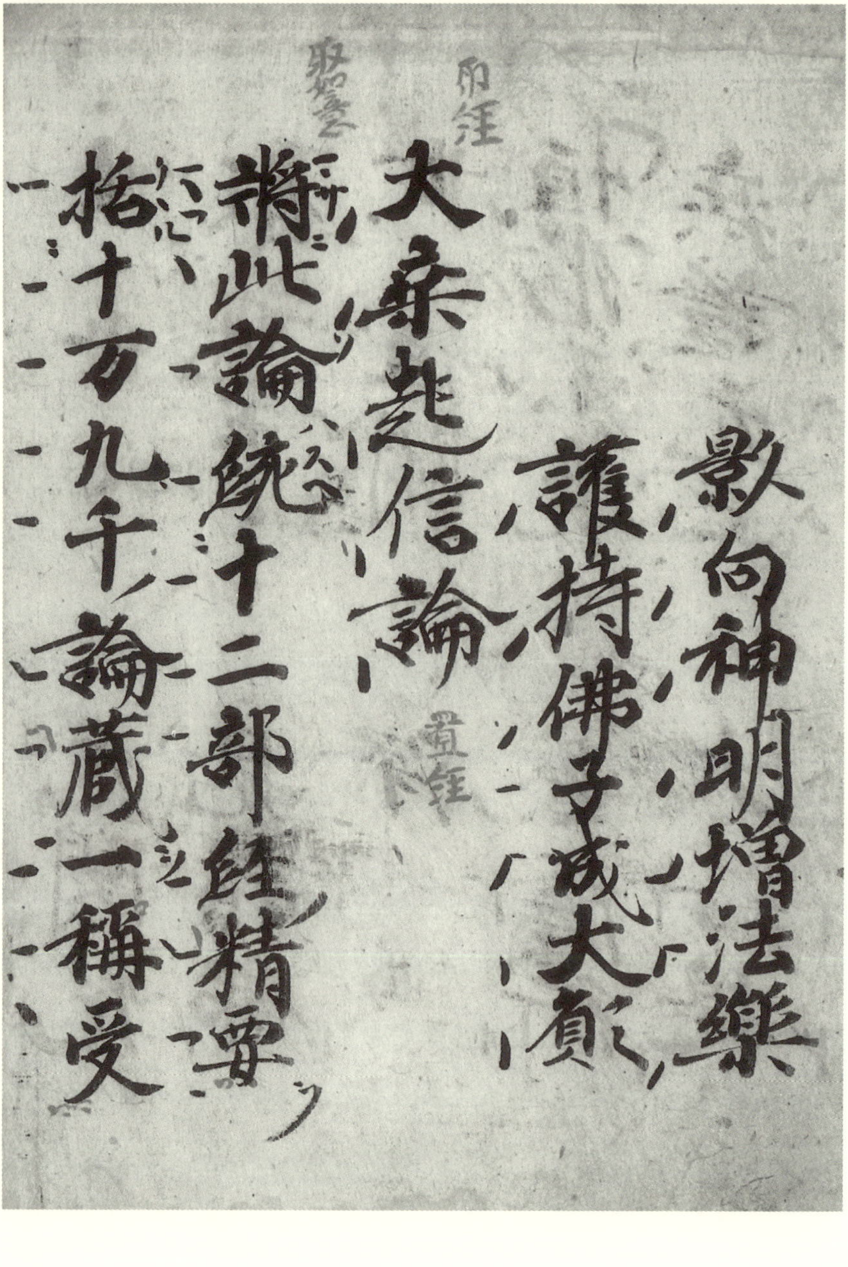
歎向神明増法樂
護持佛子成大願
大乘起信論
將此論纔十二部経精要
括十万九千論蔵一稱受

持功尽百洛叉契経之文
義一念思惟之徳超三千
界衆生十善此大意也次
題目者令運載无上大覺地
故云大乘起信能修信根論

蘭異経律詞故号大乗起信
論後章疑初三頌為序説
分終二頌為流通分中間
五分為正宗分三門概釈
存略此　若尓者　置如意之

一天風靜ニ所ノ
四海波穩ナラン
寺門安寧所ノ
紹隆弥昌ナラン
所ノ又護持法主并ニ助成緇素ノ

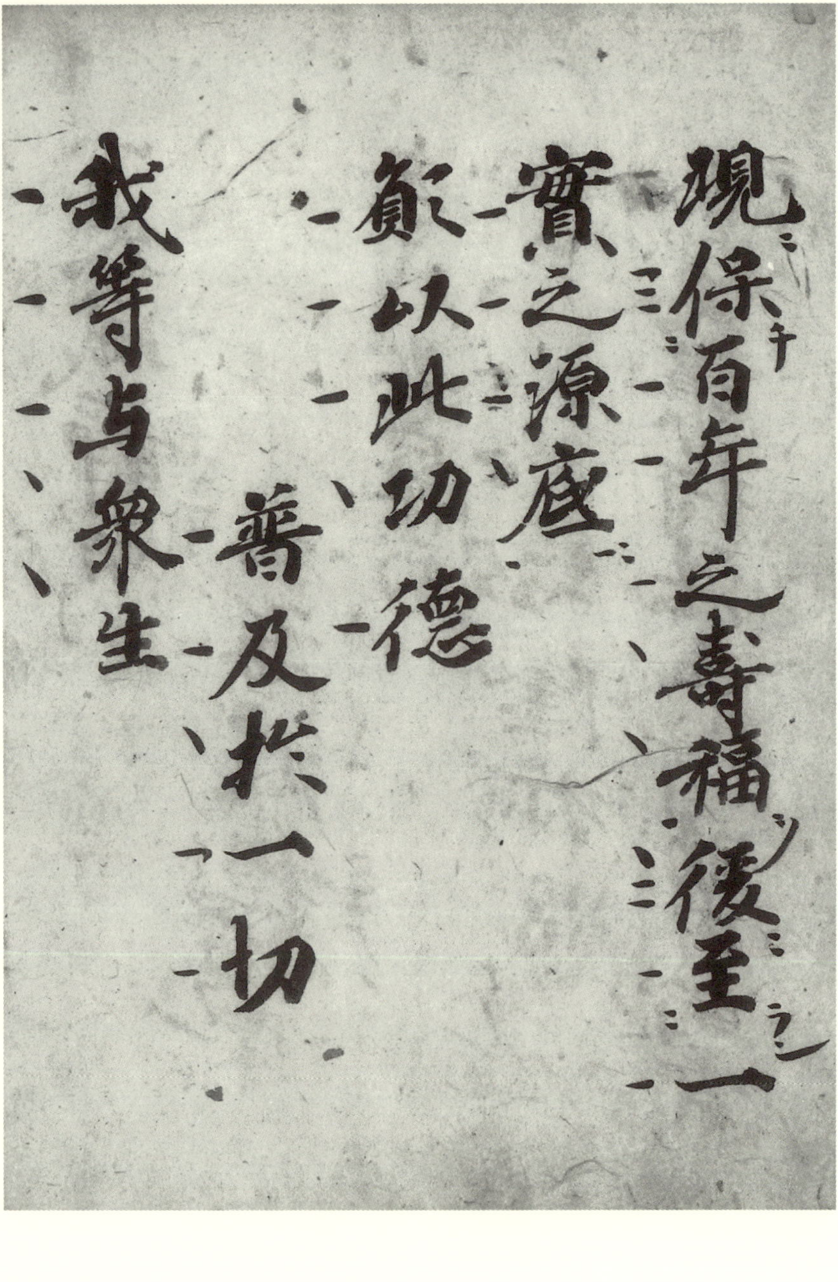
現保百年之壽福後至一
實之源底
願以此功徳
普及於一切
我等与衆生

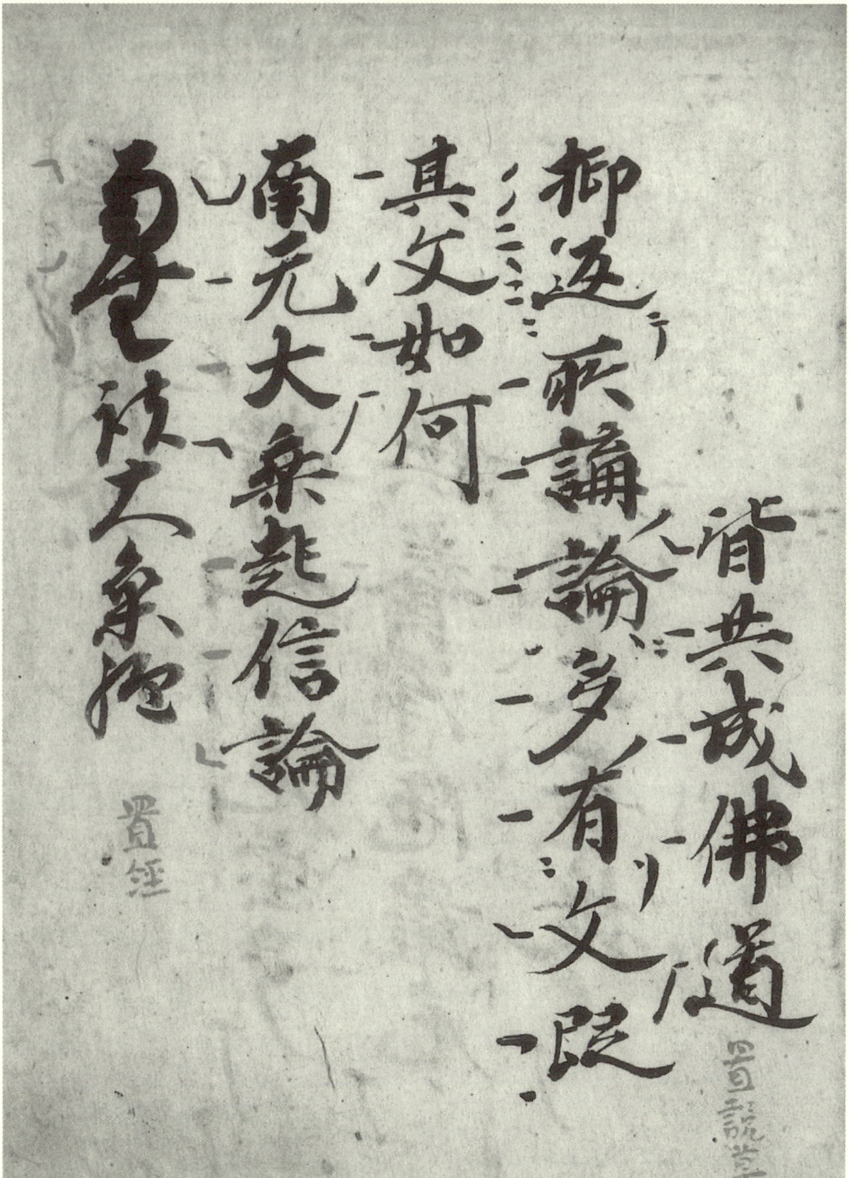
皆共成佛道
御迹乘講論多有リ文證
其文如何
南无大乘起信論
馬鳴大菩薩
置説草
置經

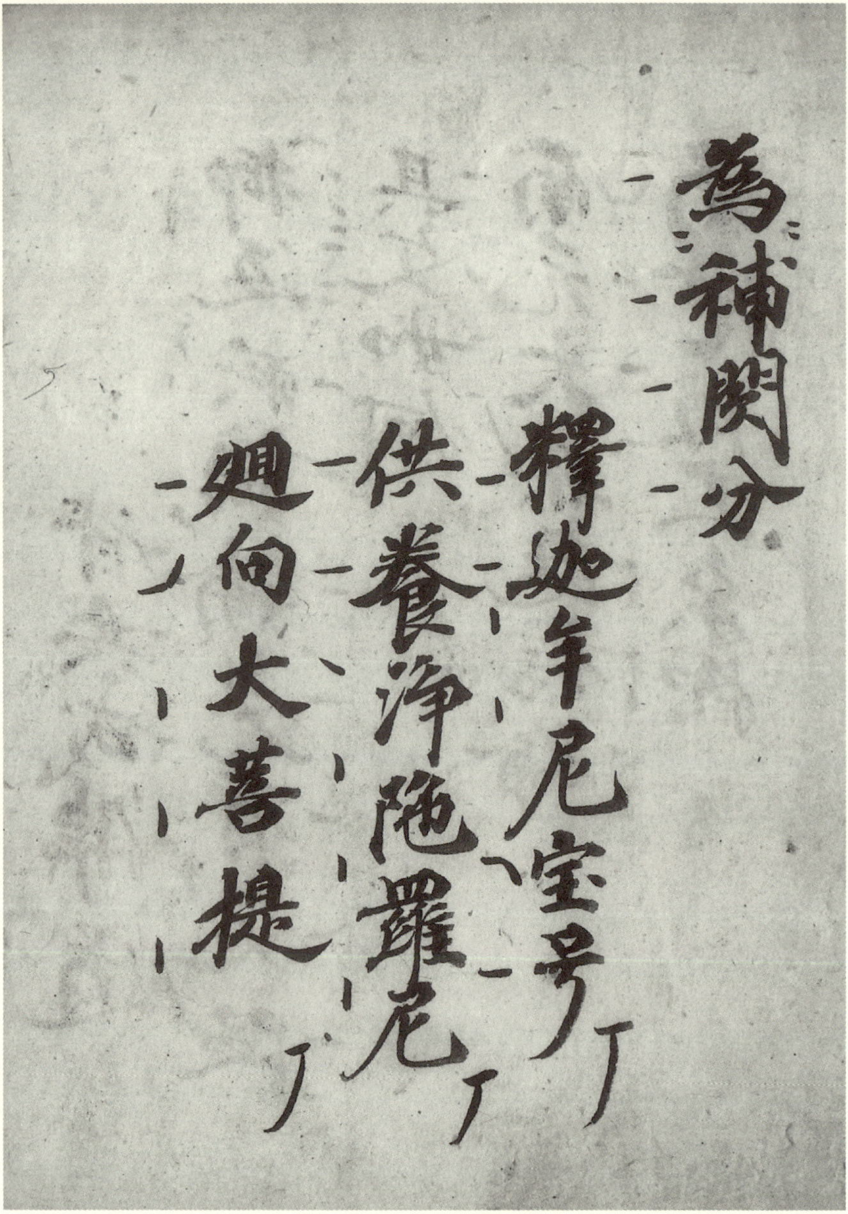
為神関分
釋迦牟尼宝号丁
供養浄陁羅尼丁
廻向大菩提丁

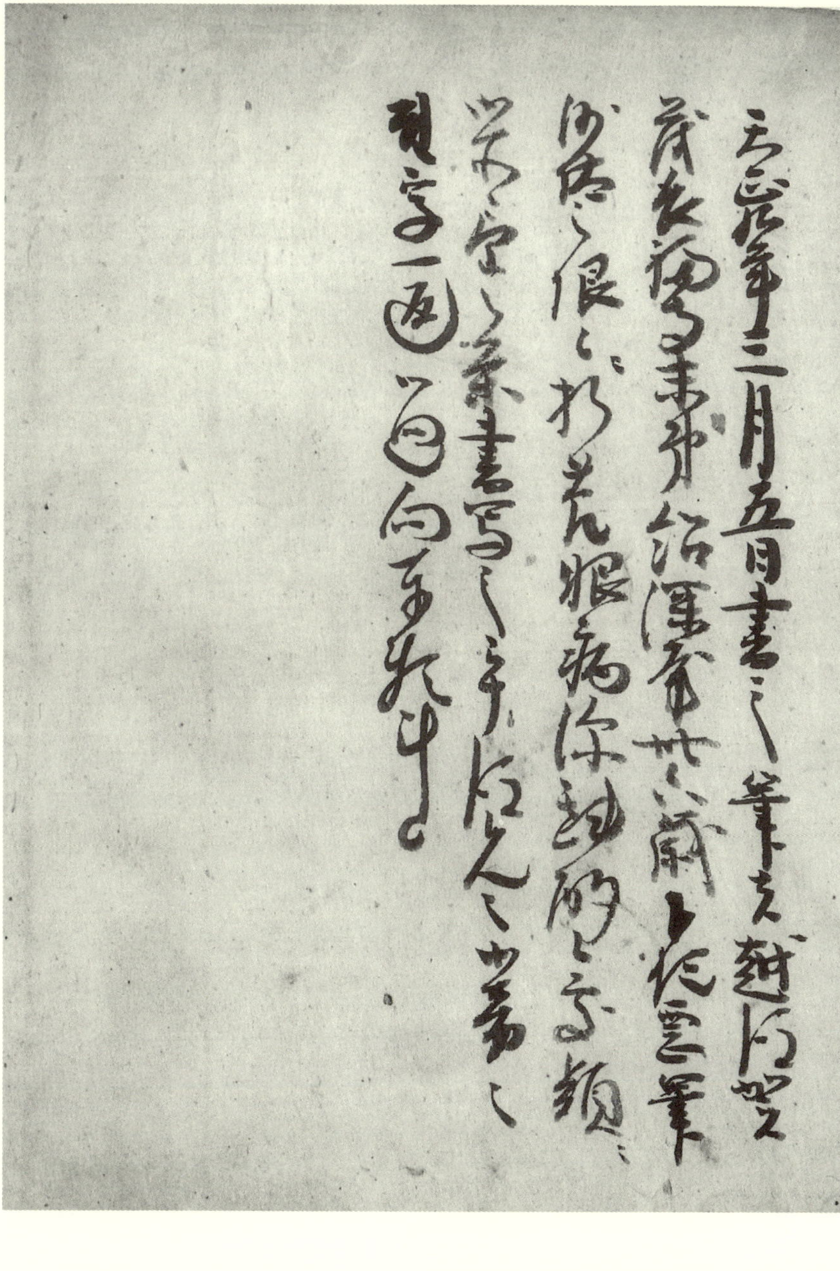

本善寺実孝葬送次第

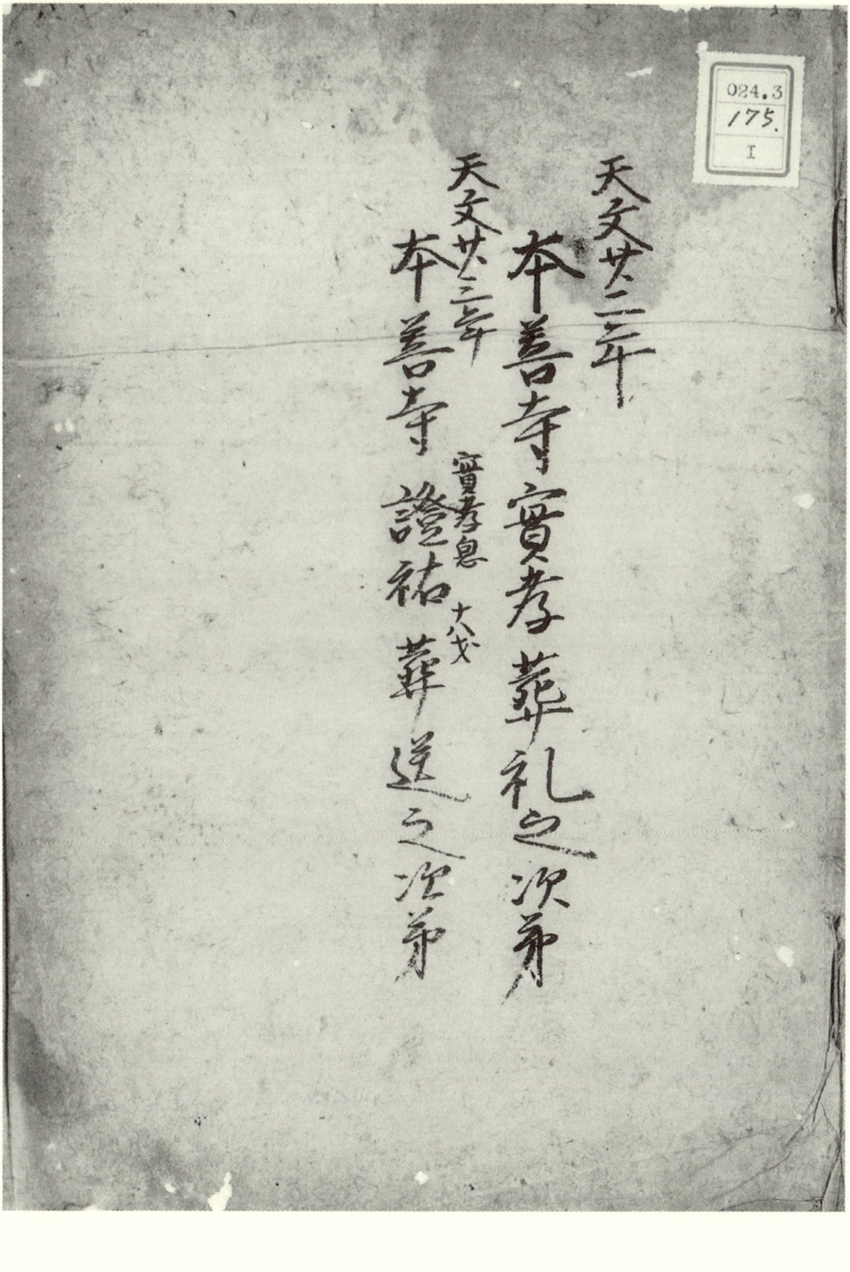
024.3
175.
I
天文廿二年
本善寺實孝葬礼之次第
天文廿二年
本善寺證祐
實孝息
十八才
葬送之次第

138175
6. 28

本善寺實孝往生記

天文廿二年正月廿六日申剋　五十九歳（實孝 諱兼継 蓮如上人八十一歳時御誕生 童名九人若）去年
霜月報恩講ニ大坂殿ヘ参上ニテ、同晦日ヨリ
所労、御坊内ニ御懸作間往生之間也、安置ヲ
懸申（申）ノ御絵念仏早正信偈廿ヽ短念仏ヒキノト
願興寺實従調聲也　證祐 證珍 助音　白小袖　絹ノ
装束云云 廳テ入夜、地下（地）ノ宿雑通所ヘカキ出ニ
早　廿七日ニ沐浴アリ勤アリ　慈敬寺實誓調ノ
聲、各助音出之　次ニ早正信偈廿ヽ讃三首
廻向早　廿七日晩入棺アリ、捕也　棄物ニテ和ノ
為飯貝村本善寺ヘ下向　輿ノ外白紙ニテ八九目縄ヲ
上ヨリ白紙ニテ十文字ニカラケ

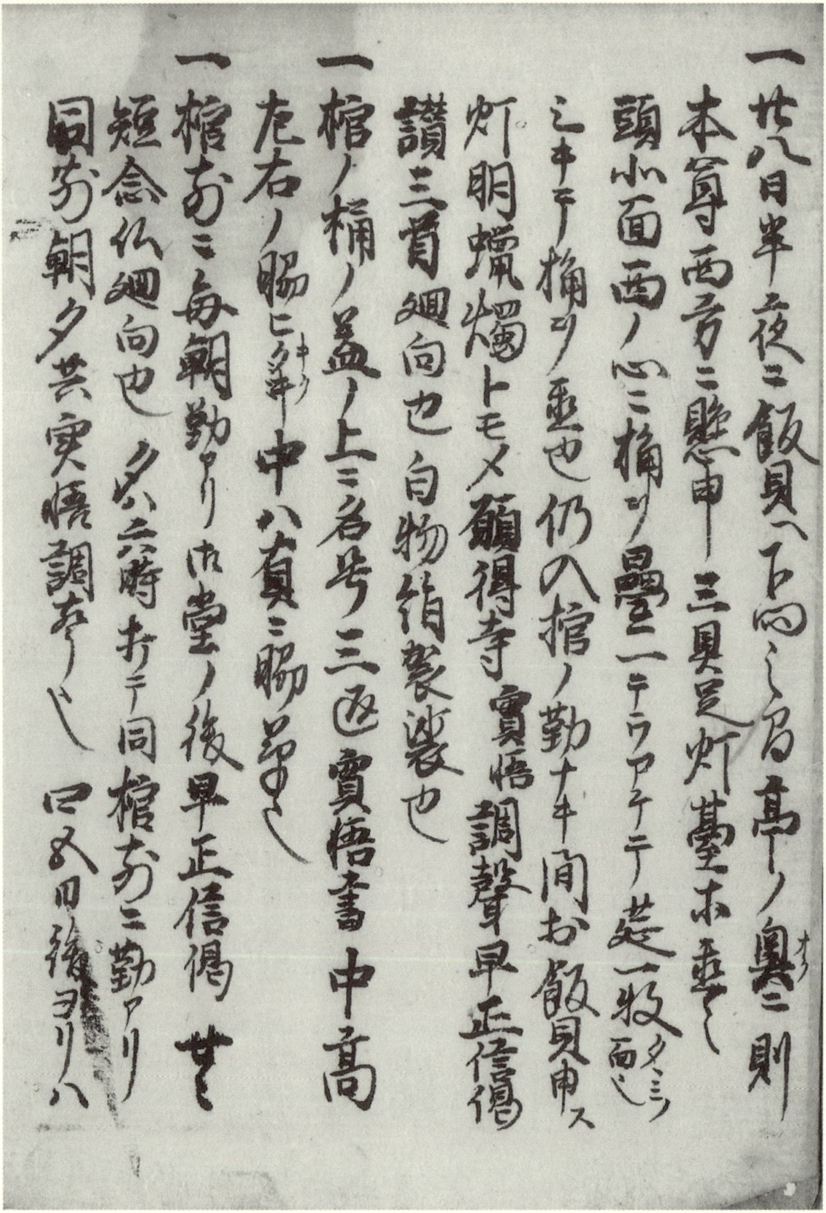

一廿八日半夜ニ飯貝ヘ下向之旨亭ノ奥(オク)ニ則
本尊西方ニ懸申ー三具足灯臺木束之
頭北面西ノ心ニ桶ヲ置ーテウアテテ莚一枚敷之
ミキテノ桶ヲ置也仍ハ棺ノ勤ナキ間お飯貝申ス
灯明蠟燭トモメ願得寺實悟調聲早正信偈
讃三首廻向也白物絹袈裟也
一棺ノ桶ノ蓋ノ上ニ名号三函實悟書中高
左右ノ脇ニ(キサク)中ハ真ニ脇草之
一棺おかニ毎朝勤アリ此堂ノ後早正信偈在之
短念仏廻向也夕ハ六時おイテ同棺おかニ勤アリ
同前朝夕共実悟調声也　四五日後ヨリハ

御文ヲ勤ノ上お棺おヨこやし〳〵
一　葬送閏正月廿四日ト定トイヘトモ息侍従詮祐
依不労延引也、久置ヘキ付テ棺ノ内ニ抹香ヲ入
こ多ニ多ヘテ置〳〵、不臭不損メ妙く、（為法学）薬学ニシヲ
祝指〳〵
一　閏正月十七日侍従安腹アリ下向ニ而名一家
衆下向并御本寺ヨリ為葬送調声人
御堂衆賢勝（法専坊）下向并　行心下向
一　葬礼十年間御堂勤行　等無別儀常住
躰〳〵　（カハル）花束不系之、初七日二七日ニ満日モ勤
行無質級〳〵　かミモ無数物布袈裟〳〵

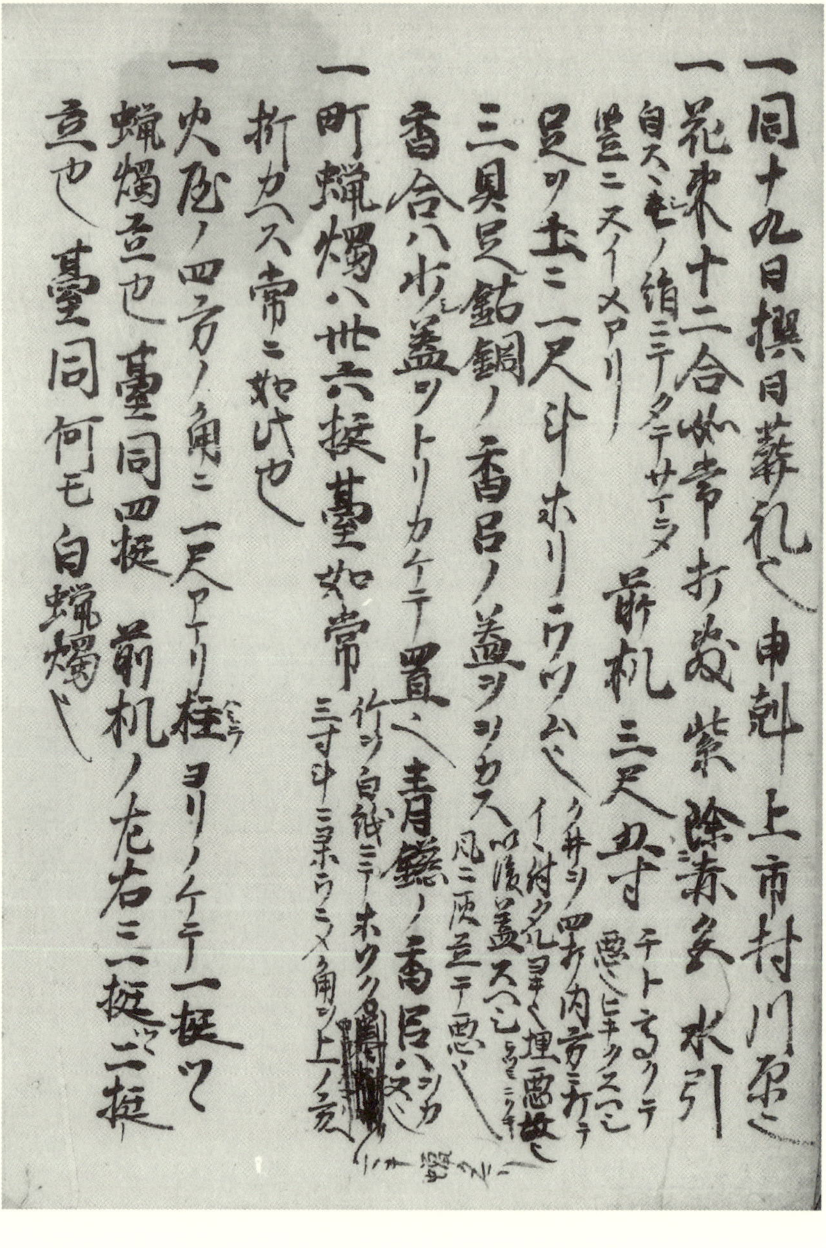

一同十九日撰日葬礼也　申剋　上市村円忍也
一花束十二合如常　於裟紫　除清　水引
白ハ也ノ絹ニテクヽテサイテヌ　前机　三尺五寸　テトヽヽクテ
豊ニ又イ一メアリ也　悪也ヒキクスヘシ
足ヲ土ニ一尺斗ホリ一ワツム也　ク井ヲ四方内方ニ打テ
イヽ付クル　ヨキ也埋悪故也
三具足鍮鋼ノ香呂ノ蓋ヲツヲカス　以後蓋スヘシ
凡ニ成立テ悪也
香合ハ水ノ蓋ヲトリカケテ置也　青磁ノ香呂ハシカスヘシ
一町蠟燭ハ廿六挺　墓壇如常　竹ヲ白紙ニテホウクノ
三寸斗ニ五ホウラヌク角ヲ上ノ云
折カヘス常ニ如此也
一火屋ノ四方ノ角ニ一尺アマリ柱ヨリノケテ一挺ツヽ
蠟燭立也　墓壇同四挺　前机ノ左右ニ一挺ツヽ二挺
立也　墓壇同　何モ白蠟燭也

一三具足ノ花ハ抑ノ作花四本ト云又説アリテ云ハ本
立テ為四本也
一火屋ノ格子カリマキ板屋大サ四間ゝ柱ハ黒塗也
是ハワトケワリテ可纏事之黒キハ見苦之小門ニ開ヒラキアリ
惣ノマワリニ槶カキワトアリ三尺ノ高サ竹ヲ二トオリ
諸ゝ火屋如向ゝ
一調聲人ハ賢勝ワキ寺ヨリ為四堂衆出立モツチ衣ニ同鈍ノ後ワ堂衆絵懸事之不同絹袈裟孝之水精
念珠白緒ノ箭ツ持ル也
一家衆　順興寺實從　願證寺　證淳　慈敬寺實誓
侍從　證祐　願得寺　實悟　五人斗ハモツケ衣ニ浅黄ノ
綾ノ袈裟衣紋白ツ懸ニテ外ハ常絹袈裟モツ

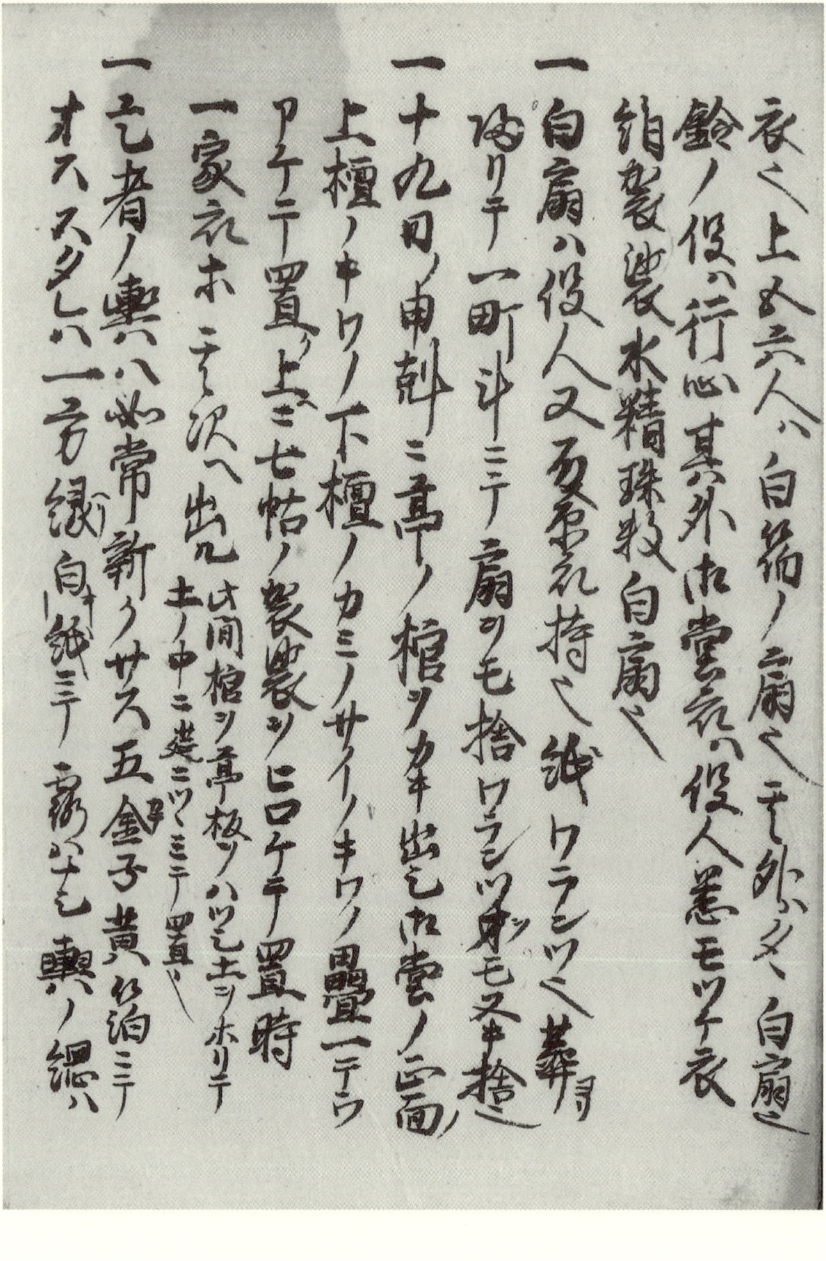

衣之上如六人ハ白絹ノ扇之　其外ハ各々白扇之
鈴ノ役ハ行心　其外淋雲　衣ハ役人悉モツチ衣
鉑袈裟　水精珠数　白扇之
一白扇ハ役人又ハ各衣持之　銭　ワラシツヽ　葬ヨリ
帰リテ一町斗ニテ扇ヲモ捨　ワラシツヲモヌキ捨之
一十九日ノ申刻ニ亭ノ棺ヲカキ出之　淋雲ノ面ノ
上檀ノキワノ下檀ノカミノサイノキワノ畳一テウ
アケテ置ク上ニ七帖ノ袈裟ヲヒロケテ置時
一家衣ホニテ沢ヘ出之　此間棺ヲ亭板ツハツシ土ヲホリテ
土ノ中ニ造ニツヽミテ置也
一輿者ノ輿ハ如常新クサス　五金子　黄紙泊ニテ
オス　スタレハ一方綠　白キ銭ニテ　二方ハ土モ　輿ノ網ハ

布一ハヽミテ如常　二筋式度ノ輿ハ板ノ赤キニテ
サス不可然　白板ニテサスヘシ之　輿ハカキ四人ハ
道衣衣ニ帯ヲ白布ニテ主クスキヲアケ白袴ヲ
着テクヽリヲハル　輿ノサスクリヲソメ　途中ヲカク
役人ハ　輿ヲ正面ノエンニカキスヘテ置テ勤アリ
下檀ニテ調聲人ハ　賢勝　鈴ヲ如常二ツ打テ十四行偈
ヲ始ム二重アカル之ハ短念佛五十返　廻向メ各立テ庭ニ
出テワラシヲツヽハク時ニ応営衣擔ヲカキテ縁ニ
輿ノ上ヲ後口ヘツヽシノケテ擔ヲハルヤウニスル之ハサテ
輿ハシコシラヘ　[illegible]鳳ヲオロシテ　輿ヲカキニシサラカシテ
庭ヘカキ出シテ脚コシノ[illegible]各輿ヲ持カヽヘテ侍ル間ニ

堂前ニテ各肩ヲヘル也

一腰コシノ衆ハ裏衣着タル侶人下間治部ヲ始

實孝召仕ハレタル衆六七人モ輿ニ付之輿カキ四人

同おく〳〵其外ノ衆ハヨラス

一肩ヲ入ル人数

一番 前 順興寺 實従　後 侍従 後住 證祐　二番 前 慈敬寺 實誓

後 願得寺 實悟　三番 前 式部 賢勝　願證寺 證淳

四番 前 常楽寺 證賢　後 光善寺 實玄　五番 前 勝林坊 勝恵

後 一位 證携　六番 前 毫攝寺　後 願行寺 勝心

七番 興正寺 證秀　此番十年召毫攝寺肩ノ召、

カケラルアト肩ヲカケノ二足三足ツヽアユミ行テれ云々

門内ヨリワキワキテ行く　其後四人ノカキテカキ行之
杉ワキ輿ノ左右ニ付侍ル之
一肩ヲカケラレテ後ハ須興寺弁侍従ハ依病氣無窮ニテ
川原ヨリ前ニ被越テ待レ侍ル也
一桃灯ハ四ツ白ハル　亡者ノ輿ノ前ニ色衣着メ小法師上毛
持之　火屋ニテハ前机ノサキ　火屋ノ前四本ニ竹ノヨツ
手ノ井ノ拵ホソテ置テヨシミサヒオクサキヨリ
火屋ノ方ヘカクシツケテ置サス　竹ハ土ノ中ヘ入ヘシ　式
度　式竹土ヨリ上ヘ長クアカル悪シ　イカニモヒキクスヘシ
去上一ハイニスヘシ
一道中ノ次第　一番ニ女房輿ハ早クサキヘユキテ待也
次捧持タル花数善圖　四五人　次ニ調聲人　賢勝

次ニ鈴ノ行心　次ニ一家衆　次ニ同宿衆　済々云之
次ニ桃灯　次ニ乞者ノ輿　烏帽子裳衣俗人　次ニ烏
帽子上下ノ衆　次ニ中間小者已下雑人々
一将念仏ハ葬所ヨリ一町アマリコナタヨリ始ル　三遍ツヽ
オホナ終ノ二ツオシテ始ル　火屋ノキワニテノ留ハ調声人
賢勝也　火屋前ニテ可申也
一太刀ノ袋ニハ侍従ノ人ヲ被持せ候也　下間
源衛門持之　袋ハ生絹ニテ　スイテ太刀ノ中ヘ入
引クヽリ之　甲金ノ外ニテ一結ス　太刀ノハ常ノコトク
主人ノ又ハ左ノ後ニ持之候　此儀可為本事也　武家ノ
世上ノ人ノ持コトク　以後ハ可被心得事也

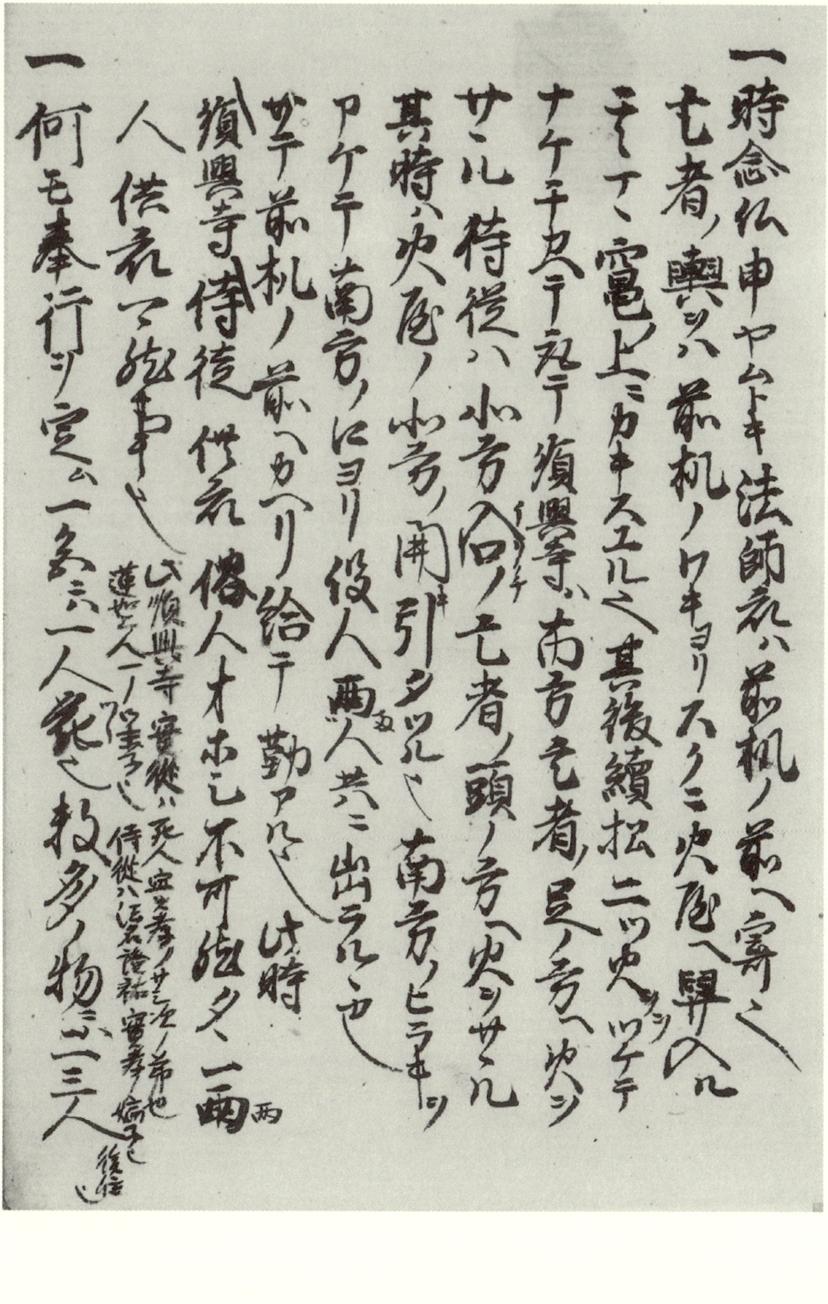
一時念仏申ヤムトキ法師衣ハ前机ノ前ヘ寄之
亡者ノ輿ヲハ前机ノワキヨリスクニ火屋ヘ舁入ル
其マヽ竈上ニカキスヘル之、其後續松二ツ火ヘツケテ
ナケテチカヘテ投テ須興寺ハ南亡者ノ足ノ方ヘ火ヘシ
サヽル 侍従ハ小者ヘ向ノ亡者ノ頭ノ方ヘ火ヘシサセル
其時ハ火屋ノ小方ノ開引シテル、南方ノヒラキヲ
アケテ南方ノ口ヨリ役人両人共ニ出ラルヽ也
サテ前机ノ前ヘカヘリ給テ勤アルヽ 此時
須興寺侍従 供衣 僧人オホシ不可然欤 一両
此須興寺實従ハ死人並実孝ノサヽ此ノ弟也 蓮如上人ノ十一ノ息子也 侍従ハ法名證祐實孝ノ嫡子也 後住
人 供衣可然事也
一何モ奉行ツヽ定ム一無ニハ一人 兼ヌ 役多ノ物ニハ二三人

在之

一 両東ハ本善寺衣慈裏衣之（イロ） 順興寺ニハ衣同前
其外ノ衣ハ烏帽子上下之 願徳寺ノ者ハ当寺ニ居乍
召裏衣ヲ着替侍ル也

一 女房衣ノ輿又ハ何モ裏衣之 次ノ二丁ハ烏帽子上下之

一 女房衣ノ輿ハ一掛ニ 亡者ノ息女 二掛 願行寺
女中（実孝杉子） 二掛 実孝 愚息兒 弐三丁ノ跡ニ加召ツ
ツキテ 扇（ツキ子）（九乳）実孝 跡ニ端（ハシ）下向 涙尸座内 此時 実孝
輿ヨリ出テ焼香又ハ中之 准拠時宜ハムツカシキノ
間以讃合 各ヤトメ已不焼香 女房ナトノ躰ニテ
留之 為寿出立ハ裏衣ヲ生絹ニテ長絹（チヤウケン）ノ如クメ

着ス　家ニテハ紙ヨリ〳〵鬘ヲハサケテカケモツトヒニテ
白物ヲ着スル也
一輿ノ前ハ勤ノヲハリニ鈴ノ時ニ法衣ヨリモ前ヘ出ル
一忠ツ拵セヒシノヘテ調聲人スヽミ焼香アテ帰ラルレハ
鈴ノ役人ヘサシラウツテ是モ終ノ二ツヲテ正信偈
早セテ出サル　一重アケラル　但アミリ高ニ　高時ハ高上之　終リニ鈴如常メ
短念佛五十返計　其ハ時廻ニ侍従スヽミ焼香アリ
ミヽ次ニ　順興寺　願徳寺　顕證寺　慈敬寺
武部以　光善寺　常楽寺　二位　勝林坊
願行寺　毫摂寺　興正寺　各面々ニ香合ツフト
コロヨリ　一丸出メ焼香アリ一ヒ子リ二ヒ子リヽメサテ

香合ノ蓋ヲメ懐中メ一足二足ニサリテ尊踞メ
退ニナリ 其時扇ヲハ次ノ人ニアツケラルヽ人モアリ
腰ニ挿(サス)人モアリヽヽ サテ鈴一打テ三重ノ念佛ヲ
調聲人出サル讃一首ヽ高讃也
无始流轉ノ苦ヲスヘテ、萬讃ハ五濁悪世ノ
有情ノ也 ヤカテ廻向メ如常鈴打ノ繰(シメリ)テ各
帰ヽ
一 葬ヨリ帰時一町斗打テワランツモ又ヰ捨 扇モスツルヽ一處ニハ
コシカラワツヲ其時ハカセ申ヽ帰テハ流雲傳ノ縁ニテ各足ヲ
アラフヽヽ又捨ル ワランツ扇ヲハ一処ニ集テ火屋ノ穴ニ入ヘト云ヽ
一 葬ヨリ帰リテハ勤ナシ

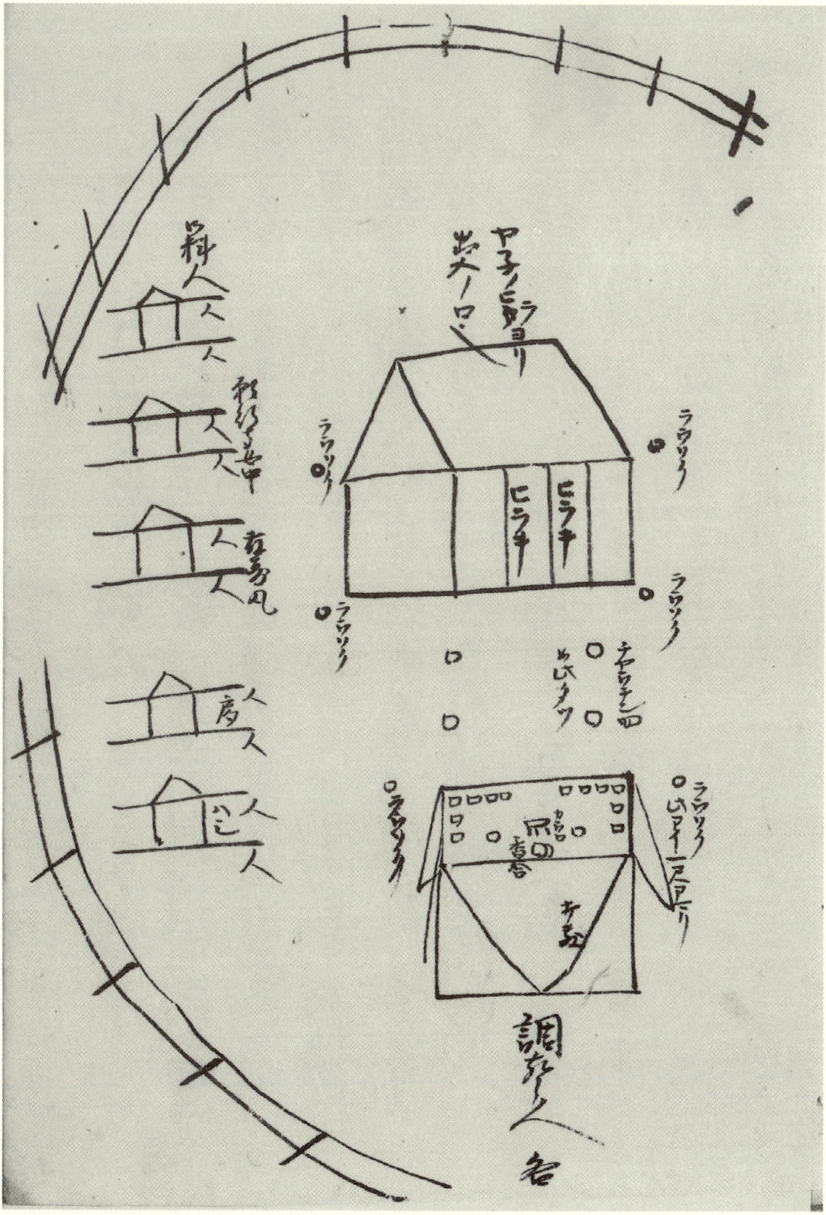
ヒラキ
ヒラキ
ラウソク
ラウソク
ラウソク
ラウソク
ラウソク

葬送ハ廿九日申刻

灰寄

一卅日卯刻ト時取也、雖然ノヒテ辰刻也
一拾骨時各ノ出立同前也、途中ノ烈行も同、扇ハ
常ノ金三ケ年ノ末ヒロ也、藁コシカワ也、御堂ヘ集テ
其ヨリ殿ヘ行也、前机ノ前ニ各立テアリ、侍従
須興寺西ノ両取ハ、机ノ脚ヨリ火屋ノ内ヘ、前ノ方ヨリ
入テ、北ノ方ニ両ヨリ向ノ戸ヲ開テ、同宿、龍専
骨桶持テ供之、両取拾骨以骨又歯之桶ニ入テ
龍専持テ後ノ門ヨリ出テ、両取同前ニ依テ
龍専桶ヲ机ノ上ニ香炉ノ廿キニ置也
一机ハ此昨日ノ葬ノ花足ナキ也、花ハ樒一本也、其外ハ

同前なり　蠟燭又同昨日所蠟燭ハ大さ火皿ノ四方
燭モナシ　机ノ脚ハ二挺アリ
一　桶（骨）ハ丁ワリハ九寸計高サ四寸計ニメ白キ紙ニテ
ハリテ上ヲ生絹（すゞし）ニテツヽム　一ツ四方ノ絹ニ桶ヲ
亀ノヤウナル物ニスヱテ持也　置時ハ臺ヲハ外ス
一　拾骨ノ箸ハ竹ト木ト也　二膳ヲクノ持処ニテツヽム
一　桶ヲ机（卓）ニ佛供ヲ置所ニ置テ調聲人スヽミ燒
香メ退ク時サヽワヲハ不打メロハニツ打テ勤ヲ始ル
如ニ葬礼ノ時ニ各燒香アリ　如ニ葬送時ノ又ヽ人多召
正信偈せヽ中終ヨリ燒香アリ　次第ハ如昨日讃ハ
寄讃

一内時拾骨ハ龍専持テ調聲人ノ前ニ渡ル　此儀
如何惣衆ノ中ニおイこハリテて能之由　圓如之流
時ノ作也

一内テ拾骨ハ御堂ノ本尊ノ御前ニ香炉ヨリ奥ニ
スヘテ蝋燭本ノ用ノ　御前ニトモス　各座ヨリ直ニ如常
勤座ニ着テ勤行アリ　正信偈　長讃三首　廻向之
其外ニ勤ナシ

一廿日朝勤ハ如常住　色文物着　布袈裟之　同日齋ヨリ中陰始之
拾骨　収テ
骨収サヨリ始ル義也

一中陰ノ間ハ高下也　調振　本尊懸申ノおなし　此等也　除斎参ッ
三具足鍮銅花束六合如常　今六合用之ニメ置テ　但宗ノ
人本ニハ　本尊ノ御前ニ可置之　てる　十二合之

花ハ樒一本立蠟燭ハ白シ燈臺白新ニ置之
仏器ハ土器三度高臺別ナシ香盤ノ上ニ置朝暮テハ
饗テムネニ置ツムル之
一中陰之間ノ押板ノ脇ニ女房衆聴聞ノ方ニ御簾
二間カクル
一花束ハ一七日不斗テモリナツスヘ
一御堂ハ如常花束二合ツヽ本ー開山ー両尊ヘ参お敷ー
斎日中サヽヨリ鐘ナリ逮夜モ同日中ハ常ノ勤行ー
さて逮夜ト朝勤ニハ礼文ノ前ニ讃嘆賢勝
日中ニハ礼文モナシ御堂ノ勤ハ調聲須興寺時ニハ
侍従為住持ニ勤ヽ顕徳寺ト或ハ一両度

調聲〻依遲留也
一 中陰ノ間ニテハ日中ハ經一巻短念佛廻向ホ文ナシ
逮夜ハ正信偈クリ〻　讃三首廻向ホ文　則
調聲人ハ讃之朝ハ正信偈早セテ　讃三首ホ文同
讀ス調聲人ハ各讃〻讀之ツ須興寺　侍從
願得寺　顯證寺　慈敬寺　光善寺　[illegible]也
一 廿九日周正月ヨリ　實孝影下ル召本尊ノ左ニ
懸申右ニカクルハ後ニ影カクル間本尊ヲ後ニ成申召
如此也　其日ヨリ本尊卓ツ置打敷ニ花束二合
如常ナル餅斗乗ニテ　實孝影ニハ卓ナシ如此ニ為
花束六合モリナホメ乗ニテ置〻　三具足餝召也

可施鍮銅花瓶本尊擬一分也　仏器ハ本尊
同土器三ケ為之乎々燈臺アリ　如本尊可有比之
一中陰中齋　汁二菓子五菜又　非時　汁二菓子三菜三　相伴衆齋卅
人斗　非時ニ廿人斗　但不定事之　二七日雖可
有之　依日柄悪　一日不足ヌ　閏正月廿日ヨリ二月
三日迄十三日分在之
一従御本寺下向ノ賢勝　法事場并行心　齋
非時相伴ニ被出候
一仕上ノ日　三日ノ日中ハ中陰之間ハ大經一巻并阿
彌陀經一巻ツヽヘラル　次ニ正信偈ハカセクリ引讃
三首廻向世尊我一心等　其後祀衆打成元

拂ル堂モ花束打敷ツノ丸上也

一同三日ヨリ晩ニ實孝影御堂ノ脇押板ニ脇ニ
懸申燈臺三具足ツカルヽ也

一同日ヨリ中陰之間本尊其マヽ置（オキ）中三具
足燈臺ハカリニテ朝ト晩ノ六時トニ正信偈世
短念佛百返廻向アリ此文則調聲人ヨミ申
朝ハ此堂ノ後ヽ常住ノ出立ヽ夕ハ勤ノ後夏衆
衣ホ改悔ナトアリ式朝夕ノ勤ハ侍従一身ノ
為斗ヽ　四十九日ノ朝ハ蠟燭ツトモシ正信偈早
讃三首廻向也　日中ハ無之　四十九日晩
本尊巻キ申　荘厳取拂

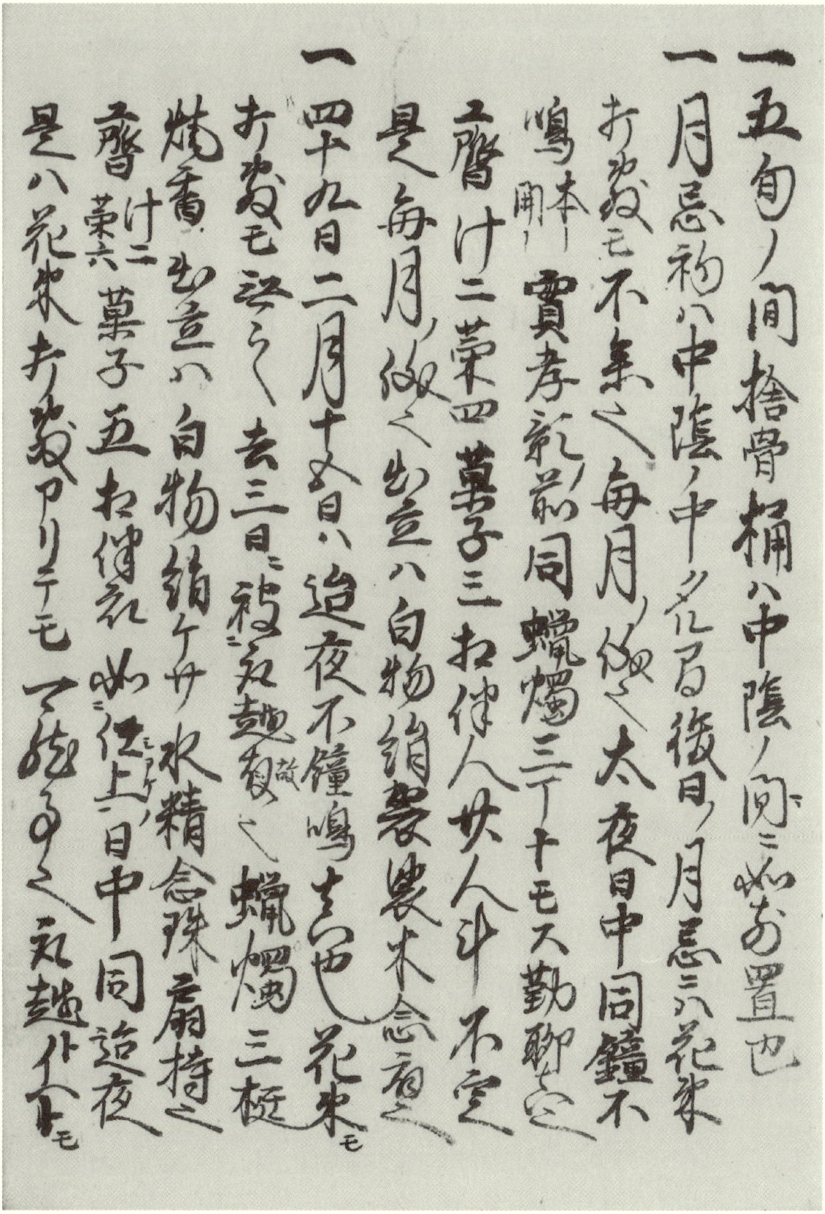
一五旬ノ間捨骨桶ハ中陰ノ間ニ如此置也
一月忌初ハ中陰ノ中タル後日ノ月忌ニハ花束
おかさりモ不来之毎月ノ儀之太夜日中同鐘不
鳴本ノ用ノ實孝前同蠟燭三丁十モ又勤聊之
一斎汁二菜四菓子三相伴人共人斗不定
是毎月ノ儀之出立ハ白物絹袈裟衣木念珠扇之
一四十九日二月十九日ハ追夜不鐘鳴之也花束モ
おかさりモ如之去三日ニ被取越故之蠟燭三梃
焼香出立ハ白物絹ケサ水精念珠扇持之
斎汁二菜六菓子五相伴衆如先上ニ日中同逮夜
是ハ花束お殺アリテモ不被取之取越ナレトモ

一　諸宗共ニ　四十九日ハ　墓ニ　花束以下在之、
百ケ日　四月六日　毎月六日　齋在之、諷誦、
母儀明日ハ、仍毎月依ハ　五日ニ被執行之、
五日逮夜　正信偈長勤之、鐘不鳴　花束
於殿本―開―實孝二合　飯六合之、
六日朝日　日中同如四十九日　齋汁二菓六　菓子
五ツお伴人如四十九日　出立モ同

同宵　中陰之間　斎　非時之事　以人々被来
ミ被伺之

廿日斎　汁二菜五　菓子五　称得寺　顕證寺　慈敬　教行寺　同二位　式部卿
本宗寺　堂楞　光教寺　[illegible]　[illegible]衆トメ　実孝

同日非時　汁二菜三　菓子三　十六日衆　本善寺内衆

廿一日斎　汁二菜五　菓子五　十六日　同　奈良衆　本宗寺門徒衆

同非時　奈良衆　本宗寺門徒衆并九条寺衆　行心門徒

廿二日斎　興正寺

同非時　山村時監　同弟掃部助　与市郎
同弟与市

廿三日　飯貝式部　浄覚門徒衆

同非時　上市　[illegible]　門徒衆

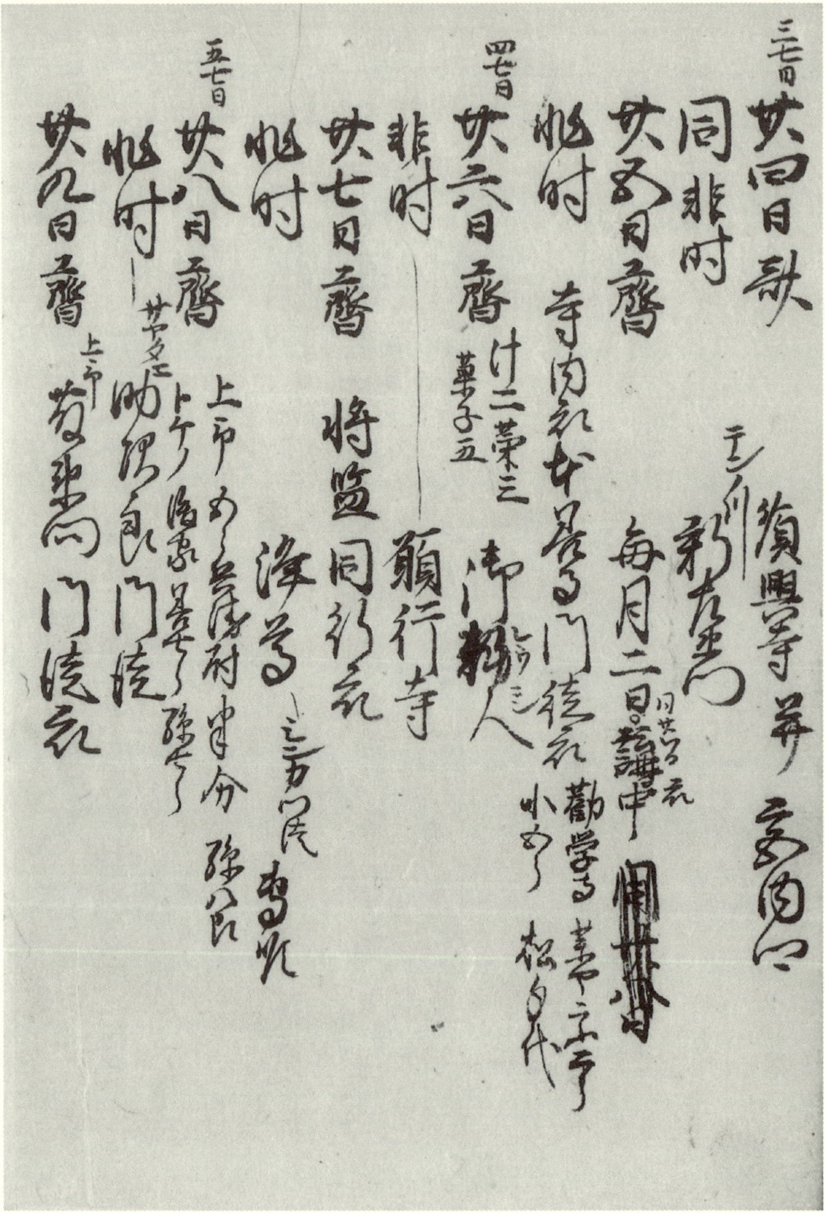

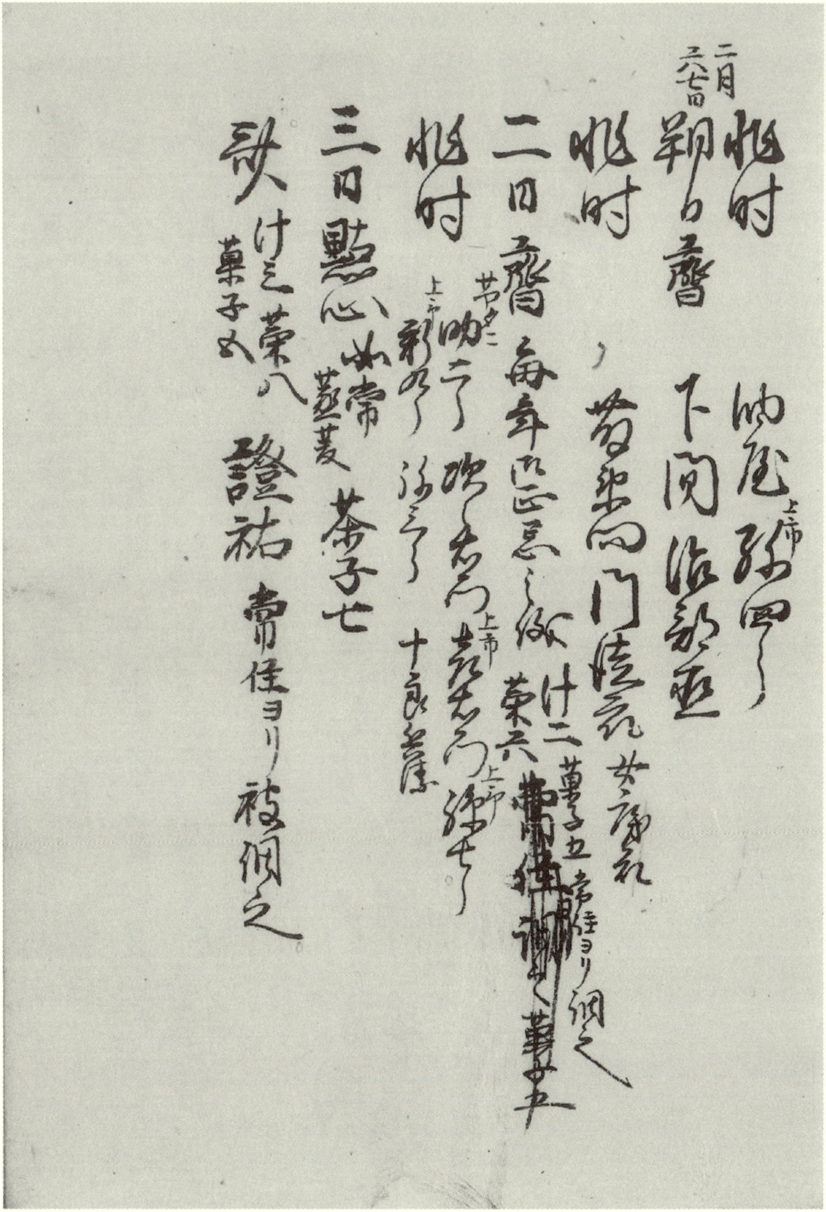

一葬送ノ時他宗ノ出家ノ人導師ニ三乱諷経アリ

セラレテ二八則沙汰ニ可被仕候一人ニ付

布施ツツツカハス之　坊主ト云僧ト人数ニ多

カヒキニ号ヲ布施之

一侍従證祐　三月十二日被来　大坂殿ヘ同

十八日実孝志斎被下云々　け菓子

如常引形見物共被進上也　治部卿下る

国十八日晩ヘ道進

天文廿三年甲寅四月十七日　午剋終
本善寺證祐　往生　十八歳　自去春在京洛雖有醫療不叶ノ三月廿八日下国如是
一往生之後一時ハカリアテ臨終ノ念佛　在之　往生ノ時
正信偈せて短念佛　百返斗廻向早先往生ノ時
枕方ニ本尊ヲ懸テ卓三具足ヲ置燈臺燈
明ナイラせ焼香メ念佛始ム顯得寺實悟　調
聲出立如常候也
一入夜沐浴アリ如常　白帷子ノ新キヲ着去　白
ハタノ帯メ衣ヲ着布袈裟ヲカケサせ申ニ中ノ
間ヘ出シ頭北面西ニ疊一帖アケ莚ヲシキ莚ノ
下ニ石ノ枕ヲ置サせ申也　則沐浴ノ勤ハ燈明

一　様書〆正信偈せて和讃三首廻向之、白小袖ニ
絹袈裟木珠数持之、調聲願得寺
温気ツヨキニヨリテ早ク損スル间十九日ノ入夜入棺
棺如常白絹ニテハリテ蓋ニ名号三返中高ニ
脇ヒキク　實悟書之　十文字ニ縄アリ悪シ、横
縄三筋又ハ二筋モメ竪三筋之、縄モワラノ中ニ
打ニ蒂ツヲツ入ナイタルハ吉也　入棺ノ勤正信偈
せて讃三首廻向之、白小袖絹袈裟之
一　朝夕勤経彼ノ物ニテ布袈裟之、棺ノ前ノ勤朝ハ礼
堂ノ後夕ハ六時ツ打正信偈せて短念佛廻向也
二三日後ヨリ夕勤中ニ礼文ハヨミ侍之也

一十七日未剋七ツ子　大坂殿へ注進　丹後都維那へ申之　後藤敬也

一廿一日賢勝　法専坊空善息　為調聲人下向并光永ち

同道今日葬送ノ日取タリトイヘトモ川ニ水出ル間

不成仍廿四日ノ未剋終ト定

一廿四日未剋葬送　棺ツ上壇ノ中ハ下壇ニ疊一

帖アケテ頭ハ北ニメ置上ニ七帖加賀畳ヒロケオキテ七帖

ケサ乗テ下ル同ハ棺ノ上ニ絹ヒロケシク　下壇ニ各並居テ

調聲人ハ賢勝　鈴ニツアテテ十四行偈ツ初ム一重アカル

經念仏五十遍　廻向說　御堂衆棺ツカキ輿ニ入　輿ハ

向廣縁ニ有ケリ

一輿ハ杉板ヘ　以後モ棒木ニク絵　前ニノ見ル本ミテ大ヘカラス　金子五郎ナ子物ニ黄絹

ツヽミ絹カミニ縲如常布ニ一筋スタレノヘリ白紙一方足

錺ハセヌへし

一家衆又御弟子人ハ　賢勝　鈴光　英乗寺　内堂衆役下役人ハ

裳付衣ニ絹ケサ水精念珠し

一葬所ノ前机足ツヽ立ニキリスヱ高サ三尺五寸計也

十二合ノ花束如常カラクテ白ク三具足　鍮銅花台キ

作花し本し　并数字水し　生絹儀ニコシラフ

一町蝋燭ハ卅六挺火屋ノ四方ノ角ニ一挺ツヽ前机ノ

左右ニ一挺ツヽ　三具足ノ蝋燭モトモスへし　高台コシラヘ

如常四十二挺ノ高台同　香合ハ蓋ヲ取カケテ置

香炉ハ蓋ヲ取テ脇ニ置

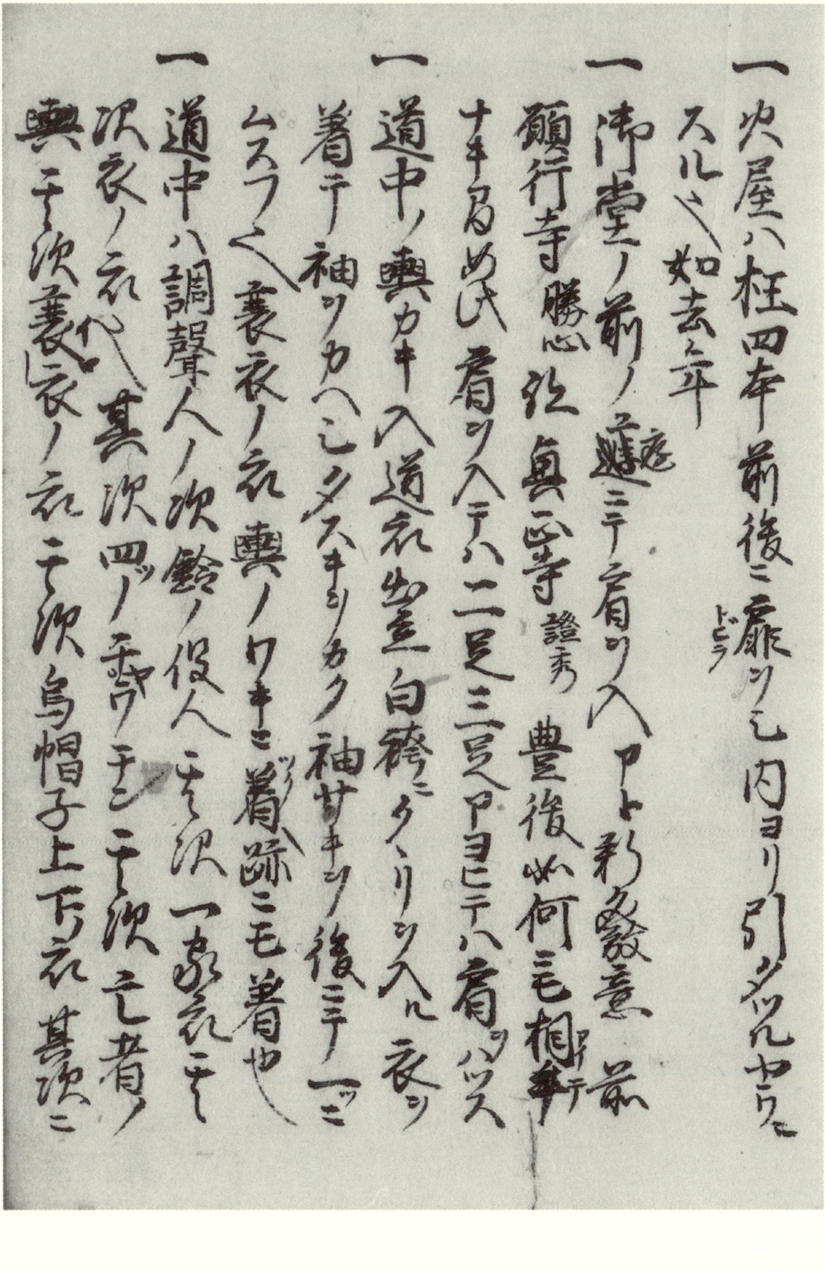

一次屋ハ柱四本前後ニ扉（ドビラ）ツケ内ヨリ引シメル也ウヘニ
スルニ〱如去々年
一御堂ノ前ノ遶ニテ肩ツ入アト彩多毅意衆
願行寺勝心　此　真正寺證秀　豊後如何モ相拝テ
ナキ為メ也　肩ツ入テハ二足三足ヘアヨヒテハ肩ツハツス
一道中ノ輿カキハ道衣出立白袴ニクヽリツ入レ衣ツ
着テ袖ツカヘニシタスキヨリカク袖サキツ後ニテ一ツニ
ムスフ〱　裏衣ノ衆輿ノワキニ着（ツク）跡ニモ着也
一道中ハ調聲人ノ次鈴ノ役人ニテ次一家衆ニテ
次衣ノ衆　代　其次四ツノ手ヤウチンニテ次先ノ者ノ
輿ニテ次裏衣ノ衆ニテ次烏帽子上下ノ衆　其次ニ

中間小者也

一桃灯四　豊寿　松白代　亀菊　鶴千世　何モ嚢

衣ニ髪ハ茶センニユフ三衆ノハ一ツユイサクル

一時念仏ハ町蝋燭ノ火ヨリサニワ折テ始火屋ヘ火ヘ

丁テヤヤムヤ是ヘ前机ノキワヘ各ヨルテテ申ヘキ歟

一輿ハスクニ火屋ヘ机ノワキヨリカキテ行テカヲノ前ニ

カキスヘテ役人ヘ借ル後ノ門ヨリカヘルヘ二人ハカリ

火屋ノ内ニアリ

一願行寺云　眞正寺　續松役人　龍専　其家ノ家長ノ役し　タイ松ニ火ヲ付出スヲ

両人ヘ一ツヽヽ取テ双方ヘトリ二テ右ヘ二三度メ輿ノ

引ト前トノ下ヘ續松ヲヘル時前ノ扉ヨリハ内ヨリ

一 夕ツル時ニ各役人後ロヨリカヘリ出レハ内ノ役人
続松ノ火ヲハおりテシテ脚ニ薪ヲ持テ焼ワタス
後（ウシロ）ノ扉（トビラ）モタツル式役 新発意ト顕行寺クル（中ん）
一 四ノ桃灯何モ輿ノサキヘ跡ニ二ツ（持時モアリ） 輿 火屋（ハヤ）へ
入時ハ四ノ桃灯火屋ト前机トノ間四隅ニ土ニ指（サシ）テ
置テ竹ノ筒ヲ土ニホリ入テ置テ其竹ノ中へ指
入ル也
一 時念仏ノ鈴ノおりヤウ四返ノ内モ一返ごとニ鈴一ツヽ
おナリ式役式分ヘ元ハ四返ツヽニテ一ツヽおとヘ両説也
一 太刀モおリノ刀モ不持也
一 女房衆ノ輿各私之衆ヘ三丁（三丁）輿ツヽヘエボシ上下ニヘ

早ク前ニ立キテ勤ノハテヽカキカヘル

一裏衣ノ衣ハ取黒衣計

一續松ヲ亡者ノ輿ノ前懐ニサシ入ル時ハ前ノ扉

内ヨリ立テ各後ノ口ヨリ取リ机前ニ立時調

聲人ヘスヽミ焼香スレハ鈴サヽラヲシテ終ノ二ツ

オリテ正信偈セテ調聲人ヘ出サル短念佛五十返斗

鈴一オリテ三重ノ念仏出サルサテ讃ハ至心信楽

欲生ト寄讃ニハ次ノスナハチ定聚ノ数ニイルヽ

廻向也

一燒香ハ願得寺 [illegible] 願行寺勝恵 興正寺證秀

計ヽ 此衣ハ短念佛ニナリテ燒香スルヽ机ニ向テ

焼香合フトコロヨリトリ出テ一ヒネリメ香合ツ
フトコロヘナリトモタモトヘナリトモ入テニワシロヘ二足
三足シリツキテ蹲踞メカヘル扇ヲハ人ニモアツケ
又腰ニ指テモ不苦
一皈時同路ヘカヘル一匝ノ不審別ノ路アルヘシ二十
間三十間ノホトナリトモ別路アルヘシカヘリキ
勤何方ニモ各〻カヘリテハ足ヲ洗事也
礼堂ノ傍ニテ洗ヘキ之
一白扇ワラン干葬礼一町ハカリ皈テ捨ル

拾骨

一廿五日卯剋ノ但払明之朝寅時ノ終ニメ可
出トイヘトモ時剋チワツリテ夜明ニヽ本堂ヨリ
ソロヒテ出ヽ調聲人ノ次鈴ノ役人十沢各如
昨日メ各ハ前机ノイヘニ立ヽ願行寺眞正寺
両人ハカリ次ヘ屋ノ内ヘユキ骨ヲヒロフ桶白
紙ニテハリテ上ヲ絹ニテ一ツヨホウ包（ツヽム） 龍専
モチテ供ニ来テ前机ノワキヨリ来テ後ノ
口ヨリカヘル拾骨桶龍専モテ出テ机ノ上
香炉ノ後ロニオク
一机ノコシラヘ如昨日 花束ハナシ 花ハ樒一本

一 机ノ両ノ脇蝋燭左右一挺ツヽ立ル三具足ハ蝋燭ト毛入其外ノ蝋燭も何しも白蝋燭

一 拾骨ノ箸竹ト木トニテこしらへ杉ツ紙ニテ裹

一 各出立モ同コンカラワロハウノ扇モ常ノヽ捨ナし

一 調声人ハ大ミニ出テ焼香し蹲踞して退時鈴久二ツおり也サヽラハ不おりく勤始ム正信偈せく

一 讃短念仏鈴一おりテ三重ノ念仏ツ上讃ハ本願力ニアヒヌレハ寄讃ハ无上涅槃ツ證してソ則廻向也

一 焼香ノ次ヰ如葬時

一 女房ノ輿タヽ一丁時宜如葬時

一　同時拾骨桶　裹絡　調聲人ヘヨリサキニ　龍専
モテ子ル之　但各中ニ持更テ可然歟　圓如ノ時
ハ定如此　皈テ直ニ御堂ニ各如常座ノメ勤アリ
正信偈せて　讃三首　廻向之　本尊開山御前蠟燭トモス
一　拾骨桶　本尊御前　香炉ヨリ奥ニ置テ勤アリ　其
後ハ中陰ノ間ニ置く　拾骨ノ皈リニ中陰ノ間ニ勤アリ
一　中陰ノ間ハ亭（デイ）　本尊ヲ掛　柩ニ懸也　打敷浅黄
三具足　鍮銅　花ハ樒一本　花足（ケソク）六合　カワラケテ白今六合用之　他宗ノ人来ハ六合置ヘし
可為十二合也　蠟燭ハ白之　燈臺白し　新之　仏供
カワラケ　三段臺別ニナし　香　其器ニ入テ　毎日アケタリ　置ツムヘキ也
一　中陰ハ来月三日迄也　十一月八日カラ吉トイヘトモ　餘ニ

長日之条三日ニ定、其故ハ当国播（錯イ）乱ノ内ニ又耕
作時之諸人往来已如何ノ条以談合如此定之
然ハ一献寄スキテヨリスレハ七日之依ハ今日廿日ノ
逮夜ヨリ始ハ日ニテ来三日ノ仕上之、仍一献寄已前（お）
ヨリ中陰ヲ始、先例又如此也
一御堂ニハ本尊開山ノ御前打敷（裏ヨリモ敷也）花束二合ヲ（如常）
六日ノ日中ヨリ鐘ヲ早、日中モ逮夜同前也
日中ニハ御文モナシ、朝勤ハ正信偈也、逮夜ニモ両度
勤行上ニ賢勝讃嘆アリ、御文ヨマル、勤行ノ調
声何モ願得寺実悟之、毎日御斎供兼ル須奥
寺光除以後、実従大略調声也、実悟モ卿（中）

一中陰ノ間ノ勤ハ逮夜ハ正信偈 和讃三首廻向
也　朝ハ正信偈三日中ハ経一巻短念仏廻向ナシ
逮夜ト朝トハ文アリ則調声人讃之 此召ノ勤ハ
りくやや也
一中陰間ノ内方ニ二間御簾懸カル 安置懸ノ花
一同間ノ花束五月朔日ニモリカヘ侍ル 縮世話之
一齋非時ニ賢勝并光永寺相伴
一為上（ミアゲ）五月三日勤行同中陰間経後正信偈
クリ引 讃三首廻向世尊我一心在之齋已後
花束打移由取共 取拂
一中陰ノ間ハ本尊其マヽニテ 花束打移ソノケテ

朝ハ御堂ノ後夕ハ六時ニテ勤アリ五旬ノ間同
正信偈せゝ短念仏百返廻向調聲カワリ〳〵同御
文ヨム又其後万事衆談合讃嘆在之
一　五月十七日月忌初ゝ　十六日逮夜正信偈ハカセ在之
讃六首廻向ゝ　花束打敷モナシ鐘不鳴白小袖
絹袈裟木念珠扇ゝ　齋 汁二菜五 菓子五　相伴
衆人計日中同逮夜
一　同中陰間逮夜ハ正信偈せゝ短念仏百返鈴一打
三重念仏ヨリ上讃一首引廻向スル也　十七日朝ハ正信
偈せゝ讃三首御一　三回向
一　四十九日六月六日逮夜十六日ノ如し　花束打敷ナシ

鐘不鳴中陰ノ間ハ如式同／六日日中如逮夜
中陰ノ間ハ朝勤ニ正信偈せゝ和讃三首　初ニ三
廻向則　仏前ヲ取拂　日中中陰ノ間朝ヲ経之
齋汁一菜五菓子　相伴衆人ヲ白物絹袈裟如月忌始
一六日ハ毎月齋アリ　母儀妙宗日ゝ　仍五日被取
越ゝ　四月ニ置在逮夜

縮初七日 中陰ノ間ノ齋 非時ノ事
廿五日 齋汁二 菜五 菓子五 常住ヨリ
非時汁二 菜三 菓子三 奈良衆中宗る門徒中
二七日 廿六日 齋同 下間無渡
非時同 内衆各ヨリ中善寺あ聚 衆中
三七日 廿七日 齋同 内料人ヨリ
非時同 浄久門徒衆中
四七日 卅八日 齋同 上市 飯貝 安村中之衆 門徒中
非時同 真正寺 證秀
五七日 廿九日 齋同 西向 證珎

同
非時　汁二菜三菓子三　常住ヨリ
着座人　上座門徒衆中　両息
上座教行寺　同新発意　天川新発意　助二了
五月朔日齋　汁二菜五
菓子五
両息　二了寺　広橋　法二了　上座　助尾七人之衆
非時同
二日
斎同　着座人　門徒衆中
非時同――
上座　両息　助二了
上座　教行寺　三面　上座　法六　同　少将之衆
同　了寺　助二了　法六　六人
三日點心　蒸菱　境麺
菓子七
斎　汁三菜八　常住
菓子五

一百ケ日ハ七月廿七日へ
廿六日逮夜まいへ 花束打敷 本ハ 開ハ 北両取へ
気せ不鳴鐘 白小袖絹袈裟 本念珠但
日中水精 斎替汁二菜五 菓子五 相伴卅
人 日中同太夜
一本善寺住持之事 天文廿三年四月廿八日ニ
宮内卿證珍ニ被仰付ケル也 本善寺ノ与力
惣門徒中ヨリ各人ヲ上セ被申ニ付御門迄事ニ
被仰出ケルナリ 同六月ニ 證祐ノ婦 大坂殿へ
ノホラレテ同廿九日ニ 志トシテ 御斎ヲ申サセ

廿三 菓八 菓子七 日中如常以後志等御住持
以下へ被申テ證祐ノ形見ノ物トテ
進上在之云々
一 證開実息也 證淨ト申ハ 順興寺実順息也 実従二男也 実孝ノ
女ニハ聟也

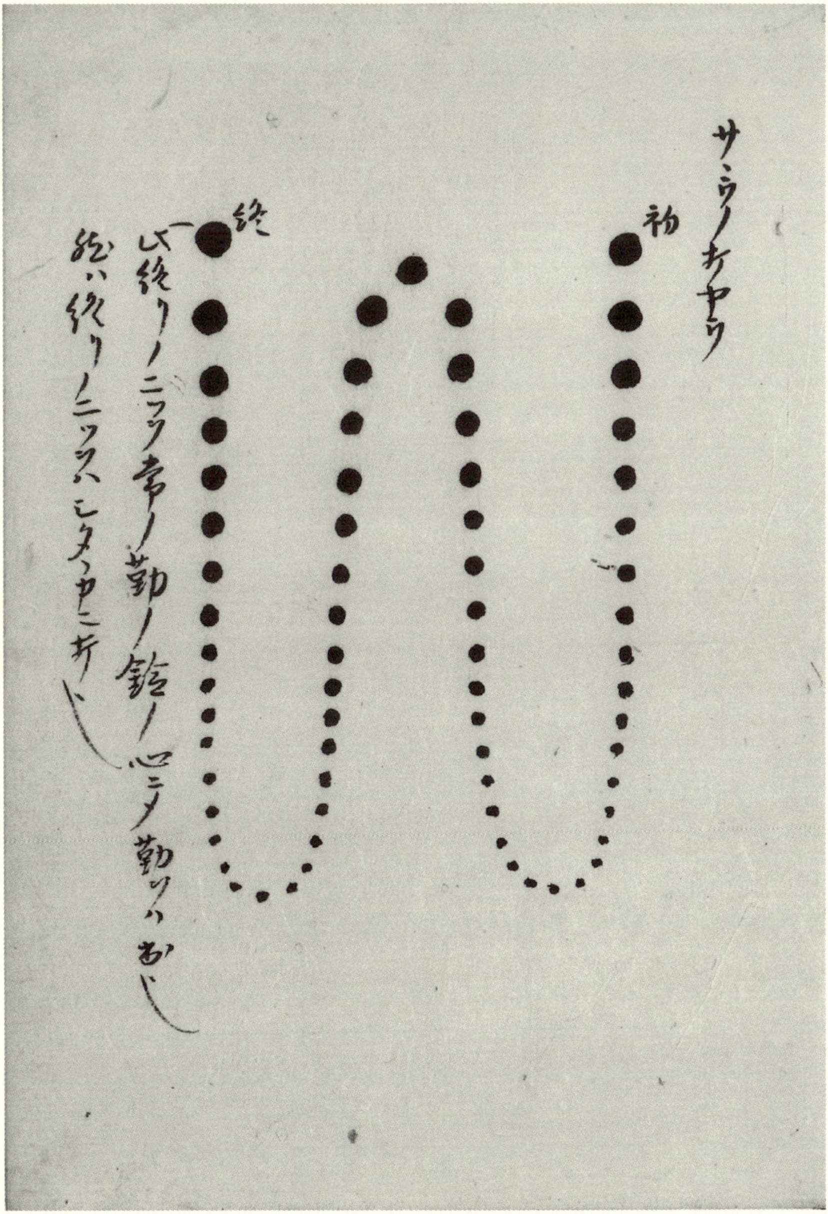
初
終

祐俊筆

自讃歌

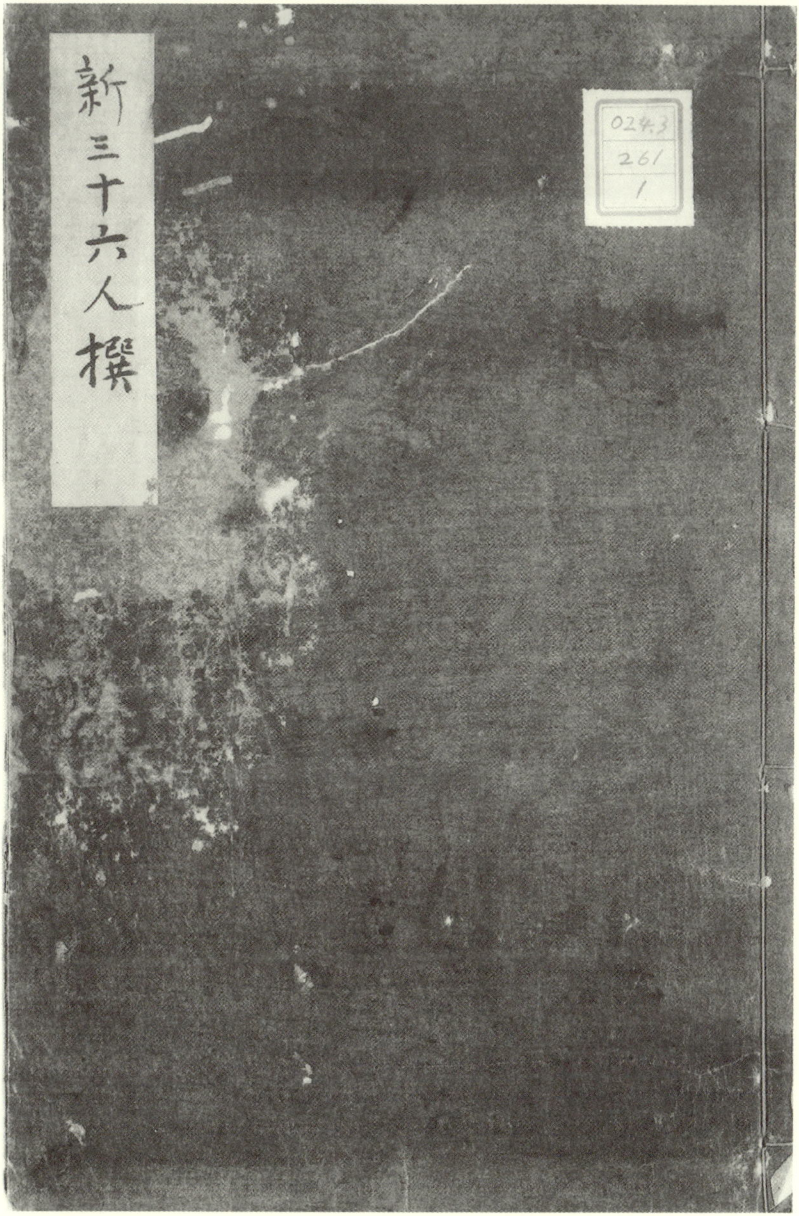
新三十六人撰
0243
261
1

188261

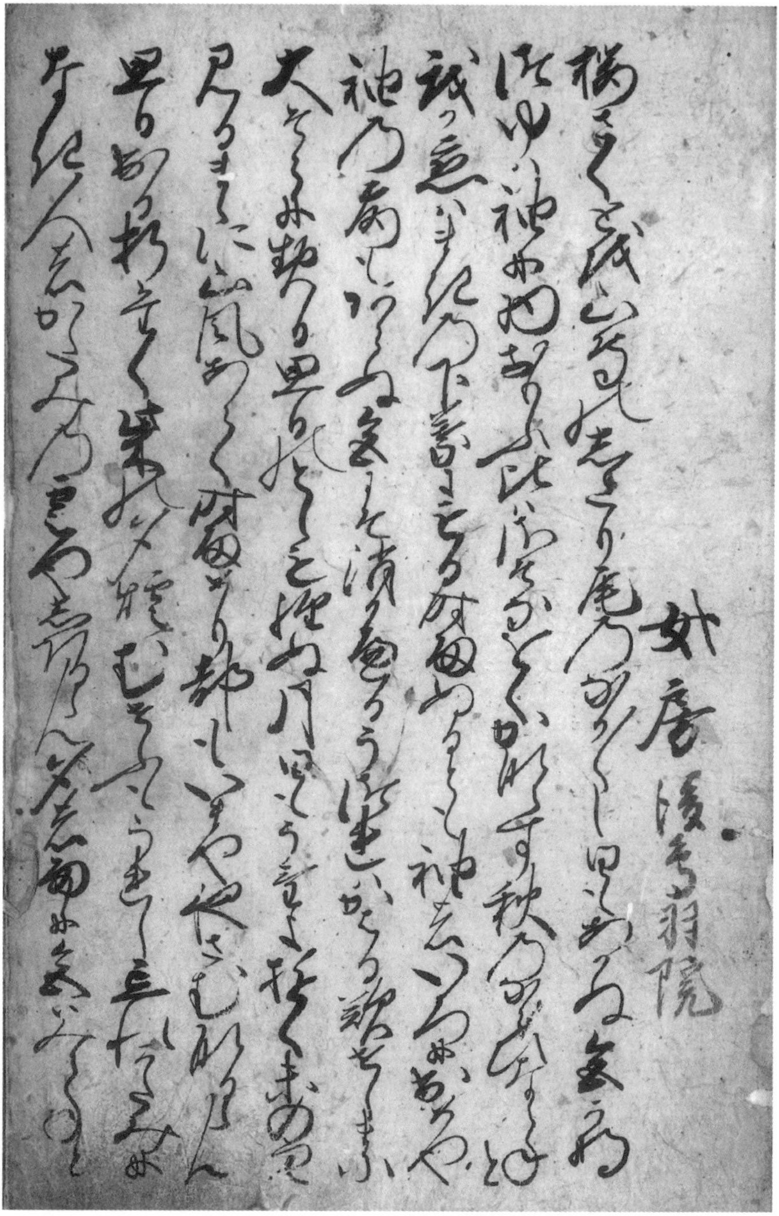

女房　後鳥羽院
桜さく遠山鳥のしだり尾のながながし日もあかぬ色かな
[illegible]
[illegible]
袖の露もあらぬ色にぞ消えかへるうつればかはる歎きせしまに
大空に契る思ひの年もへぬ月日もうけよ行末の空
見るままに山風あらくしぐるめり都もいまは夜寒なるらん
思ひ出づる折りたく柴の夕煙むせぶもうれし忘れがたみに
人もをし人もうらめしあぢきなく世を思ふゆゑにもの思ふ身は

自讃歌（一オ）

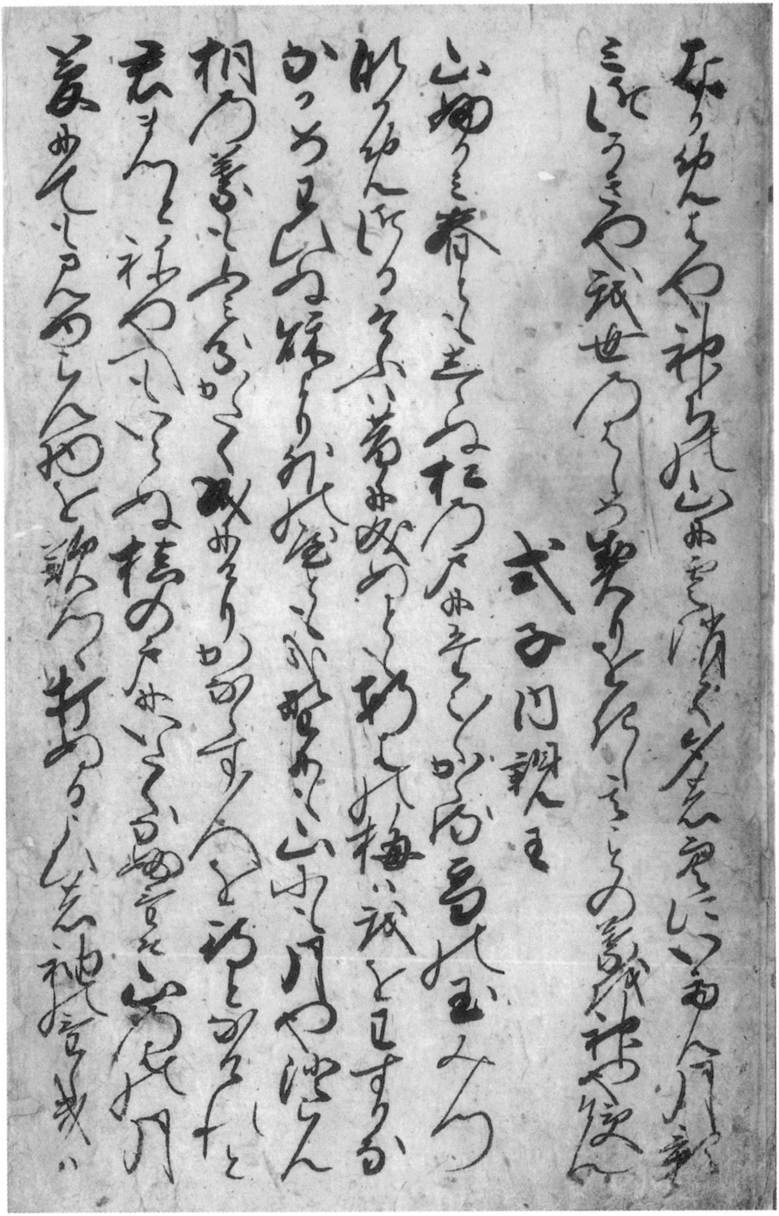

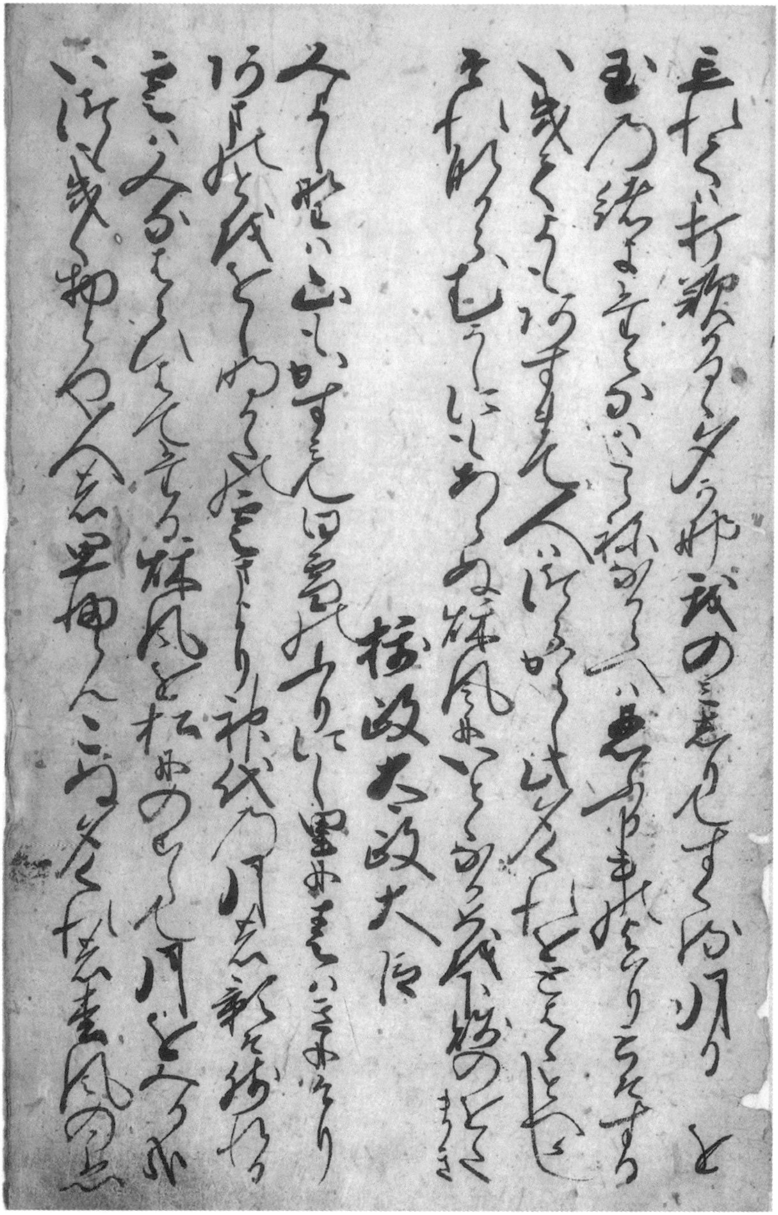
摂政太政大臣
みよしのは山もかすみて白雪のふりにし里に春はきにけり

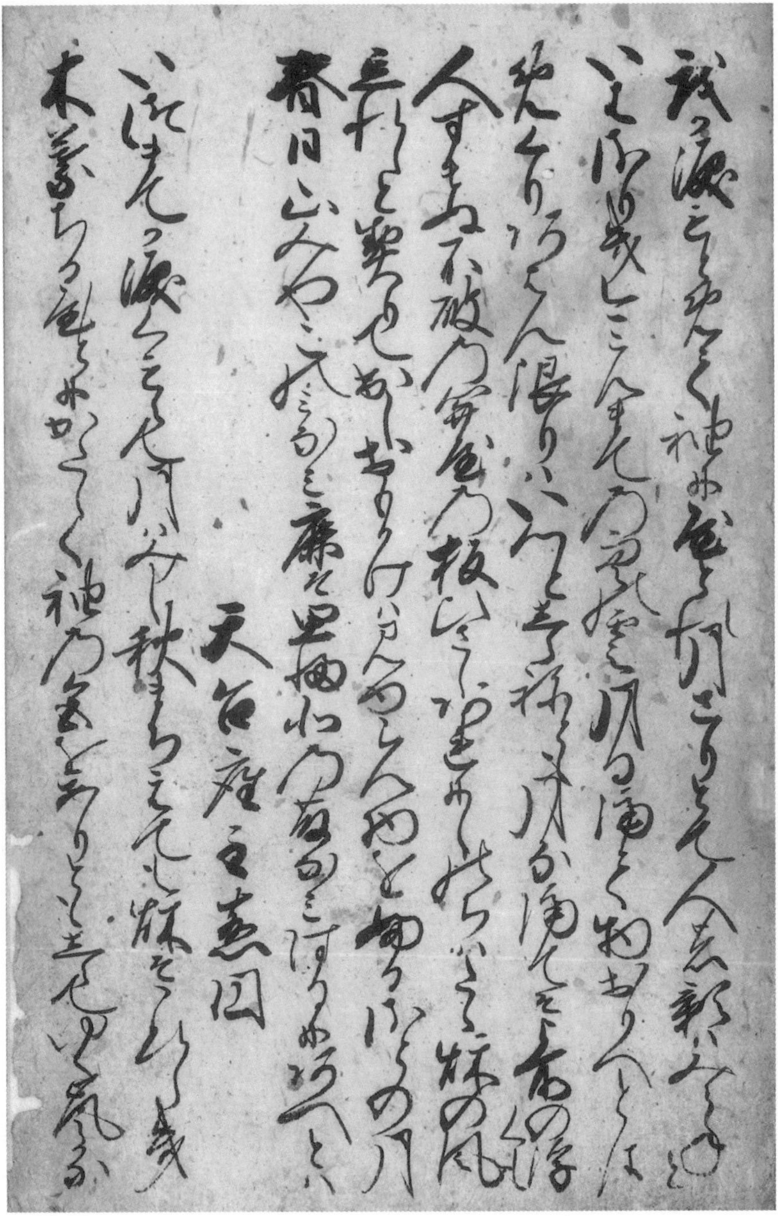

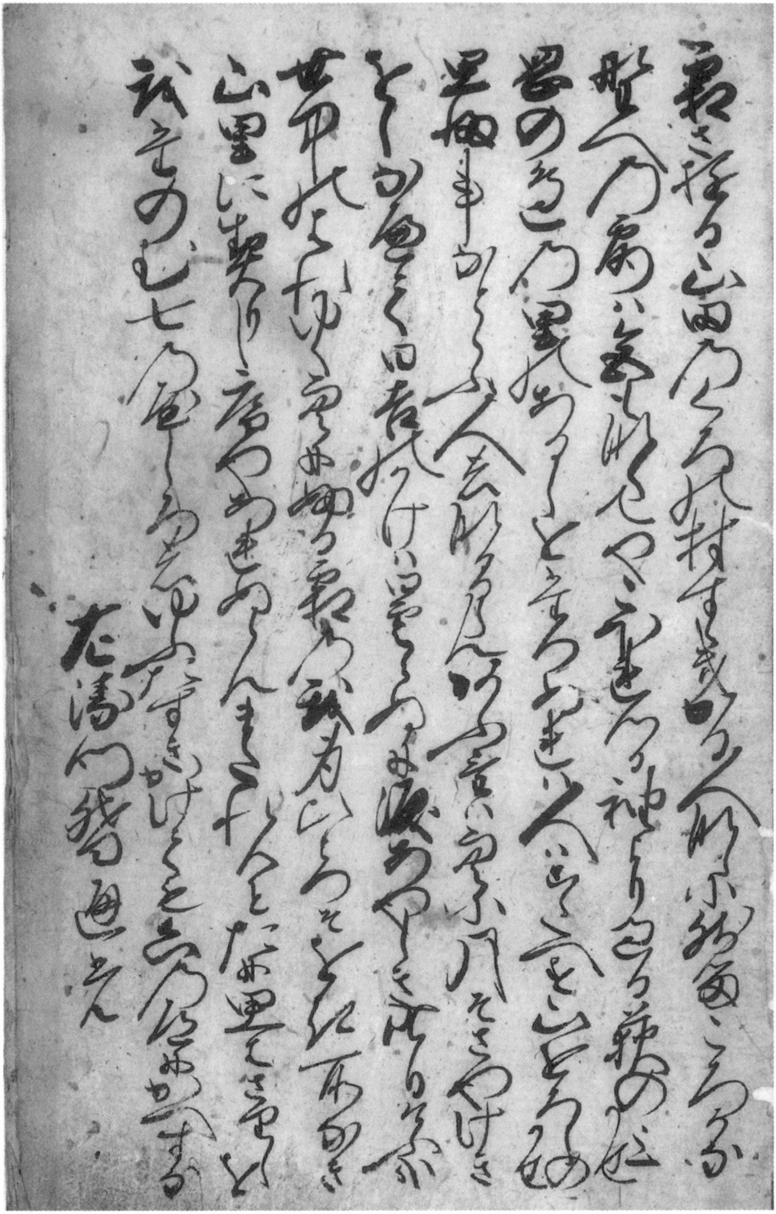

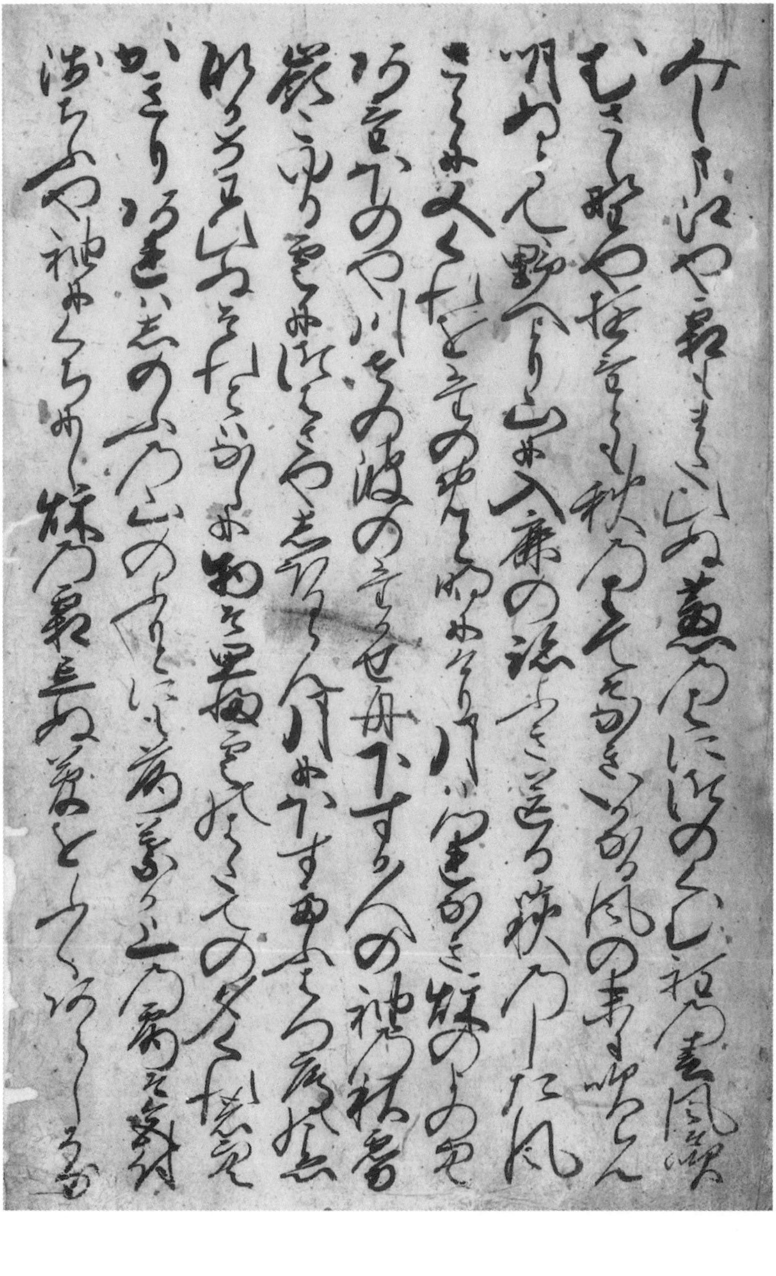

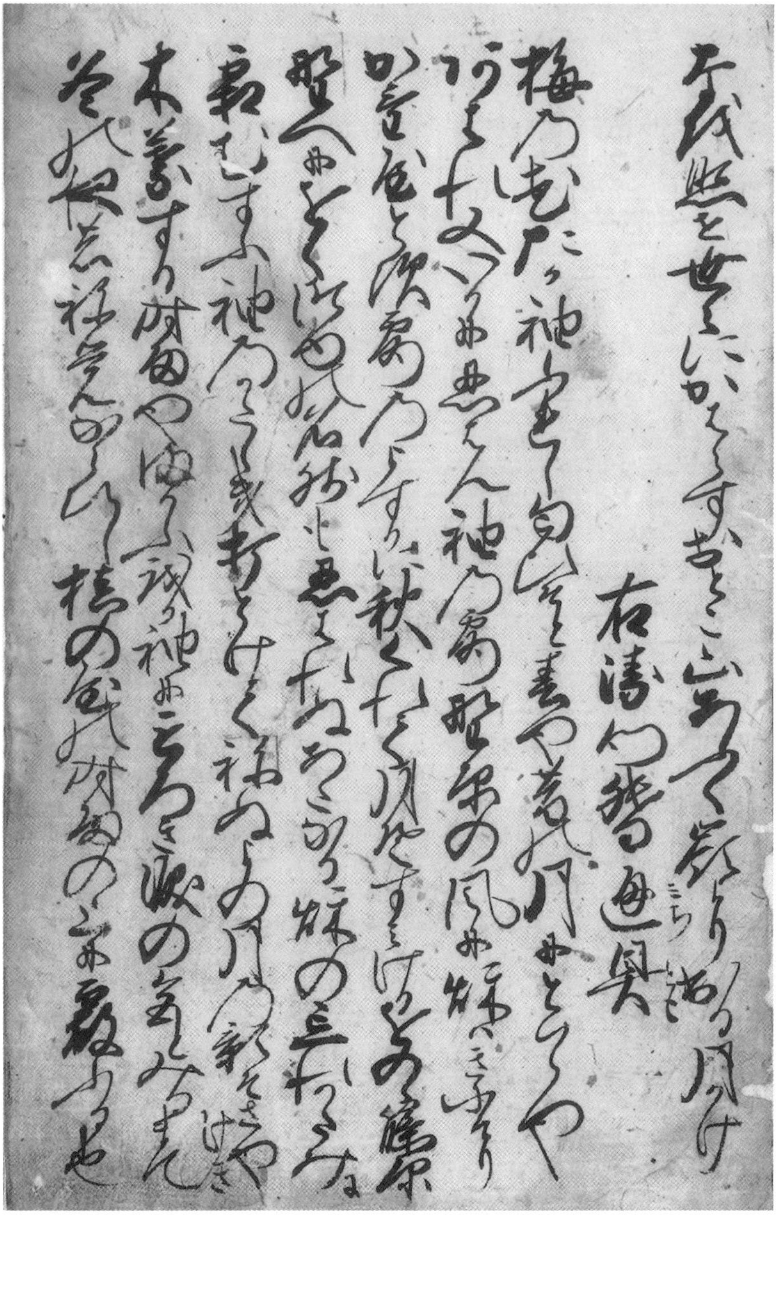

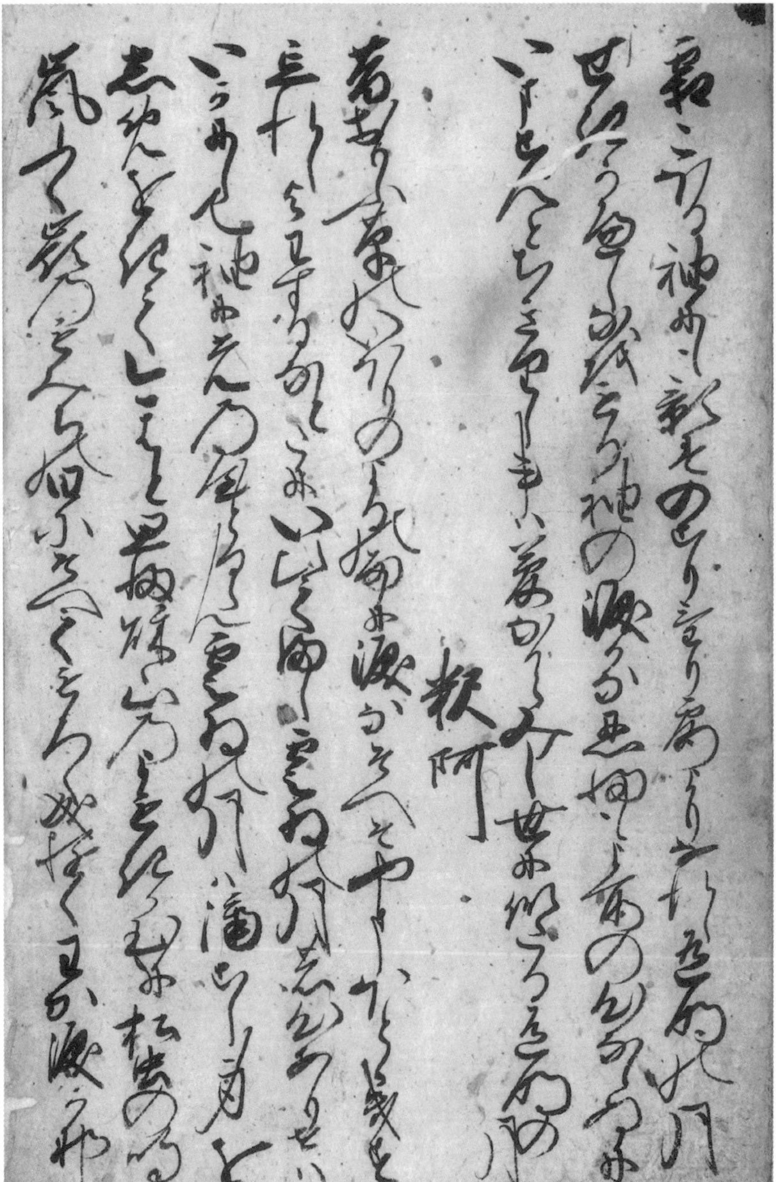

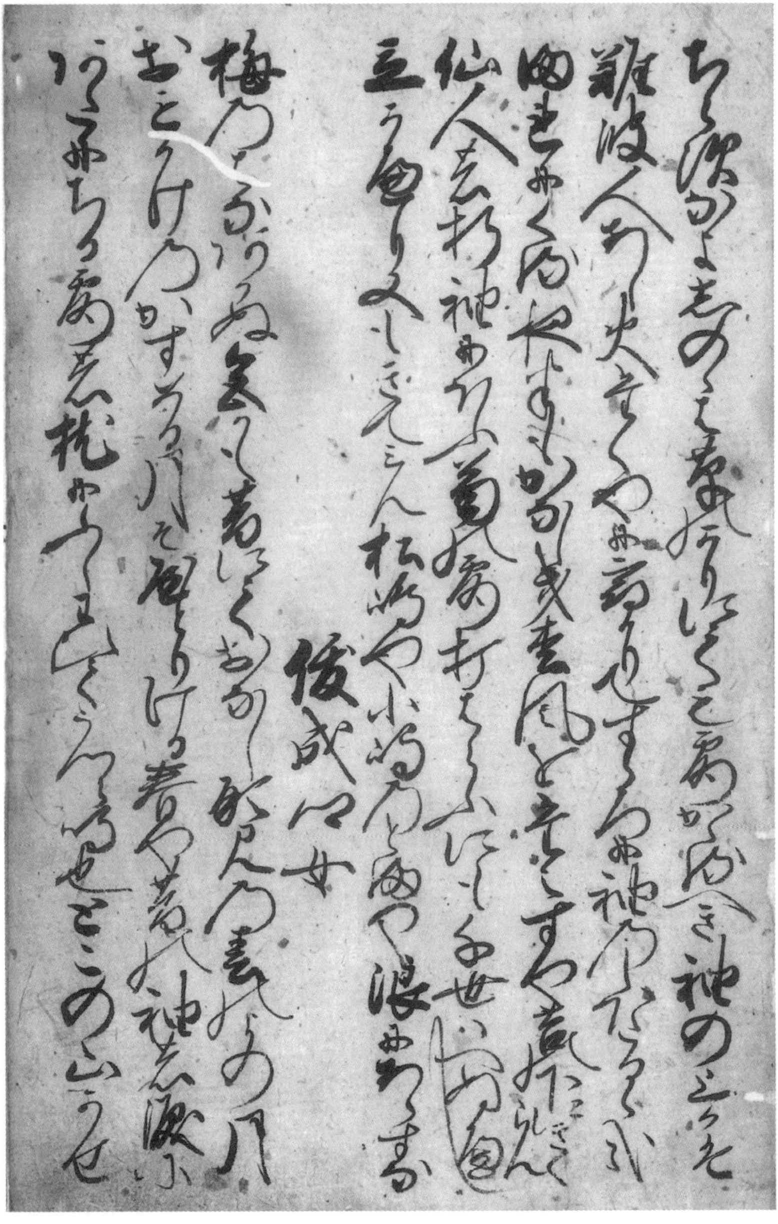
俊成女

梅の花あかぬいろかもむかしにておなじかたみの春の夜の月

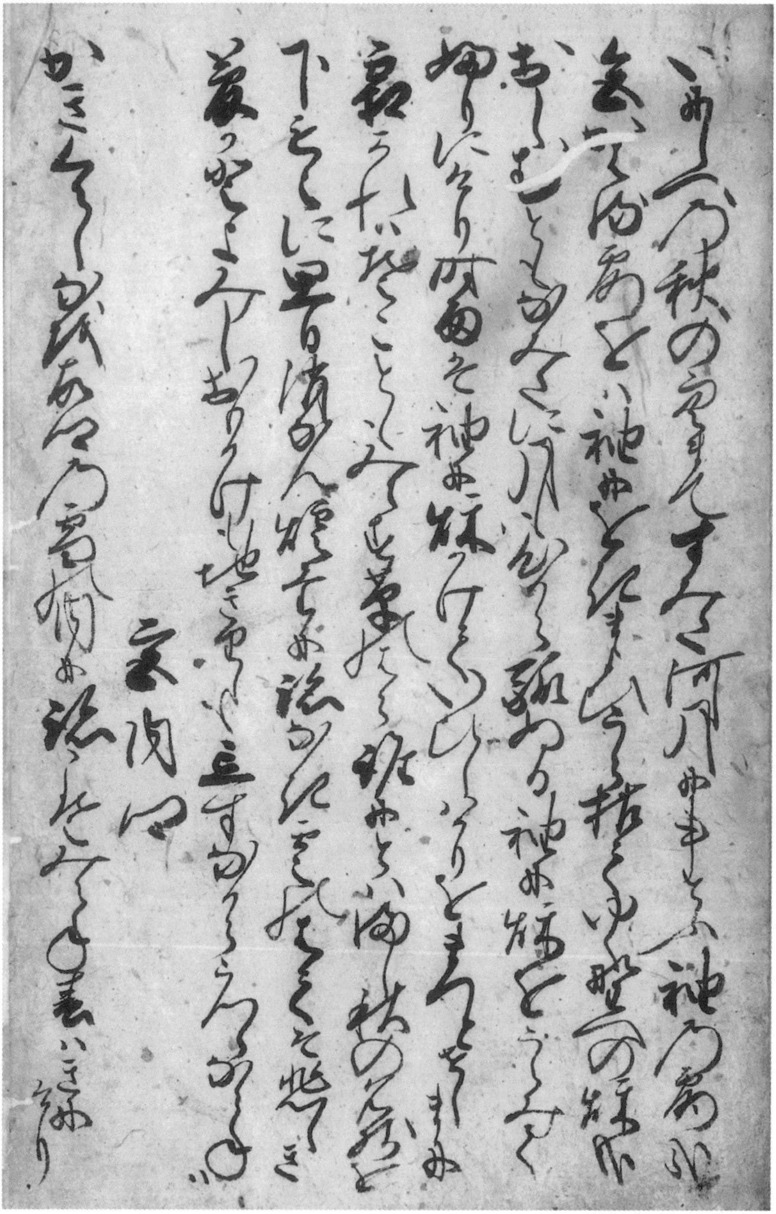

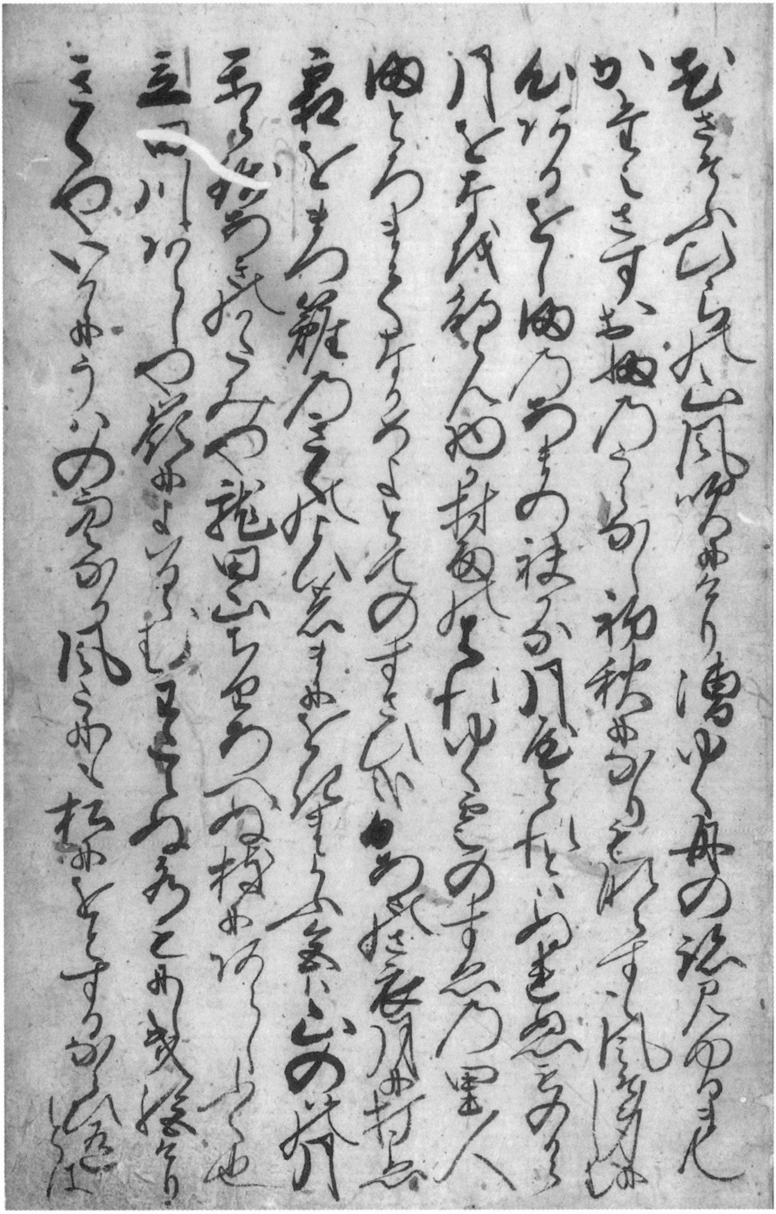

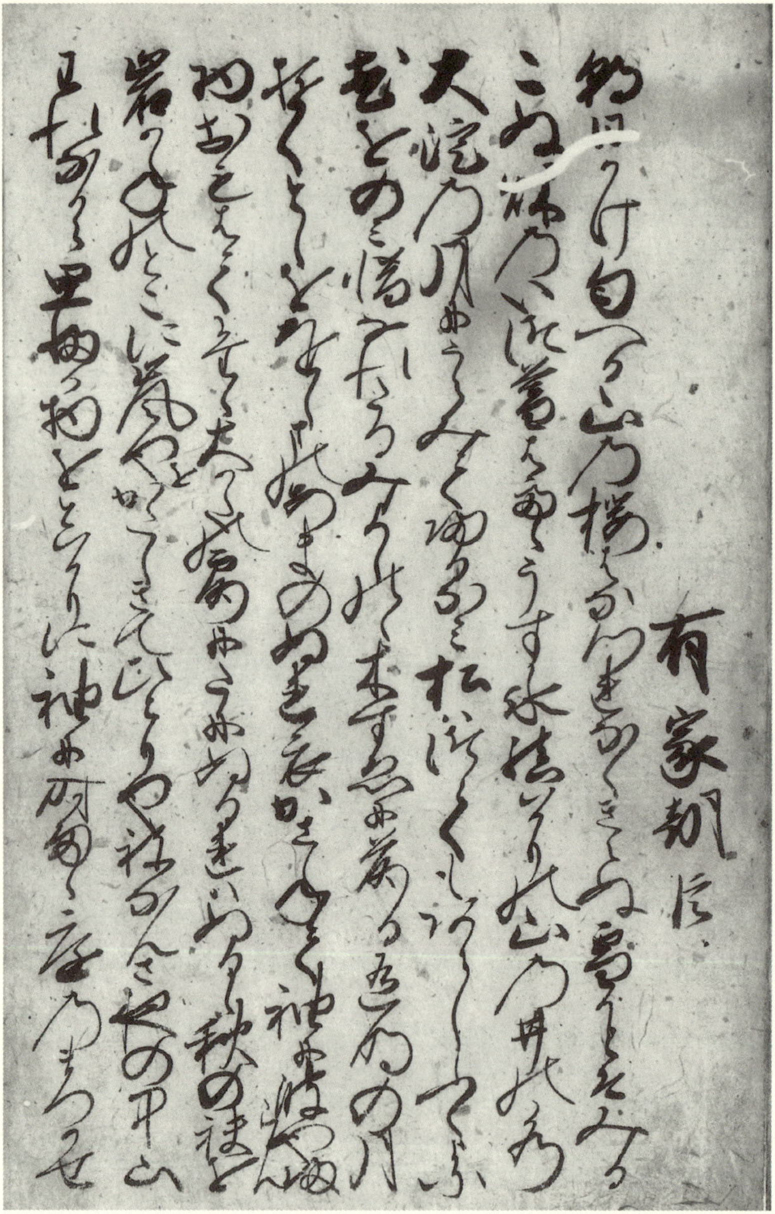
有家朝臣
朝日かけ匂ふ山の桜花つれなくきえぬ雪かとそみる

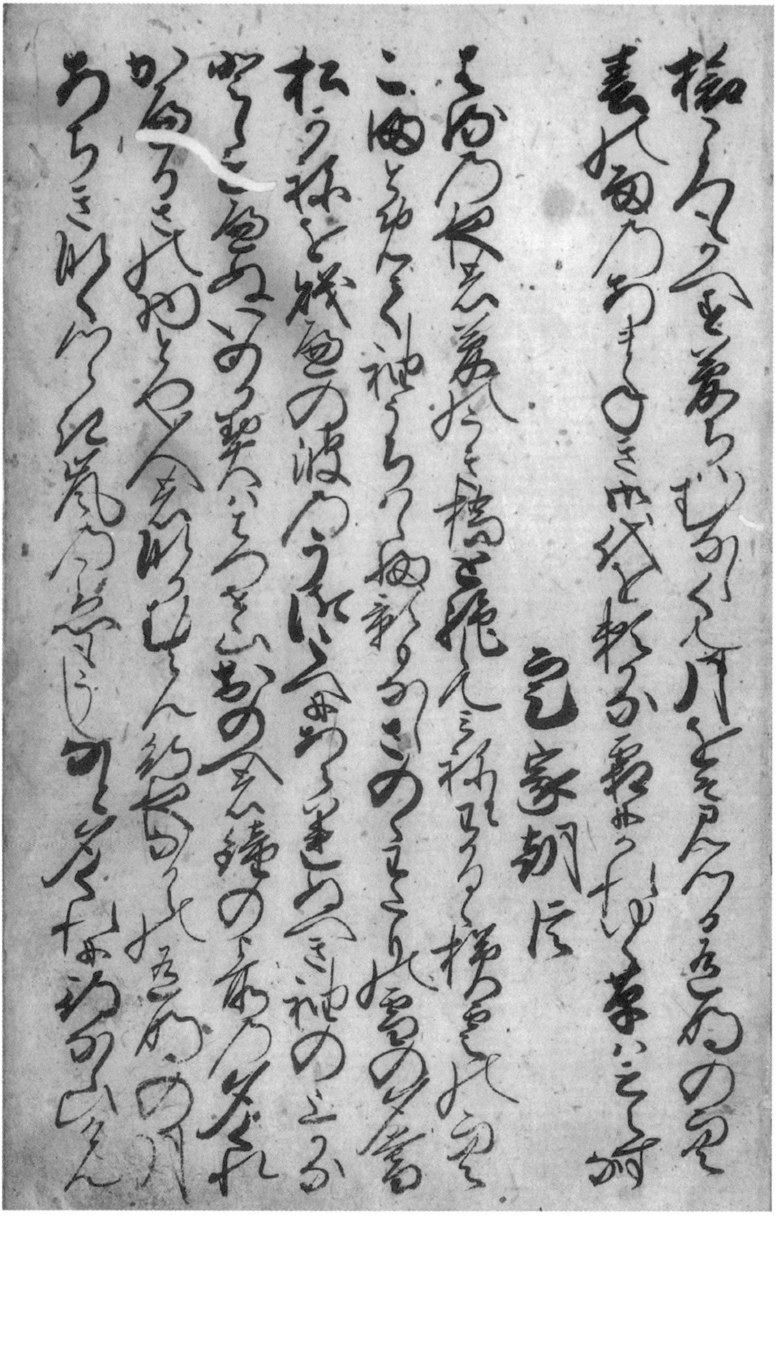

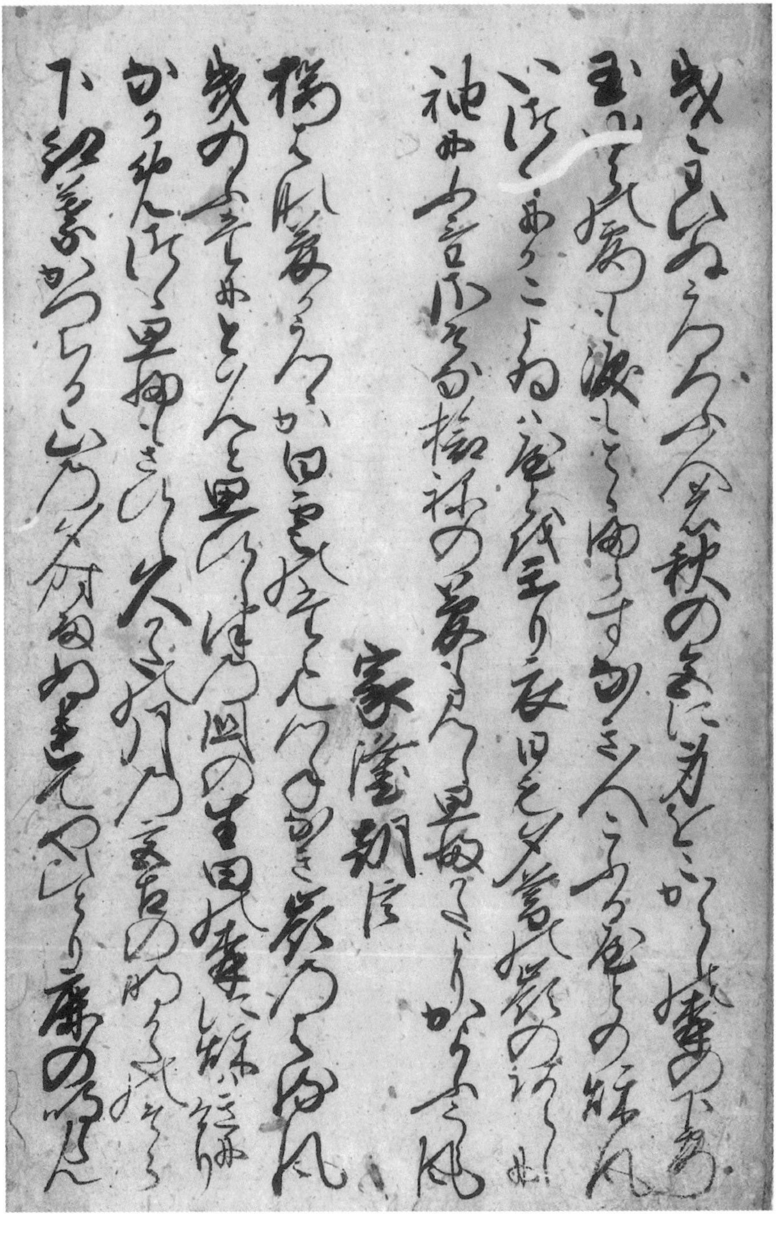

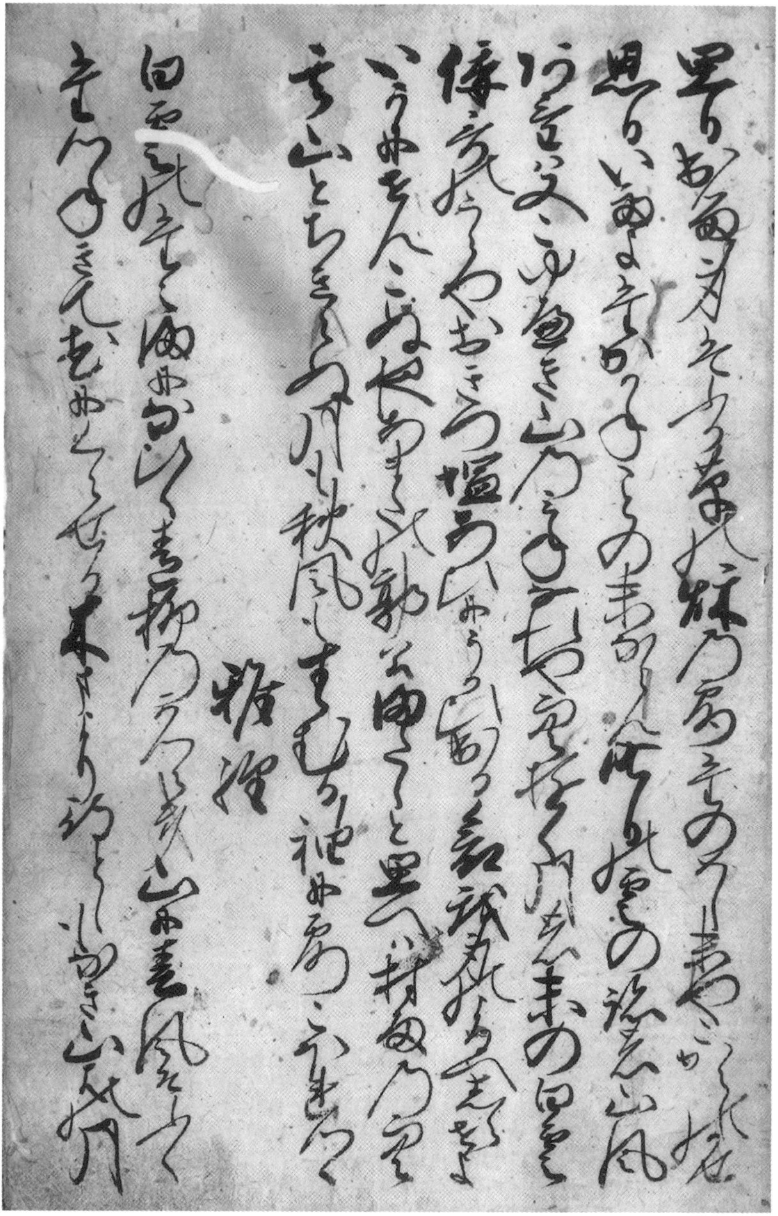

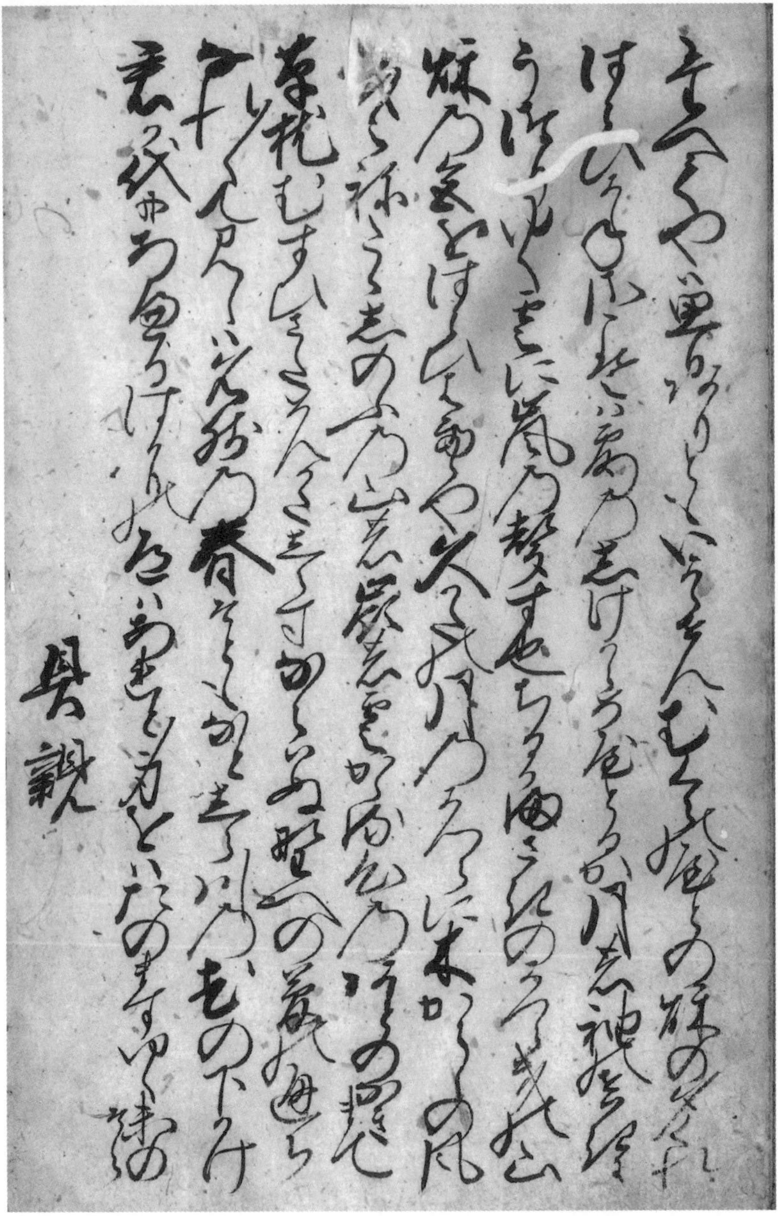

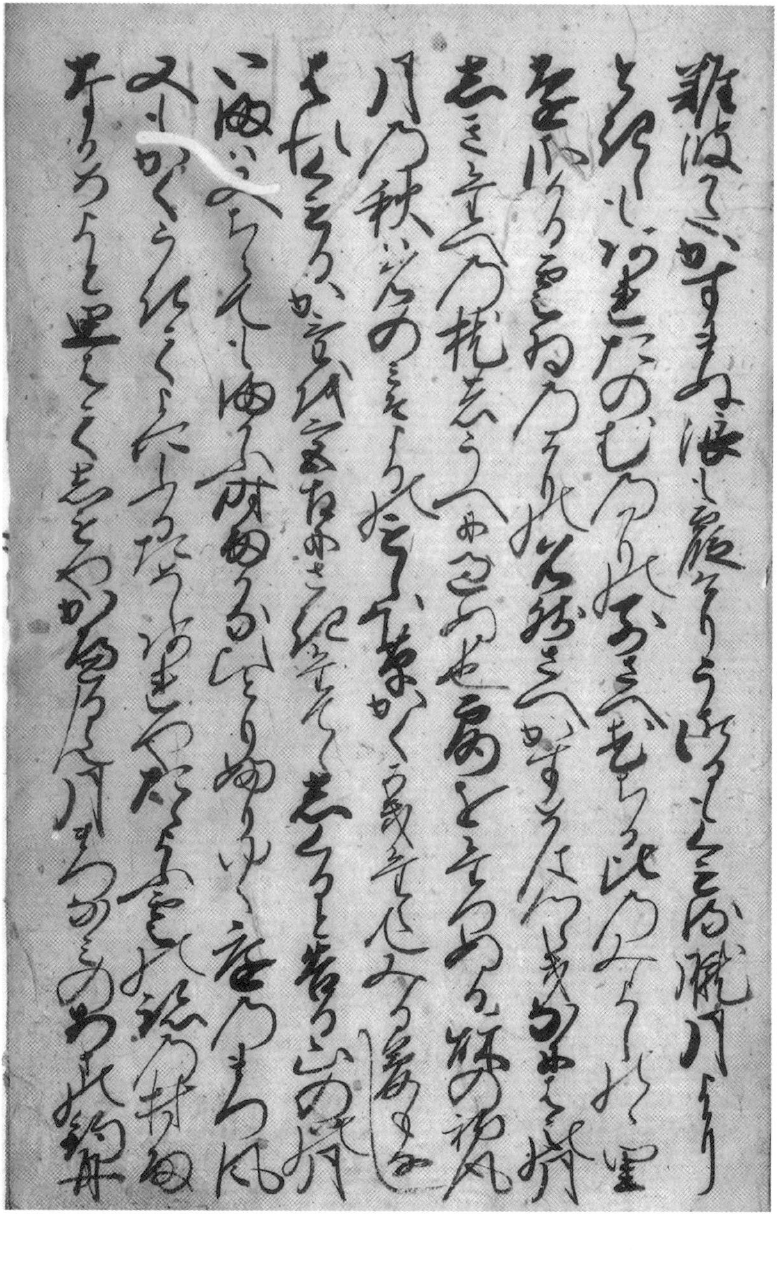

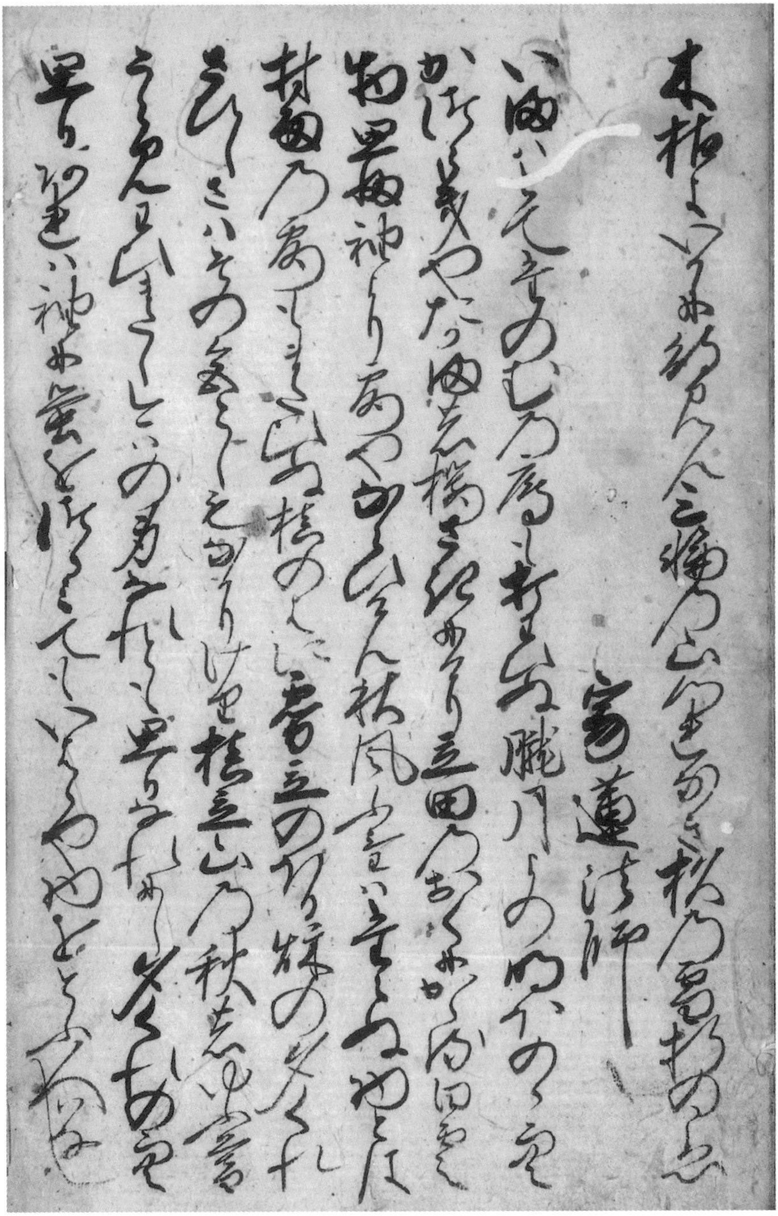

寂蓮法師

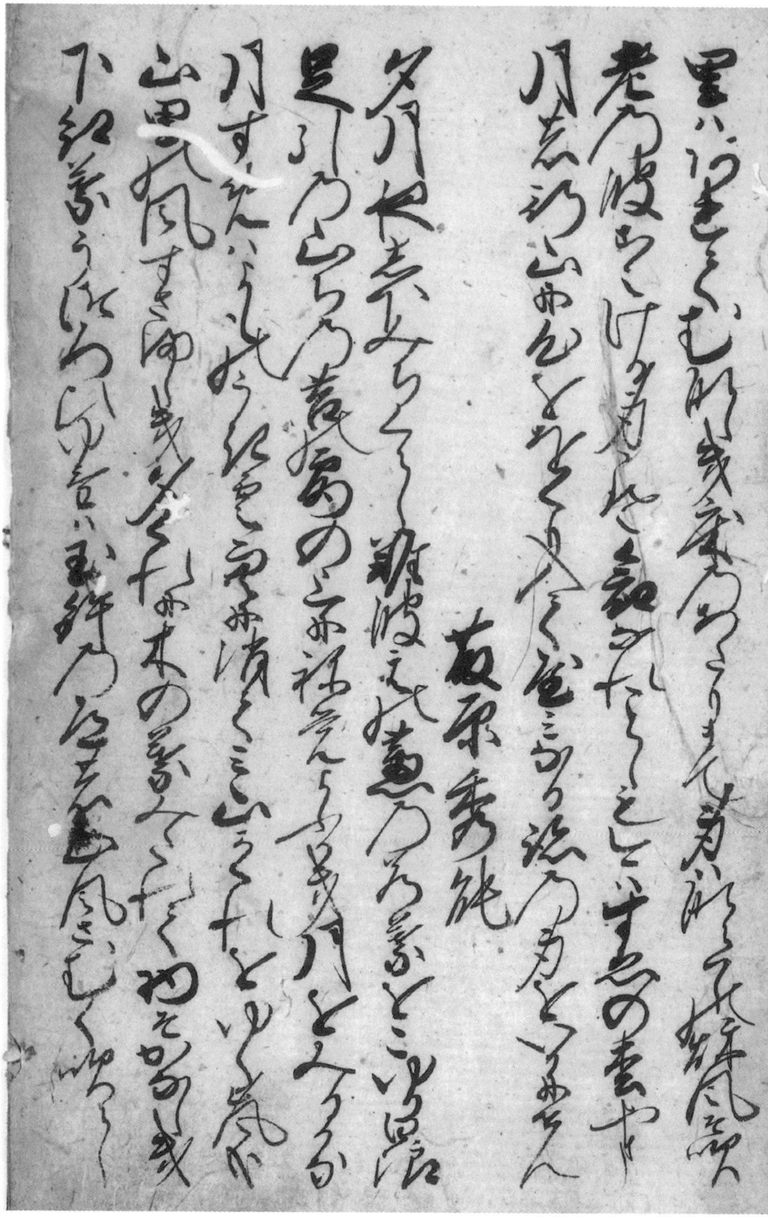

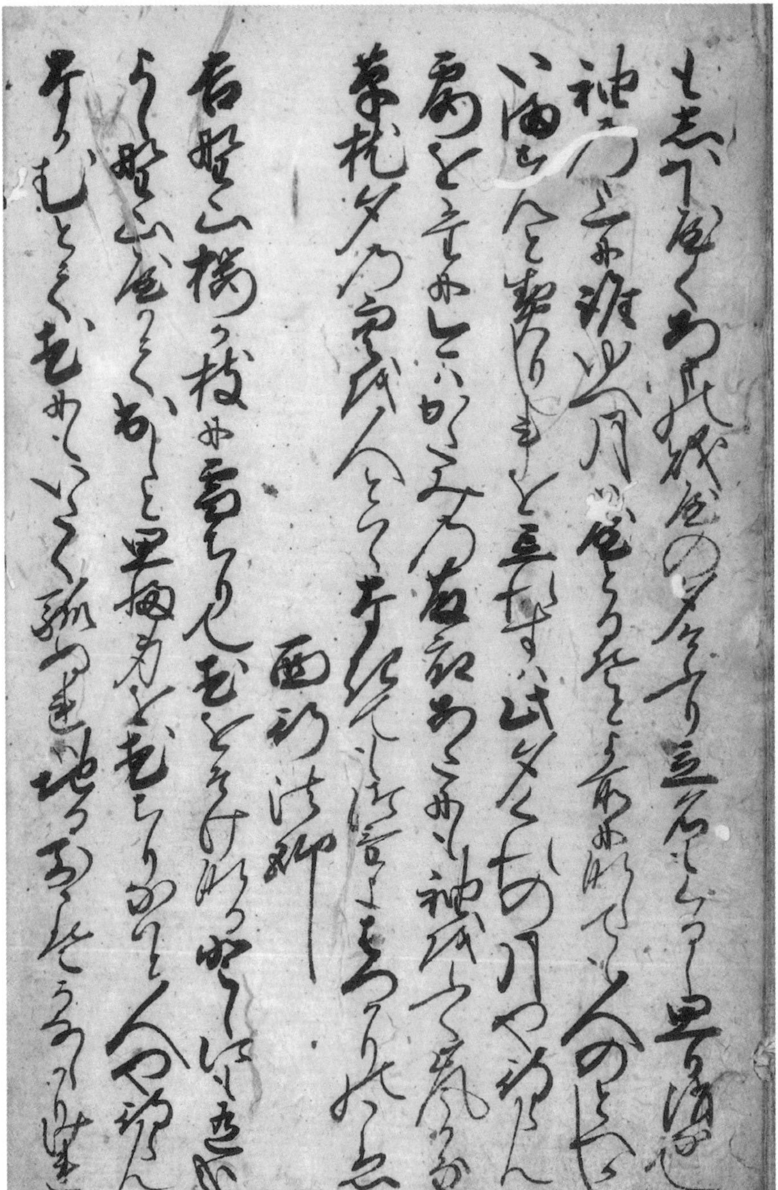

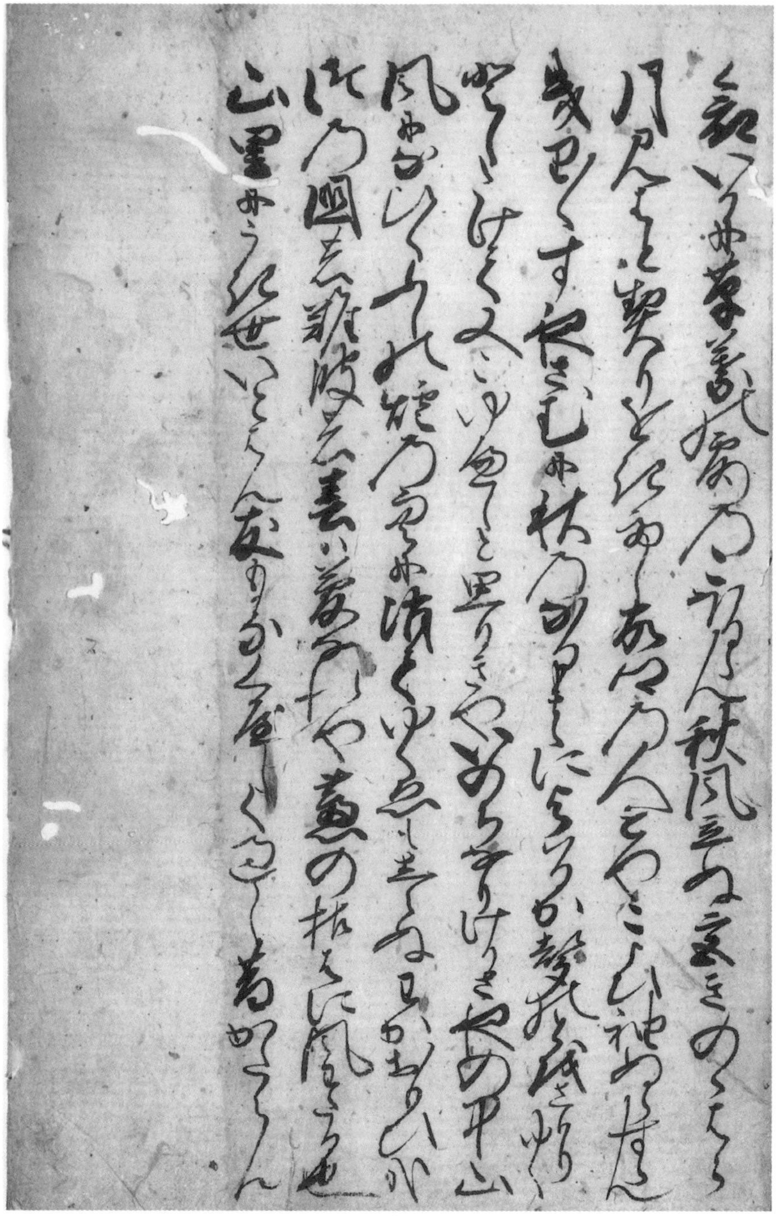

解説

楠　淳證
新倉和文
後藤康夫
玉木興慈
原田信行
岡村喜史
小林　強

興福寺奏達状

（図書番号〇二四・三―一四六―一）

禿氏文庫所蔵の『興福寺奏達状』（以下『奏達状』と略す）は、世に広く『興福寺奏状』（以下『奏状』と略す）として知られている書物の異本である。墨付一三丁、一面八行、一行一七文字の書で、一二三点・上中下点・レ点・送り仮名が付されている江戸時代の写本である。末尾に明和三年（一七六六）八月六日付の出羽国了広寺九世臨全の奥書があるが、それによると本書はもと越後（新潟県）高田の浄興寺（現真宗浄興寺派本山浄興寺、稲田善昭管長）に襲蔵されていた寺宝の一つであり、それらの寺宝が畿内に弘通したとき、思いがけず鑑司であった歓喜庵権律師釋秀啓の手に渡って書写されたものを、縁あって臨全が自ら書写して寺庫に納めたものであるという。

周知のように『奏状』には、⑴東京大学史料編纂所蔵『大内文書』本（天正八＝一五三九年写）、⑵東大寺図書館本（天保九＝一八三八年写）、⑶大日本仏教全書本（永正一八＝一五二一年写）等が存するが、これらはほぼ全同の写本である。これに対して『奏達状』には、『奏状』とは異なる文字や文章が多数存し、異本であることは明瞭である。さらにいえば、内容的観点より見て『奏状』の草稿本であった可能性が高く、思想研究上、第一級の資料といってよいであろう。もちろん活字化されておらず、かなり以前より『奏状』と混同されてきたようである。事実、同系統の写本に龍谷大学図書館所蔵の二本（洛西松尾華厳寺より流出、以下「龍大二写本」と略す）と大谷大学図書館所蔵の一本（禿氏本と同じく高田浄興寺より流出、以下「谷大本」と略す）とがあるが、これらの三書はいずれも『興福寺奏状』の表題もしくは内題を有しているので、『興福寺奏達状』の名を正伝した点で本書はきわめて貴重な書であるといってよい。

なお、本書を善本として収録したのは、思想的には「法然浄土教弾劾の真因を知る好資料」であった点が大きい。また、文献学的には四書の中で唯一「書名を正伝」していることの他に、ごく初期の伝持者と考えられる「英重の銘」（龍大二写本にはない）が存すること、さらには「本書の流伝事情を記した奥書」（姉妹本である谷大本にはない）が見られること等があげられる。

ちなみに、谷大本と禿氏本とは極めて近い姉妹本であり、谷大本は明和元年の書写である点より、明和三年書写の禿氏本と同じく浄興寺本を書写したものと推定される。ところが、その流伝の次第は明記されていない。これに対して禿氏本には、流伝の次第が詳細に記されている。また、「英重銘」は禿氏本のみならず谷大本にも存するが、華厳寺より流出した龍大二写本にはない。この銘は、冒頭の「興福寺奏達状　法然上人流罪之事　貞慶解脱上人之御草」の題下に存するものであるが、これによって原本の書写年代を推定することが可能となる。すなわち史伝史料によれば、英重には、(1)文永八年・文永一一年・建治三年（一二七一・一二七四・一二七七／大和春日神社文書・大和大東家文書）、(2)元応三年（一三二一／山城海住山寺文書）、(3)明徳二年・応永二〇年（一三九一・一四一三／法隆寺文書・東大寺文書）の三名あったことが知られるが、興福寺や貞慶との関連性を考えると、(1)もしくは(2)の英重であった可能性が高くなる。いずれにせよ、禿氏文庫所蔵の『奏達状』は今に残る『奏状』より古い時代の原本を書写したものであることは明らかである。以上の点より、本書は思想学的にも文献学的にも貴重な資料であると判断される。

（楠　淳證）

愚迷発心集

（図書番号〇二四・三—三二一—一）

袋綴装。墨付三〇丁。縦二四・五×横一八・〇センチ。一面六行、一行一三字。奥書を欠くが、末尾に「愚迷発心集　解脱上人之御草」と記される。表表紙見返し右下に本文とは別筆で所持者の名が「智玄」と記される。岩波思想体系『舊仏教』の底本は東大寺の祐成が所持者である。祐成は永享四年（一四三二）「大仏殿幸芸得業大般若経転読衆請定」に名が出てくる「祐成法師」とすれば、一五世紀半ばには書写されたものであろう。一方、智玄は不明で、所持者として相応しい人物を想定することができない。しかし、幾らかの点で龍大智玄本（以下、龍大本）は東大寺祐成本より古い形を残していると思える節がある。

まず、祐成本は末尾に「於是同心芳友相議云」以下一五五文字が付加されている。この部分は本来『愚迷発心集』にはなかったものである。なぜなら『愚迷発心集』は笠置寺の同法集団の前で詠み上げられた時、それに感動した同法達（同心芳友）が、常に親友となり修行に励み互いの往生への引導を契約した。その契約をのちに貞慶が付加したものであるからだ。龍大本はその同法達の契約を記す部分を欠く。それは、付加する以前の草稿本を転写したからに他ならない。また、龍大本が末尾の契約部分を欠くことにより、この書の受容者が「同心芳友」だったことが明らかになったのである。これは建久七年（一一九六）に作られた「欣求霊山講式」が「同法等」の勧めによって成立したこととも合わせて考えるべきである。貞慶の作品が貞慶一人の信仰・思想ではなく、同法達の共有されたものという視点で読むべきであることを、龍大本は示唆していよう。

今一つ龍大本が現存する書写本の中で最も古いと想定される理由を述べる。岩波思想体系本は祐成本を底本とし、天正二年（一五七四）六月一四日に書写された天正本とを校合していて、祐成本には「但一身事置不論、我生々世々間」があるも、天正本には欠く。この句は後に増広されたものと解説されている。一方、龍大本もこの部分を欠いている。龍大本が、加筆される以前の草稿本に近いことを示す証左となろう。

（新倉和文）

（図書番号〇二四・三―一三一―一）

因明十題

室町時代永享一二年（一四四〇）写（ただし、文が途中で闕けていて、前後の文脈の通じない箇所があるため、永享一二年以降の書写の可能性もある）、大和綴一冊。墨筆（墨点・送り仮名）、朱筆（朱点・引用文に鍵符号）の書入あり、縦二七・二センチ、横二一・六センチ、厚さ七ミリ、二二丁。一面八行前後、一行一八字前後。無墨界、字界二三センチ。外題「因明十題」、表紙に「賢英」（右下）「尊慶」（左下）と直書、奥書あり。内題・尾題なし。

春識房顕範（一三～一四世紀頃）が草したものを永享一二年二月中旬に賢英が他の者に書写させた因明の四種相違（宗（主張）因（根拠）喩（例示）論式に三十三過失がある中の因に関する四種の過失）論義の書である。顕範の著者名を持つ同書は禿氏文庫の他に東大寺にあり、後者が僅かに三年早く写（永享九年（一四三七）春深書写）すだけで倶に貴重な因明論義である。これ以外に著者を明示しない同類書に大谷大学・興福寺・東大寺・薬師寺・高野山宝亀院等にあり、また版本も出ているが内容は全同ではない。

題名の「因明」とは論議において法の正邪真偽を論式を立てて論証することで、「十題」とは基（六三二～六八二）の『因明入正理論疏』等にある「四種相違」の中の相違因・局通対・前後対・言許対・法自相・法差別・有法自相・有法差別・違三・違四をさし、各題のうち議論され続けてきた特定の問題を取り上げている。本書十論題は四つに区分できる。一つめの相違因は「相違」と「因」との関係を「依主釈」と記し、二つ目の「局通対」から「言許対」までの三対は因明の自性（法そのものの体）と差別（自他に通ずる義）の関係について、「局通対」（一問は答文闕）は自共二相が真実の体義か否か、前後対は教証文の確認、「言許対」は言陳意許の意味を確認している。三つ目の「法自相」から「有法差別」までの四種は、「因」が「宗」の有法（主辞）・法（賓辞）と矛盾するため、「宗」不成立となるにも関わらず、その「因」を立てることで生じる過失のことで、「法自相」は複数の立者対論者から勝論声論両論師を選択する妥当性、「法差別」は意許（言葉に内包する意味）の諸伝から勝劣伝を選ぶ妥当性、「有法自相」（一問答の間に別問答挿入）は「宗」有法の表面に示す主張と矛盾する「因」となる文言、「有法差別」は「宗」有法に内包する主張と矛盾する「因」となる文言の妥当性を記している。四つ目の「違三」・「違四」の二違は比量（自許・他許・共許の因による各論式）における因の過失を説くものである。しかし「有法差別」の問文途中から「違四」の答文途中まで闕けて残されていない。本書は総じて因明論義について十題にまとめ一つの形を提示している一冊である。次に『因明十題』の奥書と貼紙の文を翻刻しておく。

〔奥書〕

顕範春識房法印御草云云

永享十二年庚申二月中旬誂于他筆

令書寫訖

賢英（以上、本奥書）

〔別紙への貼付、後世の貼付か〕

三〇相違因 申三月三日　三〇局通對 酉三十四問一難二答一 共覺　三〇前後對 酉五月十日 二方アリ 共覺

三〇方

三〇言許對 戊六月三日　三〇法自相 申五六　三〇法差別 申六廿三

三〇有法自相 申九五日二方アリ 共覺　二〇有法差別 申十月七日問三難二答一 共覺　二〇違三 戊七月八日

二〇方□（意カ）

二〇違四 戊十一月八日　永享十二庚申二月下旬記之

申酉戌　□□（判読不明）

（後藤康夫）

佛母略問答抄

（図書番号〇二四・三―九二―一）

鎌倉時代弘安三年（一二八〇）写、快厳筆、室町時代永正一五年（一五一八）写、一冊。大和綴、「慶算」の黒印（表紙・二丁左）。墨筆（墨点・送り仮名）、朱筆（朱点・引用文に鍵符号）の書入あり。縦二七・一センチ、横二一・八センチ、厚さ六ミリ、二七丁、一面一一行、一行二〇字前後、無墨界、字界二五センチ。外題「佛母略問答抄」。表紙に「八帖内第二」（右下）「法隆寺快嚴」「慶算」（左下）と直書。奥書あり。内題・尾題なし。

本書は法隆寺の快厳が弘安三年六月十二日、同寺の東室第二坊において自ら写した法相論義の書である。さらに永正一五年頃に識語が加えられている。題名の「佛母」とは法を師とし母とすることから仏法を意味しており、ここでは唯識教学をさしている。もともと全八帖存在していたのであろうが、第二帖が禿氏文庫にある。本帖は唯識教学において世界を把握する上での諸法分類にあたる三科や諸法の縁起等に関し、玄奘（六〇〇～六六四）訳『成唯識論』、基（六三二～六八二）の『大乗法苑義林章』・『大乗阿毘達磨雑集論述記』（『対法抄』）等々、先徳の解釈を踏まえながら問答を記している。巻頭に五蘊・十二処・十八界の三科（付十種五蘊）、五境法処〔法処五種色〕、七分別、四縁（付能作等六因、随説等十因、諸心相生、二十二根）等々を掲げ、特定の問題に絞って二一余りの問答（無答あり）で綴っている。まず五蘊では軽安（善の心所）が生得善に含まれるか否かについて基・智周（六六八～七二三）の解釈の違いを認め、色以外の四蘊は自性無記といえるか等を記している。十八界では十八界不増減の証明を探り、五種の法処所摂色では遍計所起色及び遍計所起声の意義を取り上げている。三七分別では清範（九六二～九九九）の『私記』を参考としつつ五識の善悪無記の三性分別についての界繋、五識の染浄心は多念に持続するのか等々を記している。六因では遍行因（同類因の中の煩悩）は因縁におさめられるか、同類因（同類の後法に対する前法）に所縁の義を認めるか、因縁と六因の関係において基の著作の諸義不同を認める等々を記している。また諸心相生の中では久安四年（一一四八）の御八講の一問答を収載し見解を述べている。巻末では『瑜伽論』所説の未来法を境とするか否かを会通している。本書は総じて唯識教学を如何様に釈しているのか、基等の解釈を中心に焦点を絞り、関連典籍を用いながら明らかにしようとしている貴重な一冊である。次に本書の奥書と識語を翻刻しておく。

〔奥書〕

弘安三年庚辰六月十二日於法隆寺東室
第二坊爲佛法興隆修學不退二親連□(往カ)
安樂世界決定成道及以法界平等分益
迴向大乘生〻世〻値遇奉仕見佛聞法
增進佛道漸〻書寫之畢　執筆快嚴（以上、本奥書）
〔識語〕（右の奥書とは別筆）
弘安三年庚辰歳ヨリ永正十五年戊寅歳至マテ
相去事二百卅九年也
弘安年号者人王九十代後宇多院御宇也
建治二年丙子此歳夢窓國師生同御宇
相去事二百卅三年也

（後藤康夫）

（図書番号〇二四・三―一六六三―一）

相承抄

袋綴装。墨付一三丁（一三丁目のみ半丁）、縦二三・五×横一七・〇センチ、一面一二行、一行一八字。奥書を欠くが、一丁目に「日親　記之」とある。表表紙見返しに「文政五年　壬午感得之　恭善房」とある。所持者の「恭善房」については未詳。本書は、『国書総目録』にも記されていない新出資料である。

筆者日親は日蓮宗の僧侶で、時の将軍足利義教に「立正治国論」を著わし法華経の弘通を迫ったため投獄され、さまざまな拷問を受けたが、改宗せず。ある時、鍋を焼きて頭に載せるも堪忍したことより、世人は「なべかむり上人」と敬ったと、「日親上人徳行記」に記される。その『日親上人徳行記』の上巻五の「霊夢」の中に師の日祐上人から「南無妙法蓮華経」の「首題法蓮二字の筆法」を夢中に伝授され、それを「曼荼羅相承抄」に書き残したと記されている。本書がそれに相当することは、本文中に「予が夢中に奉傳授の三水の下の点に蓮の字の辶連の上に点を打は如意宝珠也」と霊夢の中で「法」の「氵」と「蓮」の「辶」との間に打つ点を「如意宝珠」だと説明する箇所や、あるいは又「夢中直授の子細」とあり、『徳行記』の記すところと符合する。霊夢を受けたのは、弘法のために上洛する直前であり、応永三四年（一四二七）、時に日親二一歳であった。本書の成立はその頃ではなかろうか。

日祐上人は、日蓮の高弟であった富木常忍の弟子、日高上人の弟子である。故に日蓮聖人—日常上人（富木常忍）—日高上人—日祐上人—日親上人と相承しており、本書の題名もそれに由来する。本書は前半に、本尊とは何かという相承義を「尋云」と「傳云」の問答で明らかにし、後半は題目「南無妙法蓮華経」の筆法の説明に終始している。

（新倉和文）

親鸞聖人筆涅槃経文

（図書番号〇二四・三—二七三—一）

『涅槃経』は、釈尊の入滅に臨んでの最後の教えを説く経典である。一切衆生悉有仏性、すなわち一闡提を含めた全ての衆生に仏性が存在し、全ての衆生の成仏の可能なことを説く。親鸞聖人の主著『顕浄土真実教行証文類』にも多く引用される。本資料の「如来為一切　常作慈父母　当知諸衆生　皆是如来子　世尊大慈悲　為衆修

苦行　如人著鬼魅　狂乱多所為」も「信巻」逆謗摂取釈に引用されている。ただし、「信巻」逆謗摂取釈には送り仮名が付されるが、本資料には送り仮名はなく、ルビが付されている。

本涅槃経文は、『親鸞聖人真蹟集成』第九巻等に指摘される如く、大谷大学図書館蔵『宗祖御筆蹟集』の断簡とされている。『宗祖御筆蹟集』には、次の識語が見られる。

此一本者西本願寺之坊官下間刑部卿点退之御
所持之此一巻被解放節取持之人ウツホ字ニ
スキ写テ所持ス今為手鑑以彼之写本再使
写之者也

所持恵空

正徳三年三月日
本書ハ河内円徳寺所蔵ノ写本ヨリ更ニ影写セシメ
タルモノ也

これによれば、江戸時代初期に西本願寺の坊官下間刑部頼卿（一五三七～一六二六）が退官後所持していた親鸞真筆の原本を、うつぼ字に透き写したものが存在した。大谷派初代講師光遠院恵空（一六四四～一七二一）がこの透写本を写させたものを所持し、その恵空本が河内円徳寺の蔵本となり、さらに明治四三年に山田文昭氏によって書写されたものが『宗祖御筆蹟集』である。『宗祖御筆蹟集』と本資料の相違として、次の二点に注目することができる。まず、『宗祖御筆蹟集』は最後の二句一行（如人著鬼魅　狂乱多所為）が裏面にまたがっているのに対し、本資料では四行八句半葉に納まっている。また『宗祖御筆蹟集』には訓読用の返り点が付されるが、本資料には付されていない。

（玉木興慈）

執持鈔

（図書番号〇二四・三―一五六―一／〇二四・三―一五七―一）

『執持鈔』は本願寺第三代覚如上人（一二七〇～一三五一）が留守職に就いた後、最初に著わされた著書である。

本文は五箇条の法語から構成され、前四条は親鸞聖人（一一七三～一二六三）の法語から、後一条は覚如上人自らの心が述べられる。親鸞聖人は、印度・中国・日本の三国から、龍樹菩薩・天親菩薩・曇鸞大師・道綽禅師・善導大師・源信和尚・法然聖人を七高僧と讃仰する。特に善導大師・法然聖人の説示を受けた親鸞聖人の教義を正統的に相伝し、本願寺中心の教化活動を展開せんとする覚如上人は、本書の巻頭に「本願寺聖人仰云」と記している。

本文第四条には「名号執持スルコト　サラニ自力ニアラズ」とあり、本書は阿弥陀仏の名号を信受し、かたく執持する他力信心の要が説かれた書である。

本書の終わりには、左記のように嘉暦と暦応の二つの識語がある。

本云　嘉暦元歳丙寅九月五日拭老眼染禿筆　是偏為利益衆生也　釈宗昭五十七

先年如此予染筆与飛驒願智坊訖　而今年暦応三歳庚辰十月十五日随身此書上洛中一日逗留十七日下国　仍於灯下馳老筆留之為利益也　宗昭七十一

嘉暦元年（一三二六）九月五日、五七歳の覚如上人が老眼を拭って衆生利益のために撰述し、飛驒の願智坊に授与した。その一〇余年後の暦応三年（一三四〇）一〇月、願智坊が本書を携えて上京し、一日滞在したため、その夜に、これを書写したことが知られる。

手近かな対校本として、本書写本中最古のものとされる新潟県浄興寺蔵本や、流布本として本派本願寺蔵本（蓮如上人写本）がある。今回収録した二本は、これらと小異はあるが、特に後者（〇二四・三―一五七―一）は、「自力」を「身力」、「ちかつく」（近付く）を「ちにつく」、「すてに」を「すて」と表記するなどの点が散見される。

また、前者（〇二四・三―一五六―一）には、「蓮能比丘尼御筆也　京よりあとは――被下候二帖内也　釈実悟」と記された奥書がある。本願寺第八代蓮如上人（一四一五～九九）の五度目の室である蓮能禅尼（一四六五～一五一八）の筆によることを、その子実悟（一四九二～一五八四）が記したものである。実悟は、蓮如上人の語録や本願寺の故実に関する著書が多いが、この奥書は浄興寺蔵本や本派本願寺蔵本には見られないものである。（玉木興慈）

蓮如上人筆正信偈

（図書番号〇二四・三―二七四―一）

「正信念仏偈」は、親鸞聖人の主著『顕浄土真実教行証文類』「行巻」の末に置かれる偈文で、六〇行一二〇句からなる。はじめの二句「帰命無量寿如来　南無不可思議光」を帰敬序と呼び、その後は依経段・依釈段とわけることができる。依経段は、『大無量寿経』によるもので二一行四二句である。依釈段は、印度・中国・日本の七高僧の論・釈に基づいて説かれたもので、三八行七六句である。

本資料は、依釈段の中、天親菩薩を讃仰する四行八句である。千葉乗隆・平松令三両氏を中心として著わされた本願寺史料研究所編『図録蓮如上人余芳』（本願寺出版社、一九九八年）によれば、蓮如上人は、名号以外に種々の偈文を書き与えており、その中では「正信念仏偈」の「本願名号正定業」以下の文を選ばれることが多かったとされる。ここでは、次の文言が、一紙に二行四句ずつ、二枚に書かれている。

天親菩薩造論説　帰命無礙光如来
依修多羅顕真実　光闡横超大誓願
広由本願力回向　為度群生彰一心
帰入功徳大宝海　必獲入大会衆数

蓮如上人には、「正信念仏偈」の註釈が三つある。和文体の釈として『正信偈大意』、漢文体の釈として『正信偈註』と『正信偈註釈』がある。『真宗史料集成・第二巻』（同朋舎、一九七七年）によれば、『正信偈大意』は蓮如自筆原本は存在せず、『正信偈註釈』は決定しかねるが、確定された『正信偈註』とともに『正信偈註釈』も蓮如筆として扱われている。

『正信偈註』『正信偈註釈』によれば、「天親菩薩造論説　帰命無礙光如来」「依修多羅顕真実　光闡横超大誓願　広由本願力回向　為度群生彰一心」「帰入功徳大宝海　必獲入大会衆数（以下略）」と段を分けて註が施されており、本資料との相異が知られる。

（玉木興慈）

（図書番号〇二四・三―一三四―二）

血脈抄

禿氏文庫所蔵『血脈抄』二巻は、真言宗醍醐寺三宝院流の相承血脈書である。上巻は墨付四八丁、下巻は墨付三三丁で、上下巻とも一面九行、一行二〇字、縦二七・五センチ×横一九・五センチの写本である。表紙と裏表紙は上下巻とも薄い青色。本文には返り点・送り仮名が付されており、一部に異本注記がある。朱筆は合点が二八箇所（第一祖師から第二十八祖師の各項目書き出し部分の右肩）、朱点が四箇所（第九祖師と第十祖師の間に四項目ある「二」の上部に付されている）あるのみである。虫損がひどく閲覧さえ困難な状態であったが、今回の収載にあたって修復された（影印は修復後のもの）。上下巻とも表紙の右下に墨で二行消された部分があるが、この部分には所蔵者情報等が記されていたと推定される（上下巻とも同内容の記述であったことはわかるが、判読は困難。赤外線写真で確認したところ、上下巻とも二行目末尾の二字は「當住」であった）。上下巻とも表紙には書名は記されていないが、上巻一丁表一行に「血脈抄上」とあり、その下に割注で「付三宝院私記之」とある。「血脈抄」という書名が記されているのは上巻冒頭のみで、下巻冒頭には書名は記されていない。

『血脈抄』に記されている祖師の相承は、一大日如来、二金剛薩埵、三龍樹、四龍智、五金剛智、六不空、七恵果、八弘法、九真雅、十源仁、十一聖宝、十二観賢、十三淳祐、十四元杲、十五仁海、十六成尊、十七義範、十八勝覚、十九定海、二十元海、二十一実運、二十二勝憲（賢）、二十三成賢（以上、上巻）、二十四道教、二十五親快、二十六親玄、二十七覚雄、二十八道快（以上、下巻）となっていることから、三宝院流の中でも遍智院僧都道教を流祖とする地蔵院流といわれる支流の相承であることがわかる。下巻奥書に「愚筆正憲廿七才／明応第三天甲寅十二月十七日書之畢午剋」と記されており、内容や写本の状態などから明応三年（一四九四）に書写されたものと見てよいように思われる。

密教は師資相承血脈を特に尊重するわけであるが、東密と台密とで相承次第を異にしており、密教の血脈は多数に分派している。東密の血脈は弘法大師空海の相承を正伝としており、血脈書は多数伝えられている。禿氏文庫所蔵『血脈抄』に近いものとしては、続群書類従第二八輯下所収『三宝院伝法血脈』がある（以下、続群書類従本）。続群書類従本の祖師の血脈は、十一聖宝、十二観賢、十三淳祐、十四元杲、十五仁海、十六成尊、十七義範、十八勝覚、十九定海、二十元海、二十一実運、二十二勝賢（憲）、二十三成賢、二十四道教、二十五親快、二十六実勝、二十七頼瑜、二十八頼縁、二十九実真、三十等海、三十一義印、三十二義継、三十三賢継、三十四印融となっている。禿氏文庫所蔵『血脈抄』とは第二十五親快まで共通するが、第二十六祖以降は異なる（禿氏文庫所蔵『血脈抄』は親玄方、続群書類従本は実勝方）。本『血脈抄』には松橋流（三宝院流の支流）ほかの相承についての記述もあり、室町時代に記された真言宗の血脈書として貴重なものである。真言宗の僧伝史料としても利用でき、仏教学・文学・歴史学など多くの関連諸学に便益を与える書といえよう。

（原田信之）

毎日講説草

（図書番号〇二四・三―二九―一）

禿氏文庫所蔵『毎日講説草』は、『大乗起信論』を講讃の論とした論義法会のための新義真言宗の説草である。墨付一〇丁、一面五行、一行一二～一〇字、縦一七センチ×横一三・七センチの写本一冊で、一二点・レ点・読み仮名・送り仮名・節博士・声点・付注が付されており、一部に朱筆がある。声点はすべて朱筆であるが、節博士・読み仮名・送り仮名・付注（甲・乙・置経など）の一部が朱筆となっており、墨筆で書写した後に朱筆部分を書き加えたものとみられる。表紙の左側に「毎日講説草」と書名があり、右下に「智尊房」と記されている。表紙・裏表紙全体と各頁下端部分に手垢がかなり付着していることから、長年月にわたって使い込まれたものであることがわかる。奥書から、本書は天正九年（一五八一）に、越後賀茂長福寺の紹深坊が三六歳の時に依頼されて書写したものであることがわかるわけであるが、紙質や書体から天正九年時の写本とみてよいように思われる。書写を依頼した人物は、所持者とみられる智尊房であったかと推定される（間に別の書写依頼者等の人物が介在した可能性はある）。

本文に「弘法密厳両聖霊」（四丁表）と記されていることから、弘法（空海）と密厳（覚鑁）を両聖霊とする立場、つまり新義真言宗の法会で使用されたものであることがわかる。また、「長講一座之梵莚」「毎日二題之恵炬」（二丁表）とあるので、一日に二題ずつ『大乗起信論』にかかわる論義を行っていたことがうかがえる。本書は越後国長福寺で使用されていた説草を長福寺の紹深坊が書写したものとみられるわけであるが、付注「甲」「乙」について、二丁表と九丁表では甲も乙も朱筆であるが、一丁表の甲は墨筆・一丁裏の乙は朱筆となっているなど、所々に粗雑な部分がみられ、注意が必要である。一丁表の甲は墨筆・一丁裏の乙は朱筆となっている部分は、本来は「甲」も「乙」も朱筆とする必要がある部分を書写時に誤ったとみられるが、このことから、墨筆と朱筆は同筆で、しかも同時期に書写されたものであることや、長福寺の紹深坊が書写するさいに利用した原本にも墨筆と朱筆部分があったらしいことがわかる。

奥書に名がある越後（国）賀茂（庄下条）長福寺は、現在の新潟県加茂市下条にあった真言宗の寺で、「瑠璃山長福寺」あるいは「越後上条談義所」と呼称され、上杉家の祈禱所であったと伝えられている。慶長三年（一五九八）上杉景勝が会津に移封された時、住僧が米沢に移り、以後廃寺となった。現在の加茂市にある法音寺（曹洞宗）には、会津移封時に「瑠璃山長福寺」から移されたという「瑠璃山」と刻まれた額（伝・直江兼続書）が残っている。長福寺には末寺が一三ほどあったと伝えられているので、所持者とみられる智尊房はその末寺の中の一寺にいた僧であった可能性もあるが、詳細は不明である。奥書の内容から、本書は越後地方に深いかかわりのあることがうかがえるわけであるが、本書に施された声点と節博士を詳しく分析すれば、一六世紀に越後地方で行われていた法会のさいの朗誦法が復元される可能性がある。また、それによって中世越後アクセントを瞥見する道が開かれることもあるかと思われ、貴重な書といえよう。

（原田信之）

本善寺実孝葬送次第

（図書番号〇二四・三―一七五―一）

本書は、縦二五・五センチ×横二〇・二センチの合綴された一冊で、大和国飯貝本善寺の実孝とその子証祐の葬送と中陰の次第を記した「葬中陰記」である。

実孝は、本願寺第八代蓮如の一二男で、本善寺の開基。天文二二年（一五五三）一月二六日に五九歳で没した。また証祐は、実孝の没によって本善寺を継いだが、翌二三年四月一七日に一八歳で没した。

実孝の「葬中陰記」については、龍谷大学に二本、西本願寺に二本、奈良県本善寺に一本が残されている。このうち龍谷大学所蔵の二本は、一本（A本）が「本善寺実孝葬中陰之記」で、もう一本（B本）は「本善寺実孝往生之記」と題されるものである。A本は実孝の葬送と中陰を記したもので、B本は実孝と証祐の葬送と中陰を記したものである。また、西本願寺所蔵の二本は、一本（A本）が「蓮淳・実孝往生之記」で、もう一本（B本）が「実孝・証祐往生之記」である。

西本願寺A本の「実孝往生之記」は、蓮如一三男実従（兼智）の筆で、奥書には「右一巻願得寺実悟当座被記候、中惑／勘略書留之者也／天文廿三年五月四日記之兼智」とあり、これを写したものが龍大A本と、本善寺所蔵本（寛永一九年書写奥書）である。

本書に収録した龍大禿氏文庫本は、実孝葬中陰記と証祐葬中陰記が記されたもので、これと同系統のものが龍大B本と西本願寺B本である。龍大B本は江戸初期の書写本で、西本願寺B本は江戸時代前期の書写本である。

この二系統の実孝葬中陰記はともに、奥書などから願得寺実悟によって記されたとされているが、その内容がやや異なる部分があり、後者の方が詳しく記録されている。

本書は、奥に「祐俊筆」とあることから、本願寺の御堂衆を務め、江戸時代初期に多くの記録を書写した西光寺祐俊によって書写されたものであることがわかる。同系統の龍大B本は破損が甚だしく、文字の確認できない部分が多くあり、また西本願寺B本も書写年代がやや遅れるとともに、最終条が写されていないところから、この書写本が最も史料的価値が高いことがわかる。

（岡村喜史）

自讃歌

（図書番号〇二四・三―二六一―一）

まず、禿氏文庫本の書誌的事項について略記しておきたい。該本は、袋綴、一冊。焦茶色無地の後補表紙（縦二四・九×横一六・六センチ）。外題は後補題簽に「新三十六人撰」と墨書（本文とは別筆で、旧蔵者の認識に基づく仮題が記されたものと推定される）、内題はナシ。全一一丁（墨付一〇丁半、尾半丁は遊紙）、一面九行、和歌一首一行書。料紙は斐楮混漉紙。奥書類は一切認められず、推定書写時期は「江戸初期」頃かと思われる。

次に、禿氏文庫本の自讃歌諸伝本内での位置付けについてであるが、先駆的分類である石川常彦氏の分類

（「『自讃歌』考」、『文学』四七巻七号、昭和五四年七月→同氏著『新古今的世界』に再録、和泉書院、昭和六一年六月）に従えば、「第一類A系」に属することとなる。石川氏の系統分類は、原則として自讃歌の諸伝本間に派生している和歌の出入りに基づき構成されており、禿氏文庫本の基本的性格が顕著に窺える例としては、雅経の七首目（八丁裏）に「きえねたゝしのふの山の嶺の雲〜」詠を有しており、「いたつらに立つやあさまの夕煙〜」詠を持たない点が挙げられる。ちなみに、現時点で稿者の調査が及んだ一〇〇本弱の自讃歌の諸伝本の中では、「きえねたゝ」詠を有する伝本は圧倒的な「少数派」に属しており、それと連動してか、自讃歌注の諸伝本でも「きえねたゝ」詠に加注しているものは極めて「稀」である。更に、自讃歌の諸伝本内では、和歌の配列の異同も極めて多く派生しており、それらをも精査した上で、石川氏の分類の「下位分類」として細分化する必要性を痛感するものの、残念ながら、現時点では石川氏の分類を超える「新分類」は提示されるに至っていない。従って、禿氏文庫本の厳密な位置付けについても今後の課題とせざるを得ないが、現時点では、禿氏文庫本の配列と完全に一致する他の自讃歌の伝本については確認出来ておらず、少なくとも、禿氏文庫本が「異本系統」に属する類本の少ない自讃歌の本文を伝えている点だけは確実であろうと思われる。なお、禿氏文庫蔵本及び「自讃歌」自体の諸問題に関する詳細については、「龍谷大学図書館蔵『禿氏文庫本』の研究」（『龍谷大学佛教文化研究所紀要』四八、平成二一年一二月）の第三章をも参照していただければ幸いである。

（小林　強）

刊行の辞

龍谷大学図書館には、数多くの貴重書が収蔵されている。これらの資料は本学創設以来の永い伝統と多くの諸先学の努力によるものであって、研究資料としての価値は高く評価されている。これらの貴重書については、かねて国内外の諸学者より、広く公開することによって、斯学の進展に寄与することが望まれていた。

このたび、龍谷大学はその要望に応えて、また、資料の保存と利用の両面より勘案し、これらの貴重書を複製本として、それに研究と解説を付し、逐次刊行することを計画、ようやく実現の運びとなった。この計画は非常に膨大なものであるが、学界にはまことに意義深いものであると信ずる。

わが仏教文化研究所は、龍谷大学図書館より、昭和五十一年にこの研究と編集についての依頼をうけた。そこで当研究所では指定研究第一部門として、真宗、仏教、真宗史、東洋史、国文の五部門を設け、それぞれに学外からも専門研究者に客員研究員として応援を求め、国内外の関係諸資料の照合をふくめた研究を進めて来た。

爾来五ヶ年を閲して、その研究成果を年々刊行しうる事となったが、その間において研究と編集に従事された方々の尽力を深く多とすると共に、この出版が各分野の研究の進展に大きく貢献しうることを念願している。

本叢書が出版されるについて、題字をご染筆頂いた本願寺派前門主大谷光照師をはじめ、本学関係者の各般にわたってのご支援、さらに印刷出版をお引受け頂いた各出版社のご協力に厚く御礼申上げる次第である。

昭和五十五年三月二十七日

龍谷大学仏教文化研究所長

武　内　紹　晃